本书获河南省社会科学院

哲学社会科学创新工程试点经费资助

中原学术文库·文集

阎德民学术文集

阎德民 著

中原出版传媒集团
中原传媒股份公司

大象出版社
·郑州·

图书在版编目(CIP)数据

阎德民学术文集 / 阎德民著.— 郑州 : 大象出版社, 2020. 11
ISBN 978-7-5711-0757-4

Ⅰ. ①阎… Ⅱ. ①阎… Ⅲ. ①中国特色社会主义理论体系-文集②中国共产党-党的建设-文集
Ⅳ. ①D610-53②D26-53

中国版本图书馆 CIP 数据核字(2020)第 176728 号

阎德民学术文集

YANDEMIN XUESHU WENJI

阎德民 著

出 版 人 汪林中
责任编辑 张 琰
责任校对 裴红燕 李婧慧
装帧设计 王晶晶

出版发行 大象出版社(郑州市郑东新区祥盛街 27 号 邮政编码 450016)
发行科 0371-63863551 总编室 0371-65597936
网 址 www.daxiang.cn
印 刷 河南省环发印务有限公司
经 销 各地新华书店经销
开 本 720 mm×1020 mm 1/16
印 张 25
字 数 406 千字
版 次 2020 年 11 月第 1 版 2020 年 11 月第 1 次印刷
定 价 120.00 元

若发现印、装质量问题,影响阅读,请与承印厂联系调换。
印厂地址 河南省新乡市新乡县七里营镇 107 国道与胡韦线交叉口中原兴业产业园 A12-2
邮政编码 453800 电话 13683815169

自　序

花开无声,岁月无痕。转瞬间已逾花甲之年的我,现已离职与家人共享天伦之乐。蓦然回首,几多感慨,几多豪情,几多踟蹰……

孩提时代,童心懵懂快乐无忧,捉迷藏、打陀螺、推铁环,尽享嬉戏玩耍之惬意,常玩到被母亲扯着耳朵方肯回家。青涩少年时,除驰骋篮球赛场之外,读起书来常入如痴如醉之境。记得1970年的隆冬腊月,徒步沿灌渠行走在上学路上,边走边埋头阅读法国科幻小说《神秘岛》,一不留神竟掉进冰冷刺骨的渠水中。激情燃烧的青葱岁月,求知欲望愈加强烈,农事劳作之余,时常披衣夜读至东方欲晓。田间休息时,总头枕锄头望着变幻莫测的神秘天空,幻想着哪天再有求知的机会,梦想伴随着深邃的思绪展翅翱翔。

得益于伟人邓小平的恩泽,我在1978年那莺飞草长、大地复苏的时节,怀揣着五彩缤纷的憧憬和梦想,踏着明媚的春光走进向往已久的大学校园,开始了为许多同龄人羡慕不已的象牙塔生活,迈开了求知追梦的青春脚步。

告别大学生活数十年后的今天,许多校园往事已成过眼云烟,但当年那囊萤映雪般的苦读情景仍不时浮现眼前。有付出便有收获,四年如饥似渴地苦读马列经典,从中汲取了丰厚的理论滋养。

1984年暑期,在获取几年大学教师经历以后,依依惜别偎依滚滚长江的金陵古城,千里迢迢来到位于黄河之滨的古都郑州,步入河南省社会科学院这座全省哲学社会科学的最高学术殿堂,踏上了社科理论研究的漫漫旅程。

20世纪90年代初期,开始涉足中国特色社会主义理论和党建研究领域,取得初步成果:1991年独著的《为维护党的阶级性和先进性而斗争》一文,入选由中共中央宣传部等联合举办的"纪念中国共产党成立七十周年学术研讨会"征集论文,并应邀赴北京出席中共中央庆祝中国共产党成立七十周年大会，亲耳聆听江泽民总书记重要讲话，还受到中央领导同志亲切接见；在深入调研基础上撰写的《加强农村基层党的建设的有效方法》，刊发在1992年第1期的《求是》杂志上；1994年申报“邓小平社会主义主体地位论研究”课题，中标国家社科基金项目；1996年出版《邓小平社会主义主体地位论》一书，该书荣获河南省社会科学优秀成果一等奖。

进入新世纪，在既往研究领域笔耕不辍的同时，又开始潜心研究廉政建设问题，在权力制约和监督、防治“期权腐败”、重构和优化政治生态等方面，发表了一批颇具学术价值和应用价值的论文，并出版了《中国特色权力制约和监督机制构建研究》（人民出版社2011年）、《论“期权腐败”及其治理》（人民出版社2012年）。其中，《论“期权腐败”及其治理》为2007年主持的国家社科基金项目的最终研究成果。

寒来暑往，秋收冬藏。置身这令人痴迷的学术殿堂，时光似乎流逝得太快太快。转瞬间，当年意气风发的年轻人，现如今已成两鬓如霜的花甲老者，进入渐浓的人生秋景了。贾平凹先生曾说：“对于我来说，写作就如农民种庄稼。”这话说得很接地气。庄稼把式们辛勤劳作，“春种一粒粟，秋收万颗子”，收获的是可用来果腹充饥的稻麦粟菽。而笔者作为理论“作家”，每天在属于自己的一亩三分地里默默笔耕，收获的是可充实头脑、增进心智的精神食粮。古人云：“祸莫大于不知足，咎莫憯于欲得。故知足之足，恒足矣。”拙作虽不是令人击节赞叹的传世之作，然闲暇时总把它们翻将出来自我欣赏一番。每每此时，某种欣慰知足感便打心底油然升腾起来。

回首这一路走来的人生轨迹，虽未干过什么轰轰烈烈的大事，也不曾有过惊天地泣鬼神的壮举，但总算没有荒废光阴、虚度年华，践行了当年“为后人留几本有价值的作品”的诺言。这本文集收入了主要研究领域中有代表性的文章。这些文章都是在一定历史条件下写就的，其中难免带有属于那个时代的烙印。孩子是父母的作品，作品是作家的孩子。尽管有些文章现在看来并不尽如人意，但我至今仍对它们珍爱有加。出版这本文集，既是对人生历程中承诺兑现的实录，也算是敝帚自珍心理的自然流露吧！

是为自序。

阎德民

2016年6月6日于郑州

目　录

马列科社篇

党的建设篇

反腐倡廉建设篇

“期权”腐败及其治理篇

权力制约监督篇

马列科社篇

傅立叶人口思想评介

傅立叶是19世纪初法国空想社会主义思想家。他以自己天才的空想社会主义学说,为科学社会主义的创立提供了极其宝贵的思想材料。但他的思想范围和他对人类所做的贡献远非局限于此。他以自己毕生的精力对人类社会进行了多方面、多学科的研究。他不仅涉足了经济、政治、哲学、历史、教育等领域,而且在人口问题研究方面亦有独到的见解。本文试对他的人口思想作一评介。

一

傅立叶对所有社会问题的研究,无一不是以他所谓的"情欲引力"理论为出发点。这一理论是他全部学说的基石。因此,要评介他的人口思想,必须从对他的"情欲引力"理论的分析开始。

傅立叶认为,宇宙间的事物无不具有其内在的引力,引力是宇宙运动的根本规律。物理运动的规律是万有引力定律,社会运动的规律则是"情欲引力"规律。所谓"情欲",就是人们对物质的和精神的各种享受与满足的追求。在傅立叶看来,情欲并不是人类固有的,而是上帝赐予的。上帝公正地把情欲赋予每个人并使之成为人们的共同本性。但他不能任意地支配物质,不能随心所欲地用物质来满足人们的情欲,因为上帝与物质的关系要受到数学原则的制约。傅立叶并没有把上帝视为大自然的主宰,而只是把他看作大自然的一部分。傅立叶认为,大自然是由上帝、物质、数学这"三个永恒的、自生的、不可毁灭的原则组成的"①,它们之间的关系是彼此独立、相互制约的。因此,要满足人们物质享受从而对精神满足的追求,"就需要上帝在推动物质与改变物质的时候按数学规律行事"②,就必须按照数学原则的要求正确地处理人的情欲和物质之间的相互关系。当人的情欲和物质的关系符合数学原则的要求时,就表现为"情欲引力";反之,则表现为"情欲斥力"。

从这一原理出发,傅立叶认为,无论在任何一个社会,物的生产和人的生产之间存在着一个量的比例关系。这种比例关系是否适当,决定着人的情欲和物质财富相适应的状况,决定着人的情欲得到满足的程度。由于物的生产在一定的社会发展阶段只能达到一个既定的水平,它所创造的物质财富只是一个既定的量,因此,在注重发展物的生产的同时,必须高度重视对人的生产的控制,以使之与物的生产所达到的水平相适应。如果不对人的生产加以适当的控制,假如它的发展速度超过了物的生产的发展速度,就将导致物的生产和人的生产之间的比例关系失调,就会破坏人的情欲和物质财富之间相适应的状况,从而无法满足人们的情欲。他指出要是"人类不得不像现在这样迅速地、大量地繁殖,要是人口总是越来越密集,超过了为在不同阶级中间保持按级调整的富裕生活所必须稳定下来的数目二三倍的话,纵然发现了使产量达到四倍,甚至达到一百倍的办法,也是枉然"③。

从"情欲引力"理论出发来研究人口问题,这是傅立叶人口思想的一大特色。不仅如此,他在运用这一理论研究人口问题时还提出了一个极其重要的思想:人口平衡是构成一个合理的人类社会的重要基础之一。他认为,"人口无限制增加将会很快抵消增加四倍甚至十倍的实际财富"④,从而无法满足人们不断增强的情欲,无法使他们得到幸福。"如果贫民、工人阶级在协作制度下不能过幸福的生活,他们就要用恶意、盗窃、叛乱等办法来扰乱这种制度。这种制度就达不到目的。"⑤因此,协作结构的基础是劳动引力、均衡分配、阶级融合、人

---

① 《傅立叶选集》第1卷,汪耀三译,北京:商务印书馆,1959年,第28页。
② 《傅立叶选集》第1卷,汪耀三译,北京:商务印书馆,1959年,第28页。
③ 《傅立叶选集》第2卷,汪耀三译,北京:商务印书馆,1959年,第208页。
④ 《傅立叶选集》第1卷,汪耀三译,北京:商务印书馆,1959年,第84页。
⑤ 《傅立叶选集》第1卷,汪耀三译,北京:商务印书馆,1959年,第86~87页。

口平衡。①

二

恩格斯指出："傅立叶对现存的社会关系作了非常尖锐、非常生动和非常明睿的批评"，在马克思主义诞生以前，对资本主义制度"能够进行这种批评的只有傅立叶一人"。② 在对资本主义的批判中，傅立叶不仅批判了资本主义的经济政治制度，而且还猛烈地抨击了资本主义的人口政策，并试图探讨资本主义的人口规律，揭示资本主义人口问题同资本主义制度的关系。

傅立叶较为客观地评价了资本主义在社会发展中的历史地位和作用。他指出，资本主义制度是人类社会运动序列中的必经阶段，它"在运动序列中起着重要的作用，因为正是它创造了走上协作道路必需的动力，正是它创造了大规模的工业生产、高度发展的科学和艺术"③。

同时，傅立叶又指出了资本主义制度的不合理性。他认为，资本主义制度虽然造就了前所未有的巨大财富，不过，"这种制度的成就所创造的是幸福的因素，但不是幸福"④。说它创造的是幸福的因素，是因为它创所造的巨额物质财富为人类幸福提供了可能；说它创造的不是幸福，是由于这一制度"虽然有种种生产的功绩和源源不断的以假代真的智慧之光，却不能保证给予人民劳动和面包"。究其根源，在于资本主义的分配制度。傅立叶说："文明制度并不缺少产品，它只是在分配方面由于缺乏那种能够排除寄生者和支持各个有益阶级的分配制度。"⑤在这种分配制度下，生产发展所增加的物质财富绝大部分被少数富人攫为己有。这种制度所创造的物质财富非但没有给大多数穷人带来丝毫的幸福，反而给他们带来了更多的失业、贫困、饥饿和疾病等不幸。

傅立叶认为，资本主义各国最广大劳动群众的贫困状况之所以会日益加

---

① 《傅立叶选集》第2卷，汪耀三译，北京：商务印书馆，1959年，第52页。
② 《马克思恩格斯选集》第2卷，北京：人民出版社，1972年，第656、659页。
③ 《傅立叶选集》第2卷，汪耀三译，北京：商务印书馆，1959年，第93页。
④ 《傅立叶选集》第1卷，汪耀三译，北京：商务印书馆，1959年，第123页。
⑤ 《傅立叶选集》第3卷，汪耀三译，北京：商务印书馆，1964年，第68页。

剧，不仅在于资本主义分配制度的不合理，不仅在于富人对穷人的剥削和掠夺，还在于资本主义各国在人口政策方面的失误。他指出："在近代政治上的不彻底性和轻率的种种表现中，再没有比忽略做出关于人口平衡、关于消费者人数与生产力的比例的决定更可恶的了。"①在他看来，资本主义各国从政策上鼓励人口的无限制增长，是造成资本主义人口过剩的重要原因之一。他认为，并不是没有人提出应保持人口平衡、保持消费者人数与生产力的适当比例的建议，斯图亚特、华莱斯和马尔萨斯"就是仅有的几位在这个问题上值得重视的作家"②。但是，"他们关于人口问题无法解决的明智见解却被那些撇开这个问题以及别的许多问题的杂技演员似的经济学家们所抹杀"③。这些经济学家关于鼓励人口增长的荒唐主张造成了各国在人口政策上的失误。

虽然傅立叶在探究资本主义生产过剩的根源时，正确地指出了经济危机同生产无政府状态的内在联系，但在分析资本主义人口过剩时，却不懂得它同生产无政府状态的内在联系，不懂得生产无政府状态是资本主义的两种生产即物的生产和人的生产的共同规律，不懂得物的生产无政府状态对人的生产无政府状态的决定关系，而是把资本主义人口过剩归于少数资产阶级经济学家。这是他的人口思想的严重缺陷之一。

在资本主义人口问题研究方面，傅立叶的一个伟大功绩，是他接近于认识到资本主义人口过剩是相对过剩。虽然他并不了解资本主义人口过剩的根源，不懂得过剩人口既是资本主义发展的必然产物，又是资本主义生产方式赖以存在和发展的重要条件，但他朦胧地看出资本主义人口过剩并不是绝对地过剩，并不是资本主义社会所拥有的物质财富不足以养活这些过剩人口。

他在指出资本主义人口过剩的事实的同时，还看到了资本主义生产过剩的存在。他在人类历史上第一次正确地指出，资本主义经济危机是"生产过剩所引起的危机"④，是"由物质过剩的压力所造成的危机"⑤，并且形象地把经济危

---

① 《傅立叶选集》第 2 卷，汪耀三译，北京：商务印书馆，1959 年，第 208 页。
② 《傅立叶选集》第 2 卷，汪耀三译，北京：商务印书馆，1959 年，第 209 页。
③ 《傅立叶选集》第 2 卷，汪耀三译，北京：商务印书馆，1959 年，第 209 页。
④ 《傅立叶选集》第 1 卷，汪耀三译，北京：商务印书馆，1959 年，第 120 页。
⑤ 《傅立叶选集》第 2 卷，汪耀三译，北京：商务印书馆，1959 年，第 251 页。

机称为“多血症的危机”。恩格斯称赞他“中肯地说明了一切危机的实质”①。不仅如此,傅立叶还把资本主义生产过剩同作为资本主义人口过剩的集中表现的无产阶级贫困化联系起来。他指出:“文明制度的结构在拥有若干巨大的财富的同时,只能生产种种骇人听闻的事物和无数的赤贫者。”②在这种制度下,“群众,即贫苦阶级,简直得不到财富增加后应得的份额,而只是越来越贫困。他们眼见各种各样的财富日益增多,而自己却无法享受。他们甚至连获得令人厌恶的工作也没有把握,虽然这种工作会折磨他们,除了使他们不致饿死外,不会给他们带来任何好处”③。并且,他们的贫困“在随着生产发展的程度而增长”④。傅立叶由此辩证地提出了一个著名论点:“在文明制度下,贫困是由富裕产生的。”⑤

在这里,傅立叶一方面指出了物的生产过剩,另一方面又指出了人的生产过剩,并强调说这两种生产的过剩都是由分配制度的不合理,由一部分人占有过多的物质财富,而另一部分人几乎一无所有才造成的,这就是说,虽然资本主义各国采取了鼓励人口增长的错误的人口政策,致使人的生产发展快于物的生产发展,但消费者人数并没有绝对超出该社会所拥有的物质财富满足人们消费的实际能力,人的生产和物的生产之间比例关系的失调,只是相对于该社会的不合理的分配制度而言。这里无疑包含有资本主义人口过剩是相对过剩的思想。

傅立叶还试图揭露资本主义人口问题的实质。他指出,资本主义社会之所以会出现人口过剩,是因为这个社会奉行“为了几个富人,就需要有许多穷人”⑥的政治箴言。他断言:“人们不久就会为这些政治箴言,特别是为它们在未能保证平民以适当的最低限度生活以前就鼓励繁殖蚁群般的平民一事感到脸红的。”⑦

---

① 《马克思恩格斯选集》第3卷,北京:人民出版社,1972年,第316页。
② 《傅立叶选集》第2卷,汪耀三译,北京:商务印书馆,1959年,第187页。
③ 《傅立叶选集》第1卷,汪耀三译,北京:商务印书馆,1959年,第123页。
④ 《傅立叶选集》第3卷,汪耀三译,北京:商务印书馆,1964年,第282页。
⑤ 《傅立叶选集》第1卷,汪耀三译,北京:商务印书馆,1959年,第124页。
⑥ 《傅立叶选集》第2卷,汪耀三译,北京:商务印书馆,1959年,第214页。
⑦ 《傅立叶选集》第2卷,汪耀三译,北京:商务印书馆,1959年,第214页。

三

傅立叶在研究人口问题时,不仅提出了保持人口平衡、保持消费者人数与生产力的比例的重要思想,而且还十分重视限制人口增长的手段问题。

在傅立叶看来,古代社会之所以没有发生人口过剩问题,是由于古代人采用了“容忍弃婴或杀害婴儿”“杀害过剩的奴隶”“驱使奴隶们在水战中死亡”①等办法遏制了人口的增长。但他对这些办法持鄙视的态度。他认为,实现人口平衡应采用和平的手段而不要采取暴力的方法。

当时,资本主义人口过剩问题引起了一些人的关注,但他们主张用移民的办法,通过推行殖民主义的途径来解决这一问题。傅立叶指出:“这等于在这个问题上玩花招。因为要是地球上都住满了人,达到了满额的话,那又能把一批批的移民往哪里遣送呢?”②

在驳斥欧文主义者关于“地球并未住满人,而且也不会这么快就住满人”的辩解时,傅立叶尖锐地指出:“这是欧文派的一种诡辩。欧文派在大谈人类的幸福时,回避人口平衡的问题,并且说,至少需要三百年,全球才会有人满之患。他们搞错了,其实只需要一百五十年。不管怎样,要把问题的解决推迟三百年,而且并没有保证到那时会提供什么解决办法,这就是回避问题。况且,纵然整个地球住满人需要三百年的时间,而关于幸福或所谓的幸福的理论总还是一种残缺不全的理论。”③

傅立叶还正确地指出,如果找不到合理的、有效的措施和手段,即使在比资本主义更高级的社会形态里,仍然会出现人口过剩的可能。这是他在人口问题上的又一个重要贡献。他警告人们说:“在协作制度将要提供的普遍和平和普遍幸福的情况下”,如果不找到有效手段来遏制人口增长,只需经过一百五十年整个地球就会都住满人。要避免这种情况的发生,“必须使这种新制度的理论

---

① 《傅立叶选集》第2卷,汪耀三译,北京:商务印书馆,1959年,第208页。
② 《傅立叶选集》第2卷,汪耀三译,北京:商务印书馆,1959年,第209页。
③ 《傅立叶选集》第2卷,汪耀三译,北京:商务印书馆,1959年,第209页。

提供种种极有效的手段，以防止人口过剩，使地球上居民数目减缩到大约五十亿，使其适应生活资料和需求之间的正确比例，而不致让人口增长到六十亿、七十亿、八十亿、一百亿、一百二十亿，以致达到过剩的危险”①。他的这一基本思想至今仍有重要意义。

傅立叶认为，其他任何人提出的办法都是不可取的，只有他才真正找到了解决人口过剩问题的正确手段。他指出：“在协作制度下，自然界是用四种障碍来抵制人口过剩的。”②这四种障碍是：

第一，身体强健。妇女的生殖能力是同她们的身体健康状况成反比的。身体强健的妇女不容易怀孕，而身体娇弱的妇女却有过高的令人讨厌的生殖力。因此，要抵制人口过剩，就必须使妇女们的身体强健起来。

第二，美食制度。在身体强健的妇女中间，她们的生殖能力也是有差别的。强健的农妇比城市妇女的生殖能力要强得多。其原因是她们的膳食的精美程度上存在着差别。农妇的生活俭朴，她们只吃植物性的粗劣食品，而城市妇女则有精美的食品。因此，要减弱妇女的生殖能力不仅要使她们身体强健，还要让她们享受精美的膳食。

第三，爱色的习俗。“自由恋爱和情人众多，不言而喻，这是对生殖力的一种障碍。”③高等妓女是最爱色的，她们极少怀孕，而忠贞的少女或妇女则很容易受孕。因此，在和谐制度下，“将有许多妇女由于对社会有益的协作美德而委身于许多的男子”④。

第四，全面的锻炼。身体锻炼方面的差异对人的性成熟和生殖力也有着不可忽视的作用，“生殖力同样要以这种体育锻炼的影响为转移。如果身体的锻炼是全面的，并且交替地和均匀地扩及于身体所有部分，那么，生殖部分的发育就会晚一些”⑤。

在傅立叶看来，这种障碍是防止人口过剩的有效手段。但不能只是运用这四种手段中的某一手段来达到遏制人口增长的目的，必须把这四种手段有机地

---

① 《傅立叶选集》第2卷，汪耀三译，北京：商务印书馆，1959年，第209、210页。
② 《傅立叶选集》第2卷，汪耀三译，北京：商务印书馆，1959年，第210页。
③ 《傅立叶选集》第2卷，汪耀三译，北京：商务印书馆，1959年，第211页。
④ 《傅立叶选集》第2卷，汪耀三译，北京：商务印书馆，1959年，第211页。
⑤ 《傅立叶选集》第2卷，汪耀三译，北京：商务印书馆，1959年，第212页。

结合起来。“当人们善于把上面所阐述的四种手段结合起来应用时，生殖的可能性和怀孕的可能性将向着与现有方式相反的方向转化，就是说，不是担心人口过剩而是担心人口不足。那时，人们将想方设法来鼓励这种现在为任何谨慎的人所畏惧的生殖力。”①

在他明确提出的这四种手段之外，在他关于人口问题的其他论述中，还包含有用说服教育的办法使人们自觉自愿地节制生育，以达到人口平衡之目的的思想。他本人就身体力行地规劝人们少生孩子，以便过上幸福美满的生活。他苦口婆心地告诉人们：“明智的人只要少数儿女，以便保证他们有财富，因为没有财富就没有幸福，而不明智的和沉溺于肉欲的人则生育上打的儿女。”②他对那些持“孩子是上帝派遣来的，正直的人永远都不会嫌多的”这种观点的人说：“其实，恰恰相反，上帝希望把人的数目限制到与衣食生计相称。当社会的人生出像蚁群一样多的孩子，而孩子们由于数目过多竟至互相吞食（他们将不是像昆虫、鱼类、野兽那样在肉体上互相吞食，而是通过盗窃、战争和臻于完善境界的文明制度的种种背信弃义行为在政治上互相吞食），这时社会的人便把自己降低到昆虫的水平上了。”③

四

作为空想社会主义思想家的傅立叶研究人口问题，并不是偶然的。他悉心研究这一问题的根本目的，是要创立代表早期共产阶级的愿望和要求的空想社会主义人口理论，来同资产阶级经济学家特别是马尔萨斯的人口论相对立。

16 世纪中叶，西欧进入资本主义工场手工业的发展时期。以手工劳动和雇佣工人的分工为基础的资本主义工场手工业的发展，极大地增加了对劳动力的需求。适应资本主义发展的这种客观要求，资产阶级经济学家们在考察人口与财富、人口与资本、人口与收入的关系时，认为人口众多、人口密度大是国家富

① 《傅立叶选集》第 2 卷，汪耀三译，北京：商务印书馆，1959 年，第 213 页。
② 《傅立叶选集》第 2 卷，汪耀三译，北京：商务印书馆，1959 年，第 213 页。
③ 《傅立叶选集》第 2 卷，汪耀三译，北京：商务印书馆，1959 年，第 213 页。

强的源泉和表现,从而提出了鼓励人口增长的主张。

英国古典政治经济学的创始人威廉·配第从劳动价值论的观点出发,认为劳动是财富的源泉,人口是创造财富必不可少的两个重要条件之一。在他看来,人众则财富多,人少则财富寡,国家的富裕程度不在于领土的大小而决定于人口的多少。他说:“人口少是真正的贫穷。有800万人口的国家,要比面积相同而只有400万人口的国家不仅富裕一倍。”①基于这种认识,他主张鼓励人口增长。

著名的英国古典政治学家亚当·斯密继承了配第关于劳动是财富的源泉的思想,亦赞成鼓励人口增长。他把人口增长视为财富增加的标志,认为“一国繁荣最明显的标志,就是居民人数的增加”②。

他们的人口理论,反映了当时的产业资产阶级对有更多的雇佣劳动者来供他们剥削的要求,因而被不少国家采纳。这些国家都采取了鼓励人口增长的政策。

随着英国产业革命的蓬勃发展和法国资产阶级革命的胜利,资本主义制度的固有矛盾逐渐暴露。资本主义的发展给无产阶级带来无穷的痛苦和灾难,使他们日益陷入失业和极度贫困的悲惨境地,无产阶级和资产阶级的矛盾日趋尖锐。对于这一事实,不同阶级的代表人物做出了不同的解释。

从维护资本主义私有制的目的出发,以马尔萨斯为代表的资产阶级经济学家把无产阶级贫困化看成是工人人口增长过快的结果。根据食物为人类生活所必需和两性间的情欲是必然的这两个所谓的公理,马尔萨斯把人口发展规律说成是超社会的自然规律,认为人口过剩是自然规律作用的结果而不是资本主义制度的产物。他断言人口的增殖快于生活资料的增长,在没有限制的条件下,按几何级数增长的人口不可能与按算术级数增长的生活资料维持平衡。要恢复二者的平衡状态,必须借助于自然规律的力量,以贫困和罪恶为主要手段来限制人口增长。这些手段包括战争、灾荒、瘟疫和禁止无力赡养子女的人结婚等。

---

① [英]威廉·配第:《赋税论》,陈冬野译,北京:商务印书馆,1978年,第32页。

② [英]亚当·斯密:《国民财富的性质和原因的研究》上册,郭大力等译,北京:商务印书馆,1979年,第64页。

对无产阶级的悲惨遭遇深表同情的傅立叶,代表无产阶级的利益和要求,在批评那些主张人口无限制增长的资产阶级经济学家和资本主义人口政策的同时,猛烈地抨击了资本主义制度。他指责资本主义制度是温和的监狱和贫困的温床,是颠倒的世界和社会的地狱。贫困、饥饿、失业等种种祸害都是这一制度给无产阶级带来的恶果,而不是该社会的人口增长绝对地超过了这一社会创造的物质财富所能养活的程度。如果用按比例分配的合理分配制度代替资本主义分配制度,无产阶级的生活状况就会得到极大的改善。

傅立叶虽然没有直接批判马尔萨斯的人口论,但通过建立自己的反映当时尚未成熟的无产阶级反对资产阶级,要求对社会实行普遍改造的最初愿望的人口理论来同马尔萨斯相对立。他关于在人的情欲和物质财富的矛盾运动中有可能出现协调和平衡,有可能表现为"情欲引力"的思想,他关于无产阶级贫困化的根源不在于人口绝对过剩而在于资本主义制度的观点,他关于资本主义社会只是人类社会历史进程中的一个必经阶段但不是永恒的社会制度的阐明,他关于实现人口平衡、保持消费者人数和生产力的比例不能采取暴力手段而应实行和平措施的论述,所有这一切都表明他的人口理论的无产阶级倾向,表明他的人口理论同资产阶级经济学家特别是马尔萨斯人口论的对立。

五

如前所述,傅立叶在研究人口问题特别是资本主义人口问题时,提出了不少有见地的思想和观点。但是,如同他的社会主义学说有严重缺陷,是空想社会主义的思想体系一样,他的人口思想也存在着重大的理论缺陷,也具有空想的性质。

首先,傅立叶人口思想赖以建立的理论基础是唯心主义的社会历史观。前面说过,傅立叶研究人口问题是以所谓的"情欲引力"理论为出发点的,而这一理论本质上是唯心主义的社会历史观。历史唯物主义认为,生产力是人类社会发展的终极动因,"情欲引力"理论则把社会发展的终极动因归结为人的情欲。历史唯物主义认为,人类社会发展的根本动力在于生产力和生产关系的矛盾运动。"情欲引力"理论则把人的情欲和物质财富的矛盾运动视为根本动力,并且

“情欲引力”理论还把人的情欲的来源归结于上帝。这种社会历史观不能不是唯心主义的。从这一社会历史观出发，傅立叶把人的情欲和物质财富相适应的状况作为考察人口问题的原则，作为衡量一个社会物的生产和人的生产之间的比例关系是否适当的尺度，作为批判资产阶级人口理论和资本主义国家人口政策的武器，并作为制定自己的人口理论的根据，这显然是不正确的。

其次，傅立叶人口思想本质上是一种自然决定论的人口思想。马克思主义人口理论认为，人口再生产过程是自然过程和社会过程的统一。人口再生产过程当然要受自然条件的影响。任何社会的人口都必须在一定的地理环境中生活，不可避免地要受气候、矿藏、植被、水流等自然因素的影响。此外，人类自身的遗传、变异和各种生理机能等自然因素也在一定程度上影响着人口的存在和发展。这些自然条件和自然因素对人口再生产过程有着不可忽视的作用。但是，人口再生产过程本质上是社会过程。人口的存在和发展，不能离开一定的社会生活条件，不能离开物质资料生产，并受各种社会因素的制约。人口再生产过程最终是由一定的社会生产方式决定的。傅立叶在研究人口问题时，虽然也讲到了某些社会生活条件对人口过程的制约作用，甚至指出资本主义制度是该社会人口问题的根源，但从本质上说，他的人口思想仍然是一种自然决定论的人口思想。他把人的情欲看作人口再生产过程的决定者。在他看来，人的情欲得到满足的程度决定着人口再生产的状况，并且“不论过去或未来，情欲都是一成不变的”①，任何社会力量都只能影响其进程而不能改变它的目的和性质。人的情欲的唯一决定者是赋予人们这种情欲的上帝。但从他的论述中可以看出，他所谓的上帝并不是那种超自然的抽象的神灵，实际上指的是自然界。这就是说，自然界是人口再生产过程的最终决定力量。

再次，傅立叶在人口问题上对资本主义的批判具有很大局限性。他虽然意识到资本主义人口问题的根源在于资本主义制度，甚至几乎猜到了资本主义人口过剩的实质，但他错误地认为，资本主义产品分配制度是造成资本主义人口问题的总根源。他根本不懂得生产条件分配的决定意义，不懂得消费品的分配只是生产条件分配的结果，而生产条件的分配则表现生产方式本身的性质。傅立叶在人口问题上对资本主义的批判的这种局限性，最终是由他的唯心主义社

---

① 《傅立叶选集》第1卷，汪耀三译，北京：商务印书馆，1959年，第11页。

会历史观决定的。

最后，傅立叶提出的节制人口增长的手段是非科学的。从生理学的角度讲，从大量的事实看，身体强健、增加膳食营养和体育锻炼，都只能增强包括生殖能力在内的各种生理机能，而不会减弱人们的这些机能。至于他用爱色的习俗来节制人口增长的主张，则更为荒唐。

综上所述，傅立叶的人口思想是一个伟大空想社会主义思想家的人口思想，它既有严重的缺陷，又包含着一系列"突破幻想的外壳而显露出来的天才的思想萌芽和天才思想"①，在人类社会发展的一定阶段曾起过进步的积极的作用。我们应当用科学的历史主义的态度来正确地对待这一人口理论，在剔除其糟粕的同时，批判地继承其有价值的合理的成分。

（原载《马克思主义来源研究论丛》第9辑，商务印书馆1987年10月出版）

---

① 《马克思恩格斯选集》第3卷，北京：人民出版社，1972年，第299页。

中国的主体必须是社会主义
——学习邓小平关于“一国两制”的论述

按照“一国两制”构想，在统一后的中国一国范围内，社会主义和资本主义两种社会制度将长期并存。如何正确处理一国范围内两种不同社会制度之间的相互关系，是马克思主义在当代中国必须回答的一个重大理论和实践问题。邓小平把马克思主义基本原理同中国实现和平统一的具体实际相结合，创造性地提出了以大陆社会主义为主体的理论。认真学习和准确把握这一理论的思想内涵和精神实质，对于我们实现祖国和平统一，建设有中国特色的社会主义，具有重要意义。

一

邓小平以大陆社会主义为主体的理论不是凭空产生的，而是在用“一国两制”构想解决中国和平统一问题的实践中逐步形成和发展起来的，有其特定的历史背景和很强的针对性。

“一个国家，两种制度”，是邓小平为解决台湾问题、香港问题和澳门问题，实现祖国和平统一而提出的伟大构想。在阐述“一国两制”构想时，邓小平指出：“我们的政策是实行‘一个国家，两种制度’，具体说，就是在中华人民共和国内，十亿人口的大陆实行社会主义制度，香港、台湾实行资本主义制度。”①

由于这一构想集中代表了包括港澳台同胞在内的全中国人民的共同愿望，因而它一经提出，便在海内外引起强烈反响，受到国际社会的高度评价。按照

① 《邓小平文选》第3卷，北京：人民出版社，1993年，第58页。

这一构想，我国政府同英国和葡萄牙政府经过谈判，分别就中国恢复行使对香港、澳门的主权达成了协议。1990年4月和1993年3月，全国人大分别通过了《中华人民共和国香港特别行政区基本法》和《中华人民共和国澳门特别行政区基本法》。这表明，“一国两制”构想在香港、澳门地区开始进入实施阶段。

“一国两制”构想对海峡两岸关系发展，也起到了巨大的推动作用。经过海峡两岸同胞、港澳同胞和海外侨胞的共同努力，两岸人员往来和科技、文化、体育等领域的交流蓬勃发展，两岸经济相互促进、互补互利的局面初步形成。早日实现两岸直接“三通”，已成为广大台胞特别是台湾工商业者的强烈呼声。“汪辜会谈”的举行，标志着两岸关系迈出了历史性的重要一步。可以这样说，“和平统一，一国两制”方针在台湾岛内正日益深入人心。

但是，“一国两制”构想的实现不会是一帆风顺的。自中国共产党提出“和平统一，一国两制”主张以来，台湾当局不顾全国人民的根本利益，顽固坚持“不妥协、不接触、不谈判”的错误方针，拒绝实现两岸“三通”。迫于岛内外的压力，他们虽在口头上也讲“统一”，但在实际行动上却不断设置障碍。他们一方面对岛内“台独”分子持怂恿态度，与“台独”势力勾勾搭搭，沆瀣一气；另一方面又在谁统一谁的问题上发难，重弹“三民主义统一中国”的老调。他们把话说得很明白，就是中国统一的唯一办法是大陆向台湾靠拢，台湾把大陆吃掉，用台湾的资本主义取代大陆的社会主义。这种不近情理的要求，理所当然地遭到中国共产党和大陆人民的断然拒绝，受到港澳台同胞和海外侨胞的严厉谴责。

针对台湾当局的无理要求，1983年6月邓小平在会见一位美国客人时指出：“和平统一不是大陆把台湾吃掉，当然也不是台湾把大陆吃掉。所谓‘三民主义统一中国’，这不现实。”①次年10月，邓小平再次强调：“台湾当局提出要以‘三民主义’统一中国，至少是太缺乏现实感了。能用一千几百万人口的台湾的现行制度来统一十亿人口的大陆吗？我们曾多次劝台湾当局，不要这样想，要搞一个你不吃掉我、我也不吃掉你的办法。十亿人口的大陆坚定不移搞社会主义，台湾可以搞它的资本主义。”②

其实，就连台湾当局自己也深知“和平统一，一国两制”的历史潮流不可抗

---

① 《邓小平文选》第3卷，北京：人民出版社，1993年，第31页。
② 《邓小平文选》第3卷，北京：人民出版社，1993年，第97页。

拒，对“三民主义统一中国”缺乏信心。他们之所以如此鼓噪，一方面是在为自己壮胆打气，自欺欺人；另一方面则是要同大陆争夺“正统”地位，争夺主体地位。

台湾当局的很多言论，都涉及一个重大原则问题，即在未来统一后的中国，究竟哪种社会制度占主体地位，是大陆的社会主义，抑或是台湾的资本主义？在如此重大的原则问题上，邓小平从来是不含糊、不让步的。他尖锐地指出：实行“一国两制”，我们“允许国内某些区域实行资本主义，比如香港、台湾”，但是“中国的主体必须是社会主义”①。后来，他在会见英国首相撒切尔夫人时又说：“‘一国两制’除了资本主义，还有社会主义，就是中国的主体、十亿人口的地区坚定不移地实行社会主义。”坚持大陆的社会主义主体，“这是个前提，没有这个前提不行。在这个前提下，可以容许在自己身边，在小地区和小范围内实行资本主义”②。

二

邓小平强调“一国两制”必须以大陆的社会主义为主体，不能以香港、台湾的资本主义为主体，绝不是出于某种阶级偏见，而是建立在对近代中国社会的历史发展和当今中国社会的现实状况的科学分析基础之上的。

从近代中国社会的历史发展看，资本主义在中国行不通，只有社会主义才能救中国。在驳斥台湾当局不现实的想法时，邓小平指出：“蒋经国提出用‘三民主义’统一中国，这现实吗？你那个‘三民主义’在中国搞了二十二年，一九二七年到一九四九年，中国搞成了什么样子？‘中国人站起来了’，是什么时候站起来的，是一九四九年。使中国人站起来的，不是蒋介石，而是共产党，是社会主义。”③他还说：“人们提出这样一个问题，如果中国不搞社会主义，而走资本主义道路，中国人民是不是也能站起来，中国是不是也能翻身？让我们看看历

① 《邓小平文选》第3卷，北京：人民出版社，1993年，第59页。

② 《邓小平文选》第3卷，北京：人民出版社，1993年，第103页。

③ 《邓小平文选》第3卷，北京：人民出版社，1993年，第86页。

史吧。国民党搞了二十几年,中国还是半殖民地半封建社会,证明资本主义道路在中国是不能成功的。"①在回顾近代中国历史的基础上,邓小平强调:"只有社会主义才能救中国,这是中国人民从五四运动以来到现在六十年来的切身体验中得出的不可动摇的历史结论。"②

从现代中国的历史发展看,中国必须坚持社会主义道路,倒退到资本主义是没有出路的。邓小平指出,社会主义不仅能够救中国,而且能够发展中国。他一再强调:"中国不搞社会主义不行,不坚持社会主义不行。如果没有共产党的领导,不搞社会主义,不搞改革开放,就呜呼哀哉了,哪里能有现在的中国?"③"中国走资本主义道路不行,中国除了走社会主义道路没有别的道路可走。一旦中国抛弃社会主义,就要回到半殖民地半封建社会。"④

当然,我们说中国大陆不坚持社会主义不行,绝不是要把社会主义强加给港澳台地区,用社会主义统一中国,而是根据中国的历史和现实,用各有关方面都能接受的办法来解决中国统一问题。在谈到香港问题时,邓小平指出,用和平方式解决香港问题,既要考虑到香港的实际情况,也要考虑到中国的实际情况和英国的实际情况,找到一种使三方面都能接受的解决办法。"如果用社会主义来统一,就做不到三方面都接受。勉强接受了,也会造成混乱局面。"从现实情况看,使"三方面都能接受的只能是'一国两制'"⑤。但是,我们允许港澳台地区保持原有的资本主义制度,并不是要让这些地区的资本主义制度同大陆的社会主义制度平起平坐,更不会让它们的资本主义制度在"一国两制"的政治构架中占主体地位,国家的主体必须是而且也只能是大陆的社会主义。

首先,港澳台地区在整个国家中所占的分量很小,又无国际地位,没有资格充当国家主体。无论在土地面积还是人口方面,港澳台都无法同大陆相比。大陆"是十亿人口,台湾是近两千万,香港是五百五十万,这就有个十亿同两千万和五百五十万的关系问题"⑥。实行"一国两制",如果硬让不足三千万人的地

---

① 《邓小平文选》第3卷,北京:人民出版社,1993年,第62页。
② 《邓小平文选》第2卷,北京:人民出版社,1994年,第166页。
③ 《邓小平文选》第3卷,北京:人民出版社,1993年,第326页。
④ 《邓小平文选》第3卷,北京:人民出版社,1993年,第206页。
⑤ 《邓小平文选》第3卷,北京:人民出版社,1993年,第101~102页。
⑥ 《邓小平文选》第3卷,北京:人民出版社,1993年,第103页。

区去主导十亿人的地区，让不足三千万人的社会制度去主导十亿人的社会制度，那是很不近情理的。“现在联合国只承认中华人民共和国政府是中国唯一的合法政府，台湾是中国的一部分。”①在这种情况下，台湾的社会制度有什么资格充当国家主体呢？中华人民共和国现在是世界上的一个政治大国，在不长的时间内还将成为一个世界经济大国，“中国的形象如何还是要看大陆，中国的发展趋势和前途也在大陆。台湾跟大陆争正统，不自量力”②。

其次，如果不坚持以大陆社会主义为主体，大陆的社会性质就会被改变。台湾当局一直叫嚷着要用“三民主义”统一中国，企图吃掉大陆的社会主义。因此，实行“一国两制”，必须始终坚持以大陆社会主义为主体这个前提。如果我们放弃原则，把国家主体地位拱手让给台湾，台湾当局就会毫不犹豫地改变大陆的社会性质。正如邓小平所说：“主体是很大的主体，社会主义的是在十亿人口地区的社会主义，这是个前提，没有这个前提不行。在这个前提下，可以容许在自己身边，在小地区和小范围内实行资本主义。”③这是十二亿大陆人民所坚决不能接受的。

再次，坚持以大陆社会主义为主体，是港澳台地区长期繁荣和稳定的重要保证。邓小平指出：“我们对香港、澳门、台湾的政策，也是在国家主体坚持四项基本原则的基础上制定的，没有中国共产党，没有中国的社会主义，谁能够制定这样的政策？”“我们搞的是有中国特色的社会主义，所以才制定‘一国两制’的政策，才可以允许两种制度存在。”要保证中国这一政策的连续性，首先必须保证大陆社会主义的主体地位不能变。“老实说，如果这方面变了，也就没有香港的繁荣和稳定。”④

台湾当局中的一些人借口大陆经济发展水平低于台湾，公然诋毁大陆社会主义的主体地位。针对这种借口，邓小平说：“至于比较台湾和大陆的发展程度，这个问题要客观地看。差距是暂时的。”根据大陆的现行政策，发展速度不会慢，距离正在缩小。“而且就整体力量来说，现在大陆比台湾强得多。所以单

---

① 《邓小平文选》第3卷，北京：人民出版社，1993年，第362页。

② 《邓小平文选》第3卷，北京：人民出版社，1993年，第358页。

③ 《邓小平文选》第3卷，北京：人民出版社，1993年，第103页。

④ 《邓小平文选》第3卷，北京：人民出版社，1993年，第217~218页。

就台湾国民平均收入比大陆现在高一些这一点来比较，是不全面的。”①这不能成为否定大陆社会主义主体地位的理由。

三

邓小平关于以大陆社会主义为主体的理论，有其深刻的思想内容。该理论所确立的原则，是我们在推进祖国和平统一事业中必须始终遵循的。

从邓小平的有关论述看，以大陆社会主义为主体的主要内容和要求有三：一是国家主权必须统一于中华人民共和国，台湾、香港只能作为地方政府而存在；二是必须确保大陆公有制经济的主体地位，港澳台地区的资本主义经济只能作为大陆公有制经济的补充；三是必须坚持中华人民共和国宪法所确认的四项基本原则，不允许港澳台地区成为颠覆大陆社会主义制度的基地。

邓小平指出，实行“一国两制”，港澳台地区与大陆的社会制度可以不同，“但在国际上代表中国的，只能是中华人民共和国”②。依照宪法和法律规定，香港、澳门和台湾作为中华人民共和国的特别行政区，享有高度的自治权。“我们承认台湾地方政府在对内政策上可以搞自己的一套。台湾作为特别行政区，虽是地方政府，但同其他省、市以至自治区的地方政府不同，可以有其他省、市、自治区所没有而为自己所独有的某些权力，条件是不能损害统一的国家的利益。”③高度自治不等于完全自治。“‘完全自治’就是‘两个中国’，而不是一个中国。”④香港回归祖国、台湾与大陆统一以后，中央人民政府将赋予它们以很大的外事权，允许它们以“中国香港”“中国台湾”的名义单独同各国、各地区及有关国际组织保持和发展经济、文化关系，签订有关的双边或多边协定。但是，港澳台地方政府在外交事务方面必须接受中央政府的统一管理，不得在国际上代表中国全面行使主权。这样做，既是维护国家主权统一的客观要求，也是坚持以大陆社会主义为主体的重要体现。

---

① 《邓小平文选》第3卷，北京：人民出版社，1993年，第170~171页。
② 《邓小平文选》第3卷，北京：人民出版社，1993年，第30页。
③ 《邓小平文选》第3卷，北京：人民出版社，1993年，第30页。
④ 《邓小平文选》第3卷，北京：人民出版社，1993年，第30页。

邓小平认为："社会主义有两个非常重要的方面，一是以公有制为主体，二是不搞两极分化。"①坚持公有制的主体地位，是社会主义的一条根本原则。只有确保公有制经济的主体地位，才能防止两极分化，实现共同富裕。因此，无论是搞改革开放，还是以"一国两制"方式实现祖国统一，都必须始终坚持以公有制经济为主体这项原则。

邓小平所说的"以公有制为主体"，是就全国和整个国民经济而言的，并不排除在一部分地区的小范围内实行资本主义。祖国和平统一后，在我国的国民经济中，不仅有大陆的公有制经济和个体、私营经济，还有港澳台地区的较完整的资本主义经济。在这种情况下，哪种经济成分占主体地位，将直接关系到我们国家和民族的前途和命运。为了确保我国的经济基础和社会性质不被改变，确保共同富裕目标的实现，必须把完整的资本主义经济严格限制在港澳台地区这样的小范围内，使公有制不仅在大陆范围内对个体、私营经济形成优势，而且在全国范围内对包括资本主义经济在内的各种经济成分起主导作用。只要我们始终坚持以公有制经济为主体，港澳台地区的资本主义不仅动摇不了大陆社会主义的根基，相反，将有助于我们进一步扩大对外开放，发展社会主义经济。邓小平指出："我们对香港的政策长期不变，影响不了大陆的社会主义"②，因为中国的主体是社会主义。在这个前提下，"在小范围内容许资本主义存在，更有利于发展社会主义"③。

四项基本原则，是邓小平对中国共产党所积累的历史经验的科学概括，体现了十二亿大陆人民的共同意志，是不可动摇的立国之本。"如果动摇了这四项基本原则中的任何一项，那就动摇了整个社会主义事业，整个现代化建设事业。"④实行"一国两制"，促进祖国统一，同样也必须毫不动摇地坚持四项基本原则。按照邓小平的一贯思想，祖国和平统一以后，四项基本原则作为国家的立国之本的地位不能动摇。同时考虑到港澳台地区的历史和现实情况，我们只要求大陆人民坚持四项基本原则，不要求港澳台居民也遵循这些原则，允许他们在其小范围内另搞一套。在谈到港人治港问题时，邓小平强调："港人治港有

① 《邓小平文选》第3卷，北京：人民出版社，1993年，第138页。
② 《邓小平文选》第3卷，北京：人民出版社，1993年，第59页。
③ 《邓小平文选》第3卷，北京：人民出版社，1993年，第103页。
④ 《邓小平文选》第2卷，北京：人民出版社，1994年，第173页。

个界线和标准，就是必须由以爱国者为主体的港人来治理香港。”“我们不要求他们都赞成中国的社会主义制度，只要求他们爱祖国，爱香港。”①在谈到台湾人的政治信仰问题时，邓小平说：“一九九七年以后，台湾在香港的机构仍然可以存在，他们可以宣传‘三民主义’，也可以骂共产党”，“但是在行动上要注意不能在香港制造混乱，不能搞‘两个中国’”。②

邓小平关于以大陆社会主义为主体的理论，是实事求是、一切从实际出发的产物，是高度灵活性与高度原则性相结合的典范。在他看来，允许港澳台地区保留原有的资本主义制度是实事求是，确立并坚持大陆社会主义的主体地位同样也是实事求是，二者都是根据中国的具体情况提出来的。但是，这二者不是并列的关系。在这两个方面中，坚持以大陆社会主义为主体是前提。要讲港澳台地区现行制度五十年不变，必须同时讲两个不变，首先是大陆社会主义这个主体不变。邓小平说：“讲不变，应该考虑整个政策的总体、各个方面都不变，其中一个方面变了，都要影响其他方面。”③他在批评一些人的思想片面性时说：“人们只是说中国的开放政策是不是变了，但从来不提社会主义制度是不是变了，这也是不变的嘛！”④他指出，在香港问题上，“人们忽略的一个方面，就是坚持四项基本原则，坚持社会主义制度，坚持共产党的领导”⑤。他告诫说：“中国要是改变了社会主义制度，改变了中国共产党领导下的具有中国特色的社会主义制度，香港会是怎样？香港的繁荣和稳定也会吹的。”⑥因此，“在这个问题上，思想不能片面。不讲两个方面，‘一国两制’几十年不变就行不通了”⑦。在这里，邓小平深刻地阐述了主体与非主体以及“两个不变”的辩证关系，体现了高度灵活性与高度原则性的完美结合。

邓小平关于以大陆社会主义为主体的理论具有重要的实践意义。它明确告诉我们，实行“一国两制”，哪些问题是重大原则问题，哪些问题属于具体问题，哪些东西是必须旗帜鲜明地加以坚持的，在哪些方面可以适当采取灵活的

① 《邓小平文选》第3卷，北京：人民出版社，1993年，第61页。
② 《邓小平文选》第3卷，北京：人民出版社，1993年，第75页。
③ 《邓小平文选》第3卷，北京：人民出版社，1993年，第218页。
④ 《邓小平文选》第3卷，北京：人民出版社，1993年，第217页。
⑤ 《邓小平文选》第3卷，北京：人民出版社，1993年，第217页。
⑥ 《邓小平文选》第3卷，北京：人民出版社，1993年，第218页。
⑦ 《邓小平文选》第3卷，北京：人民出版社，1993年，第219页。

态度。这一理论既同那种宁肯不要祖国统一也不容许港澳台地区保留资本主义的“左”的主张划清了界限，又与那种只讲统一、不讲原则的“右”的倾向有本质的区别，对于统一全党和全国人民的思想，团结一切拥护祖国统一的爱国者，推进祖国和平统一大业，具有重要的现实意义。

（原载《中州学刊》1996年第3期）

积极应对超级大国称霸世界的全球战略
——学习江泽民同志关于抓紧做好军事斗争准备的论述

江泽民同志1989年11月主持中央军委工作以来,创造性地运用邓小平新时期军队建设思想,深刻洞察复杂多变的国际局势,科学分析当今世界军事发展趋势,系统总结改革开放以来我军建设的历史经验,提出了在新的历史条件下加强我军建设,抓紧做好打赢现代高技术战争的军事斗争准备的战略任务。认真学习江泽民同志的有关论述,对于加快我军现代化建设进程,使之在未来现代高技术战争中立于不败之地,捍卫祖国统一和领土主权完整,维护世界和平,反对霸权主义和强权政治,具有极其重要的意义。

一、新的国家安全形势要求我们抓紧做好军事斗争准备

1998年12月25日,江泽民同志在总结二十年来军队建设的历史经验时指出:当今世界"霸权主义和强权政治依然存在,领土、民族、宗教矛盾错综复杂,世界一些地区发生局部战争和武装冲突不可避免。我们要坚决维护祖国统一和领土主权的完整,对战争的危险必须保持充分的警惕,绝不能有任何麻痹思想。要从长计议,有计划有步骤地进行军队现代化建设,同时要抓紧做好军事斗争准备,把两者正确地结合和统一起来"①。在这里,江泽民同志郑重地提出了抓紧做好军事斗争准备的战略任务。这是江泽民同志在深刻分析当今世界政治局势和军事斗争形势发展的特点,以及我们所面临的一些矛盾的基础上做

---

① 江泽民:会见中国人民解放军总装备部第一次党委扩大会议代表时的讲话(新闻稿)1999年1月8日,《人民日报》1999年1月9日。

出的重大决策。

20 世纪 80 年代末 90 年代初两极格局终结,世界局势发生了巨大而深刻的变化。以江泽民同志为核心的党中央经过冷静观察和科学分析,确认国际形势缓和的大趋势不会逆转,争取一个良好的国际环境和周边环境仍然是可以实现的,因此,必须坚定不移地进行改革开放,继续加快社会主义现代化建设的步伐,集中力量发展自己。同时,还必须清楚地看到,威胁世界和平和我国安全的战争危险并没有消失,我们应当对此保持高度的警惕,并积极做好军事斗争准备。

冷战结束以后,世界格局呈多极化发展趋势,各国人民要求和平与发展的呼声日益高涨。但是,作为世界上唯一的超级大国的美国,逆历史潮流而动,倚仗其强大的经济、科技和军事实力,继续推行霸权主义和强权政治,加紧实施其称霸世界的全球战略。他们打着"维护人权"的幌子,鼓吹所谓的"新干涉主义",企图把自己的社会模式和价值观念强加于别国人民。如果有谁拒不接受,他们就向谁施压,实行武力威胁以致施以军事干涉。美国操纵北大西洋公约组织提出所谓"战略新概念",把北约从一个"集体防御性组织"变成一个进攻性、侵略性的军事集团,使之成为美国推行霸权主义和强权政治的重要工具。以美国为首的北约公然对主权国家南斯拉夫实施军事打击,就是美国推行其称霸世界全球战略的一个重要步骤。事实清楚地表明:美国操纵北约轰炸南斯拉夫,不仅是要进一步挤压俄罗斯的地缘政治和战略空间,遏制俄罗斯,更重要的是想为其以后不经过联合国授权就军事干涉别国内政开创一个危险的先例;它袭击中国驻南斯拉夫大使馆,是要试探中国对此事的反应力度和所采取的应对措施,以便为它以后直接介入中国周边事态、军事干涉中国内政提供依据。

中国是发展中的社会主义大国,一贯奉行独立自主的和平外交政策,在整个国际战略格局中具有举足轻重的地位。在美国的眼中,这个社会制度和价值观念与自己相悖的国家,是其称霸世界的最大障碍。因此,美国长期以来把中国视为眼中钉、肉中刺,必欲除之而后快。美国支持所谓"持不同政见者"和分裂主义分子,借口台湾、西藏、人权、宗教等问题无理干涉中国内政,加紧推行其"西化""分化"中国的战略;鼓吹所谓"中国威胁论",离间中国与周边国家的关系;炮制所谓新《日美防卫合作指针》,并且公然声称该指针是"北约东扩的亚洲版和北约东扩的必然归宿";加紧部署所谓"战区导弹防御系统",并力图把我国的台湾省纳入该系统;臆造所谓"核机密泄露案",不断地为中美关系增加新的麻烦。多年来,以美国为首的西方敌对势力一直没有放弃把社会主义中国作为设想之敌,作为他们在未来新的世纪潜在的对手。对此,我们必须要有清醒的认识,切不可丧失警惕。

二、立足于打赢现代技术特别是高技术条件下的局部战争

江泽民同志指出:“国防现代化是我国社会主义现代化事业的重要组成部分,一个巩固的国防是经济发展和国家安全的基本保障。如果不随着经济的发展而努力加强国防建设,提高军队武器装备的现代化水平,一旦发生战争,我们就可能陷于被动,就难以有效维护国家安全。国防建设和军事斗争准备,必须能够确保国家的利益与安全。”①为了捍卫我国的主权和领土完整,维护世界和平,随时准备应对国外敌对势力对我国可能发动的军事打击,我们必须在集中力量进行经济建设的同时,加快国防现代化建设的步伐。

加快国防和军队现代化建设,充分做好军事斗争准备,首先必须制定正确的军事战略方针。军事战略方针是武装力量建设和运用的基本依据。军事战略方针正确与否,直接关系到未来军事斗争的成败和国家的安危。以江泽民同志为核心的党中央和中央军委,根据世界战略格局的新变化和世界军事领域发生革命性变革的新形势,制定了我军新时期的军事战略方针,提出要把未来军事斗争准备的基点,从应付一般条件下的战争,转到打赢现代技术特别是高技术条件下的局部战争上来。这是积极防御的军事战略思想的重大发展。

面对高技术在军事领域广泛运用的新形势,以江泽民同志为核心的党中央和中央军委提出,要加快实施科技强军战略,努力提高军队现代化建设的各个方面的科学技术含量,增强现代技术特别是高技术条件下的防卫作战能力。江泽民同志指出:“军队武器装备的高科技化,是当今世界军事发展的一个重要趋势。我国国防和军队现代化建设面临着难得的机遇,也面临着严峻的挑战。国防科技和武器装备发展是衡量国防实力的重要标志,对一个国家、一支军队来

① 江泽民:《关于二十年来军队建设的历史经验》(新闻稿)1998年12月25日,《光明日报》1999年1月8日。

说极为重要。”①在当今世界武器装备日趋高科技化的形势下，能不能在高技术条件下有效地进行防卫作战，对于克敌制胜、维护国家安全具有决定性的意义。以江泽民同志为核心的党中央和中央军委提出的新时期军事战略方针，即以打赢现代技术特别是高技术条件下的局部战争为基点，积极做好军事斗争准备，是完全正确的。

推进我军武器装备高科技化，需要有选择地借鉴和引进国外的先进技术和装备，但是一味地依赖别人是不行的，单靠引进永远不可能赶超世界先进水平。发展我军的武器装备，必须坚持“缩短战线，突出重点，集中力量办大事”的方针。江泽民同志强调，世界上先进的武器装备，我们不可能都赶，我们的财力、技术力量都不允许那样做。要“有所为、有所不为，有所赶、有所不赶”，集中力量，抓住重点，力争突破，尽可能快一些研制出具有我们自己优势的高新技术武器来。为了捍卫自己国家的安全和利益，我们必须在世界高新技术武器领域占有一席之地。

新时期的军事斗争准备，不仅要求我们必须努力发展高新技术武器装备，而且还要求我们必须大力培养高新技术人才。江泽民同志强调，迎接新的军事发展的挑战关键在人才。没有一大批高素质的人才，就无法掌握新的武器装备，无法创造和运用新的战法，也就不可能赢得未来高新技术战争的胜利。要坚定不移地把教育和训练摆到战略位置，把培养和造就一大批高素质的现代军事人才作为新时期军队建设的重中之重。

三、必须正确认识和处理几个重大关系

新时期的军事斗争准备涉及我国战略全局的许多方面，是一个相当复杂的系统工程。江泽民同志强调指出：“军事战略归根结底是治国之道。任何一个国家，要治理国家，军事不搞好是绝对不行的，因为军事战略必须跟整个国家的经济、政治、外交密切协调。如果军事战略错了，损失是很大的。”②我们做好新

① 江泽民：会见中国人民解放军总装备部第一次党委扩大会议代表时的讲话（新闻稿）1999年1月8日，《人民日报》1999年1月9日。

② 参见秋石《从治国之道的高度思考军事战略问题》，《求是》杂志2003年第11期。

时期的军事斗争准备,必须牢牢把握全党全国工作大局,正确处理相关的一些重大关系问题,努力办好自己的事情。

科学分析当前的国际形势,正确估计目前的战争危险,准确把握战争与和平的关系,是做好新时期军事斗争准备的重要前提。错误判断国际形势,对战争危险估计不足,放松军事斗争准备,一旦战争打起来,就会措手不及,陷于十分被动的地位;相反,对战争危险估计过高,认为战争迫在眉睫,离开经济建设这个中心全力搞战备,就会给国家的建设和发展造成不利的影响,从长远看,不利于国防和军队现代化建设。冷战结束后,以江泽民同志为核心的党中央客观地分析了发展变化的国际形势,对战争与和平的关系做了新的认识和把握。江泽民同志指出,当前国际形势总体上继续趋于缓和,多极化趋势有了新的发展,维护世界和平的因素正在不断增长。在相当长的时期内,避免新的世界大战是可能的,争取一个良好的国际环境和周边环境是可以实现的。尽管目前我们面临的国际形势比较严峻,但是不能看成漆黑一团,不能说我们现在处于多么不利的地位。我们要始终不渝地坚持党的基本路线,继续坚定不移地坚持以经济建设为中心,同时也必须清醒地看到,世界走向多极化是一个相当长的复杂的历史过程,这个历史过程只有经过曲折和反复才会完结。在多极化趋势发展新进程中,霸权主义和强权政治不仅存在,并且还会有新的发展,继续成为威胁世界和平与发展的主要根源。从目前情况看,和平与发展两大问题,和平问题没有得到解决,发展问题更加严重。新的世界大战虽然还打不起来,但是局部战争不可避免。我们要保持警惕,抓紧做好军事斗争准备,切不可忽视所面临的局部战争或地区性冲突的潜在危险。

做好新时期的军事斗争准备,必须正确把握和处理国防建设和经济建设的关系。江泽民同志指出:“把经济建设搞上去和建立强大的国防,是我国现代化建设的两大战略任务。从根本上说,这两大战略任务是统一的,但需要结合我国社会主义初级阶段的国情正确地把握和处理。”①正确地把握和处理这两大战略任务的关系,必须坚持以经济建设为中心,国防建设必须服从国家经济建设的大局。要在集中力量进行经济建设的同时加强国防建设,努力形成国防建

---

① 江泽民:《关于二十年来军队建设的历史经验》(新闻稿)1998 年 12 月 25 日,《光明日报》1999 年 1 月 8 日。

设和经济建设相互促进、协调发展的机制。要按照发展社会主义市场经济的要求，坚持平战结合、军民结合，建立和完善国防工业运行机制，增强平战转换能力，走出一条符合我国国情并反映时代特征的国防现代化建设道路。

做好新时期的军事斗争准备，必须正确地把握和处理常备军和国防后备力量的关系。江泽民同志指出："紧紧依靠最广大人民群众，是我军最深厚的力量源泉。无论武器装备如何发展，战争形态如何变化，人民战争都是我们克敌制胜的法宝。我们要结合新的历史条件和新的实践，坚持和创造性地发展人民战争的思想。"①按照人民战争的战略思想，做好新时期的军事斗争准备，必须实行精干的常备军和强大的国防后备力量相结合，在加强军队建设的同时高度重视国防后备力量建设。要进一步加强全民国防教育，完善国防动员体制，突出抓好民兵、预备役部队建设，提高快速动员能力和训练水平，真正做到招之即来，来之能战，为未来的战争胜利打下坚实的基础。

做好新时期的军事斗争准备，必须正确地理解和把握优势与劣势的辩证关系。与世界上一些发达国家相比，我军的武器装备现代化水平总体上是落后的，并且这一劣势在相当长的时期内难以根本改变。但是，优势和劣势的关系是辩证的关系，它们在一定条件下可以相互转化。我们要在未来的战争中赢得主动，关键在于如何创造条件努力实现这种转化。江泽民同志指出："我们要立足现有装备打仗，树立以劣势装备战胜优势装备之敌的信心。"②必须认识到，在未来的高技术条件下的局部战争中，我军以劣势装备战胜优势装备是完全可能的。实践经验表明，高技术武器并不是在任何条件下都能发挥其特长，也不是在任何情况下都不存在弱点和短处。也就是说，高技术武器装备的应用效能是相对的，它的作用的发挥也会受到一定条件的限制。我们要努力研究克敌制胜的有效措施。与此同时，我们也要加强武器装备建设，努力提高武器装备的高科技含量，增强应付未来高技术战争的物质技术基础。

总之，我们要在邓小平新时期军队建设思想的指导下，以新时期军事战略方针为依据，着眼未来高技术条件下局部战争的特点，继承和发扬我军作战的

---

① 江泽民：《关于二十年来军队建设的历史经验》（新闻稿）1998 年 12 月 25 日，《光明日报》1999 年 1 月 8 日。

② 江泽民：会见中国人民解放军总装备部第一次党委扩大会议代表时的讲话（新闻稿）1999 年 1 月 8 日，《人民日报》1999 年 1 月 9 日。

优良传统，吸取世界近期局部战争经验，创新人民战争的战略战术，使我军军事理论、作战思想、作战原则和作战方法进一步适应未来作战的实际需要，为打赢未来高技术条件下的局部战争做好充分的军事斗争准备。

（原载《红旗文稿》1999 年第 22 期）

论第三代中央领导集体的理论创新

面对20世纪90年代以来国际竞争日趋激烈、国内改革和建设任务艰巨繁重、客观实际不断发展变化的复杂局势,以江泽民同志为核心的第三代中央领导集体,坚持党的解放思想、实事求是的思想路线,创造性地运用邓小平理论研究解决中国建设和改革的实际问题,在全面推进建设有中国特色社会主义事业的伟大实践中,不断研究新情况,总结新经验,努力进行理论创新和实践创新,提出了一系列新的思想和观点,做出了一系列新的科学判断,形成了适合中国跨世纪发展的新的理论认识,进一步开拓了马克思主义与当代中国实际相结合的新境界,孕育了第三代中央领导集体的理论创新成果。

一、第三代中央领导集体理论创新成果的主要理论贡献

第三代中央领导集体的理论创新成果,作为我们党近十几年来领导和推进改革开放和社会主义现代化建设历史经验的科学总结,进一步回答了面向新的世纪,如何坚持党的基本理论和基本路线,如何巩固和发展有中国特色社会主义,怎样把邓小平开创的有中国特色社会主义伟大事业全面推向21世纪的一系列基本问题,用新的思想和观点创造性地发展了邓小平理论。其理论贡献突出地体现在以下这些方面:

1.在党的理论旗帜问题上,正确地回答了邓小平逝世后我们党举什么旗、走什么样路的问题。强调旗帜问题至关紧要,系统地阐述了邓小平理论的科学体系,科学地揭示了邓小平理论的历史地位和指导意义,做出了高举邓小平理论伟大旗帜不动摇的历史性决策。指出邓小平理论是在和平与发展成为时代主题的历史条件下,在我国社会主义改革开放和现代化建设的实践过程中,在总

结我国的历史经验,并借鉴其他国家社会主义兴衰成败历史经验的基础上,逐步形成和发展起来的。它第一次比较系统地初步回答了中国这样的经济文化比较落后的国家如何建设、巩固和发展社会主义的一系列根本问题,是马克思列宁主义基本原理与当代中国实际和时代特征相结合的产物,是毛泽东思想的继承和发展,是全党和全国人民集体智慧的结晶,是中国共产党和中国人民最宝贵的精神财富。

2.在党的立论基础问题上,在新的历史条件下进一步回答了“什么是社会主义、怎样建设社会主义”的问题。强调中国现在处于并将长期处于社会主义初级阶段,把党在社会主义初级阶段的基本路线作为建设有中国特色社会主义理论和实践的总纲,完整地提出并科学地阐述了党在社会主义初级阶段的基本纲领。

3.在社会主义的基本经济制度问题上,科学地回答了在社会主义初级阶段我们应当实行什么样的基本经济制度,怎样坚持和完善这样的基本经济制度的问题。进一步深化对社会主义初级阶段所有制结构和分配制度的认识,科学地阐释公有制的含义,强调公有制的实现形式可以而且应当多样化,做出了非公有制经济是我国社会主义市场经济的重要组成部分的科学判断,提出在现阶段要把按劳分配和按生产要素分配结合起来。在取得这些新的认识的基础上,把“公有制为主体、多种所有制经济共同发展”由方针政策层次提升到基本经济制度层次。

4.在经济体制改革的目标模式问题上,正确地回答了我们要建立什么样的市场经济体制和怎样建立这样的经济体制的一系列重要问题。进一步深化对计划与市场相互关系的认识,把建立社会主义市场经济体制确定为我国经济体制改革的方向,系统地阐明建立社会主义市场经济体制所必须遵循的基本原则,并在新的改革实践中,对如何实现社会主义基本制度同市场经济体制的有效结合进行了积极的探索,制定了既充分发挥市场机制在资源配置中的基础性作用,又确保市场经济的社会主义性质的一系列方针政策,从理论和实践的结合上构建了社会主义市场经济体制的基本框架。

5.在经济体制改革的战略指导问题上,从理论和实践的结合上,正确地回答了在攻坚阶段如何进一步深化经济体制改革的一系列重要问题:强调深化改革是解决深层经济矛盾的根本出路,制定了“从解决当前发展中的突出矛盾和问题入手，重点突破，配套协调，分步实施，循序渐进”的策略方针；提出了经济体制改革重在制度创新的重要思想，实现了经济改革从放权让利向制度创新的历史性转折；强调建立现代企业制度是国有企业改革的方向，提出把国有企业改革同改组、改造、加强管理结合起来，着眼于搞好整个国有经济，抓大放小，对国有企业实施战略性重组的要求；制定了加快推进各项配套改革的方针、措施。

6.在经济社会发展的战略部署问题上，进一步回答了在实现现代化建设前两步战略目标、人民生活总体上达到小康水平的基础上，如何向第三步战略目标迈进、全面建设小康社会的一系列重要问题。指出在实现社会主义现代化建设前两步战略目标、人民生活总体上达到小康水平以后，我国将进入全面建设小康社会、加快推进社会主义现代化的新的发展阶段，并客观分析世纪之交所面临的国际国内形势，放眼世界规划新世纪中国的发展，确定了以发展为主题、以结构调整为主线、以改革开放和科技进步为动力、以提高人民生活水平为根本出发点的战略指导思想。

7.在经济社会的发展动力问题上，正确地回答了在科技进步日新月异的新的历史条件下，依靠什么推动经济社会发展和怎样依靠它来推动这一发展的一系列重大问题。强调推进经济社会发展不仅要依靠改革开放，而且还要依靠科技进步，必须在继续深化改革、扩大开放的同时，把加速科技进步放在经济社会发展的关键位置，全面实施科教兴国战略，大力推进知识创新和科技创新，为增强国家经济实力和国防实力，提高人民生活水平，提供强大的科技推动力量。

8.在治理国家的方略问题上，科学地回答了在社会主义初级阶段我们应采取什么样的国家治理方式和怎样实行这样的国家治理方式的一系列重要问题。强调在建设有中国特色社会主义和发展社会主义市场经济的过程中，要坚持不懈地加强社会主义法制建设，依法治国，同时也要坚持不懈地加强社会主义道德建设，以德治国。法治和德治，作为治理国家的不同方略，其地位和功能都是非常重要的，二者相辅相成，缺一不可，不可偏废，必须把它们紧密地结合起来。

9.在社会主义文化发展的目标要求问题上，进一步回答了在社会主义初级阶段，我们要建设什么样的文化和怎样建设这样的文化的一系列重要问题。强调我们建设有中国特色社会主义的文化，就是发展面向现代化、面向世界、面向未来的，民族的、科学的、大众的社会主义文化。建设这样的文化，必须以党的基本理论和基本路线为指导，围绕树立建设有中国特色社会主义的共同理想和正确的世界观、人生观、价值观，坚持继承优良传统与弘扬时代精神相结合，尊重个人合法权益与承担社会责任相统一，注重效率与维护社会公平相协调，把先进性要求与广泛性要求有机联系起来，努力在全社会形成和发扬与经济社会发展相适应的社会主义道德。

10.在中国跨世纪发展的政治保证问题上，强调进行社会主义现代化建设必须坚持四项基本原则，这是实现中国跨世纪发展宏伟目标的根本政治保证。指出：我们坚持社会主义道路的实质，就是全党同志要坚定不移地走建设有中国特色社会主义道路，充满信心地为建设有中国特色社会主义伟大事业而不懈奋斗；坚持人民民主专政的实质，就是要不断发展社会主义民主，切实保护人民的利益，维护国家的主权、安全、统一、稳定；坚持中国共产党的领导的实质，就是要坚持党在建设有中国特色社会主义事业中的领导核心地位，发挥党总揽全局、协调各方的作用；坚持马克思列宁主义、毛泽东思想、邓小平理论的实质，就是要坚持马克思主义的指导地位，并在实践中不断丰富和发展马克思主义。进一步回答了在跨世纪发展的新时期，我们应以什么作为政治保证和怎样发挥其政治保证作用的一系列重要问题。

11.在军队革命化、现代化、正规化建设问题上，进一步回答了在国际局势复杂多变的历史条件下，我们要建设一支什么样的军队和怎样建设这样的军队的一系列重要问题。指出我们要实现中国的跨世纪发展，维护国家的统一和安全，促进世界的和平与稳定，必须有一支强大的军队和巩固的国防；提出“政治合格、军事过硬、作风优良、保障有力”的军队建设总要求，以及“打得赢、不变色”的历史性课题；积极探索新形势下治军的特点和规律、军事斗争准备的特点和规律、国防建设的特点和规律，适时调整军事战略方针，继续推进新时期军队建设指导思想的战略性转变；强调必须围绕打赢现代技术特别是高技术条件下的局部战争，全面推进军队质量建设，坚持科技强军，依法从严治军，走有中国特色的精兵之路。

12.在对外关系问题上，进一步回答了在世界格局多极化和经济全球化趋势加快发展的历史条件下，我们应奉行什么样的外交政策和怎样贯彻这样的外交政策的一系列重要问题。强调世界格局多极化和经济全球化趋势都在加快发展，和平与发展仍然是国际社会迫切需要解决的两大主题；坚持独立自主的和平外交政策，积极推动建立公正合理的国际政治经济新秩序；在和平共处五项原则的基础上，建立和发展同所有国家的友好合作关系，并始终把国家的主权和安全放在第一位；把中国外交政策的重点放在积极发展同第三世界国家的关系上，致力于推动南南对话和南南合作；坚定不移地反对霸权主义和强权政治，维护世界和平，为我国的现代化建设创造一个长期的和平国际环境。

13.在最终完成祖国统一问题上，进一步回答了在恢复对香港、澳门行使主权后，我们应如何解决台湾问题、最后完成祖国统一的一系列重大问题。指出香港、澳门回归祖国后，解决台湾问题、最后完成祖国统一大业的神圣使命，更加突出地摆在包括台湾同胞、海外侨胞在内的全国各族人民面前；强调"台独"势力是一股对中国主权和领土完整构成严重威胁、背叛中华民族利益的政治逆流，并且针对某些外国反华势力干涉中国统一和搞台湾"独立"的图谋，重申中国政府努力用和平方式实现统一，但是决不承诺放弃武力；客观分析海峡两岸关系发展的现状和解决台湾问题所面临的形势，就现阶段发展两岸关系、推进祖国和平统一进程提出了"八项主张"。

14.在党的建设问题上，进一步回答了在新的世纪我们要建设一个什么样的党和怎样建设党的根本问题。继续推进党的建设新的伟大工程，确定了面向新世纪党的建设的总目标，提出了实现这一总目标所必须解决的两大历史性课题，制定了治国必先治党、治党务必从严的方针；提出了理论联系实际是关系党的兴衰和事业成败的一个重大政治问题，政治问题从根本上说主要是对人民群众的态度问题和同人民群众的关系问题，培养造就大批能够跨世纪担当重任的领导人才是全面推进党的建设新的伟大工程的关键性工程，反对腐败是党和国家生死存亡的严重政治斗争等一系列重要论断；以整风的精神开展以"讲学习、讲政治、讲正气"为主要内容的党性党风教育，创造性地探索出一条不搞政治运动、妥善解决党内问题、提高干部素质的新路子；强调始终代表中国先进社会生产力的发展要求、中国先进文化的前进方向、中国最广大人民的根本利益，是我们党的立党之本、执政之基、力量之源，党的各项工作都要坚持、体现和贯彻"三个代表"重要思想的要求。

二、第三代中央领导集体理论创新成果的历史地位和指导意义

第三代中央领导集体的理论创新成果，是当代中国共产党人面向新世纪创造性地运用邓小平理论解决中国跨世纪发展问题的产物，是马克思主义与当代中国实际相结合的最新成果。第三代中央领导集体所处的历史时期，是跨越世纪的重要时期。这一历史时期，无论国际还是国内都出现了过去从未出现过的新情况、新问题，使我们党遇到了过去从未遇到过的新挑战、新考验。在新的历史条件下如何把中国的改革和建设事业继续推向前进？这一课题摆在了当代中国共产党人的面前。新的改革和建设实践，呼唤马克思主义的理论创新。只有实现马克思主义的理论创新，才能推进新的改革和建设实践，并使马克思主义在新的实践中获得新的发展。新的历史时期所面临的新的形势和任务，必然使马克思主义在当代中国的理论创新呈现出新的历史特点。这种在跨世纪时期解决中国改革和建设实际问题而把马克思主义继续推向前进的理论形式，历史地表现为第三代中央领导集体的理论创新成果。

第三代中央领导集体的理论创新成果，是实践中的和在实践中进一步发展了的邓小平理论，是邓小平理论在当代中国发展的新阶段。首先，这一理论创新成果是实践中的邓小平理论。以江泽民同志为核心的第三代中央领导集体把邓小平理论创造性地运用于中国跨世纪发展的实践，用来指导中国跨世纪发展的实践，并且使之在这种新的实践中接受新的检验。党的十三届四中全会以来，以江泽民同志为核心的第三代中央领导集体的所有重大决策都是依据邓小平理论做出的，提出的一系列重要理论和观点都是在把邓小平理论付诸新的实践的过程中取得的。其次，这一理论创新成果是在实践中进一步发展了的邓小平理论。以江泽民同志为核心的第三代中央领导集体在把邓小平理论运用于研究解决中国跨世纪发展实际问题的过程中，致力于理论创新和实践创新，在新的实践基础上不断地把邓小平理论推向前进。再次，这一理论创新成果是邓小平理论在当代中国发展的新阶段。以江泽民同志为核心的第三代中央领导集体坚持解放思想、实事求是、与时俱进，在把邓小平理论运用于新的实践的过程中，对当今中国和世界的发展态势做出了新的判断，把对建设有中国特色社

会主义的认识提高到新的科学水平,进一步开拓了邓小平理论的新境界,在新的实践中把邓小平理论推向新的发展阶段。

党的十三届四中全会以来的实践证明,作为邓小平理论的新发展和新阶段,以江泽民同志为核心的第三代中央领导集体的理论创新成果是指导中国人民胜利实现跨世纪发展宏伟目标的科学理论,是中国共产党和中国人民在新的世纪实现中华民族伟大复兴的行动指南。

(原载《中州学刊》2001年第4期)

马克思主义发展史上又一重要里程碑

江泽民同志深刻总结了世界上一些长期执政的共产党丧失政权的历史教训和我们党执政50多年的历史经验，与时俱进地提出了"三个代表"重要思想，从根本上揭示了共产党执政的基础、执政的内容和执政的任务，初步回答了建设一个什么样的执政党、怎样建设马克思主义执政党这一根本问题。对这一根本问题的科学回答，标志着马克思主义在当代中国进入了一个新的发展阶段，标志着一个新的科学理论体系的初步形成。

一、"三个代表"重要思想进一步深化了对共产党执政规律的认识

共产党执掌国家政权，这个历史进程在世界上是从俄国布尔什维克党那里开始的，迄今已有近百年的历史。在中国，这个历史进程经历了50多年的风雨沧桑。无论在世界上还是在中国，从这个历史进程一开始，共产党人就对共产党执政的规律进行了不断的探索，既积累了丰富的经验，也留下了沉痛的教训。从总体上说，至中国共产党十一届三中全会前，各国共产党人对共产党执政规律的探索不是很成功的，他们对什么是马克思主义执政党、怎样建设马克思主义执政党这个带有根本性的问题，并没有完全搞清楚。这突出地表现在各国共产党都没有完成从"革命党"到"执政党"的角色转换，没有很好地履行一个马克思主义执政党所必须履行的职能，无一例外地都长期搞"以阶段斗争为纲"，并先后出现了"肃反扩大化""匈牙利事件""波兹南事件""文化大革命"等历史悲剧。

十一届三中全会后，以邓小平同志为代表的中国共产党人开辟了科学认识共产党执政规律的新阶段。邓小平同志鲜明地提出了"执政党应该是什么样的

党”和“党怎样才算善于领导”的问题，并就如何解决这个问题提出了一系列重要的思想和观点。更为重要的是，邓小平同志领导全党科学地回答了“什么是社会主义、怎样建设社会主义”，创立了建设有中国特色社会主义理论，从而为科学解决“什么是马克思主义执政党、怎样建设马克思主义执政党”这一历史课题，奠定了深厚的思想理论基础，指明了前进的方向。

面向新世纪，江泽民同志提出了“三个代表”重要思想。这一重要思想坚持从新的实际出发，紧紧围绕我们要建设一个什么样的执政党和怎样建设这样的执政党这一根本问题，以改革的精神研究和解决党的建设面临的重大理论和现实问题，在新的探索中进一步深化了对共产党执政规律的认识。它把代表先进社会生产力发展要求作为执政的共产党在改革和建设中必须履行的第一要务，把代表先进文化前进方向作为执政的共产党在思想上精神上必须高擎的一面旗帜，把代表最广大人民根本利益作为执政的共产党全部理论与实践的出发点和归宿，这就从根本上回答了共产党为什么执政、为谁执政、执政干什么的问题，亦即什么是马克思主义执政党的问题。在此基础上，它把坚持做到“三个代表”重要思想作为马克思主义执政党的立党之本、执政之基、力量之源，作为其始终站在时代前列、保持先进性的根本体现和根本要求，从而进一步回答了怎样建设马克思主义执政党的问题。

历史和现实都表明，能否解决好“什么是马克思主义执政党、怎样建设马克思主义执政党”的历史课题，能否坚持做到“三个代表”重要思想，直接关系党的兴衰存亡。世界上一些长期执政的大党老党所以会丧失政权，以致蜕变、解体，其根本原因就在于它们未能解决好这一历史课题，未能坚持做到“三个代表”重要思想。我们党所以能够经受住各种风险的考验，始终走在时代前列，保持其先进性，其根本原因也就在于它较好地解决了这一历史课题，坚持做到了“三个代表”重要思想。

二、“三个代表”重要思想实现了马克思主义建党学说的伟大创新

我们党提出坚持“三个代表”重要思想，科学地回答“什么是马克思主义执政党、怎样建设马克思主义执政党”这一根本问题，其出发点和着眼点，就是要

永葆党的先进性,不断巩固党的执政地位。而要做到这一点,必须坚持解放思想、实事求是,努力进行理论创新,不断推进马克思主义与当代中国实际的结合,进一步开拓思想理论新境界,使党始终走在时代前列。

创新是一个政党永葆生机的源泉。我们党的根本指导思想是马克思主义,马克思主义具有与时俱进的理论品质,其生命力就在于它能够在实践中不断创新。马克思主义理论的每一次重大突破,社会主义实践的每一次历史性飞跃,都是马克思主义基本原理与具体实践相结合进行理论创新的结果。

重视理论指导和理论创新,是我们党的一个根本特点。我们党 80 年的历史经验说明,注重理论创新,是党的事业前进的重要保证。坚持解放思想、实事求是,主动适应时代发展进步潮流,不断进行理论创新,努力开创建设有中国特色社会主义新局面,这是十一届三中全会以来我们党最重要的实践。邓小平理论的形成和发展,就是我们党在新时期坚持理论创新的集中体现和取得的伟大成果。在世界社会主义运动遭受严重挫折的时候,我们党能够继续执政和发展,社会主义在中国能够充满新的生机,这是一个重要原因,也是一条宝贵经验。

进入新世纪,国际国内形势都发生了极其深刻的变化。我们面临着良好的发展机遇,同时也面临着风险和挑战。在新的历史条件下,我们党怎样始终保持自己的先进性,不断巩固自己的执政地位,使自己在世界形势深刻变化的历史进程中始终走在时代前列,在应对国内外风险考验的历史进程中始终成为全国人民的主心骨,在建设有中国特色社会主义的历史进程中始终成为坚强的领导核心,这是一个亟待解决的重大理论问题和现实问题。

面对新形势和新考验,江泽民同志高举邓小平理论伟大旗帜,立足于当代中国新的实践和新的发展,着眼于提高党的执政能力和领导水平,提高拒腐防变和抵御风险能力,紧紧围绕我们要建设一个什么样的执政党和怎样建设执政党这一根本问题,以宽广的眼界和与时俱进的创新精神,郑重地提出了“三个代表”重要思想。这一重要思想,以一系列具有独创性的新观点和新论断,赋予党的性质以鲜明的时代特征,赋予党的宗旨以鲜明的时代内涵,赋予党的任务以鲜明的时代特色。它以永葆党的先进性为灵魂,创造性地把党的性质、宗旨和历史任务同社会发展规律和人民群众的历史作用紧密地联系起来,对党的先进性的实质和内涵做了全面的精辟的论述和新的高度概括,指明了只有科学反映社会基本矛盾的运动规律,始终代表中国先进社会生产力的发展要求,全面把握物质文明建设和精神文明建设的辩证关系,始终代表中国先进文化的前进方向,充分认识党的执政地位对人民群众历史作用的依赖关系,始终代表中国最广大人民的根本利益,我们党才能永葆其先进性,始终走在时代前列,不断巩固自己的执政地位。它强调,敏锐地把握我国社会生产力的发展趋势和要求,不断促进先进生产力的发展,牢牢把握中国先进文化的发展趋势和要求,不断发展具有中国风格、中国特色的社会主义文化,这是我们党始终站在时代前列,保持先进性的根本体现和根本要求。同时还强调,始终坚持以最广大人民的根本利益为最高标准,把人民群众的利益不断地实现好、维护好、发展好,这是我们党永远立于不败之地的根本保证。这一系列的重要思想和观点,是对马克思主义建党学说的重大创新和发展。

“三个代表”重要思想的精髓,是解放思想、实事求是。这一精髓犹如一根红线,贯穿于回答“什么是马克思主义执政党、怎样建设马克思主义执政党”这一根本问题的全过程。应当说,面向新世纪我们党坚持解放思想、实事求是,最集中、最关键的是在这一根本问题上的解放思想、实事求是。江泽民同志要求全党同志,要坚持实践是检验真理的唯一标准,在党的基本理论指导下,一切从实际出发,自觉地把思想认识从那些不合时宜的观念、做法和体制中解放出来,从对马克思主义的错误的教条式的理解中解放出来,从主观主义和形而上学的桎梏中解放出来。“三个代表”重要思想,就是我们党坚持这“三个解放出来”取得的重大理论成果。不坚持解放思想、实事求是,不做到“三个解放出来”,就不可能有“三个代表”重要思想的伟大理论创新。

三、“三个代表”重要思想形成了具有里程碑意义的新的科学理论体系

“三个代表”重要思想绝不是简单的三句话,其中蕴含着极其丰富的科学内涵。这些科学内涵,构成了一个崭新的科学理论体系。

判断一种理论是否形成了新的科学体系,主要看以下三条:一是看它有无特定研究对象,是否科学地揭示了这一对象的本质及其运动规律;二是看它是否提出了自己独有的概念和范畴,这些概念和范畴之间是否具有内在逻辑关

系;三是看它的主要论断和观点是否经得起实践的检验。“三个代表”重要思想完全符合这三条要求。第一,它以什么是马克思主义执政党、怎样建设马克思主义执政党作为自己特定的研究对象,并对此做出了科学的回答。第二,它形成了自己独有的一系列新概念、新范畴,诸如党的先进性和党的执政地位、共产党人的时代精神和马克思主义与时俱进的理论品质,党的建设目标和两个历史性课题,中国人民的先锋队和中华民族的先锋队,党的阶级基础和党的群众基础,全心全意依靠工人阶级和扩大党的社会影响力,党的阶级性、先进性与理论和纲领的正确性,党的最低纲领与最高纲领统一论,社会主义社会劳动和劳动价值论,等等,这些概念和范畴之间具有内在的逻辑关系。第三,它的主要论断和观点已被实践证明是正确的。由此可见,“三个代表”重要思想的确构成了一种新的科学理论体系。

“三个代表”重要思想作为一种科学体系,有其特定的理论层次结构。首先是它的哲学层次。作为马克思主义辩证唯物论和历史唯物论的本质要求,解放思想、实事求是是“三个代表”重要思想的理论基石和活的灵魂。“三个代表”重要思想之所以能对什么是马克思主义执政党、怎样建设马克思主义执政党这一根本问题做出科学回答,从根本上说,就在于它在新的历史条件下始终坚持了解放思想、实事求是。其次是它的基本理论层次。“三个代表”重要思想围绕其所要回答的根本问题,做出了许多新的判断,得出了许多新的结论。这些新判断、新结论,客观地反映了共产党执政的规律,揭示了党的建设与有中国特色社会主义建设的内在统一,是对马克思主义基本理论的创新和发展。再次是它的实践纲领层次。在探索共产党执政规律和回答其根本问题的基础上,“三个代表”重要思想提出了新的历史条件下马克思主义执政党建设的目标要求和方法途径。“三个代表”重要思想完善的理论层次结构,表明它作为一种新的科学理论体系的形成。这一科学理论体系,以“三个代表”重要思想为最高概括,涵盖党的思想、政治、组织、作风和制度建设各个方面,贯通建设有中国特色社会主义的政治、经济、文化各个领域。

“三个代表”重要思想科学理论体系在马克思主义发展史上具有重要的历史地位。在150多年的发展历程中,马克思主义在其发展的不同历史阶段,分别回答了不同的历史课题。在国际工人运动初兴时期,马克思、恩格斯从根本上回答了什么是资本主义、资本主义是否必然被社会主义所代替的问题。在帝国主义和无产阶级革命时代，列宁从根本上回答了什么是社会主义革命、这个革命能否单独在一个国家首先取得胜利的问题。在世界民族民主革命蓬勃兴起的历史条件下，毛泽东同志从根本上回答了在半封建半殖民地社会里，在一个农民占人口大多数国家里，无产阶级如何夺取政权并向社会主义过渡的问题。在和平与发展成为时代主题的新时期，邓小平同志从根本上回答了什么是社会主义、怎样建设社会主义的问题。在人类进入21世纪的当今时代，江泽民同志则以“三个代表”重要思想，从根本上回答了什么是马克思主义执政党、怎样建设马克思主义执政党的问题。从这一历史发展的链条中，我们不难看出“三个代表”重要思想是马克思主义在当代中国的新发展。这一新的科学理论体系的形成，标志着马克思主义在当代中国进入了一个新的发展阶段。

在“三个代表”重要思想提出以前，马克思主义在不同历史阶段回答的一系列根本问题，都同社会主义有关。而“三个代表”重要思想则在马克思主义发展史上，第一次系统地正确地回答了马克思主义执政党及其建设问题。

马克思主义执政党与社会主义有着天然的内在联系，党是社会主义事业的领导核心。历史已经反复证明并继续证明这样一条真理：马克思主义执政党强则社会主义事业兴，马克思主义执政党弱则社会主义事业衰，马克思主义执政党垮则社会主义事业亡。如果说建设和发展社会主义所要解决的首要的基本问题是什么是社会主义、怎样建设社会主义的话，那么这个问题始终是和什么是马克思主义执政党、怎样建设马克思主义执政党的问题紧密联系在一起的。在解决了前一个问题后，能否解决好后一个问题，就成为推进社会主义建设事业的关键。对这一问题做出科学回答，其最杰出的贡献，就在于引导我们党彻底地实现了自己角色的转换或复位，使我们党由过去长期搞“以阶级斗争为纲”的“革命党”，转变为代表先进社会生产力发展要求、先进文化前进方向、最广大人民根本利益的“执政党”。

“三个代表”重要思想是同马克思主义一脉相承的科学理论体系。它没有丢掉老祖宗，又根据新的实践和新的发展做出了新判断，形成了新认识，开拓了新境界。这一新的科学理论体系将同马克思列宁主义、毛泽东思想、邓小平理论一起，成为中国共产党和中国人民的根本指导思想。

（原载《中共郑州市委党校学报》2002年第3期）

当代中国农民工阶层特征分析

在当代中国社会转型与变迁过程中，社会阶层结构经历了空前深刻的分化与整合，涌现出一系列新的社会阶层。在诸多新的社会阶层中，进城就业的农民工尤为引人注目。其阶级属性和社会地位，成为人们关注和讨论的热点。《中共中央、国务院关于促进农民增加收入若干政策的意见》强调指出："进城就业的农民工已经成为产业工人的重要组成部分，为城市创造了财富、提供了税收。"然而，这一新的社会阶层毕竟不同于传统的产业工人，具有自己的显著特点。阐明和揭示其特点，对于党和政府制定和完善相关政策，维护进城就业农民工的利益，团结和带领他们建设中国特色社会主义，具有重要的现实意义。

一、进城就业农民工的经济地位

进城就业的农民工，是在社会转型过程中形成的一种特殊群体。与传统产业工人一样，他们也在城市就业，从事非农业劳动，同属非农业劳动者。他们赖以生存和发展的生活资料，已经不是主要来自农业劳动收益，而是来自非农劳动的工资性收入。因此，就其生产方式和取得生活资料的来源来说，他们是我国产业工人的重要组成部分。据统计，2003 年全国进城就业的农民工已达 9820 万人，在第二产业中已占从业人员总数的 57.6%，在第三产业中已占从业人员总数的 52%以上①。但是与作为城市居民的产业工人相比，进城就业的农民工在经济地位上又有明显不同。

① 中国企业联合会、中国企业家协会课题组：《2003 年全国千户企业管理调查研究报告》，《经济研究参考》2004 年第 53 期。

1.进城就业的农民工同农业、农村、农民保持着千丝万缕的联系

传统的产业工人一般都长期生活在城市,具有城市户口和相对稳定的工作,而进城就业的农民工没有城市户口,尽管在城市就业和生活,但其社会身份仍旧是农民,在农村还保留着承包土地。他们虽然已经主要从事非农业劳动,但大多还要在农忙季节返乡从事农业生产。他们属于亦工亦农者阶层。

他们的工作完全由劳务市场需求调节,与所供职的企业或雇主之间没有长期的固定契约关系,两者之间的雇佣关系往往随着一项工程或业务的完成而终结。这种关系一旦终结,他们就需要重新寻找工作。

他们的职业具有临时性、季节性、流动性等特点。他们是一个介于产业工人与传统农民之间的双向交叉的社会群体,经常在城市和乡村之间流动、颠簸。他们中的绝大多数尚处在一种双向流动过程中,能在城里找到工作就往城市流动,找不到工作就往家乡流动。他们常年在全国各大中型城市漫游,苦苦寻求着各种就业机会。由于户口在农村,他们的许多权利和义务都与户籍所在的农村发生联系。农村是他们的输出地,往往又是他们的归宿地,找不到工作或者患了疾病,他们便重新回到农村从事农业生产劳动。尽管不在农村谋生,但他们的根还在农村,他们的家庭、心理寄托与感情牵挂都系于农村,自我感觉上也还是一个农民。农业虽不再是他们的主要职业,但还要兼而从之,以此作为自己和家庭成员的最后生活保障。尽管他们已身在城市,从事着非农业劳动,但还带着农业、农村、农民的脐带。

2.进城就业的农民工多为报酬低廉的简单劳动者

进城就业的农民工文化素质普遍较低,缺乏起码的职业技能。在谋求某一职业时,绝大多数农民工根本拿不出相关的技能证书。在激烈的职业竞争中他们只能甘居下风,去从事一些城里人不愿干的脏、重、苦、险的简单劳动。

迫于养家糊口的压力,出于挣钱谋生的热望,他们宁肯放弃自己的某些权益,接受雇主苛刻的条件,去谋求一份报酬非常低廉的工作。一项调查结果显示,98.7%的雇主没有为农民工办理养老金、住房公积金和医疗保险金,93.4%的雇主没有为他们办理工伤保险。① 更有甚者,多数农民工不敢提出签订劳务合同的要求。他们往往在缺乏劳动保护和安全保障的恶劣环境下工作,不惜以

① 《他们走在城市边缘》,《华商晨报》2004 年 2 月 13 日。

牺牲健康为代价。有报道称,在广州接触职业危害的40多万工人中,70%以上是农民工。① 恶劣的工作环境,使他们成为“最容易受伤”的群体。

相当多的农民工被任意延长劳动时间,却得不到相应报酬。他们的劳动报酬原本就非常低廉,还常常受到企业主的克扣和恶意拖欠。新华社记者曾在北京、浙江、安徽随机抽样访问了80名农民工,其中竟有72.5%的农民工的工资不同程度地遭到拖欠。② 作为城市居民的产业工人在从业方面可能也存在这样那样的问题,但是与进城就业的农民工相比,境况毕竟要好得多。

3.进城就业农民工的生活普遍比较窘迫

进城就业的农民工原本就是来自农村的贫困阶层。他们一般都是带着对城市文明的向往和改变眼下生活状况的渴望,来到城市打工谋生的。然而由于种种原因,他们往往生活在城市的最下层。

他们一般居住在城乡接合部,在建筑工地打工者则大多就住在工棚内,也有不少住在自己用各种建筑废料搭建的棚屋内。其居住条件的共同特点是:居住拥挤,采光和通风条件较差,潮湿,往往成为城市中的卫生死角。为了尽可能地节约在城市中的开支,农民工的饮食一般比较简单,他们是农贸市场低档蔬菜和街头路边饮食摊的主要顾客。他们出行的主要交通工具是自行车,是旧自行车的主要销售对象。他们想尽办法节衣缩食、省吃俭用,为的是在过年的时候,能够多带几个钱回家。

农民工是城市中失业最为频繁的群体。他们中有不少人经常处于失业状态。一份调查结果显示,2002年农民工遇到过失业问题的比例高达45.4%,有45.5%的人遇到了3个月或更长时间的失业。失业对他们来说,意味着连那点微薄的收入也没有了。

由于享受不到城里人所普遍享受的医疗保障,因此对于他们来说,最可怕的是受伤或生病。一份调查结果显示,2002年有46%的农民工生过病,17%的人生病在3次以上。他们一旦生病,就意味着要支付高昂的医疗费用。

---

① 《广州三成工人触毒害作业　危害分布二十多行业》,《经济信息时报》2005年11月15日。

② 《新华社记者调查显示:一些行业拖欠农民工工资严重》,新华网,2003年1月13日。

二、进城就业农民工的政治地位

作为当代中国产业工人的一个重要组成部分，进城就业的农民工尽管同社会化大生产相联系，但由于诸多原因，他们在政治地位上与传统的产业工人存在着相当大的差异。

1.他们还尚未形成工人阶级的阶级意识

进城就业的农民工是顶着纯粹农民的脑壳进城的。在这个脑壳里，满满地装着带有浓郁的泥土与乡村气息的思想意识。短暂的非农业劳动尚不足以改变他们原有的思想意识。他们还没有完全融入产业工人队伍中去。对于大多数农民工来说，他们对工人阶级的阶级性质和历史使命还没有认识。进城就业以前，他们一心想的只是怎样打工挣钱，没有任何做产业工人的思想准备。加之进城就业时间有限且缺乏稳定性和连续性，因此他们还不可能有什么工人阶级的阶级意识，甚至连朴素的阶级意识都没有。

2.他们尚不具有产业工人所应当具有的那种组织性和纪律性

改革开放以来，社会文明的发展进步和制度体制的嬗变跃迁，日益改变着中国农民的生产方式和生活方式，催生着他们的现代文明意识。进城就业的农民工，就是这种改变与催生的产物。他们不再恪守“父母在，不远游”的古训，千里迢迢来到城市打工就业。这本身就是现代文明意识的一种觉醒，是对传统思想观念的一种反叛。然而，人们思想意识的觉醒同社会的嬗变跃迁并不是同步的，往往表现出一定的历史惯性。这种历史惯性的存在并发生作用，使得传统的东西远未从人们的思想观念中彻底淡出，还时常支配人们的行为方式。尽管进城就业的农民工程度不同地接受了现代城市文明特别是工业文明的熏陶，参与了社会化大生产的实践，但这毕竟还只是初步的，尚未能锤炼出他们严密的组织性、纪律性。

3.他们在所供职的单位中是主人翁地位的缺失者

进城就业的农民工多数就业于个体私营企业，他们同雇主之间的关系，是完全按市场游戏规则形成的纯粹的雇佣关系。目前，尽管国有企业职工的主人翁地位在实践中还存在这样那样的问题，还存在职工个人不同的具体职业感受，但作为一种总体意义上的政治判断，其主人翁地位是一种客观事实。然而在多数农民工就业的个体私营企业，甚至连职工代表大会这样的职工参与企业管理、行使民主监督权利、维护合法权益的组织形式都没有。在这些企业里，基本没有农民工的主人翁地位可言。

正是由于农民工同雇主之间的关系是纯粹的雇佣关系，因而他们的利益和企业的命运之间不存在密切的关联关系。他们在企业里完全处于一种无权的地位，所以对企业的经营状况和效益的关切度也根本不可能有国有企业职工那么高。除了出力干活挣得工资，他们根本不去关心所在企业的前途命运。在从事繁重的体力劳动之余，他们只是躺在床铺上思念自己久别的家人，根本无暇去关心企业的经营状况和效益。因此，置身于这种环境和氛围之中的农民工也不可能萌生主人翁意识。

当然，也有一部分农民工从业于国有企业。即便是这部分农民工，也没有多少主人翁地位可言。职工在国有企业中的主人翁地位，原本是基于在国有企业工作的城市产业工人的各种民主权利的一种政治上的制度安排，并没有考虑临时受雇于国有企业的农民工的问题。由于农民工同所在国有企业的关系也是一种雇佣关系，加之他们在企业里的身份被统称为临时工，因而不可能被当作企业发展的依靠力量。他们不仅不被吸收加入企业工会，参加职代会，参与企业民主管理，而且也根本享受不到本企业城市职工所享受的各种福利待遇，甚至连工资级别也完全与城市职工分属两个体系。同时，农民工自己在心理感受上，从来没有把自己看成是单位人，也没有心思去管企业的事。

4.他们被不合理的制度安排排斥在了城市政治生活之外

依照法律规定，进城就业的农民工和城市职工一样，享有平等的选举权和被选举权，享有参与政治和管理国家的权利，享有法定的表达自己意愿的言论自由。然而在现实生活中，他们的这些政治权利往往受到诸种制约。

按照有关法律规定，选民实际上已经迁居外地但是没有转出户口的，在取得原选区选民资格的证明后，可以在现居住地的选区参加选举。在实际操作过程中，作为非当地户籍的外来暂住人员，远离户籍所在地的农民工一般宁肯放弃自己的选举权和被选举权，也不愿去办理这些烦琐的选民资格手续。因为办理这些手续，他们一要中止好不容易才谋到的工作，冒失去这份工作的危险，二要付出较高的办理成本，其中包括误工工资和往返的差旅费用。因此，在办理选民资格手续和放弃参加选举二者之间，他们通常会选择后者而不是前者。当然，做出这种选择，并非因为农民工缺乏参政的热情，而是制度安排没有考虑非当地户籍的外来暂住人员取得选民资格证明要付出多大的成本，是这种有缺陷的制度安排，把他们排斥在了城市政治生活之外。在现阶段，我国社会还缺乏让农民工阶层表达自己利益诉求的渠道，缺乏使政府能够倾听到农民工呼声的机制。

三、进城就业农民工的社会地位

在城市社会分层体系中，农民工的社会地位比较低下，处在城市社会的最底层。清华大学社会学专家的调查结果表明，在城市社会分层体系全部 100 种职业的排位中，农民工居于第 94 位，而且排在最后 10 个位次的职业都与农民工不无关系。①

进城就业的农民工每日含辛茹苦地劳动，为城市创造了巨大财富，提供了巨额税收，但他们在城市社会生活中却经常且普遍地遭受到歧视。目前，农民工在城市社会生活中所遭受到的歧视大体可分两类：一类是公共歧视，另一类是个体歧视。所谓公共歧视，即在公共场所遭受歧视，如在公交车上遭受司乘人员的歧视，在商店遭受店员的歧视，在其他公共场所遭受各类管理人员、执法人员的歧视。有些公共歧视明显带有政府行为。所谓个体歧视，是指农民工在其就业的单位或家庭里面遭受雇主的歧视。这些单位或家庭通常以扣压身份证为手段，强迫农民工按照自己的意志行事。他们置同工同酬的宪法原则于不顾，肆意压低农民工的工资，给予农民工以带有歧视性的劳动报酬。

对进城就业农民工的歧视，主要表现在劳动就业、社会保障、子女受教育和人格尊严等方面。

劳动权是宪法赋予公民的基本权利，在这项权利面前人人平等。然而二元劳动力市场的存在，使农民工无法取得与城市人平等的就业资格和机会。长期以来，不少城市在就业方面普遍实行总量控制、先城后乡的政策，设置种种职

① 李强：《农民工与中国社会分层》，社会科学文献出版社，2012 年，第 8 页。

业、工种限制。近年来,有些城市政府为解决城市职工再就业问题,制定了各种就业准入制度,限制外来人员进入某些行业。有些城市政府甚至下发红头文件,要求一些部门和行业清退农民工,为本地下岗失业人员腾位子,搞所谓的“腾笼换鸟”。在对农民工实行就业限制政策的同时,还强制性收取各种管理费,以提高就业成本为手段,进一步强化就业壁垒。

除此之外,对农民工劳动权的歧视,还表现在对他们的劳动休息权、工资报酬权和劳动保护权等方面的侵害上。用工单位和雇主大多不与农民工签订劳动合同,工作时间、劳动强度、报酬和工伤处理办法全由用工单位和雇主说了算。用工单位和雇主随意延长工作时间、增加劳动强度,却很少给务工者支付超时超额的劳动报酬。尤为突出的是,拖欠农民工工资的情况十分严重。一些用工单位特别是建筑企业,不是按月给农民工工资,而是一年一结,有的甚至连这也做不到。如果农民工中途变更工作,就基本上拿不到工资。

社会保障也是我国公民平等享有的法定权利,但是长期存在的城乡二元社会结构,使我国城乡居民处于不同类型的社会保障体系之中,享受着不同等的医疗卫生资源。在这种社会保障体系框架下,城市职工享受的是一种较为稳固的公共性保障,而农民工的唯一保障就是远在家乡的那片承包田。城市职工下岗可以享受低保待遇,取得政府再就业帮助,而农民工则完全处于无助状态。城市职工患病、负伤可以享受医保,而农民工基本享受不到医保。

学龄儿童在法律上享有平等地接受教育的权利,然而由于种种制度性和非制度性的原因,进城就业农民工的子女往往享受不到与城里孩子同等的受教育权。一项调查结果显示,全国流动人口中处于义务教育年龄段的孩子,有9.3%处于失学、辍学状态。①

四、进城就业农民工的精神生活状况

当进城就业的农民工离开农村来到城市以后,由于与家人、亲戚、朋友减少了面对面的亲情互动,又无法融入城市社会,他们在情感方面失却了宣泄的机

① 《“黑户”学校缘何吃香》,《工人日报》2004年2月17日。

会与场所，故而在社会流动与漂泊中产生种种心理不适，长期处于情感需求与情感实现的矛盾冲突之中。

如果说农民工的物质生活普遍窘迫，那么他们在精神上更为贫困。由于受到文化程度和经济条件的限制，他们很少能光顾城里的书店、图书馆等文化场所。繁重的工作之余，他们除了打扑克、掰手腕，就是睡大觉，甚或以讲黄色笑话聊以自慰。正常的性生活是人的最基本需求，然而由于远离妻子（或丈夫），农民工的这一需求往往得不到应有的满足。长期没有性生活，使农民工不同程度地感到心理压抑和不适，处于焦虑、烦躁、郁闷和萎靡不振的精神状态之中。长期和过度的精神压抑，不仅会使一些农民工患上精神类功能性疾病，有时甚至使一些农民工形成某种直接导致过激行为的变态心理。近年来，一些城市发生的恶性案件，许多都与农民工有关。

五、几点认识与结论

基于上述诸多方面的分析，有以下几点认识。

第一，进城就业的农民工是游离于城乡之间的边缘性群体。他们所从事的劳动是非农业劳动，在生产方式和取得生活资料的来源上已经接近乃至相同于城市居民，但是由于一些制度性因素，又使他们无法融入城市社会，享有市民的权利和地位。他们虽然进入了城市社会，但还尚未获得充分享有城市公共资源的权利，不能像城市市民那样正常生活甚至受到不同程度的排斥，与城市社会之间存在着相当大的隔膜。他们离开了农村，但又心系土地，与土地有着难以割舍的情结，仍与农村保持着千丝万缕的联系。他们既属于城市，又属于农村，是一个处于城乡两种文化之间的边缘性社会阶层。在社会转型的历史背景下，他们已从传统农民中分离出来，但还尚未完全实现非农化，未能彻底切断与传统农民的身份联系。他们既是农民又不是农民，既是产业工人又未完全产业工人化，是一个亦城亦乡、亦工亦农的特殊人群。这是进城就业农民工的一个最显著的阶层特征。

第二，进城就业的农民工是传统制度安排的产物。中国的经济结构具有显著的城乡二元分割的特征。在这种经济架构下，国民经济被分割为城市经济和农村经济,两者在不同的制度安排下分别运转。这种制度性安排,是一定经济发展阶段内维系特定的经济秩序所不可或缺的。维系经济秩序的制度性安排,客观上要求有维系社会秩序的制度性安排来与此相配套。在计划经济的历史语境下,作为维系社会秩序的一种制度性安排,户籍制度便应运而生了。传统的户籍制度将国民严格地区分成“市民”和“农民”。这种户籍制度不仅仅是实施人口管理的一种工具,而且还与公民享有的公共服务和国民待遇相联系。于是,户籍制度已经不单是户籍制度本身,它成了区分不同国民身份的重要标志。户籍不同,享有的公共服务和国民待遇也就存在明显差异。进城就业农民工的出现,是对传统制度安排的冲击与反叛。这种冲击与反叛,使旧的制度开始出现某些裂痕与松动。但这种制度还远未被彻底打破,依然是阻碍进城就业农民工身份转变的制度性篱笆。目前我国的相关制度安排,还具有半封闭半开放的性质。它一方面开始容忍农民进城就业,另一方面又阻碍他们的身份转变。在这样一种制度氛围下,进城就业农民工这一“夹心”社会阶层便被锻造出来了。

第三,进城就业的农民工是一个过渡性的社会阶层。目前,我国正处在由传统农业社会向现代工业社会转型的重要时期。在此过程中,随着工业化、城市化和农业现代化进程的加快,农民这一最大社会群体的分化将会进一步加剧,越来越多的农民将被转移到城市和非农产业中来。但总体来看,农民群体的分化在量度上尚具有明显的不彻底性。这种量度上的不彻底性,表明当前农民分化的初级性。其主要表现是,从传统农民中分离出来的农民工阶层,还带有传统的农民属性,尚未完全切断与传统农民身份的联系。农民工自身素质的低下,使他们进城就业具有很大的不确定性与风险性。制度遮蔽的存在,使得农民工难以彻底摆脱农民的身份。这种制度供给与制度需求上的错位,迫使他们忽而进入农民工阶层,忽而又退回到先前的社会身份,处在一种社会角色频繁变化的不稳定状态,由此造成了该阶层成员构成和阶层归属的不固定化。同时,农民工对自己的阶层归属及地位、利益和价值也缺乏自觉的认同感,没有明确的阶层意识,阶层结构处在一种隐性化状态。在现阶段,农民工阶层只是作为一种潜在的结构发生作用,在社会互动中尚不能作为一个阶层自觉行动。他们作为一个社会群体,还没有真正从传统农民中分离出来。进城就业的经历,又使他们很难完全回归到原有的生活中去。他们的一只脚已经踏入产业工人的门槛,另一只脚还留在传统农民的窠臼里。他们还处于从传统农民到产业工人的脱胎换骨的时代，充当着从传统农民到产业工人的“中介”角色。他们要彻底完成脱胎换骨，实现角色转变，还需要经历一个较长的过渡时期。这一过渡时期的长短，取决于工业化、城市化、农业现代化的历史进程，以及制度创新的力度。

（原载《中州学刊》2004 年第 5 期）

以人为本在马克思主义中国化中的基本维度

以人为本是历史唯物主义的重要命题,是马克思主义本质的集中体现。它犹如一条红线,贯穿于马克思主义中国化进程的始终。在马克思主义中国化进程中,以人为本具有三个基本维度:对中国人民历史命运问题的关注、实现中国最广大人民群众的根本利益、促进中国人民的解放和全面发展。这三个基本维度分别构成马克思主义中国化的逻辑起点、核心价值和历史主题。深刻理解以人为本在马克思主义中国化中的三个维度,对于认识和把握马克思主义中国化的特点和规律,坚定中国特色社会主义理想信念,在新的历史条件下把马克思主义中国化继续推向前进,具有十分重要的意义。

一、逻辑起点:对中国人民历史命运问题的关注

马克思主义中国化是把马克思主义基本原理与中国革命、建设和改革的具体实践相结合的历史进程。学界普遍认为,这一历史进程是伴随着中国新民主主义革命的兴起和发展而不断向前推进的,因而中国革命是马克思主义中国化进程的逻辑起点。笔者不能认同这一观点。笔者认为,对中国人民历史命运问题的关注,才是马克思主义中国化的逻辑起点。这一逻辑起点,是以人为本在马克思主义中国化中的一个重要维度。

首先,把关注中国人民的命运问题作为马克思主义中国化的逻辑起点,与马克思主义本身的逻辑起点是根本相一致的。

马克思主义经典作家历来关注人的命运问题。在创立唯物史观时,马克

思、恩格斯开宗明义地指出“我们的出发点是从事实际活动的人”①。他们把考察人类社会历史的出发点定位于“现实的个人”②。在马克思、恩格斯看来,从现实的个人出发考察社会历史,是唯一符合现实生活的正确方法。只有坚持从现实的个人出发,才能正确认识和把握其本质及规律。(1)现实的个人及其活动是社会历史发展的前提。“全部人类历史的第一个前提无疑是有生命的个人的存在。”③没有这些有生命的个人的存在,就不可能有人类社会历史。(2)现实的个人是社会历史的创造者。作为社会实践主体,现实的个人“总是通过每一个人追求他自己的、自觉预期的目的来创造他们的历史”④,“历史什么事情也没有做……历史不过是追求着自己目的的人的活动而已”⑤。(3)物质生产活动不是目的本身,目的在于满足现实的个人生存和发展的需要。这种生产活动“不仅可能保证一切社会成员有富足的和一天比一天充裕的物质生活,而且还可能保证他们的体力和智力获得充分的自由的发展和运用”⑥。

在从现实的个人出发考察现存社会关系时,马克思、恩格斯发现了现实的个人的真实处境:在资本主义制度下,人非但没有获得实际解放,反而处于异化状态。由此,他们为自己所处的时代确定了重大的历史性课题:无产阶级和全人类的解放。马克思主义经典作家从来不去抽象地研究自然与社会,而是把自己的关注点聚焦于人的现实世界,聚焦于人类的生存状况及其历史命运。对束缚人的各种关系的全面消解,亦即对人类终极命运的关怀,是他们一生的价值诉求。为此,他们对禁锢人的自由与发展的资本主义制度展开了无情的批判。

马克思、恩格斯对现实社会的批判具有鲜明的现实指向:消灭造成现存社会异化现象的私有制,实现无产阶级和全人类的解放,建立“以每个人的全面而自由的发展为基本原则的社会形式”⑦。这一现实指向表明,关注人的生存与发展状况,致力于实现无产阶级和全人类的解放,促进人全面而自由的发展,是马克思主义的理论主旨或最高命题。作为一种科学理论体系,马克思主义的创

---

① 《马克思恩格斯选集》第1卷,北京:人民出版社,1995年,第73页。
② 《马克思恩格斯选集》第1卷,北京:人民出版社,1995年,第67页。
③ 《马克思恩格斯选集》第1卷,北京:人民出版社,1995年,第67页。
④ 《马克思恩格斯选集》第4卷,北京:人民出版社,1995年,第248页。
⑤ 《马克思恩格斯全集》第2卷,北京:人民出版社,1957年,第118~119页。
⑥ 《马克思恩格斯选集》第3卷,北京:人民出版社,1995年,第633页。
⑦ 《马克思恩格斯选集》第2卷,北京:人民出版社,1995年,第239页。

立和发展,始终是以此作为核心价值的。以这一基本维度和核心价值为历史起点,马克思、恩格斯阐明了实现这一崇高价值理想的一系列重要理论和原则。一百多年来,马克思主义的生命力之所以经久不衰,始终成为人类发展进步的行动指南,最根本的就在于它是致力于无产阶级和全人类解放的。因此,马克思主义用一句话来概括,就是关于无产阶级和全人类解放的学说。

作为把马克思主义基本原理与中国革命、建设和改革的具体实践相结合的历史进程,马克思主义中国化的逻辑起点应同马克思主义本身的逻辑起点根本相一致。把关注中国人民历史命运问题作为马克思主义中国化的逻辑起点,是同关注人的历史命运问题这一马克思主义的逻辑起点相一致的,是马克思主义的逻辑起点在中国实践中的具体运用和逻辑延伸。

其次,把关注中国人民的历史命运问题作为马克思主义中国化的逻辑起点,符合马克思主义中国化的客观实际进程。

中国共产党成立伊始,就密切关注中国人民的历史命运。在领导人民争取民族独立和人民解放、实现中华民族伟大复兴的历史进程中,中国共产党把马克思主义基本原理运用于本国的具体实践,创造性地形成了以观照中国人民历史命运为核心内容的科学理论体系。在这一不断发展着的科学理论体系中,马克思、恩格斯视域中的现实的个人被中国人民所替代,实现全人类解放被实现中国人民解放所代替,为实现每个人的全面自由发展而奋斗变成了为实现中国人民的全面自由发展而奋斗。正是以此为逻辑起点,中国共产党不断把马克思主义基本原理同中国的具体实践和时代特征结合起来,推出马克思主义中国化的最新成果。

毛泽东同志是马克思主义中国化的伟大开拓者,他坚信“唯物史观是吾党哲学的根据”①。青年毛泽东目睹了积贫积弱的旧中国民族危亡、民不聊生的情景,义愤填膺地直刺中国社会现状:“国家坏到了极处,人类苦到了极处,社会黑暗到了极处”②,立志要通过革命改造中国与世界,为民族独立和人民解放而斗争。他饱含对中国人民和中华民族的人文关怀,深刻阐明了革命的目的:“为什么要革命?为了使中华民族得到解放,为了实现人民的统治,为了使人民得

① 《毛泽东文集》第1卷,北京:人民出版社,1993年,第4页。

② 毛泽东:《民众的大联合》,《湘江评论》1919年7月21日第2号刊印。

到经济的幸福。”①正是以此为出发点，他创造性地运用马克思主义基本原理，深刻分析中国社会形态和阶级状况，明确了中国革命的性质、对象、任务和动力，制定了新民主主义革命的总路线，开辟了中国特色革命道路，实现了马克思主义与中国实际相结合的第一次历史性飞跃。

“四人帮”被粉碎以后，重返政治舞台的邓小平在视察工作时看到国家贫困落后的状况，不由感叹说：“我们太穷了，太落后了，老实说对不起人民。”②他振聋发聩地指出：“社会主义要表现出它的优越性，哪能像现在这样，搞了二十多年还这么穷，那要社会主义干什么？”③针对“四人帮”鼓吹的“贫穷的社会主义”，邓小平愤然驳斥道：“这是一种谬论，是对社会主义的歪曲甚至污蔑。向穷的方向发展，这不能叫社会主义。”④他强调说，贫穷不是社会主义，社会主义要消灭贫穷。社会主义的首要任务是发展生产力，逐步提高人民的物质和文化生活水平。“不发展生产力，不提高人民的生活水平，不能说是符合社会主义要求的。”⑤在他看来，要根本改变人民贫困的生活现状，必须不断解放生产力，发展生产力。在这里，他把解放和发展生产力看成是手段，而把提高人民生活水平作为目的，充分体现了他关注人民生存状况的人文关怀。不仅如此，邓小平还特别关注人民的未来发展，深入思考如何让人民过上有尊严和符合人性的幸福生活。他指出，要不断造福于中国人民，不仅要不断解放和发展生产力，还要注意防止两极分化。他指出，如果我们的政策不对头，富的越来越富，穷的越来越穷，就会产生两极分化。而“社会主义的目的就是要全国人民共同富裕，不是两极分化。如果我们的政策导致两极分化，我们就失败了”⑥。邓小平把消灭剥削，消除两极分化，最终达到共同富裕，作为社会主义的本质规定和价值目标，这既是对科学社会主义理论的丰富和发展，也是观照中国人民历史命运的集中体现。正是基于这种关注与观照，他深刻揭示了社会主义的本质，科学回答了什么是社会主义、怎样建设社会主义的基本问题，领导全党全国人民开辟了中

---

① 《毛泽东文集》第 1 卷，北京：人民出版社，1993 年，第 21 页。

② 《邓小平年谱（1975—1997）》（上），北京：中央文献出版社，2004 年，第 381 页。

③ 《邓小平年谱（1975—1997）》（上），北京：中央文献出版社，2004 年，第 384 页。

④ 《邓小平年谱（1975—1997）》（下），北京：中央文献出版社，2004 年，第 724 页。

⑤ 《邓小平文选》第 3 卷，北京：人民出版社，1993 年，第 116 页。

⑥ 《邓小平文选》第 3 卷，北京：人民出版社，1993 年，第 110~111 页。

国特色社会主义道路,实现了马克思主义与中国实际相结合的又一次历史性飞跃。

20世纪80年代末90年代初,国际形势风云变幻,在一些国家长期执政的共产党先后改旗易帜。尽管其原因十分复杂,但是从根本上说,都是因为党内出了问题。这些执政党人亡政息的惨痛教训惊醒了中国共产党人。以江泽民同志为核心的第三代中央领导集体把加强党的建设的任务摆在突出位置,强调:"在实行改革开放和发展社会主义市场经济的条件下,建设什么样的党、怎样建设党,是一个重大现实问题,直接关系到我们党和国家的前途命运。"①围绕上述重大现实问题,江泽民同志集中全党智慧,以马克思主义的巨大理论勇气进行理论创新,创立了"三个代表"重要思想,实现了党在指导思想上的又一次与时俱进。"三个代表"重要思想进一步回答了什么是社会主义、怎样建设社会主义的问题,创造性地回答了建设什么样的党、怎样建设党的问题,深化了对中国特色社会主义建设规律特别是党的建设规律的认识,开辟了马克思主义中国化的新境界。中国共产党执政是中国人民的历史选择,代表了中国人民的意志和根本利益。党的执政地位一旦出了问题,势必会从根本上改变中国人民的历史命运,给人民带来灾难性的后果。"三个代表"重要思想对党能否长期执政、如何长期执政问题的关注与回答,实质上就是对中国人民历史命运问题的关注和回答。

经过20多年的改革开放,中国的发展取得了举世瞩目的辉煌成就,人民生活实现了从温饱不足到总体小康的历史性跨越。与此同时,在发展中也出现了一些突出的矛盾和问题:发展不全面、不协调,可持续发展能力不强,生态环境恶化,城乡区域差距拉大,民生问题凸显,社会矛盾加剧,等等。在这种情况下,实现什么样的发展、怎样发展,这一重大现实问题摆在了中国共产党人的面前。能否回答好这一重大现实问题,直接关系中国人民的福祉,关系中华民族的未来命运。以胡锦涛同志为总书记的党中央准确把握世界发展趋势,在深入分析中国发展阶段性特征的基础上提出了以人为本、全面协调可持续的科学发展观。这一马克思主义中国化的最新成果的显著特点,就是鲜明地提出以人为本,积极顺应各族人民过上更好生活的新期待,更加注重保障和改善民生,其终

---

① 《江泽民文选》第3卷,北京:人民出版社,2006年,第440页。

极目标就是让人民生活得更加幸福,让中华民族的复兴之路越走越宽广。应当说,科学发展观是迄今为止人文关怀情愫最为浓郁的马克思主义中国化的最新成果。关注中国人民的历史命运,既是科学发展观的理论自觉和实践指向,也是它的逻辑起点。

由此可见,从毛泽东思想的形成到科学发展观的提出,马克思主义中国化的每一重要发展阶段,取得的每一重要成果,始终都是以关注和回答中国人民及其命运问题为逻辑起点的。这是马克思主义中国化的一个重要维度。

二、核心价值:实现最广大人民的根本利益

任何一种社会价值体系都有在其中居于支配地位、发挥统领作用的核心价值。这种核心价值是整个社会价值体系的本质规定和精髓内涵,决定着整个社会价值体系的性质和方向。作为一种世界性学说,马克思主义要在中国这样一个东方国家取得它的具体的民族形式,同样要在特定的核心价值支配和作用下才能实现。也就是说,马克思主义中国化同样要有它的核心价值。那么这种核心价值究竟是什么呢?笔者以为,就是实现中国最广大人民群众的根本利益。实现中国最广大人民群众的根本利益,是以人为本在马克思主义中国化中的又一重要维度。

马克思主义中国化的核心价值问题,从根本上说就是“为什么人”的问题,而“为什么人的问题,是一个根本的问题,原则的问题”①。只有切实解决好这个问题,才能从根本上保证马克思主义中国化的正确方向与健康发展。

正确解决“为什么人”的问题,首先必须科学回答代表什么人的利益、为了什么人的利益的问题。马克思主义者历来高度重视人的现实利益问题。历史唯物主义认为,利益涉及人的生存和发展问题,是人们从事一切社会活动的基本动因。“人们奋斗所争取的一切,都同他们的利益有关。”②一个无产阶级政党要赢得最广大人民群众的拥护和支持,就必须忠实地代表和致力于实现最广

---

① 《毛泽东选集》第3卷,北京:人民出版社,1991年,第857页。
② 《马克思恩格斯全集》第1卷,北京:人民出版社,1956年,第82页。

大人民群众的根本利益。马克思、恩格斯在《共产党宣言》中指出:“过去的一切运动都是少数人的或者为少数人谋利益的运动。无产阶级的运动是绝大多数人的、为绝大多数人谋利益的独立的运动。”①他们深刻阐明了无产阶级政党区别于其他政党的显著标志:“一方面,在无产者不同的民族的斗争中,共产党人强调和坚持整个无产阶级共同的不分民族的利益;另一方面,在无产阶级和资产阶级的斗争所经历的各个发展阶段上,共产党人始终代表整个运动的利益。”②他们强调指出:共产党人“没有任何同整个无产阶级的利益不同的利益”③,“共产党人为工人阶级的最近的目的和利益而奋斗,但是他们在当前的运动中同时代表运动的未来”④。这表明,在马克思主义创始人看来,代表和实现最广大人民群众的根本利益,是共产党人不可或缺的核心价值。

中国共产党秉承上述核心价值,公然申明自己是代表中国最广大人民群众根本利益的,人民的利益高于一切;党除了工人阶级和最广大人民群众的利益,没有自己的特殊利益;党的一切理论和奋斗都应致力于实现最广大人民群众根本利益,这是马克思主义最鲜明的政治立场;坚持以人为本,就是坚持以最广大人民群众的根本利益为本。在90年的奋斗历程中,中国共产党不仅在革命、建设和改革的具体实践中始终坚持这一核心价值,同时还把它始终贯穿于马克思主义中国化的历史进程之中。

在领导中国革命和建设的具体实践中,以毛泽东同志为代表的中国共产党人深刻把握马克思主义核心价值的思想精髓,并在具体的实践中给以中国化的理论阐释。毛泽东同志指出:“共产党是为民族、为人民谋利益的政党,它本身决无私利可图。”⑤他还说:“我们的共产党和共产党所领导的八路军、新四军,是革命的队伍。我们这个队伍完全是为着解放人民的,是彻底地为人民的利益工作的。”⑥毛泽东同志把全心全意为人民服务,一刻也不脱离群众,同最广大的人民群众取得最密切的联系,看成是共产党区别于其他政党的显著标志;把

① 《马克思恩格斯选集》第1卷,北京:人民出版社,1995年,第67页。
② 《马克思恩格斯选集》第1卷,北京:人民出版社,1995年,第283页。
③ 《马克思恩格斯选集》第1卷,北京:人民出版社,1995年,第285页。
④ 《马克思恩格斯选集》第1卷,北京:人民出版社,1995年,第306页。
⑤ 《毛泽东选集》第3卷,北京:人民出版社,1991年,第809页。
⑥ 《毛泽东选集》第3卷,北京:人民出版社,1991年,第1004页。

一切从人民的利益出发而不是从个人或小集团的利益出发,看成是共产党人的出发点;把合乎最广大人民群众的最大利益,为最广大人民群众所拥护,看成是检验共产党人一切言论行动的最高标准。所有这些,构成了共产党人核心价值的丰富内涵。作为马克思主义中国化的第一个重大成果,毛泽东思想蕴含着丰富而又严整的价值体系,其中处于核心地位的,就是代表和实现中国最广大人民群众的根本利益。这一核心价值是毛泽东思想的本质内容和灵魂。它犹如一条红线,贯穿于这一科学理论体系形成和发展的始终。毛泽东思想的一系列重要理论和原则,就是围绕着如何代表和实现最广大人民群众的根本利益来阐发的,它的整个理论体系就是在回答这一问题中建构起来的。

继毛泽东同志之后,党的历代中央领导核心在马克思主义中国化的不同阶段,都为这一核心价值注入了新的时代内涵,使之在不同的历史条件下得以传承光大。

邓小平同志曾用两句话高度概括了共产党员的含义或任务:“全心全意为人民服务,一切以人民利益作为每一个党员的最高准绳。”①他要求全党同志要始终扭住现代化建设不放松,强调这是“我们当前最大的政治,因为它代表着人民的最大的利益、最根本的利益”②。他始终把人民拥护不拥护、赞成不赞成、高兴不高兴、答应不答应作为考虑一切问题的出发点和归宿,把有利于提高人民生活水平作为衡量一切工作成败得失的一个重要标准,把最终实现全国人民的共同富裕作为社会主义本质的重要内容。

江泽民同志与时俱进地把代表最广大人民群众的根本利益作为“三个代表”重要思想的核心内容,鲜明地提出了立党为公、执政为民的执政理念,在新的历史条件下进一步丰富和发展了党的全心全意为人民服务的根本宗旨。他强调指出,“最大多数人的利益是最要紧和最具有决定性的因素”③,始终关系党的执政的全局。他要求全党同志必须切实负起自己的任务和责任,全心全意为人民谋利益,团结和带领人民群众为实现自己的根本利益而奋斗,始终坚持以符合最广大人民群众的利益为最高衡量标准,以最广大人民群众满意为根本

---

① 《邓小平文选》第1卷,北京:人民出版社,1994年,第257页。
② 《邓小平文选》第2卷,北京:人民出版社,1994年,第163页。
③ 《江泽民文选》第3卷,北京:人民出版社,2006年,第280页。

准则,任何时候都必须坚持尊重社会发展规律与尊重人民历史主体地位的一致性,坚持为崇高理想奋斗与为最广大人民谋利益的一致性,坚持完成党的各项工作与实现人民利益的一致性。

胡锦涛同志更是鲜明地把“相信谁、依靠谁、为了谁,是否始终站在最广大人民的立场上”①,作为区分唯物史观和唯心史观的分水岭和判断马克思主义政党的试金石,把以人为本、执政为民作为党的执政理念,把实现最广大人民的根本利益作为党最鲜明的政治立场和核心价值,指出:“建设中国特色社会主义的根本目的是不断实现好、维护好、发展好最广大人民的根本利益,党的理论、路线、纲领、方针、政策和工作必须以符合最广大人民的根本利益为最高衡量标准。”②“必须坚持立党为公、执政为民,始终把实现好、维护好、发展好最广大人民的根本利益作为党的建设的核心价值。”③他要求全党同志要牢牢把握和坚持始终代表中国最广大人民根本利益的马克思主义立场,使我们的一切工作和方针政策充分体现最广大人民的根本利益,切实把人民群众的利益实现好、维护好、发展好,为中国特色社会主义伟大事业奠定坚实群众基础、提供强大奋进力量。

党的核心价值体现党的指导思想的核心价值取向,是中国化马克思主义理论所有成果中最本质的东西,决定着马克思主义中国化发展的历史方向。这一核心价值深刻地反映和体现了以人为本的内在逻辑,在中国化马克思主义理论的整个价值体系中始终居于核心地位,并且在其形成和发展过程中也是一以贯之的。中国化马克思主义理论体系的其他价值,都能从这一核心价值找到本源、得到解释。随着中国化马克思主义理论体系的历史发展,这一核心价值的地位和作用必将愈益突出和明显。

马克思主义中国化的每一次与时俱进,都依赖于中国革命、建设和改革实践。马克思主义中国化植根于中国实践又服务于中国实践。从历史的角度看,马克思主义中国化和中国的革命、建设和改革实践在核心价值上是完全一致的。也就是说,中国共产党不仅在推进马克思主义中国化的过程中始终着眼于

---

① 《十六大以来重要文献选编》(上),北京:中央文献出版社,2005年,第369页。

② 《十六大以来重要文献选编》(上),北京:中央文献出版社,2005年,第364页。

③ 胡锦涛在抗震救灾先进基层党组织和优秀共产党员代表座谈会上的讲话(新闻稿)2008年6月30日,新华网2008年6月30日。

最广大人民群众的根本利益，而且在领导中国革命、建设和改革的具体实践中同样始终贯彻了这一核心价值。无论是民主革命时期进行的革命战争还是社会主义革命时期进行的社会主义改造，无论是探索适合中国国情的社会主义建设道路还是开辟中国特色社会主义道路，无论是构建社会主义和谐社会还是加强党的先进性建设、提高党的执政能力，归根到底都是为了实现中国最广大人民的根本利益。正如胡锦涛同志所指出的：一部中国共产党的历史，"就是一部全心全意为人民服务的奋斗史。浴血奋战推翻三座大山，开展大规模社会主义建设，进行改革开放和社会主义现代化建设，党始终坚持人民利益高于一切、重于一切、大于一切，始终把实现好、维护好、发展好最广大人民的根本利益作为党的庄严使命"①。

三、历史主题：促进中国人民的解放和全面发展

任何一个理论体系都有其历史发展的主题。主题是一个理论体系精神实质的标志，是贯穿整个理论体系的轴心或者说是主线，反映理论体系发展的历史轨迹和脉络。准确把握理论体系的主题，是正确掌握整个理论体系深刻内涵的关键。

中国化的马克思主义也有贯穿其发展始终的历史主题。这一历久弥新的主题，就是促进中国人民的解放和全面发展。这是以人为本在马克思主义中国化中的第三个重要维度。如果说关注中国人民的历史命运问题是马克思主义中国化的逻辑起点，那么促进中国人民的解放和全面发展则是它的理论归宿。

马克思主义经典作家的最高价值诉求，就是实现人的解放和人的自由而全面发展。他们把人类从客观必然性的统治中取得自由称为人的解放。在他们看来，"任何一种解放都是把人的世界和人的关系还给人自己"②。人的自由而全面发展，意味着人的真正解放。人的解放和发展是人的本质的回归与提升，

---

① 胡锦涛在抗震救灾先进基层党组织和优秀共产党员代表座谈会上的讲话（新闻稿）2008年6月30日，新华网2008年6月30日。

② 《马克思恩格斯全集》第1卷，北京：人民出版社，1956年，第443页。

是人的个性的张扬和素质能力的提高,同时也意味着人的活动自由程度和空间的拓展。

恩格斯曾经指出:“每一个时代的理论思维,包括我们时代的理论思维,都是一种历史的产物,它在不同的时代具有完全不同的形式,同时具有完全不同的内容。”①中国化的马克思主义也是如此。马克思主义在中国的具体运用和历史发展,总是同时代和实践的发展联系在一起的。中国化的马克思主义的每一理论形态,都是时代和实践的产物。尽管时代和实践发展的每一阶段都具有不同的历史特点,但是马克思主义中国化始终是围绕着回答和解决中国人民解放和发展的现实问题而逐步展开的。

中国共产党90年来的所有奋斗,归结起来就是团结和带领中国人民完成两大历史任务:一是通过革命和战争争得民族独立和人民解放,为人的全面发展奠定政治前提和制度基础;二是通过改革和发展实现国家繁荣富强、人民共同富裕,促进人的全面发展。完成这两大历史任务,是历史赋予中国共产党的庄严使命。如何完成这两大历史任务,是党需要认真探索和研究的重大课题。在不同历史条件下对这一课题不断做出思考和回答,成为中国化马克思主义的理论生长点。

在封建专制统治、外国列强入侵、人民备受掠夺和欺凌的旧中国,是根本没有人的自由和全面发展可言的。由于受到双重压迫,“中国的广大人民,尤其是农民,日益贫困化以至大批地破产,他们过着饥寒交迫的和毫无政治权利的生活。中国人民的贫困和不自由的程度,是世界所少见的”②。要在中国实现人的解放和全面发展,首先必须进行反帝反封建的民主革命,争得民族独立和人民解放。恩格斯指出:“一个大民族,只要还没有民族独立,历史地看,就甚至不能比较严肃地讨论任何内政问题。”③因此,“排除民族压迫是一切健康和自由的发展的基本条件”④。从旧中国的实际情况看,只有通过革命赢得民族独立和人民解放,才能为实现国家繁荣富强和人民共同富裕奠定政治前提和制度基础。

---

① 《马克思恩格斯选集》第4卷,北京:人民出版社,1995年,第284页。
② 《毛泽东选集》第2卷,北京:人民出版社,1991年,第631页。
③ 《马克思恩格斯选集》第4卷,北京:人民出版社,1972年,第427页。
④ 《马克思恩格斯选集》第4卷,北京:人民出版社,1972年,第428页。

在中国这样一个农民占人口绝大多数的经济落后国家如何进行革命,马克思主义的本本里没有现成的答案,也不能照搬别国的经验和模式,只能在马克思主义的指导下探索自己的革命发展道路。在长期的探索实践中,中国共产党把马克思主义基本原理同中国革命的具体实践结合起来,科学回答了什么是新民主主义革命和社会主义革命、怎样进行新民主主义革命和社会主义革命的基本问题,走出了一条中国特色民主革命和社会主义革命道路,领导人民推翻了帝国主义和封建主义在中国的反动统治,建立了人民当家做主的新中国,在实现民族独立和人民解放的同时,也实现了马克思主义同中国实际相结合的第一次历史性飞跃。

新中国的成立,是20世纪具有划时代的重大事件,它标志着中国100多年来被侵略被奴役的屈辱历史的结束,标志着中国人民在解放和发展的道路上迈出了重要一步。它本身就是中国人民的一次大解放,同时也为中国人民以后的解放和发展开辟了道路、拓展了空间。正如后来邓小平所说:“中国在世界上的地位,是在中华人民共和国成立以后才大大提高的。只有中华人民共和国的成立,才使我们这个人口占世界总人口近四分之一的大国,在世界上站起来,而且站住了。还是毛泽东同志那句话:中国人民从此站起来了。”①

实现民族独立和人民解放,只是为国家繁荣富强和人民共同富裕奠定了政治前提和制度基础,只是在实现人民解放和发展的道路上迈出了第一步。要真正实现国家繁荣富强和人民共同富裕,在实现人民解放和发展的道路上继续前进,必须致力于搞好社会主义建设,为人民的进一步解放和发展奠定经济、政治、文化、社会等基础条件。在中国这样一个国度里如何建设社会主义、推动经济社会发展,同样不能从马克思主义的本本里去找现成的答案,不能照搬别国的经验和模式,同样需要在马克思主义的指导下探索适合本国国情的建设和发展道路。

十一届三中全会以来,几代中国共产党人坚持马克思主义的思想路线,把马克思主义基本原理同中国建设、改革、发展的具体实际结合起来,不断回答什么是社会主义、怎样建设社会主义,建设什么样的党、怎样建设党,实现什么样的发展、怎样发展等重大理论和实际问题,不断推进马克思主义中国化,实现了

---

① 《邓小平文选》第2卷,北京:人民出版社,1994年,第299页。

党在指导思想上的一次又一次与时俱进,形成了包括邓小平理论、“三个代表”重要思想和科学发展观在内的中国特色社会主义理论体系。

从邓小平理论的创立到“三个代表”重要思想的形成,再到科学发展观的提出,马克思主义中国化的每一次重大发展和创新,都是同中国人民的解放和发展问题紧密地联系在一起的,都是回答和解决这一现实问题的成果或产物,都是直面中国人民解放和发展问题的马克思主义。

邓小平理论所回答的基本问题,是什么是社会主义、怎样建设社会主义。应当说,邓小平理论对这一基本问题的回答,在很大程度上是从实现中国人民的解放和发展这个层面上做出的。在邓小平回答这一基本问题的论述中有几个关键词,那就是“解放”“发展”“增加”“提高”“共同富裕”等。譬如邓小平讲:“讲社会主义,首先就要使生产力发展,这是主要的。”①他指出:“社会主义原则,第一是发展生产,第二是共同致富。”②他又说:“我们要发展社会生产力,发展社会主义公有制,增加全民所得。我们允许一些地区、一些人先富起来,是为了最终达到共同富裕,所以要防止两极分化。这就叫社会主义。”③他还说:“贫穷不是社会主义,社会主义要消灭贫穷。不发展生产力,不提高人民的生活水平,不能说是符合社会主义要求的。”④他在关于社会主义本质的著名论断中进一步强调指出:“社会主义的本质,是解放生产力,发展生产力,消灭剥削,消除两极分化,最终达到共同富裕。”⑤

“解放”“发展”“增加”“提高”“共同富裕”等等,宛若一串璀璨的珠玑在邓小平上述论述中熠熠闪烁。邓小平所说的“解放”和“发展”,实质上指的是人的解放和全面发展,是中国人民的解放和全面发展。解放生产力、发展生产力不是目的,目的在于增加全民所得、提高人民生活水平,最终达到共同富裕。前者是达到目的的手段或途径,后者则是人的解放和发展的过程或状态。从其内在的核心逻辑上说,邓小平理论是致力于中国人民的解放和全面发展的理论。

“三个代表”重要思想所回答的基本问题,是建设什么样的党、怎样建设党。

---

① 《邓小平文选》第2卷,北京:人民出版社,1994年,第314页。
② 《邓小平文选》第3卷,北京:人民出版社,1993年,第172页。
③ 《邓小平文选》第3卷,北京:人民出版社,1993年,第195页。
④ 《邓小平文选》第3卷,北京:人民出版社,1993年,第116页。
⑤ 《邓小平文选》第3卷,北京:人民出版社,1993年,第373页。

这是对什么是社会主义、怎样建设社会主义问题的认识和回答的继续与逻辑延伸。“三个代表”重要思想尽管是从回答如何加强执政党建设的视角提出来的，但是它作为一个思想理论体系，始终是围绕着建设和发展中国特色社会主义来阐发的，是对什么是社会主义、怎样建设社会主义问题的进一步回答。

从其体系架构和内在联系看，“三个代表”重要思想所强调的，都同中国人民的解放和发展密切相关。生产力是人类社会发展进步的物质基础，也是实现人的全面发展的根本条件。代表中国先进生产力的发展要求，就是要求党的全部理论和实践必须体现不断推动生产力解放和发展的要求，特别是要体现推动先进生产力发展的要求，并通过推动生产力的发展来不断提高人民的生活水平。文化是人类社会发展进步的重要标志，也是实现人的全面发展的重要条件。始终代表中国先进文化的前进方向，就是要求党的全部理论和实践既要着眼于人民现实的物质文化生活需要，又要着眼于促进人民素质的提高，通过建设先进的社会主义文化来促进人的全面发展。人的根本利益与人的全面发展是一致的，是一个问题的两个方面。人的全面发展本身，就是人的根本利益的实现。始终代表中国最广大人民的根本利益，就是要求党的全部理论和实践必须坚持把人民的根本利益作为出发点和归宿，充分发挥人民群众的积极性、主动性、创造性，在社会不断发展进步的基础上，使人民群众不断获得切实的经济、政治、文化利益。就其内在的核心逻辑而言，“三个代表”重要思想是以促进中国人民的解放和全面发展为核心价值目标的理论。

科学发展观所回答的基本问题，是实现什么样的发展、怎样发展。对这一基本问题的科学回答，是对什么是社会主义、怎样建设社会主义和建设什么样的党、怎样建设党的问题认识的进一步深化，标志着中国共产党把对中国特色社会主义的认识提高到新的科学水平。与邓小平理论和“三个代表”重要思想相比较，科学发展观最显著的特点，就在于它把以人为本作为整个理论体系的核心，把人的全面发展作为中国特色社会主义的价值目标，并紧紧围绕这一核心和价值目标系统地阐明了中国特色社会主义的发展问题。

科学发展观是一个由“第一要义”“核心”“基本要求”和“根本方法”等构成的严密的理论体系。在这一理论架构中，作为第一要义的发展特别重要。“只有坚持以经济建设为中心，不断解放和发展生产力，才能为社会全面进步和人的全面发展奠定坚实的物质基础。"①同样,作为基本要求的全面协调可持续以及作为根本方法的统筹协调也十分重要。"只有更加自觉地推进全面协调可持续发展,才能更好化解对我国发展的各种制约因素,更好推动我国发展进程,确保实现我国发展的战略目标。"②"只有坚持统筹兼顾,我们才能真正处理好我国这样一个十几亿人口的发展中大国的改革发展稳定问题,真正处理好全体人民的根本利益和各方面的利益问题,真正把全体人民和各方面的积极性、主动性、创造性充分发挥出来,为推进党和国家事业形成广泛共识、集聚强大力量。"③但是最重要的,还是作为核心的以人为本。"坚持以人为本,就是要以实现人的全面发展为目标,从人民群众的根本利益出发谋发展、促发展,不断满足人民群众日益增长的物质文化需要,切实保障人民群众的经济、政治和文化权益,让发展的成果惠及全体人民。"④

在科学发展观的整个理论体系中,作为核心理念和根本价值取向的以人为本,对第一要义、基本要求和根本方法起主导和统领作用,所有这些都服从和服务于这个核心。以人为本把人作为发展的主体和中心,强调发展为了人民、发展依靠人民,在发展中实现人的价值、促进人的全面发展,体现了历史唯物论的基本原理,体现了我们党全心全意为人民服务的根本宗旨和推动经济社会发展的根本目的。总的来说,科学发展观的本质内涵和根本要求,就是"在经济社会协调发展的基础上促进人的全面发展"⑤。以人为本的科学发展观是与马克思列宁主义、毛泽东思想、邓小平理论和"三个代表"重要思想既一脉相承又与时俱进的科学理论,促进中国人民的解放和全面发展同样是它不懈的核心价值诉求。

综观马克思主义中国化的历史进程,它始终是围绕着回答和解决中国人民解放和发展的现实问题而不断展开的。在这一历史进程中,马克思主义中国化

---

① 《十六大以来重要文献选编》(上),北京:中央文献出版社,2005年,第483页。

② 胡锦涛在新进中央委员会的委员、候补委员学习贯彻党的十七大精神研讨班上的讲话(现收录于《胡锦涛文选》第三卷,北京:人民出版社,2016年,第6页——编者注)。

③ 胡锦涛在新进中央委员会的委员、候补委员学习贯彻党的十七大精神研讨班上的讲话(现收录于《胡锦涛文选》第三卷,北京:人民出版社,2016年,第7页——编者注)。

④ 《十六大以来重要文献选编》(上),北京:中央文献出版社,2005年,第364、483、850页。

⑤ 胡锦涛在纪念毛泽东同志诞辰110周年座谈会上的讲话(现收录于《胡锦涛文选》第二卷,北京:人民出版社,2016年,第143页——编者注)。

的理论创新与致力于中国人民解放和发展的实践创新是高度契合、彼此互动的，二者是同一历史过程的两个方面。实现中国人民的解放和发展，既是党领导人民推进革命和建设事业的历史主题，也是推进马克思主义中国化的历史主题。

目前中国正处于并将长期处于社会主义初级阶段。党在这一历史阶段的庄严使命，就是领导人民为建设和发展中国特色社会主义而奋斗。中国特色社会主义本质上是坚持以人为本的社会主义，坚持以人为本是中国特色社会主义的本质要求。在推进中国特色社会主义事业的伟大实践中，必须牢牢把握以人为本这一本质要求，始终围绕实现人的全面发展这一历史主题，把马克思主义中国化继续推向前进，通过新的不懈奋斗，让全国人民过上更加富裕、更加有尊严的生活。

（原载中共中央党校“马克思主义中国化 90 年”理论研讨会论文集《90 年来马克思主义中国化的历史经验》，中央党校出版社 2012 年 1 月出版）

关于中国特色社会主义理论体系历史起点的几个史实问题

——与王力教授商榷

近日拜读了王力教授的《中国特色社会主义理论体系内在的历史与逻辑统一性论纲》(见《马克思主义研究》2011 年第 2 期)一文。在这篇文章中,作者试图通过厘清中国特色社会主义理论体系的历史起点及其三大理论成果之间内在的逻辑关联和问题前提,来论证和阐述中国特色社会主义理论体系的科学性。该文论证较为合理,不乏有新意和见地之处,读来颇受启发。但是,笔者想就该文中所涉及的几个史实和表述方面的问题,与王力教授商榷。

一、关于党的实事求是思想路线是否真的“丢失了多年”

王力教授在论及“邓小平理论在中国特色社会主义的历史实践中逻辑地展开”时,在第一条中做出了“党的十一届三中全会恢复丢失了多年的党的‘实事求是’的思想路线”这样一个表述。笔者认为这个表述与史实有很大出入,对此不能苟同。

何谓“丢失”?所谓“丢失”,就是“丢掉”“遗失”,用于政治领域就有“背弃”“背叛”的意思。历史上,我们党曾多次在政治领域使用过这个表述。譬如,1956 年 11 月毛泽东同志在党的八届二中全会上评价苏共二十大时尖锐地指出:“我看有两把‘刀子’:一把是列宁,一把是斯大林。现在,斯大林这把刀子,俄国人丢了。”“列宁这把刀子我看也丢掉相当多了。”①毛泽东同志明确告诫全党:斯大林这把刀子中国不能丢,这里所说的“丢”或“丢掉”,显然指的是背弃、

---

① 《毛泽东年谱(1949—1976)》第 3 卷,北京:中央文献出版社,2013 年,第 33~34 页。

背叛。

后来,我们党多次使用“丢”或“丢掉”这类表述,其含义指的仍然是背弃、背叛。1980年10月,针对当时某些人借口毛泽东同志晚年犯了错误否定毛泽东同志和毛泽东思想的主张,邓小平坚定地指出:“毛泽东思想这个旗帜丢不得。丢掉了这个旗帜,实际上就否定了我们党的光辉历史。”①1991年8月,在国际上苏联东欧剧变、国内发生严重政治风波的大背景下,邓小平旗帜鲜明地提出“老祖宗不能丢”。他说:“我们搞改革开放,把工作重心放在经济建设上,没有丢马克思,没有丢列宁,也没有丢毛泽东。老祖宗不能丢啊!”②后来,江泽民和胡锦涛同志在不同的历史时期也都做出过这样的论断。2012年11月17日在十八届中共中央政治局第一次集体学习时的讲话中,习近平总书记进一步强调说:“马克思列宁主义、毛泽东思想一定不能丢,丢了就丧失根本。”③

那么十一届三中全会以前,党的实事求是思想路线究竟是否被丢掉或遗失了多年?笔者认为,事实并非如此。毋庸讳言,自1957年以后,靠实事求是起家和兴旺发展起来的我们党,开始越来越多地出现“左”的错误,“文化大革命”期间更是达到了极端,给党和人民的事业造成了无可挽回的巨大损失。出现这么严重的全局性错误,原因可能是多方面的,但是最根本的原因,就是逐渐地离开、越来越严重地违背了实事求是这一思想路线。

请注意,笔者在这里使用的是“离开”“违背”,并在它们之前加上了“逐渐地”“越来越严重地”的限定词。应当说,这样表述更加准确,更加符合历史事实。邓小平在评价新中国成立后头17年的历史时指出:“建国后十七年这一段,有曲折,有错误,基本方面还是对的”④,“一九五七年反右派斗争以后,错误就越来越多了”⑤。在谈到毛泽东同志晚年所犯错误时,邓小平又说:“有相当部分违背了他原来的思想,违背了他原来十分好的正确主张,包括他的工作作风。”⑥陈云在谈到这段历史的深刻教训时也曾经指出:“建国以后,我们一些工

---

① 《邓小平文选》第2卷,北京:人民出版社,1994年,第298页。
② 《邓小平文选》第3卷,北京:人民出版社,1993年,第369页。
③ 《十八大以来重要文献选编》上卷,北京:中央文献出版社,2014年,第75页。
④ 《邓小平文选》第2卷,北京:人民出版社,1994年,第296页。
⑤ 《邓小平文选》第2卷,北京:人民出版社,1994年,第295页。
⑥ 《邓小平文选》第2卷,北京:人民出版社,1994年,第345页。

作发生失误，原因还是离开了实事求是的原则。”①

笔者认为，“离开”“违背”与“丢失”在概念上是有着严格的原则区别的。所谓“离开”，指的是脱离了某一事物。所谓“违背”，则是违反、不遵守的意思。笔者认为，在1957年以后的长达20年的历史曲折过程中，其中包括“文化大革命”期间，我们党并没有“丢失”更没有“背弃”“背叛”实事求是，而是在一个时期内暂时离开和违背了实事求是，只不过离开和违背的程度随着“左”倾错误的发展越来越严重了。

从历史事实看，尽管1957年反右派斗争以后我们党因逐渐离开实事求是而犯的错误越来越多了，但是直到“文化大革命”发生以前基本上还是实事求是的，党的工作的“基本方面还是对的”。即便是在“文化大革命”期间，也不能说我们党完全丢掉实事求是的思想路线。对于“文化大革命”这一全局性的“左”倾错误，毛泽东同志负有主要责任，但他在某些时候和一些事情上还是实事求是的。“在党的领导层内，在党内外广大干部群众中，对‘左’倾错误和极‘左’思潮的抵制和抗争始终存在并不断发展。正是由于全党和广大干部群众的共同斗争，使‘文化大革命’的破坏受到一定程度的限制。我国国民经济虽然遭到巨大损失，但仍然取得了进展，尖端科学技术也有新的发展。在国家动乱的情况下，人民解放军仍然英勇地保卫着祖国的安全。我国的对外工作也打开了新的局面。”②1979年邓小平在党的理论务虚会上谈到新中国成立30年来取得的成就时指出：“我们尽管犯过一些错误，但我们还是在三十年间取得了旧中国几百年、几千年所没有取得过的进步。”③这也就是说，即便是“文化大革命”时期，我们的党也没有彻底丢失或丢掉实事求是。如果彻底丢失或丢掉了实事求是，何以能够取得如此巨大、如此辉煌的成就？

当然，上述列举的发展成绩，绝不是“文化大革命”的成果。如果没有“文化大革命”，我们会取得更加辉煌的成就。特别需要指出的是，在这个问题上，我们有必要把“文化大革命”同“文化大革命”时期区分开来。作为一场给我们国家和民族带来深重灾难的政治浩劫，“文化大革命”必须彻底否定，其指导思想

① 《陈云文选》第3卷，北京：人民出版社，1995年，第285页。

② 中共中央党史研究室：《中国共产党历史》第二卷，北京：中共党史出版社，2011年，第752页。

③ 《邓小平文选》第2卷，北京：人民出版社，1994年，第167页。

和基本理论必须彻底否定；但是“文化大革命”时期我们党领导人民建设社会主义取得的历史性成就不能否定，作为我们党和中华人民共和国光辉历程的重要组成部分的这段历史不能否定。

对于我们党从新中国成立到进入改革开放新时期的整个历史，邓小平曾经有过十分中肯的评价，曾经做出过明确的结论。1980年4月，邓小平在同中央负责同志的谈话中指出：“从一九六一年到一九六六年形势的发展可以看出来，调整工作取得了很好的成绩，经济政治形势很好，社会秩序很好。总之，建国后十七年这一段，有曲折，有错误，基本方面还是对的。社会主义革命搞得好，转入社会主义建设以后，毛泽东同志也有好文章、好思想。”①1981年1月，邓小平在会见日本客人谈到新中国成立后31年的历史时指出：“国际、国内都把这三十一年的成绩估计低了。总的来说，三十一年中，我们做了很多的事情，成绩不少，虽然也犯了一些错误，但不是一片漆黑。”②1981年3月，邓小平在同《关于建国以来党的若干历史问题的决议》起草小组负责同志的谈话中再次强调指出：“‘文化大革命’前的十年，应当肯定，总的是好的，基本上是在健康的道路上发展的。这中间有过曲折，犯过错误，但成绩是主要的。那个时候，党和群众心连心，党在群众中的威信比较高，社会风尚好，广大干部群众精神振作。所以，尽管遇到困难，还是能够比较顺利地渡过。经济上发生过问题，但总的说还是有发展。”在谈及对“文化大革命”时期的评价时，邓小平又指出：“‘文化大革命’同以前十七年中的错误相比，是严重的、全局性的错误。它的后果极其严重，直到现在还在发生影响……但是，这十年中间，也还有健康的方面。所谓‘二月逆流’，不是逆流，是正流嘛，是同林彪、‘四人帮’的反复斗争嘛。”③

从邓小平对新中国成立到1981年我们党这段历史所做出的评价和做出的结论来看，他对“文化大革命”前10年的历史是给予肯定的，认为这期间有曲折、有错误，但成绩是主要的。也就是说，这个时期，我们党基本是坚持了党的实事求是思想路线的，否则就不可能取得值得肯定这段历史的成绩，并且这种成绩是占主要地位的。“文化大革命”10年间，我们虽然犯了严重的、全局性的

① 《邓小平文选》第2卷，北京：人民出版社，1994年，第296页。
② 《邓小平年谱（1975—1997）》（下），北京：中央文献出版社，2004年，第707页。
③ 《邓小平文选》第2卷，北京：人民出版社，1994年，第302页。

错误,但也还是有"健康的方面",绝不是像一些人所说的"一片漆黑",党的实事求是思想路线并没有被完全"丢失",否则也就不可能有被称为"健康的方面"的存在。

我们澄清党在1957年后这20年是不是真的把实事求是的思想路线丢失或丢掉了,绝不是在死抠概念,搞文字游戏,而是有着十分重要的政治意义。如果认为我们党真的将其丢失或丢掉了,完全不再按照实事求是原则办事了,不仅不符合历史事实,而且容易导致完全否定我们党这20年的历史。这20年我们党固然犯了许多严重错误,包括"文化大革命"这样全局性的错误,但是不能因此而从根本上否定我们党的这段历史,如果从根本上否定了,许多历史问题在逻辑上就讲不通了,也从根本上违背了习近平总书记提出的"两个不能否定",容易导致"用改革开放后的历史时期否定改革开放前的历史时期"的严重后果。

二、关于邓小平对"什么是社会主义"问题的思考究竟以什么为发端

作为中国改革开放的总设计师,邓小平做出的最伟大的贡献之一,就是初步回答了"什么是社会主义、怎样建设社会主义"这个首要的基本的理论问题,创立了邓小平理论。应当说,邓小平对这一理论问题的思考绝不是拍脑袋般的突发奇想,而是有着特定的社会历史背景的。那么,是什么引发了邓小平对"什么是社会主义、怎样建设社会主义"问题的深邃思考呢?

在论述"邓小平理论在中国特色社会主义的历史实践中逻辑地展开"时,王力教授谈了自己的看法。他说:"在突破计划经济体制之后,必然会引来对改革的前途和中国社会主义命运的质疑,于是究竟'什么是社会主义'的问题要求党必须做出回答。"很显然,在王力教授看来,邓小平对"什么是社会主义"问题的思考,是以突破计划经济体制后人们对改革的前途和中国社会主义命运的质疑为发端的。笔者对他的这一观点,同样无法苟同。

由于长期以来我们把计划经济当成是社会主义的根本特征,把市场经济看成是资本主义特有的东西,认为搞计划经济就是搞社会主义,搞市场经济就是搞资本主义,因此我们的改革突破了计划经济体制,势必会引起一部分人对改

革的前途和中国社会主义命运的质疑。但是,这并不是邓小平对"什么是社会主义"进行深邃思考的真正发端。

那么,邓小平思考这一理论问题的发端到底是什么呢?笔者以为,是对我国社会主义建设历史经验教训的总结和对"四人帮"在社会主义问题上散布的谬论的驳斥。

众所周知,按照马克思主义的基本原理,社会主义必须大力发展社会生产力,创造比资本主义更高的劳动生产率,为将来过渡到共产主义奠定坚实的物质基础。然而,从 20 世纪 50 年代后期起,我们在理论和实践上逐步离开了马克思主义的这一根本观点,出现了严重的错误和曲折,在剥削阶级已经消灭、社会主义基本制度已经建立起来的历史条件下,重新提出和坚持"以阶级斗争为纲",而把发展生产力放在次要的地位。"文化大革命"期间,"四人帮"利用我们党所犯的错误,大肆鼓吹"贫穷社会主义",提出"宁要贫穷的社会主义,不要富裕的资本主义"的荒谬口号,反对和破坏生产力发展。其结果是"从一九五八年到一九七八年整整二十年里,农民和工人的收入增加很少,生活水平很低,生产力没有多大发展。一九七八年人均国民生产总值不到二百五十美元"①。

早在十一届三中全会召开以前,邓小平就开始了对问题的深入思考。1977 年 12 月 26 日,在会见澳大利亚共产党(马列)主席希尔和夫人时,邓小平尖锐地指出:"林彪和'四人帮'反对马克思主义,他们不讲生产,谁讲发展生产就说谁是修正主义,那马克思写《资本论》是干什么的?马克思讲,共产主义是按需分配,要有物质基础。怎样才能体现列宁讲的社会主义的优越性,什么叫优越性?不劳动、不读书叫优越性吗?人民生活水平不是改善而是后退叫优越性吗?如果这叫社会主义优越性,这样的社会主义我们也可以不要。"②

1978 年 3 月 10 日,邓小平在国务院第一次全体会议上发言时指出:"什么叫社会主义,社会主义总是要表现它的优越性嘛。它比资本主义好在哪里?每个人平均六百几十斤粮食,好多人饭都不够吃,二十八年只搞了二千三百万吨钢,能叫社会主义优越性吗?干社会主义,要有具体体现,生产要真正发展起

---

① 《邓小平文选》第 3 卷,北京:人民出版社,1993 年,第 115 页。

② 《邓小平年谱(1975—1997)》(上),北京:中央文献出版社,2004 年,第 250 页。

来，相应的全国人民的生活水平能够逐步提高，这才能表现社会主义制度的优越性。"①

1978年9月在东北视察工作时看到那里贫困落后的状况，邓小平感到十分痛心。同月17日，他对汇报工作的辽宁省委主要负责同志说："马克思主义认为，归根到底要发展生产力。我们太穷了，太落后了，老实说对不起人民。我们现在必须发展生产力，改善人民生活条件。"②19日，他对汇报工作的鞍山市委主要负责人又说："社会主义要表现出它的优越性，哪能像现在这样，搞了二十多年还这么穷，那要社会主义干什么？"③

1980年5月5日，邓小平在同几内亚客人谈话时再次强调说："根据我们自己的经验，讲社会主义，首先要使生产力发展，这是主要的。只有这样，才能表明社会主义的优越性。社会主义经济政策对不对，归根到底要看生产力是否发展，人民收入是否增加。这是压倒一切的标准。空讲社会主义不行，人民不相信。"④

1980年4月12日，邓小平在会见赞比亚总统卡翁达时说："我们现在讲的四个现代化，实际上是毛主席提出来的，是周总理在他的政府工作报告中讲出来的。而'四人帮'怎么说呢？宁肯要穷的社会主义，不要富的资本主义。其本质就是说，社会主义就是穷的。马克思主义历来认为，社会主义要优于资本主义，它的生产发展速度应该高于资本主义。所以，林彪、'四人帮'完全背离了马列主义、毛泽东思想的根本原则。"正是基于这一思考，邓小平强调说："不解放思想不行，甚至于包括什么叫社会主义这个问题也要解放思想。经济长期处于停滞状态总不能叫社会主义。人民生活长期停止在很低的水平总不能叫社会主义。"⑤

1982年9月18日，邓小平在陪同朝鲜客人访问四川时再次谈道："我在东北三省到处说，要一心一意搞建设。国家这么大，这么穷，不努力发展生产，日子怎么过？我们人民的生活如此困难，怎么体现出社会主义的优越性？'四人

---

① 《邓小平年谱（1975—1997）》（上），北京：中央文献出版社，2004年，第277页。
② 《邓小平年谱（1975—1997）》（上），北京：中央文献出版社，2004年，第381页。
③ 《邓小平年谱（1975—1997）》（上），北京：中央文献出版社，2004年，第384页。
④ 《邓小平文选》第2卷，北京：人民出版社，1994年，第314页。
⑤ 《邓小平文选》第2卷，北京：人民出版社，1994年，第311~312页。

帮’叫嚷要搞‘穷社会主义’‘穷共产主义’，胡说共产主义主要是精神方面的，简直是荒谬之极！”①

1985年4月15日，邓小平系统地阐述了他为什么要提出“什么是社会主义”这样一个问题：“我们冷静地分析了中国的现实，总结了经验，肯定了从建国到一九七八年三十年的成绩很大，但做的事情不能说都是成功的。我们建立的社会主义制度是个好制度，必须坚持……但问题是什么是社会主义，如何建设社会主义。我们的经验教训有许多条，最重要的一条，就是要搞清楚这个问题。”②

在上述这些重要论述中，邓小平思考和回答“什么是社会主义”的历史发端是非常明确的，就是对我国社会主义建设历史经验教训的总结和对“四人帮”在社会主义问题上所散布的荒谬言论的驳斥，而不是所谓“在突破计划经济体制之后”，对“必然会引来对改革的前途和中国社会主义命运的质疑”的担忧。通读邓小平著作，鲜见他对这种担忧的论述，而对我国社会主义建设历史经验教训的总结和对“四人帮”在社会主义问题上的荒谬言论的驳斥则比较多，可谓比比皆是。特别是1978年9月17日在听取辽宁省委主要负责同志汇报工作时所说的那段话的后面，邓小平紧接着就讲：“一个是实事求是，一个是怎样高举，一个是怎样发展生产力。我们的思想开始活跃，现在只能说是开始，还心有余悸。”③应当说，以前者而不是后者作为邓小平思考和回答“什么是社会主义”的历史发端，是完全符合历史事实和历史逻辑的。

搞清楚邓小平思考和回答“什么是社会主义”的历史发端问题，绝不是简单地为了澄清一个历史事实，而是旨在搞清楚中国特色社会主义理论体系的确切历史起点这样一个重要理论问题。澄清这样一个问题，事关对十一届三中全会做出实现党和国家工作重心转移的战略决策的理论依据，事关对中国特色社会主义的探索脉络和党的“一个中心、两个基本点”的基本路线的历史形成的准确把握，事关对邓小平理论乃至中国特色社会主义理论体系的历史起点和逻辑起点的科学理解，其政治意义和理论意义不可低估。

---

① 《邓小平文选》第3卷，北京：人民出版社，1993年，第10页。

② 《邓小平文选》第3卷，北京：人民出版社，1993年，第115~116页。

③ 《邓小平年谱（1975—1997）》（上），北京：中央文献出版社，2004年，第381页。

三、关于究竟什么是邓小平提出和推动党和国家领导制度改革的最主要动因

为适应社会主义改革，发展社会主义民主政治，从制度上保证党和国家政治生活的民主化、经济管理的民主化、整个社会生活的民主化，1980 年 8 月邓小平发表了《关于党和国家领导制度的改革》的重要讲话，开启了我国政治体制改革的历史航程。

那么，是什么情况引发了邓小平思考、提出并推动以党和国家领导制度改革为重点的政治体制改革，或者说邓小平思考和提出这一改革的动因和发端是什么？王力教授在其文章中，对此也论述了自己的观点和看法。他说："拨乱反正和平反冤假错案后，一大批老干部满怀革命热情复出，但由于健康和观念等原因，相当一部分人已经不能适应改革开放的要求。然而，要让他们马上退下来，他们还有点想不通，也打击了他们的工作积极性。于是，以改革'党和国家的领导制度'为开端的政治体制改革由此发端。"

仔细研读邓小平原著，笔者发现事实并非如此。从邓小平的一系列重要论述看，他思考和提出党和国家领导制度改革的最主要动因即发端，是权力过分集中的制度性缺陷及由此所带来的官僚主义现象、特权现象等问题，而不是所谓的老干部的安置和退休问题。

诚然，如何废除干部领导职务终身制，的确是邓小平当时思考的一个重要问题。"文化大革命"结束以后，伴随着拨乱反正和大规模平反冤假错案工作的展开，新中国成立以来因历次政治运动遭受迫害的干部陆续走上各级领导岗位，这时他们的年龄已经普遍偏大，其体力和精力等已经难以担负起改革开放和四个现代化建设的繁重任务。这些"老干部现在大体上都是六十岁左右的人了，六十岁出头的恐怕还占多数，精力毕竟不够了"①，一方面干部队伍严重老化，力不从心，另一方面因为没有位子，年轻干部又上不来。这一局面使邓小平意识到废除领导干部职务终身制的重要性和紧迫性。他明确指出，实际上存在

① 《邓小平文选》第 2 卷，北京：人民出版社，1994 年，第 221 页。

的领导职务终身制，是封建主义残余在干部制度上的一种反映，对党的干部队伍建设和党内政治生活民主化危害极大。他着眼于国家的长治久安，提出了废除领导干部职务终身制这一重大历史性课题。他指出：我国实际存在着的领导职务终身制，“这是我们制度上的缺陷”，“这不是一个人的问题，是整个制度的问题，更多的是关系到我们的方针、四个现代化能否实现的问题”①。他大声疾呼：废除领导干部职务终身制“这件事情不能拖。否则，搞四个现代化就会变成一句空话”②。

依笔者之见，废除领导干部职务终身制固然是政治体制改革的一个重要方面和突破口，但是，促成邓小平提出和推动政治体制改革的最主要动因，是逐步克服权力过分集中的制度弊端，而不是解决所谓的老干部的安置和退休问题，即废除领导干部职务终身制。

1980 年 8 月 18 日，邓小平在中央政治局扩大会议上发表题为《关于党和国家领导制度的改革》的重要讲话。在这个被称为指导我国政治体制改革的纲领性文献中，邓小平自己对提出改革党和国家领导制度的主要动因讲得很清楚。他在这个重要讲话中，首先就作为五届人大三次会议的主要议题之一的国务院领导成员变动阐述了中央的考虑，阐明中央调整国务院负责人人选的原因。在这里，邓小平一共讲了四条原因，其中的第一条，就是权力不宜过分集中。邓小平讲的四条原因，除了权力过分集中这条原因，还有兼职副职不宜过多、着手解决党政不分以党代政问题、从长远考虑解决好交接班问题。为什么邓小平把解决权力过分集中问题放在首要一条呢？也就是说，为什么邓小平如此看重和强调这个问题呢？笔者以为，权力过分集中是在这所有四条原因中起决定作用的最重要原因，其他三个原因都根源于这个首要原因。

首先来看权力过分集中与兼职、副职过多之间的关系。应当说，兼职、副职过多本身就是权力过分集中的具体表现。兼职、副职过多，实际上就是权力不适当地向领导干部个人手上集中，赋予知识、经验、精力都有限的领导干部以过多的权力，它本质上是一种领导者个人的高度集权。没有权力过分集中，就不会有兼职、副职过多这种现象。只有解决了权力过分集中问题，才能从根本上

① 《邓小平文选》第 2 卷，北京：人民出版社，1994 年，第 350 页。
② 《邓小平文选》第 2 卷，北京：人民出版社，1994 年，第 221 页。

消除兼职、副职过多的现象。

其次来看权力过分集中与党政不分、以党代政之间的关系。所谓“党政不分、以党代政”，是指党组织包揽政府的行政事务，代替政府行使行政职能，以致造成党组织趋于行政化、混同于行政机关的现象，也就是邓小平在这次重要讲话中所说的“在加强党的一元化领导的口号下，不适当地、不加分析地把一切权力集中于党委”①的现象。这种现象，其实是权力过分集中在党政关系上所必然导致的一种后果。

最后来看权力过分集中与领导干部职务终身制之间的关系。邓小平在讲话中所说的“从长远考虑解决好交接班问题”，指的就是如何废除领导干部职务终身制的问题。领导干部职务终身制是领导干部不受年龄、健康、任期等条件限制，终身担任领导职务的一种制度，它实际上是领导者个人高度集权在干部管理制度上的延伸或体现，是在干部管理制度上对权力过分集中的一种固化，同样也是权力过分集中的产物。

既然权力过分集中是在所有四条原因中起决定作用的最重要原因，其他三条原因都是其具体表现或由其导致的后果，那么解决权力过分集中问题作为邓小平推动政治体制改革的最主要动因，就是毋庸置疑的了。

这一重要讲话中，邓小平在揭露党和国家现行的具体制度中存在的主要弊端时，还着重指出了“五种现象”，即“官僚主义现象，权力过分集中的现象，家长制现象，干部领导职务终身制现象和形形色色的特权现象”②。认真研读这一时期邓小平的有关论述可以看出，他认为在这五种制度弊端中，权力过分集中同样是起决定作用的最主要弊端，包括干部领导职务终身制现象在内的其他所有弊端都直接或间接地是由权力过分集中引发的，都是权力过分集中的结果或产物。

在深刻剖析官僚主义弊端的根源时，邓小平一针见血地指出，权力过分集中的领导体制“是目前我们所特有的官僚主义的一个总病根”③。他说：“权力过分集中于个人或少数人手里，多数办事的人无权决定，少数有权的人负担过

① 《邓小平文选》第2卷，北京：人民出版社，1994年，第328~329页。
② 《邓小平文选》第2卷，北京：人民出版社，1994年，第327页。
③ 《邓小平文选》第2卷，北京：人民出版社，1994年，第328页。

重，必然造成官僚主义。”[①]他还着重强调说：“权力过分集中，妨碍社会主义民主制度和党的民主集中制的实行，妨碍社会主义建设的发展，妨碍集体智慧的发挥，容易造成个人专断，破坏集体领导，也是在新的条件下产生官僚主义的一个重要原因。”[②]

在指出权力过分集中这个“总病根”之后，邓小平接下来也谈到了干部领导职务终身制在官僚主义弊端产生中所起的作用。他说：“还有，干部缺少正常的录用、奖惩、退休、退职、淘汰办法，反正工作好坏都是铁饭碗，能进不能出，能上不能下。这些情况，必然造成机构臃肿，层次多，副职多，闲职多，而机构臃肿又必然促成官僚主义的发展。”[③]这就是说，在邓小平看来，干部领导职务终身制也是产生官僚主义的一个病根。但是请注意，邓小平在论述干部领导职务终身制对于官僚主义的病根的影响之前，首先使用了“还有”这个词。一个“总病根”，一个“还有”，在邓小平眼里两者孰重孰轻，谁重要谁次要，就不言而喻了。

其实，在邓小平看来，权力过分集中不仅是官僚主义的“总病根”，同时也是家长制、特权现象、干部领导职务终身制等弊端的“总病根”。邓小平指出：“不少地方和单位，都有家长式的人物，他们的权力不受限制，别人都要唯命是从，甚至形成对他们的人身依附关系。”[④]为什么会有这样的家长式人物，为什么别人都要对他们唯命是从，甚至形成对他们的人身依附关系？根本在于他们的权力不受限制，而其权力不受限制本身就是权力过分集中的具体表现。

同样的道理，特权现象、干部领导职务终身制也是权力过分集中的表现和产物。如果没有权力过分集中这一制度弊端，特权现象、干部领导职务终身制就失去了赖以产生的温床和基础。一些领导干部之所以能够“不把自己看作是人民的公仆，而把自己看作是人民的主人，搞特权，特殊化”[⑤]，就是因为他们手中握有过多、过重的权力。有了过多、过重的权力，就容易头脑发昏，不把人民群众放在眼里，产生自己比人民群众高贵的某种优越感，就会毫不羞涩、理直气壮地向组织伸手要地位、要待遇。一些领导干部之所以希望自己担任领导职务

---

① 《邓小平文选》第 2 卷，北京：人民出版社，1994 年，第 329 页。
② 《邓小平文选》第 2 卷，北京：人民出版社，1994 年，第 321 页。
③ 《邓小平文选》第 2 卷，北京：人民出版社，1994 年，第 328 页。
④ 《邓小平文选》第 2 卷，北京：人民出版社，1994 年，第 331 页。
⑤ 《邓小平文选》第 2 卷，北京：人民出版社，1994 年，第 332 页。

是无限期的，不赞成甚至反对废除干部领导职务终身制，其最深层的原因，就是他们深得手握重权的好处。在他们看来，权力是同领导职务联系在一起的，无限期担任领导职务，就能无限期地掌握给自己带来优越感和实际好处的权力。

王力教授之所以提出如此的"发端说"，把作为次要动因的干部领导职务终身制视为唯一发端，对作为最主要动因的解决权力过分集中问题却持一种忽略的态度，以笔者之见，是在研究和考察问题的方法上出现了瑕疵。笔者以为，当一个事物的发端具有多样性并且其中的一个因素是起决定作用的主要方面时，论及这一事物的发端，就应当以这个决定因素为主，至少不能舍此决定因素而言其他。如果不是这样，那就很容易给人以误导，使人们不能对事物的发端有一个准确而完整的把握。

四、结语

上述有关中国特色社会主义理论体系历史起点的几个史实问题，均涉及党的重大历史问题。研究和分析这些问题，必须坚持"党史姓党"的原则，坚持唯物史观的根本观点和方法，以严谨、求实和负责任的态度，充分尊重历史事实，善于从纷繁复杂的历史现象中把握其本质和规律，得出客观的正确结论，切忌对历史问题采取不严肃和不负责的态度，随意地凭主观想象和猜测去解构历史，更不能在这些问题上舍本求末、断章取义、指鹿为马。

（原载《中国浦东干部学院学报》2014 年第 1 期）

全面深化改革与中国特色社会主义的新发展

改革开放是当代中国历史发展的主旋律。党的十一届三中全会以来中国特色社会主义事业从开辟到蓬勃发展的实践充分证明,改革开放是党在新的时代条件下带领人民进行的新的伟大革命,是坚持和发展中国特色社会主义的必由之路,只有改革开放才能发展中国特色社会主义。改革开放不仅是决定当代中国命运的关键一招,也是决定实现"两个一百年"奋斗目标、实现中华民族伟大复兴的关键一招。全面深化改革是新形势下坚持和发展中国特色社会主义的必然要求。只有按照党的十八届三中全会指引的方向全面深化改革,才能赢得中国特色社会主义的更大发展,才能实现中华民族伟大复兴的中国梦。

一、只有改革开放才能坚持和发展中国特色社会主义

只有社会主义才能救中国,中国离开了社会主义就不可能独立富强,这是已为走上社会主义道路前后中国社会和中国人民迥然不同的历史境遇所充分证明了的无可辩驳的客观真理。但是,对于中国共产党来说,社会主义毕竟是一个全新的事业,如何建设社会主义,怎样通过发挥社会主义制度的优越性使人民过上幸福美好的生活,实现中华民族伟大复兴,却是一个先前未曾遇到过的崭新课题。毛泽东曾经指出:"我们对于社会主义时期的革命和建设,还有一个很大的盲目性,还有一个很大的未被认识的必然王国,我们还不深刻地认识它。"①后来,邓小平也曾说过,我们建立的社会主义制度是个好制度,必须坚持。"但问题是什么是社会主义,如何建设社会主义。我们的经验教训有许多

① 《毛泽东文集》第8卷,北京:人民出版社,1999年,第198页。

条，最重要的一条，就是要搞清楚这个问题。”①

为了找到建设社会主义的正确道路，从我国建立社会主义制度之时起，我们党就领导人民进行了艰辛的探索，形成了一些重要认识成果，也积累了一些宝贵经验。但是，由于在中国这样一个经济文化落后的东方大国建设社会主义，是马克思主义和社会主义发展史上从未遇到的新课题，人们对如何走适合中国国情的社会主义道路还缺少规律性认识，再加上当时严峻复杂的国际环境的影响，我们党在探索社会主义道路的过程中发生了失误和曲折，付出了沉重代价，留下了深刻的历史经验和教训。这些成功和教训，为党的十一届三中全会实现伟大历史转折提供了重要基础。

党的十一届三中全会代表全党和全国人民的意志，做出了把党和国家中心工作转移到经济建设上来、实行改革开放的历史性决策，实现了新中国成立以来党的历史上具有深远意义的伟大转折。以此为标志，我们党领导人民开辟了改革开放新时代。改革开放极大地解放和发展了社会生产力，使我国的社会主义制度不断完善和发展，焕发出强大的生机和活力。30 多年来，中国人民乘着改革开放的春风大踏步地赶上了时代潮流，稳步走上了奔向富裕安康的广阔道路，中国特色社会主义充满蓬勃生机，中华民族以前所未有的雄姿巍然屹立在世界东方。

改革开放以来我们取得一切成绩和进步的根本原因，归结起来，就是开辟了中国特色社会主义道路，形成了中国特色社会主义理论体系和中国特色社会主义制度。没有中国特色社会主义，就没有当今中国现代化建设的辉煌成就，就没有当今中国面貌的历史性变化。而中国特色社会主义又是同改革开放紧密联系在一起的。没有改革开放，就没有中国特色社会主义。

中国特色社会主义命题是在改革开放实践中提出来的。党的十一届三中全会后，推行家庭联产承包责任制，实行一部分人一部分地区先富政策，发展多种所有制经济，建立经济特区等等。以这些重大举措为标志的改革开放及其所取得的明显效果，使邓小平感到欣慰。他认为，这些改革开放举措绝不是像一些人所非议的那样在搞资本主义，而是要探索走一条既不同于传统社会主义老路又根本区别于西方资本主义邪路的“中国式社会主义”新路。改革开放的成

① 《邓小平文选》第 3 卷，北京：人民出版社，1993 年，第 116 页。

功实践，在坚定了邓小平走“中国式社会主义”道路的信念的同时，也进一步深化了他对“什么是社会主义、怎样建设社会主义”问题的认识。正是在这一实践基础上，邓小平提出了中国特色社会主义这一命题。

中国特色社会主义道路是在改革开放实践中开辟和拓展的。中国特色社会主义道路是科学社会主义的理论逻辑和当代中国社会发展的历史逻辑的有机统一。而这个理论逻辑与历史逻辑相统一的实现，作为逻辑起点，改革开放在其中发挥了重要的实践载体作用。邓小平强调指出：我们“要坚持马克思主义，坚持社会主义道路。但是，马克思主义必须是同中国实际相结合的马克思主义，社会主义必须是切合中国实际的有中国特色的社会主义”①。我们党对“什么是马克思主义、什么是社会主义”的思考和探索是同改革开放实践历史地联系在一起的。党的十一届三中全会之所以能够做出改革开放的历史性决策，我们党之所以义无反顾地带领人民推进改革开放，从根本上说，正是思考和探索“什么是马克思主义、什么是社会主义”的迫切要求。正是在改革开放实践中，我们党厘清了科学社会主义的基本原则和本质要求，认清了中国的最大实际是仍然处在社会主义初级阶段，从而成功实现了科学社会主义理论逻辑与历史逻辑的有机结合，开辟了中国特色社会主义道路。邓小平逝世后，我们党继续高举中国特色社会主义伟大旗帜，在改革开放实践中不断拓展中国特色社会主义道路，使这条引领当代中国发展进步的唯一正确道路越走越宽阔。

中国特色社会主义理论体系是在改革开放实践中逐步形成和不断丰富发展的。按照马克思主义的观点，科学的理论只能来源于社会实践。中国特色社会主义理论体系的形成，同样也不能离开社会实践。是改革开放实践催生了中国特色社会主义理论体系的思想萌芽，为这棵理论大树的成长提供了充足的营养。正是30多年的改革开放实践，推动着我们党不断应对实践中出现的新情况、新问题，并依据新的实践经验丰富和发展我们的理论。从邓小平理论到“三个代表”重要思想，再到科学发展观和习近平总书记的系列重要讲话，中国特色社会主义理论体系在改革开放实践中不断丰富和发展。正如习近平总书记所说：“如果没有邓小平同志指导我们党做出改革开放的历史性决策，我们国家要取得今天的发展成就是不可想象的。可以说，改革开放是我们党的历史上一次

① 《邓小平文选》第3卷，北京：人民出版社，1993年，第63页。

伟大觉醒,正是这个伟大觉醒孕育了新时期从理论到实践的伟大创造。"①

中国特色社会主义制度是在改革开放实践中不断健全和完善的。经过所有制的社会主义改造,毛泽东领导我们党建立了社会主义基本制度,为当代中国一切发展进步奠定了根本政治前提和制度基础。"我们建立的社会主义制度是个好制度,必须坚持。"②但也毫不讳言,我们的一些具体制度中存在许多弊端,妨碍甚至阻碍了社会主义优越性的发挥,必须通过改革开放使我们的这些具体制度健全和完善起来。改革开放是社会主义制度的自我完善和发展,而不是对它的彻底否定和颠覆。我们的改革"不能搬用西方那一套所谓的民主,不能搬用他们的三权鼎立,不能搬用他们的资本主义制度"③,必须按照既适合我国基本国情又充满生机和活力的要求,不断健全和完善我们的制度和体制。经过 30 多年的持续努力,中国特色社会主义制度正在日益健全和完善起来。改革开放是健全和完善中国特色社会主义制度的根本路径和强大动力,健全和完善中国特色社会主义制度离不开改革开放。

改革开放是当代中国的主旋律,是贯穿邓小平理论、"三个代表"重要思想、科学发展观和习近平总书记系列重要讲话的一条主线,也是发展中国特色社会主义的必由之路。改革开放不仅是坚持和发展中国特色社会主义的强大动力和根本途径,而且其本身就是中国特色社会主义的重要内涵。改革开放犹如一条红线,贯穿于中国特色社会主义形成和发展的始终。坚持和发展中国特色社会主义,必然要求坚持和深化改革开放。

二、实现中国特色社会主义新发展要求全面深化改革

习近平总书记在省部级主要领导干部学习贯彻十八届三中全会精神全面深化改革专题研讨班开班式上的重要讲话指出:"党的十八届三中全会提出的全面深化改革的总目标,就是完善和发展中国特色社会主义制度、推进国家治

① 《习近平关于全面深化改革论述摘编》,北京:中央文献出版社,2014 年,第 2 页。
② 《邓小平文选》第 3 卷,北京:人民出版社,1993 年,第 116 页。
③ 《邓小平文选》第 3 卷,北京:人民出版社,1993 年,第 241 页。

理体系和治理能力现代化。这是坚持和发展中国特色社会主义的必然要求，也是实现社会主义现代化的应有之义。”①这一重要论述，深刻阐明了制度创新对于坚持和发展中国特色社会主义、实现社会主义现代化的重大意义。我们要充分认识在新的时代条件下全面深化改革对于实现中国特色社会主义新发展的重大意义，进一步增强全面深化改革的坚定性和自觉性。

作为一种正确的道路、理论和制度，中国特色社会主义必定随着时代和实践的发展而不断发展，不可能一蹴而就、一成不变。坚持和发展中国特色社会主义是一篇大文章。当代中国共产党人的一个庄严使命，就是要继续把这篇大文章写下去。习近平总书记明确指出：“坚持和发展中国特色社会主义是贯穿党的十八大报告的一条主线。”②“党的十八大精神，说一千道一万，归结为一点，就是坚持和发展中国特色社会主义。”③

在进入全面建成小康社会的决定性阶段，党的十八届三中全会做出全面深化改革的重大决定。该决定对我国全面深化改革作了顶层设计和全面部署，提出了全面深化改革的指导思想、总体思路、目标任务，回答了全面深化改革的一系列重大理论和实践问题，充分表明了我们党自觉顺应人民愿望和时代要求、坚定不移推进改革的鲜明立场，充分体现了我们党对肩负历史使命的深刻把握、对国内外形势的科学判断、对深化改革的高度自觉，是我们党在新形势下坚定不移地贯彻党的基本路线、基本纲领、基本经验、基本要求，坚定不移地高举改革开放大旗的重要宣示和重要体现，对于续写坚持和发展中国特色社会主义这篇大文章具有十分重要的意义。

全面深化改革是实现党的十八大描绘的全面建成小康社会、加快推进社会主义现代化的宏伟蓝图的要求，是坚持和发展中国特色社会主义、不断推进中国特色社会主义制度自我完善和发展的要求，是解决我国发展面临的一系列突出矛盾和挑战、实现经济社会持续健康发展的要求，是党内外对全面深化改革

---

① 习近平在省部级主要领导干部学习贯彻十八届三中全会精神全面深化改革专题研讨班开班式上的讲话（现收录于《论坚持全面深化改革》，北京：中央文献出版社，2018 年，第 88 页——编者注）。

② 《十八大以来重要文献选编》上卷，北京：中央文献出版社，2014 年，第 72 页。

③ 习近平在新进中央委员会的委员、候补委员学习贯彻党的十八大精神研讨班开班式上的讲话（新闻稿）2013 年 1 月 5 日，《人民日报》2013 年 1 月 6 日。

的高度期待,是顺应人民愿望、保持党和国家生机和活力的要求。

全面深化改革,是以习近平同志为总书记的党中央带领全国各族人民在新的历史起点上进行的具有新的历史特点的伟大斗争。这场伟大斗争肩负着一个十分重要的历史使命,就是确保到中国共产党成立100年时全面建成小康社会,在中华人民共和国成立100年时建成富强民主文明和谐的社会主义现代化国家,实现中华民族伟大复兴的中国梦。完成这一重要历史使命,对于坚持和发展中国特色社会主义必将发挥重要的关键性的作用。

党的十一届三中全会以来30多年的改革开放,大大加快了实现中华民族伟大复兴的历史进程,大大推进和发展了中国特色社会主义。现在,我们比历史上任何时期都更接近实现中华民族伟大复兴的目标,比历史上任何时期都更有信心、更有能力实现这个目标,比历史上任何时期都对中国特色社会主义更加充满自信。然而,我们必须清醒地看到,未来几十年的奋斗历程绝不会是笔直平坦的、一帆风顺的,其间必然充满风险和挑战,历经无数困难和艰辛。

当前,世情、国情、党情已经发生并继续发生着深刻变化,当今中国正在经历着空前广泛和深刻的社会变革。这种变革在给社会发展进步带来巨大活力的同时,也带来了这样那样的深层次矛盾和问题。对这些矛盾和问题的出现,1993年邓小平就已有所洞察,指出:“过去我们讲先发展起来。现在看,发展起来以后的问题不比不发展时少。”①我们面对的改革发展稳定任务之重前所未有,矛盾风险挑战之多前所未有。这些矛盾和问题躲不开、绕不过,解决不好就会影响经济发展和社会稳定,甚至会危及整个中国特色社会主义事业。那么,如何解决发展起来后遇到的这些矛盾和问题,靠什么来化解面临的风险与挑战?对此,习近平总书记给出了明确答案:解决这些问题,关键在于深化改革;除了深化改革,别无他途。他反复强调说,改革开放是决定当代中国命运的关键一招,也是决定实现“两个一百年”奋斗目标、实现中华民族伟大复兴中国梦的关键一招;实践发展永无止境,解放思想永无止境,改革开放也永无止境,停顿和倒退没有出路;改革开放只有进行时,没有完成时。

改革越是向前推进,遇到的阻力越大,出现的新矛盾、新问题也会如影随形,这就越需要完善和发展中国特色社会主义制度,推进国家治理体系和治理

---

① 《邓小平年谱》下卷,北京:中央文献出版社,2004年,第1364页。

能力现代化。面对新形势、新任务，我们必须通过全面深化改革，着力解决我国发展面临的一系列突出矛盾和问题，不断推进中国特色社会主义制度自我完善和发展；必须以更大的政治勇气和智慧，不失时机深化重要领域改革，攻克体制机制上的顽瘴痼疾，突破利益固化的藩篱，进一步解放和发展社会生产力，进一步激发和凝聚社会创造力。

现在我们全面深化改革并不是过去改革的简单延续，因而与先前的改革相比在目标任务方面有着很大的不同。在阐述全面深化改革的目标任务时，党的十八届三中全会在《中共中央关于全面深化改革若干重大问题的决定》中明确指出，全面深化改革的总目标是完善和发展中国特色社会主义制度，推进国家治理体系和治理能力现代化；到 2020 年，在重要领域和关键环节改革上取得决定性成果，完成本决定提出的改革任务，形成系统完备、科学规范、运行有效的制度体系，使各方面制度更加成熟、更加定型。这就明确告诉我们，全面深化改革的实质是推进中国特色社会主义制度体系的系统创新，核心任务是实现中国特色社会主义制度的现代化。过去，我们经常引用邓小平的一句经典论断："领导制度、组织制度问题更带有根本性、全局性、稳定性和长期性"①；现在，我们应当进一步强调说，全面深化改革，系统推进制度创新，致力于实现制度现代化，对于坚持和发展中国特色社会主义更带有根本性、全局性、稳定性和长期性。只有我们的制度更加成熟、更加定型了，才能够为党和国家事业发展、人民幸福安康、社会和谐稳定、国家长治久安提供持久动力和根本保障，中国特色社会主义之树才会常绿常青。

经过 30 多年改革开放，我们在走出一条不同于西方国家的发展道路的同时，形成了一套不同于西方国家的制度体系。平心而论，我国的这套制度体系总体上是好的，是适合我国国情和具有独特优势的。但也毋庸讳言，我们在国家治理体系和治理能力方面还存在许多不足和亟待改进的地方，我们的制度还未达到成熟和定型的程度，有的甚至可能成为影响和制约发展稳定的重要因素。要通过全面深化改革推动我们的制度更加成熟、更加定型，形成一套更完备、更稳定、更管用的制度体系，在国家治理体系和治理能力现代化上形成总体效应、取得总体效果。只有这样，才能更有效地破解发展难题，应对各种风险考

① 《邓小平文选》第 2 卷，北京：人民出版社，1994 年，第 333 页。

验,为实现中华民族伟大复兴的中国梦,坚持和发展中国特色社会主义提供更持久、更稳定的动力和保障。

三、坚持全面深化改革的正确方向,奋力实现中国特色社会主义新发展

中国特色社会主义是当代中国发展进步的根本方向。全面深化改革,必须始终遵循当代中国发展进步的根本方向,始终坚持中国特色社会主义。发展中国特色社会主义是一项长期的艰巨的历史任务,必须准备进行具有许多新的历史特点的伟大斗争。要在全面深化改革中着力解决我国发展面临的一系列突出矛盾和问题,推进中国特色社会主义制度不断自我完善,不断实现中国特色社会主义的新发展。

要在全面深化改革中不断实现中国特色社会主义的新发展,首先必须始终坚持正确的改革方向。必须明确,我们全面深化改革是有特定政治方向的。这个方向就是党的十八届三中全会所指出的:高举中国特色社会主义伟大旗帜不动摇,完善和发展中国特色社会主义制度。这就明确规定了我们所进行的全面深化改革,必须是在坚持中国特色社会主义方向前提下的全面深化改革,既不能走封闭僵化的老路,也不能走改旗易帜的邪路。

党的十八大报告强调指出,中国特色社会主义是当代中国发展进步的根本方向。这是总结 30 多年改革开放历史经验得出的科学结论。改革开放 30 多年来,中国特色社会主义对于当代中国做出的最大贡献,就是赋予中国经济社会以巨大的生机和活力,使国家快速发展起来,使中国的国际地位快速提升起来,使人民生活水平快速提高起来,使中华民族大踏步赶上时代前进潮流、迎来伟大复兴的光明前景。中国特色社会主义之所以具有蓬勃的生命力,就在于它是实行改革开放的社会主义。改革开放之所以具有蓬勃的生命力,就在于它是坚持中国特色社会主义的改革开放。实践证明,当代中国要发展进步,必须高举中国特色社会主义旗帜,坚持中国特色社会主义道路。这是过去中国改革发展取得巨大成功的根本保证,也是未来全面深化改革、实现中国特色社会主义新发展的根本保证。

长期以来，在中国如何改革，改革举什么旗、走什么路的问题上，一直存在着一些杂音，存在着严重分歧。党的十八大特别是十八届三中全会以来，有人借解读会议精神之机，极力鼓吹主张中国改弦更张、改旗易帜的所谓“改革”，兜售和推销西方的价值观念和制度模式。在这个问题上，习近平总书记旗帜非常鲜明、态度毫不含糊。他尖锐地指出，一些敌对势力和别有用心的人也在那里摇旗呐喊、制造舆论、混淆视听，把改革定义为往西方政治制度的方向改，否则就是不改革。他揭露这些人是醉翁之意不在酒，“项庄舞剑，意在沛公”。他还说，现在我国改革面临十分复杂的国内国际环境，各种思想观念和利益诉求相互激荡。要从纷繁复杂的事物表象中把准改革脉搏，在众说纷纭中开好改革药方，没有很强的战略定力是不行的，必须洞若观火，保持政治坚定性，明确政治定位。

一个国家实行什么样的主义，关键要看这个主义能否解决这个国家面临的历史性课题。改革开放以来，我们党始终强调，中国特色社会主义既坚持了科学社会主义基本原则，又根据时代条件赋予其鲜明的中国特色。这就是说，中国特色社会主义是社会主义，不是别的什么主义。中国究竟应该不应该坚持中国特色社会主义？鞋子合不合脚，自己穿着才知道。中国到底应该走什么样的发展道路，只有中国人民最有发言权。如果我们不顾国情照抄照搬别人的制度模式，就会画虎不成反类犬，不仅不能解决任何实际问题，而且还会因水土不服造成严重后果。方向决定道路，道路决定命运。中国人民找到中国特色社会主义这条正确的道路多么不容易，我们必须坚定不移走下去，无论遇到什么样的风险考验都决不动摇。

必须清楚地认识到，我们全面深化改革，不是因为中国特色社会主义制度不好，而是要使它更好；不是要走别的什么路，而是更好地走中国特色社会主义道路。习近平总书记强调：“我们说中国特色社会主义是社会主义，那就是不论怎么改革、怎么开放，我们都始终要坚持中国特色社会主义道路、中国特色社会主义理论体系、中国特色社会主义制度，坚持党的十八大提出的夺取中国特色社会主义新胜利的基本要求。”①

在全面深化改革中坚持正确方向，必须牢牢把握问题的实质和核心。全面

---

① 《十八大以来重要文献选编》上卷，北京：中央文献出版社，2014 年，第 110 页。

深化改革是历史的必然,但问题的实质是改什么、不改什么。改革从来就有一个什么需要改、什么不能改的问题,从来都是有所改有所不改的。在这个问题上,我们丝毫不能马虎,必须要有政治原则、政治底线和政治定力,决不能在根本性问题上出现颠覆性错误。全面深化改革,并不是说原有的制度都不行了,要全部推倒重来、"另起炉灶"。对"过去行之有效的东西,我们必须坚持,特别是根本制度,社会主义制度,社会主义公有制,那是不能动摇的"①,现在,我们推进改革的目的,是要不断推进我国社会主义制度自我完善和发展,赋予社会主义以新的生机活力。这里面最核心的是坚持和改善党的领导、坚持和完善中国特色社会主义制度。所有这些都是不能改的,再过多长时间也不能改。改了,就会偏离正确方向,甚至南辕北辙。

我们全面深化改革,绝不只是为了固守中国特色社会主义已有的成果与发展程度,而是要夺取中国特色社会主义新胜利,赢得中国特色社会主义新发展。要达到这样的改革目标,就必须进一步解放思想,以促进社会公平正义、增进人民福祉为出发点和落脚点,以强烈的历史使命感,以更大的政治勇气和智慧,敢于啃硬骨头,敢于涉险滩,锐意推进各方面改革,坚决破除各种体制机制障碍,使社会生产力得到进一步解放和发展,使社会活力得到进一步解放和增强。

解放和发展社会生产力是中国特色社会主义的根本任务。全面建成小康社会,实现社会主义现代化,实现中华民族伟大复兴,最根本、最紧迫的任务还是解放和发展社会生产力。社会活力是社会制度先进与否的重要标志,也是解放和发展社会生产力的重要基础。解放和增强社会活力,是为了更好解放和发展社会生产力。我们要赢得中国特色社会主义的新发展,必须通过深化改革,进一步解放和发展社会生产力,进一步解放和增强社会活力,让一切劳动、知识、技术、管理、资本等要素的活力竞相迸发,让一切创造社会财富的源泉充分涌流,让改革发展的成果更多、更公平地惠及全体人民。

通过全面深化改革实现中国特色社会主义新发展,应该有个衡量标准。这个衡量标准应该是什么?笔者认为,就是在各方面形成一套更加成熟、更加定型、比资本主义更有效率的制度,能在竞争中赢得与资本主义相比较的优势,使人们对中国特色社会主义道路、理论体系和制度更加充满自信。邓小平曾经指

① 《邓小平文选》第2卷,北京:人民出版社,1994年,第133页。

出，社会主义要赢得与资本主义相比较的优势，必须把自身的优越性充分发挥出来，使生产力比资本主义发展得更快一些、更好一些。而要做到这些，就应当通过改革在各方面形成一套更加成熟、更加定型的制度。习近平总书记也强调指出："我们讲要坚定道路自信、理论自信、制度自信，要有坚如磐石的精神和信仰力量，也要有支撑这种精神和信仰的强大物质力量。这就要靠通过不断改革创新，使中国特色社会主义在解放和发展社会生产力、解放和增强社会活力、促进人的全面发展上比资本主义制度更有效率，更能激发全体人民的积极性、主动性、创造性，更能为社会发展提供有利条件，更能在竞争中赢得比较优势，把中国特色社会主义制度的优越性充分体现出来。"①由此可见，笔者所讲的这个衡量标准是有着可靠的理论基础的。

（原载《大别山干部学院学报》2015年第1期）

① 《十八大以来重要文献选编》上卷，北京：中央文献出版社，2014年，第550页。

“四个全面”:实现中华民族伟大复兴的战略指引

党的十八大以来,我国进入全面建成小康社会的决定性阶段,以习近平同志为总书记的党中央从坚持和发展中国特色社会主义全局出发,提出并形成了全面建成小康社会、全面深化改革、全面依法治国、全面从严治党的战略布局。“四个全面”战略布局是一个相互贯通、相辅相成、相得益彰的有机整体,明确了新时期我们党治国理政的关键环节、重点领域和主攻方向,为我们党在新的历史条件下治国理政提供了顶层设计和路线图,是我们坚持和发展中国特色社会主义、实现中华民族伟大复兴的中国梦的战略指引和基本遵循。

一、“四个全面”的内涵与定位及其逻辑关系

“四个全面”,即“全面建成小康社会、全面深化改革、全面依法治国、全面从严治党”。这“四个全面”内涵丰富,定位明晰,彼此之间有着密不可分的内在联系,体现了战略目标和战略举措的统一、治国理政与管党治党的统一、推进伟大事业与推进伟大工程的统一。

全面建成小康社会是实现中华民族伟大复兴的中国梦的关键一步。全面建成小康社会,核心是“全面”。所谓“全面”就是要使我们的小康成为各领域协调发展基础上,不分人群和地域的全面小康,成为惠及全体人民,“不让一个人掉队”的小康。全面深化改革,就是围绕完善和发展中国特色社会主义制度、推进国家治理体系和治理能力现代化总目标,系统推进各领域、各层次、各环节改革。全面依法治国,就是按照依法治国、依法执政、依法行政共同推进和法治国家、法治政府、法治社会一体建设的要求,系统推进法治建设,把建设中国特色社会主义法治体系、建设社会主义法治国家的目标要求落实到法治中国建设

的各个环节和各个方面。全面从严治党，就是围绕作风建设这个主题，把从严治党的要求贯穿于党的建设的各个领域和全部过程，切实做到党要管党丝毫不松懈、从严治党一刻不放松。

在“四个全面”战略布局中，每个“全面”都有其明确的定位。全面建成小康社会是我们所致力于实现的战略目标，全面深化改革、全面依法治国、全面从严治党则是实现这一战略目标的三大战略举措。也就是说，在“四个全面”中，全面建成小康社会与其他“三个全面”在地位和作用上是有明显区别的，不可等量齐观。与其他“三个全面”相比，全面建成小康社会处于引领地位。离开这一战略目标，三大战略举措就失去了其意义和价值。全面深化改革、全面依法治国、全面从严治党，是为了并始终围绕全面建成小康社会来进行的。我们无论是完善和发展中国特色社会主义制度、推进国家治理体系和治理能力现代化，还是建设中国特色社会主义法治体系、建设社会主义法治国家，抑或是推进党的建设新的伟大工程、锻造中国特色社会主义事业坚强领导核心，都不是目的本身，目的是要实现全面建成小康社会这一战略目标。全面建成小康社会这一战略目标，要靠全面深化改革、全面依法治国、全面从严治党这三大战略举措来推动、来保障、来实现。

全面深化改革、全面依法治国、全面从严治党这三大战略举措，其功能作用各异。尽管如此，它们的功能作用却是彼此互补、相互促进的。全面深化改革是全面建成小康社会的强大动力。全面深化改革是中国发展的必然逻辑，它为全面建成小康社会扫清体制机制障碍，提供强大动力。全面深化改革和全面依法治国，二者如鸟之两翼、车之双轮，共同推动战略目标的实现。全面深化改革需要法治保障，全面依法治国也需要深化改革。我们党要自我净化、自我完善、自我革新、自我提高，深化改革是根本途径。全面依法治国是全面建成小康社会的制度支撑。全面深化改革离不开法治建设，必须运用法治思维和法治方式来加以推进。全面从严治党也要在法治框架下来进行，也需要健全的法制作保障。没有全面依法治国，我们就治不好国、理不好政，我们的整个战略布局就可能会完全落空。全面从严治党既是全面建成小康社会的根本保障，也是全面深化改革、全面依法治国的根本保障。只有坚持全面从严治党，才能锻造我们事业的坚强领导核心，为协调推进“四个全面”提供方向指引和政治保证。如果抓不好从严治党这个“全面”，党就做不到“打铁还需自身硬”，也就难以发挥好领导核心作用。可以说,全面从严治党是“四个全面”战略布局中最为核心、最为关键的战略举措。

二、“四个全面”形成的思想理论源头及历史背景

马克思说过:一切划时代体系的真正内容都是由于产生这些体系的那个时期的需要而形成起来的。“四个全面”战略布局的提出和形成,绝不是无缘无故、空穴来风,而是有其深厚的思想理论渊源和深刻的社会历史背景的。

“四个全面”战略布局总的源头,是党的十八大精神。党的十六大首次提出全面建设小康社会奋斗目标。此后,直到十八大召开前,我们党一直延续了这个提法。鉴于实现这一目标时间已经迫近,党的十八大将对该目标的表述由“全面建设”改为“全面建成”。虽是一字之变,但其意义却是十分深远的。党的十八大闭幕后,习近平总书记进一步指出,中国已经进入全面建成小康社会的决定性阶段。为实现既定奋斗目标,党的十八大提出要全面深化改革开放、全面推进依法治国。鉴于开放也是改革,改革内在地包含了开放,因此,党的十八届三中全会将“全面深化改革开放”简化为“全面深化改革”。随后,习近平总书记又将“全面推进依法治国”简称为“全面依法治国”。党的十八大强调党要管党、从严治党,增强自我净化、自我完善、自我革新、自我提高能力。为贯彻落实十八大的这一精神,习近平总书记提出了全面从严治党的要求。由此可见,“四个全面”中的每一个“全面”都源自十八大精神,都是对十八大精神的进一步深化和拓展。

马克思指出,理论在一个国家实现的程度,总是决定于理论满足这个国家的需要的程度。恩格斯也曾说过,每一个时代的理论思维,从而我们时代的理论思维,都是一种历史的产物,都有其产生的深刻社会历史根源。同样,作为我们党新时期治国理政的战略指引,“四个全面”也不是哪个人苦思冥想得来的,也是社会历史发展的产物。正如习近平总书记所说,“四个全面”的战略布局是从我国发展现实需要中得出来的,从人民群众的热切期待中得出来的,也是为

推动解决我们面临的突出矛盾和问题提出来的。①

实现中华民族伟大复兴是中华民族近代以来最伟大的梦想。新中国成立60多年来,特别是改革开放30多年来,我们党领导人民探索走出了一条成功的发展道路,取得了举世瞩目的发展成就。我们现在比历史的任何时期都更加接近中华民族伟大复兴这个目标,比历史上任何时期都有信心和能力实现这个目标。在此基础上继续奋斗,到2020年全面建成小康社会,到21世纪中叶实现中华民族伟大复兴,是亿万人民群众的热切期待。然而,在一个有着十几亿人口的大国全面建成小康社会不是轻而易举的事情,在我们前进的道路上还有重重艰难险阻,还面临着前所未有的风险和挑战,还有一系列的矛盾和问题亟待解决。特别是党的十八大以来,以习近平同志为总书记的党中央正在领导全党全国人民进行具有新的历史特点的伟大斗争。同时,目前我们所处的历史阶段又是全面建成小康社会的决定性阶段,这个阶段既是改革攻坚期,也是矛盾凸显期。越是决定性阶段,越是关键时期,越是进行具有许多新的历史特点的伟大斗争,越是要有治国理政的顶层设计,越是要有能够应对各种风险和挑战的战略布局。正是顺应当代中国发展的现实需要,顺应人民群众的热切期盼,顺应推动解决现阶段面临的突出矛盾和问题的客观要求,以习近平同志为总书记的党中央提出并形成了"四个全面"战略布局。

三、"四个全面"的重大理论意义和实践意义

"四个全面"战略思想,是以习近平同志为总书记的党中央在新的历史条件下对治国理政做出的新的战略思考和部署,在更加明晰当前和今后一个时期党和国家各项工作的关键环节、重点领域、主攻方向的同时,进一步丰富和发展了中国特色社会主义理论体系,对于推进中国特色社会主义伟大事业和党的建设新的伟大工程、实现中华民族伟大复兴的中国梦,具有重大的理论意义和实践意义。

首先,为实现中华民族伟大复兴确立了行动路线图。"人民对美好生活的

① 《习近平谈治国理政》第二卷,北京:外交出版社,2017年,第24页。——编者注

向往,就是我们的奋斗目标。”①党的十八大以来,习近平总书记围绕全面建成小康社会提出了一系列新思想、新论断、新要求,回答了面临的一系列重大问题,深刻阐明了实现这一宏伟目标对于实现中华民族伟大复兴的统领地位和牵引作用,进而确立了全面建成小康社会在“四个全面”战略布局中的战略目标和地位。在此基础上,习近平总书记围绕这一战略目标,进一步明晰了全面深化改革、全面依法治国、全面从严治党在“四个全面”战略布局中的地位和作用,强调中国已经进入全面建成小康社会的决定性阶段,在此历史阶段实现我们的既定战略目标,关键在于全面深化改革,这是我们全面建成小康社会的关键一招。在全面建成小康社会的决定性阶段,我们的改革进入了攻坚期和深水区,面临的风险和挑战前所未有。在这一新的历史条件下,依法治国在党和国家工作全局中的地位更加突出、作用更加重大。全面依法治国不仅是关系我们党执政兴国、人民幸福安康、党和国家长治久安的重大战略问题,更是关系全面建成小康社会战略目标是否顺利实现的重大战略问题。“打铁还需自身硬”。成功应对面临的风险和挑战,全面建成小康社会,根本取决于我们党能否切实解决自身存在的突出问题,这就对党要管党、从严治党提出了更高要求,从而凸显了全面从严治党的重要性和必要性。在这里,习近平总书记把当前和今后一个时期党和国家各项工作的关键环节、重点领域、主攻方向明晰地呈现到了全党同志面前,为我们实现中华民族伟大复兴确立了行动路线图。

其次,开辟了我们党治国理政的新境界。党的十八大以来,以习近平同志为总书记的党中央站在时代和全局的高度,从坚持和发展中国特色社会主义全局出发,提出并形成了“四个全面”战略布局。就其所包含的内容和涉及的领域或范围来说,“四个全面”战略布局的各个组成部分之间有着明显的不同。但就“四个全面”各个组成部分之间的内在逻辑关系而言,这一战略布局是一个相辅相成、不可分割的有机整体。作为战略目标,全面建成小康社会在“四个全面”战略布局中居于统领地位;而其他“三个全面”,则分别发挥着各自不同的战略举措作用。如果说全面建成小康社会目标是“四个全面”中的战略目标系统的话,那么全面深化改革、全面依法治国、全面从严治党则分别是这一战略布局的推进动力系统、制度支撑系统和政治保障系统。一个党治国理政是个复杂的系

---

① 《习近平谈治国理政》,北京:外交出版社,2014 年,第 4 页。

统工程，涉及方方面面，但实现何种目标，以什么作为实现此目标的推进动力、制度支撑和政治保障，却是其中最重要的内容。有了这些方面的内容，就有了治国理政的总方略和总框架，有了治国理政的总抓手和总遵循。“四个全面”深刻揭示我们党治国理政的规律，清晰地展现了我们党在全面建成小康社会的决定性阶段治国理政的总体框架，开辟了我们党治国理政的新境界，标志着我们党治国理政思路和方略日臻成熟。

再次，进一步丰富和发展了中国特色社会主义理论体系。“四个全面”战略布局深刻总结改革开放30多年来坚持和发展中国特色社会主义的历史经验，形成了我们党在新的历史条件下治国理政的总方略。这一总方略的主题是坚持和发展中国特色社会主义，目标是实现中华民族伟大复兴。这一战略布局第一次把全面建成小康社会置于中华民族伟大复兴的大格局中来审视，并将其定位为实现中华民族伟大复兴中国梦的关键一步；把完善和发展中国特色社会主义制度、推进国家治理体系和治理能力现代化确定为全面深化改革的总目标；把全面依法治国定位于关系我们党执政兴国、关系人民幸福安康、关系党和国家长治久安的重大战略问题；把全面从严治党确定为全面建成小康、实现中华民族伟大复兴的重大战略举措，是我们党在新形势下进行具有许多新的历史特点的伟大斗争的根本保证，从而科学地回答了“什么是中华民族伟大民族复兴、怎样实现中华民族伟大民族复兴”的一系列基本问题。这是我们党继科学回答“什么是社会主义、怎样建设社会主义，建设什么样的党、怎样建设党，实现什么样的发展、怎样发展”这三大基本问题后，在推进马克思主义中国化进程中取得的又一重要理论成果，进一步深化对共产党执政规律、社会主义建设规律、人类社会发展规律的认识，为续写中国特色社会主义这篇大文章奠定了坚实的理论基础，为实现“两个一百年”奋斗目标和中华民族伟大复兴的中国梦提供了理论指导和实践指南。

（原载《党的生活》2015年第5期）

“四个全面”战略布局与习近平时代观

时代观是人们在时代问题上所持的根本观点和总的看法。党的十八大以来,习近平同志从坚持和发展中国特色社会主义全局出发,深刻洞察时代条件变化和世界发展大势,科学阐明了他对当今时代的根本观点和总的看法,形成了新的时代观,并以此为指导,在科学把握当代中国基本国情和发展阶段性特征的基础上,提出了全面建成小康社会、全面深化改革、全面依法治国、全面从严治党的战略布局,创造性地回答了我们要实现什么样的民族复兴、怎样实现民族复兴这一基本问题,为实现“两个一百年”奋斗目标、实现中华民族伟大复兴的中国梦提供了根本遵循。“四个全面”战略布局是在习近平时代观的指导下形成的,具有重大的时代价值。深入理解和贯彻“四个全面”战略布局,必须深入研究和把握习近平时代观。

一、习近平时代观的内涵与基本架构

党的十八大以来,习近平同志以马克思主义者宽广和深邃的战略眼光,密切关注国际形势发展变化,敏锐洞察当今时代的基本特征和发展趋势,深刻分析经济全球化和新的世界科技革命对当今世界的深刻影响,正确把握世界发展态势和国际格局变化规律,提出了许多重要思想和观点,做出了许多重要的判断,形成了具有丰富内涵的新的时代观。在基本内容和逻辑框架上,习近平时代观主要包括时代主题论、时代命题论、国际安全观三个方面。

一是提出了和平、发展、合作、共赢的时代主题论。

党的十八大以来,习近平同志坚持用马克思主义的宽广眼界观察世界,在科学判断当今时代特征和总体国际形势的基础上,对当今时代主题做出了新概括。他指出:“当今世界是一个变革的世界,是一个新机遇新挑战层出不穷的世界,是一个国际体系和国际秩序深度调整的世界,是一个国际力量对比深刻变化并朝着有利于和平与发展方向变化的世界。”并且强调说:“要充分估计国际矛盾和斗争的尖锐性,更要看到和平与发展的时代主题不会改变。”①

习近平同志对时代主题做出的新概括,进一步发展了邓小平关于时代主题的思想。习近平同志指出,随着世界多极化、经济全球化深入发展和文化多样化、社会信息化持续推进,各国相互联系、相互依存日益加深。越来越多的国家认识到,冲突和对抗不是解决问题的办法,不符合各方的利益,必须走相互尊重、合作共赢的道路。在此基础上,他鲜明地提出:“我们所处的是一个风云变幻的时代,面对的是一个日新月异的世界。这个世界,和平、发展、合作、共赢成为时代潮流。”②他还说:“世界各国相互联系日益紧密、相互依存日益加深,遍布全球的众多发展中国家、几十亿人口正在努力走向现代化,和平、发展、合作、共赢的时代潮流更加强劲。”③

在“和平、发展”后面加上“合作、共赢”,鲜明的时代特征跃然纸上。和平是发展的重要前提条件,没有和平就没有发展。然而,在各国相互联系、相互依存日益加深的当今世界上,任何一个国家都不可能离开其他国家孤立发展,那种以邻为壑、损人利己、你输我赢、赢者通吃的做法既不道德,也难以持久,甚至还会引发矛盾和纷争,唯有合作、共赢才是真正的发展之道。也就是说,合作、共赢是实现和平与发展的重要途径。习近平同志强调说:“今天的人类比以往任何时候都更有条件朝和平与发展的目标迈进,而合作共赢就是实现这一目标的现实途径。”④

二是提出了建立人类命运共同体的重大时代命题。

在世界多极化、经济全球化、文化多样化和社会信息化的持续推进下,世界各国相互联系日益紧密、相互依存日益加深的发展格局,把世界各国人民的利益乃至命运紧紧地联系在一起。各国人民既面临共同的发展任务,同时也面临

---

① 习近平在中央外事工作会议上的讲话(现收录于《习近平谈治国理政》(第二卷),北京:外文出版社,2017年,第442页——编者注)。

② 《习近平谈治国理政》,北京:外文出版社,2014年,第272页。

③ 《习近平谈治国理政》,北京:外文出版社,2014年,第329页。

④ 《习近平谈治国理政》,北京:外文出版社,2014年,第274页。

共同的严峻挑战。世界上的许多事情，单靠某个国家或少数几个国家很难得到解决。同时，某个国家或某几个国家发生的危机，可通过全球化传导机制迅速扩散和波及到其他国家或地区，甚至危及整个国际社会。在这种情况下，世界各国只有守望相助、同舟相济，才能共谋发展、共克时艰。

习近平同志深刻洞察这一时代发展潮流，以一个负责任大国的责任担当，郑重提出了构建人类命运共同体的时代课题。2012 年 12 月他同在华工作的外国专家代表座谈时指出："国际社会日益成为一个你中有我、我中有你的命运共同体。面对世界经济的复杂形势和全球性问题，任何国家都不可能独善其身、一枝独秀，这就要求各国同舟共济、和衷共济。"①2013 年 3 月在莫斯科国际关系学院发表演讲时强调："这个世界，各国相互联系、相互依存的程度空前加深，人类生活在同一个地球村里，生活在历史和现实交汇的同一个时空里，越来越成为你中有我、我中有你的命运共同体。"②2015 年 3 月在博鳌亚洲论坛 2015 年年会上又指出："面对风云变幻的国际和地区形势，我们要把握世界大势，跟上时代潮流，共同营造对亚洲、对世界都更为有利的地区秩序，通过迈向亚洲命运共同体，推动建设人类命运共同体。"③

在此后发表的一系列重要讲话中，习近平同志不仅分别从国与国、区域内和全人类的不同视角，阐释了命运共同体的内涵和本质要求，而且还论证了构建命运共同体的重要性和紧迫性，提出了推动建立人类命运共同体的时代课题和历史任务。大时代需要大格局，大格局需要大智慧。习近平同志呼吁"各国要树立命运共同体意识，真正认清'一荣俱荣、一损俱损'的连带效应，在竞争中合作，在合作中共赢"④。他准确把握亚太地区各国之间关系的最大公约数，提出了"坚持亚太大家庭精神和命运共同体意识，顺应和平、发展、合作、共赢的时代潮流，共同致力于亚太繁荣进步"的"亚太梦想"，并强调说："我们有责任为

---

① 习近平同外国专家代表座谈时的讲话（新闻稿）2012 年 12 月 5 日，《人民日报》2012 年 12 月 6 日。

② 《习近平谈治国理政》，北京：外文出版社，2014 年，第 272 页。

③ 习近平在博鳌亚洲论坛 2015 年年会上的主旨演讲（现收录于《习近平谈"一带一路"》，北京：中央文献出版社，2018 年，第 62～68 页——编者注）。

④ 习近平在二十国集团领导人峰会第一阶段会议上关于世界经济形势的发言（现收录于习近平：《论坚持推动构建人类命运共同体》，北京：中央文献出版社，2018 年，第 37～41 页——编者注）。

本地区人民创造和实现亚太梦想。”①

提出建立人类命运共同体这一时代课题，是新的历史时期国与国之间如何共存相处的中国构想和中国理念，是中国基于对世界大势的准确把握对人类历史命运的深刻思考和人文关怀，体现了中国在改革现有国际秩序和国际体系、推动国际秩序和国际体系朝着更加公正合理方向发展中的大国担当。提出建立人类命运共同体，是对中国长期以来积极倡导的“和谐世界”理念的新发展，对于推动构建以合作共赢为核心的新型国际关系，具有重大的现实而深远的历史意义。

三是提出了共同、综合、合作、可持续的安全观。

在世界各国人民的利益乃至命运紧紧联系在一起的当今时代，他们也面临着共同的发展阻力和安全风险：局部动荡此起彼伏，全球性挑战不断增多，恐怖主义威胁明显上升。在这一新的国际安全形势下，维护世界和平、促进共同发展任重道远。习近平同志从时代和全局的高度，全面审视和深刻分析当今世界安全形势，鲜明提出了共同、综合、合作、可持续的安全观。他指出：“迈向命运共同体，必须坚持实现共同、综合、合作、可持续的安全。当今世界，安全的内涵和外延更加丰富，时空领域更加宽广，各种因素更加错综复杂。各国人民命运与共、唇齿相依。当今世界，没有一个国家能实现脱离世界安全的自身安全，也没有建立在其他国家不安全基础上的安全。我们要摒弃冷战思维，创新安全理念，努力走出一条共建、共享、共赢的亚洲安全之路。”②

这一新的国际安全观，主要包括以下四方面的内涵。第一，共同安全。安全应是普遍的，应尊重和保障每一个国家安全，不能一个国家安全而其他国家不安全，一部分国家安全而另一部分国家不安全，更不能牺牲别国安全谋求自身所谓绝对安全。否则，就会像哈萨克斯坦谚语中所说的那样：“吹灭别人的灯，会烧掉自己的胡子。”第二，综合安全。就是要统筹维护传统领域和非传统领域安全。当今世界安全问题极为复杂，除了传统的国家战争、地区冲突、地缘政治外，非传统安全更加突出。我们应通盘考虑安全问题的历史和现状，多管齐下、综合施策，协调推进地区和全球安全治理。第三，合作安全。就是通过对

① 习近平在亚太经合组织工商领导人峰会开幕式的演讲（新闻稿）2014 年 11 月 9 日，《人民日报》2014 年 11 月 10 日。

② 习近平在博鳌亚洲论坛 2015 年年会上的主旨演讲（现收录于《习近平谈“一带一路”》，北京：中央文献出版社，2018 年，第 62～68 页——编者注）。

话合作促进各国和本地区安全，亦即通过坦诚深入的对话沟通增进战略互信，减少相互猜疑，求同化异、和睦相处；着眼于各国共同安全利益，从低敏感领域入手，积极培育合作应对安全挑战的意识，不断扩大合作领域、创新合作方式，以合作谋和平、以合作促安全。第四，可持续安全。就是坚持发展与安全并重。发展是安全的基础，安全是发展的条件。只有聚焦发展主题，着力改善民生，缩小贫富差距，夯实安全根基，才能实现持久安全。

习近平同志提出的共同、综合、合作、可持续的安全观，既根本不同于少数国家所秉持的把本国安全建立在其他国家不安全基础之上的安全观，更不同于极少数国家以牺牲别国安全为代价来谋求自身“绝对安全”的安全观。这一安全观超越了传统冷战思维与零和博弈的逻辑，顺应了时代发展潮流，反映了大多数国家对发展和安全的渴望与诉求，是迄今为止最公道、最合理因而在世界上拥有最大公约数的新型国际安全观。

二、习近平时代观与“四个全面”战略布局的历史形成

马克思主义经典作家历来重视和强调时代问题，认为任何科学的理论思维都是时代的产物，都是时代内容在观念上的反映。因此，只有科学回答时代问题，才能准确把握历史发展趋势，形成引领社会实践的理论与策略。列宁曾经指出，理论思维的发展源自时代的历史变化，因此要形成科学的理论，制定正确的策略，必须对自己所处的时代有一个正确的把握。他说，只有“首先考虑到各个‘时代’的不同的基本特征（而不是个别国家的个别历史事件），我们才能正确地制定自己的策略；只有了解了某一时代的基本特征，才能在这一基础上去考虑这个国家或那个国家的更具体的特点”①。

作为我们党治国理政和实现中华民族伟大复兴的战略指引，习近平同志提出“四个全面”战略布局，是有着深刻的社会历史背景的，是时代发展的产物。正如习近平同志所说：“‘四个全面’的战略布局是从我国发展现实需要中得出来的，从人民群众的热切期待中得出来的，也是为推动解决我们面临的突出矛

① 《列宁全集》第 26 卷，北京：人民出版社，1988 年，第 143 页。

盾和问题提出来的。”①习近平同志这里所说的“我国发展现实需要”、“人民群众的热切期待”和“我们面临的突出矛盾和问题”，其实讲的就是“四个全面”战略布局提出和形成的历史条件与时代背景。同时，必须指出的是，这里所说的历史条件和背景，既包括国内的历史条件和背景，也包括国际的历史条件和背景。正是在这样的历史条件和背景下，习近平同志以其时代观为依据，创造性地提出了“四个全面”战略布局。

“我国发展现实需要”。改革开放30多年来，中国取得了举世瞩目的发展成就，但仍处于并将长期处于社会主义初级阶段。中国的发展任重道远，解决发展问题、改善民生仍是第一要务。同时，实现“两个一百年”奋斗目标，实现中华民族伟大复兴的中国梦，也要求我们必须坚持以经济建设为中心，以科学发展为主题，全面推进经济建设、政治建设、文化建设、社会建设、生态文明建设。只有这样，才能全面建成小康社会，迈出实现中华民族伟大复兴的中国梦的关键一步。而加快推进社会主义现代化、全面建成小康社会，又对全面深化改革、全面依法治国、全面从严治党提出了要求，因为全面深化改革是全面建成小康社会的强大动力，全面依法治国是全面建成小康社会的制度保障，全面从严治党是全面建成小康社会的根本保证。

“人民群众的热切期待”。近代以来，中国经历了长达百年积贫积弱、饱受外敌侵辱的历史时期。中国人民从惨痛的历史教训中得出了这样一条深刻结论：落后就要挨打，发展才能自强；中华民族要有尊严地屹立于世界民族之林，必须致力于实现本民族的伟大复兴。因此，加快推进社会主义现代化、全面建成小康社会，进而实现“两个一百年”奋斗目标，是亿万人民群众的热切期待。发展需要和平环境。和平是发展的基础和前提。中华民族曾经饱受战乱之苦，因而倍加热爱和珍视和平，更加坚定地走和平发展之路。正如习近平同志所说，近代以后的100多年时间里，中国人民无数次经历了战争磨难，更加懂得和平的珍贵。“中国人民将坚定不移维护人类和平与发展的崇高事业，愿同各国人民真诚团结起来，为建设一个持久和平、共同繁荣的世界而携手

① 习近平同党外人士共迎新春时的讲话（新闻稿）2015年2月11日，《人民日报》2015年2月13日。

努力!”①

“我们面临的突出矛盾和问题”。每个时代都有属于它自己的问题。马克思主义者对问题从来不是采取回避的态度,而是坚持以问题为导向,把解决问题作为推动社会发展进步的重要突破口和强大动力。习近平同志指出,问题是时代的声音,“只有立足于时代去解决特定的时代问题,才能推动这个时代的社会进步;只有立足于时代去倾听这些特定的时代声音,才能吹响促进社会和谐的时代号角”②。他明确提出:“要有强烈的问题意识,以重大问题为导向,抓住关键问题进一步研究思考,着力推动解决我国发展面临的一系列突出矛盾和问题。”③当今中国面临着一些突出的矛盾和问题。这些问题,有长期以来积累下来的,也有发展中新出现的,新旧矛盾和问题相互交织,国内外矛盾和问题相互交织。这些矛盾和问题绕不开、躲不过,必须得到很好的解决,否则就会影响和制约我国的进一步发展。

“四个全面”战略布局的提出,不仅是习近平同志立足全国发展大局正确认识和把握新时期治国理政规律的结果,而且是站在时代发展高度,深刻认识时代条件、正确把握世界发展大势、对当今时代特征做出科学判断的产物。也就是说,习近平时代观,是提出“四个全面”战略布局的重要基础和前提。如果没有这个基础和前提,就不会有“四个全面”战略布局。必须看到,我们是在当今时代条件下协调推进“四个全面”战略布局的,必须坚持以科学的时代观为指导,顺应时代发展要求,直面当今中国和世界面临的时代课题,统筹国内国际两个大局,赋予我们治国理政的理论与实践以鲜明的时代特色。只有这样,才能全面建成小康社会,进而为实现中华民族伟大复兴的中国梦而奋斗。

每一历史时代都有其主要矛盾和需要解决的根本任务。这就是该时代的主题。在当代中国,推进党和国家事业发展,有许多矛盾和问题亟待解决,但协调推进“四个全面”是主要矛盾。正如习近平同志所说:“我们提出要协调推进全面建成小康社会、全面深化改革、全面依法治国、全面从严治党,是当前党和

---

① 习近平在南京大屠杀死难者国家公祭仪式上的讲话(新闻稿)2014年12月13日,《人民日报》2014年12月14日。

② 习近平:《之江新语》,杭州:浙江人民出版社,2007年,第235页。

③ 习近平在党外人士座谈会上的讲话(新闻稿)2013年9月17日,《人民日报》2013年11月14日。

国家事业发展中必须解决好的主要矛盾。”①在“四个全面”战略布局中，全面建成小康社会既是战略目标，也是根本任务。而全面深化改革、全面依法治国、全面从严治党，则是全面建成小康社会的三个重要举措。由此可见，协调推进“四个全面”本身，就是当今时代主题不可或缺的重要内容。

同时，全面建成小康社会、实现“两个一百年”奋斗目标，客观上要求正确认识和把握当今时代主题。这是我们观察和处理国际国内重大问题的基本出发点，是制定内外战略和政策的根本依据。在全方位对外开放的当代中国协调推进“四个全面”，离不开与世界各国的交流互动，离不开对有利国际环境的营造。这就要求我们在继续高举和平发展旗帜的同时，始终坚持合作共赢理念，推动建立以合作共赢为核心的新型国际关系，推动国际秩序和国际体系朝着更加公正合理的方向发展，推动建设人类命运共同体，并积极回应国际社会对世界安全的关切，走出一条共建、共享、共赢的安全新路。

习近平同志提出党在新时期的时代观，其着眼点和根本目的，还是为了协调推进“四个全面”战略布局，实现中华民族伟大复兴的中国梦。忠实践行习近平时代观，就要求我们必须高举和平、发展、合作、共赢的旗帜，统筹国内国际两个大局，统筹发展安全两件大事，牢牢把握坚持和平发展、促进民族复兴这条主线，维护国家主权、安全、发展利益，为和平发展营造更加有利的国际环境，尽可能地维护和延长我国发展的重要战略机遇期，为实现“两个一百年”奋斗目标、实现中华民族伟大复兴的中国梦提供有力保障。

三、践行习近平时代观，为协调推进“四个全面”战略布局提供有利国际环境

协调推进“四个全面”战略布局，是新时期坚持和发展中国特色社会主义的现实需要，集中体现了当今时代对党和国家事业发展的新要求。习近平时代观是“四个全面”战略布局提出和形成的重要依据，也是协调推进这一战略布局的

① 习近平在中共中央政治局第二十次集体学习时的讲话（现收录于《习近平关于“不忘初心、牢记使命”论述摘编》，北京：中央文献出版社，2019 年，第 166~173 页——编者注）。

重要遵循。习近平同志对当今时代主题、时代性质、时代特征所作的科学分析，以及据此做出的重要论断和重大判断，为我们协调推进“四个全面”战略布局指明了方向。我们要以习近平时代观为遵循，科学判断和敏锐把握时代特征及其发展趋势，在积极应对各种风险挑战中协调推进“四个全面”战略布局。

一是秉持和平、发展、合作、共赢理念，为协调推进“四个全面”战略布局提供有利的国际发展环境。

协调推进“四个全面”战略布局，客观上需要一个和平稳定、和谐合作的国际发展环境。环顾全球，尽管世界正在发生深刻复杂的变化，但和平与发展仍是当今时代的主题。尽管这个世界还不太平，但世界总体形势是和平发展。我们既要看到世界经济调整的曲折性，更要看到经济全球化进程不会改变；既要看到国际矛盾和斗争的尖锐性，更要看到和平与发展的时代主题不会改变；既要看到国际秩序之争的长期性，更要看到国际体系变革方向不会改变；既要看到我国周边环境中的不确定性，更要看到亚太地区总体繁荣稳定的态势不会改变。相对和平的国际环境，使我国发展仍处于可以大有作为的重要战略机遇期，为我们实现既定的宏伟战略目标提供了有利的外部条件。我们要抓住难得的战略机遇，利用有利的国际环境，全面深化改革，加快发展进程，全面建成小康社会，在实现中华民族伟大复兴的中国梦的征程上迈出关键一步。

中国梦是和平、发展、合作、共赢的梦。实现中国梦是中国人民的福祉，也是各国人民共同的福祉。中国的发展不是自私自利、损人利己、我赢你输的发展，而是合作的发展、共赢的发展，既让自己过得好，也让别人过得好。中国的发展绝不以牺牲别国利益为代价，绝不做损人利己、以邻为壑的事情。在和平、发展、合作、共赢的时代潮流愈益强劲的当今时代，我们要坚持合作共赢，推动建立以合作共赢为核心的新型国际关系，坚持互利共赢开放战略，把合作共赢理念体现到政治、经济、安全、文化等对外合作的方方面面。要进一步全面发展开放型经济，不断巩固同发达国家的经贸合作，继续加强同发展中国家的互利合作，深化和扩大同周边国家的务实合作。尤其要加快推进“丝绸之路经济带”和“21 世纪海上丝绸之路”建设，促进地区互联互通和新型工业化进程，推动我国与沿线国家共同发展、共创共享。

二是推动构建人类命运共同体，为协调推进“四个全面”战略布局提供有利的国际人文环境。

树立人类命运共同体意识，推动建立人类命运共同体，是坚持和平、发展、合作、共赢的必然要求。合作共赢，内在地要求倡导人类命运共同体意识，在追求本国利益时兼顾他国合理关切，在谋求本国发展中促进各国共同发展，建立更加平等、均衡的新型全球发展伙伴关系，同舟共济，权责共担，增进人类共同利益。当今世界，世界各国发展的共同性、利益的共同性、治理的共同性愈益凸显，内在的要求在彼此之间建立一种休戚与共、合作共赢的战略伙伴关系。同时，人类面临着许多共同挑战，世界各国只有携手应对，才能共克时艰、开创未来。在这一历史背景下，我们推动落实“四个全面”战略布局，不仅要与其他国家开展互惠互利的务实合作，还要积极开展国际人文交流，增进我国与其他国家的相互理解和政治互信，增进我国人民与世界各国人民的彼此了解和友谊，夯实我国与其他国家合作发展的民意基础，为我国协调推进“四个全面”战略布局营造有利的国际人文环境。

交流则利益相关，融合则命运相连。保持我国与世界各国高层互访势头，深化我国与相关国家在联合国、世贸组织、二十国集团、上合组织等多边框架内的战略协作，就重大全球性问题密切沟通和协调，通过坦诚对话沟通增进战略互信。推动不同文明相互尊重、和谐共生，让文明交流互鉴成为增进中国人民与世界各国人民友谊的桥梁。坚持以促进民心相通为宗旨，全方位开展友好交往和人文交流，在交流互动中讲好中国故事，传播好中国声音，既增进彼此之间的友谊和感情，又通过学习借鉴国外深化改革、依法治理、政党建设等方面的先进经验，直接推动“四个全面”战略布局更好地落实。本着开放、包容、合作、共赢精神，深化同各友好国家的战略伙伴关系。继续坚持与邻为善、以邻为伴方针，坚持睦邻、安邻、富邻政策，全面发展同周边国家的关系，巩固睦邻友好，深化互利合作，努力使周边国家同我国政治关系更加友好、经济纽带更加牢固、安全合作更加深化、人文联系更加紧密，成为与我国兴衰相伴、安危与共、同舟共济的好邻居、好朋友、好伙伴。

三是坚持共同、综合、合作、可持续的安全观，为协调推进“四个全面”战略布局提供有利的国际安全环境。

国家安全是一个国家生存与发展的最基本的前提条件。邓小平曾经指出：

“中国要实现自己的发展目标，必不可少的条件是安定的国内环境与和平的国际环境。”①现在，我们协调推进“四个全面”战略布局，实现中华民族伟大复兴的中国梦，同样也需要有一个有利的国际安全环境，特别是一个良好的周边环境。2014年9月习近平同志在会见印度客人时指出：“中国和印度都在致力于实现民族复兴，最珍惜的就是和平与发展，最需要的就是稳定友善的周边环境。”②习近平同志高度重视周边外交工作，他强调说：“做好周边外交工作，是实现‘两个一百年’奋斗目标、实现中华民族伟大复兴的中国梦的需要，要更加奋发有为地推进周边外交，为我国发展争取良好的周边环境，使我国发展更多惠及周边国家，实现共同发展。”③

当今世界，安全问题的内涵已超越了冷战时期对峙平衡的安全，超越了传统意义上的军事安全，同时也超越了一国一域的安全。面对目前复杂多样的安全挑战，任何一个国家都难以置身事外而独善其身，也不可能靠单打独斗来实现所谓的绝对安全。要摒弃冷战思维，创新安全理念，着力构建维护世界和平的伙伴关系，共同维护地区和世界和平稳定。要着眼各国共同安全利益，积极培育合作应对安全挑战的意识，不断扩大合作领域、创新合作方式。坚持不对抗、不冲突、相互尊重、合作共赢的立场，推动构建中美新型大国关系。加强中俄战略合作，推动建立亚太地区安全与合作架构。推动亚信成为覆盖全亚洲的安全对话合作平台，并在此基础上探讨建立地区安全合作新架构。科学研判我国周边安全形势，准确把握出现的新变化、新特点和新趋势，通盘考虑周边安全问题的历史和现状，多管齐下、综合施策，协调推进地区安全治理。妥善管控和处理与有关国家的分歧和摩擦，在坚定捍卫国家主权、安全、领土完整的基础上，共同维护与周边国家关系和地区稳定大局。加强同周边国家的安全合作，合力打击恐怖主义、分裂主义、极端主义这三股势力，携手应对地区新威胁、新挑战。切实落实上合组织睦邻友好合作条约，在涉及主权、安全、领土完整、政治制度、社会稳定、发展道路和模式等重大问题上相互支持，共同应对威胁和挑

① 《邓小平文选》第3卷，北京：人民出版社，1993年，第360页。

② 习近平在会见印度国大党主席索尼娅·甘地和前总理辛格时的谈话(新闻稿)2014年9月19日，《人民日报》2014年9月20日。

③ 习近平在周边外交工作座谈会上的讲话(现收录于习近平：《论坚持推动构建人类命运共同体》，北京：中央文献出版社，2018年，第64~68页——编者注)。

战，维护成员国安全利益和发展利益。

（本文系作者向 2015 年 10 月中共中央党校科学社会主义教研部在广东肇庆主办的“时代变迁与当代世界社会主义”学术研讨会提交的参会论文）

党的建设篇

为维护党的阶级性和先进性而斗争

近些年来,极少数顽固坚持资产阶级自由化立场的人在党的建设问题上,散布了种种奇谈怪论。他们有的借口我国阶级状况和阶级关系有了新的变化,公然鼓吹"工人阶级消失论",企图通过否定党的阶级基础来否定党的性质和党的领导地位;有的声称既然中国共产党是全国各族人民利益的忠实代表,那么它就不能只是工人阶级的政党,而应当是"全民党";有的借口农民党员在党员总数中占有很大比重,肆意诬蔑我们党是"农民党"。上述言论尽管具体说法不一,但他们的目的却只有一个,那就是要否定中国共产党的阶级基础,否定中国共产党的阶级性质,否定中国共产党的领导地位,要中国共产党下台。我们同极少数顽固坚持资产阶级自由化立场的人之间的这场斗争绝不是什么学术观点上的论争,而是关系到党的前途和命运的严重的政治斗争。全体共产党员都应积极行动起来,为维护党的阶级性和先进性而斗争。

一

中国共产党是中国工人阶级的先锋队。我们党对自身性质的这一规定,是建立在对社会历史发展规律的科学认识基础之上的,是符合中国社会阶级状况和阶级关系的客观实际的。

共产党人以解放全人类为己任,他们的最高理想是实现共产主义。共产党人要完成自己的历史使命,必须把工人阶级作为自己的阶级基础,必须使自己的党成为工人阶级政党。这是因为,共产主义理想的实现过程是人类社会从阶级社会走向没有阶级、没有剥削和压迫的社会的过程。这是一场极其伟大、极其艰巨的社会历史变革。在诸多的社会阶级中,只有工人阶级才能负起领导这种社会变革的历史重任。工人阶级与现代大工业相联系,代表着最先进的生产力。它最有远见,最大公无私,最富于组织性、纪律性和革命的彻底性。工人阶级的历史命运同全人类的历史命运息息相关,它只有解放全人类才能最后解放自己。共产党人如果不把自己的政党建立在工人阶级基础之上,不使自己的党成为工人阶级政党,就无法实现自己的最高理想。

中国共产党是马克思列宁主义同中国工人运动相结合的产物。建党70年来,我们党领导全国各族人民战胜种种艰难险阻,取得了新民主主义革命、社会主义革命和现代化建设的伟大胜利。总结历史经验,最根本的一条,就是我们党不管国际国内出现何种否定、篡改共产党性质的思潮,都坚定不移地全心全意依靠工人阶级,始终如一地坚持党的工人阶级先锋队性质。

进入社会主义社会后,我国的阶级状况和阶级关系发生了重大变化。其中最显著的变化是,包括民族资产阶级在内的剥削阶级作为阶级已经归于消灭,工人阶级成了国家的主人和领导阶级。随着社会主义建设事业的发展,工人阶级自身也发生了很大变化:它的阶级队伍迅速扩大,文化水平普遍提高,新一代工人大批成长起来,知识分子人数显著增加,其内部构成和劳动方式已呈现出崭新的面貌。但是,所有这些变化都没有也根本不会改变工人阶级的阶级本质和历史使命。

首先,工人阶级并没有随着资产阶级的消灭而自行消亡。工人阶级固然是和资产阶级一同产生,并在阶级关系上与资产阶级相互对立的,但这绝不意味着它将同资产阶级一同灭亡。作为先进生产力和生产关系的代表,工人阶级的存在和发展并不完全是因为世界上有个资产阶级,同时还在于它和现代大工业相联系。从根本上说,工人阶级是现代大工业的产物,与现代大工业相联系是它的最本质特征。在资产阶级被消灭以后,被消除的只是资产阶级和工人阶级之间剥削与被剥削的阶级关系,丝毫没有改变工人阶级与现代大工业相联系的阶级本质。由于工人阶级依然是先进生产力和生产关系的代表,因而它同农民阶级及其他劳动者阶级之间必然会存在着一定的阶级差别。在这种阶级差别被完全消灭以前,工人阶级是绝不会自行消亡的。同时,资本主义制度和资产阶级的存在目前还是一种国际现象,在我国的台湾、香港等地区也是一种现实,中国工人阶级作为世界无产阶级的一部分,同国际资产阶级之间存在着阶级对立。在我国大陆地区,资产阶级作为阶级已不复存在,但阶级斗争在一定范围内还长期存在,在某种条件下还有可能激化。这些情况也决定了我国工人阶级在一个相当长的历史阶段内不会自行消亡。

其次,工人阶级并没有因为它成为国家的领导阶级而丧失其革命性。有人说:马克思关于工人阶级革命性思想,是指工人阶级一无所有,受压迫最深,受剥削最重,因而革命最积极、最彻底。现在,工人阶级占有了生产资料,成了领导阶级,所以没有什么革命性可言了。这是对马克思有关理论的肆意歪曲和对社会主义国家工人阶级革命性的公然否定。事实上,马克思在论述工人阶级革命性时,并没有拘泥于对工人阶级社会地位的分析上,而是着重揭示了工人阶级的阶级特性及其历史使命。他认为,在人类社会发展过程中,生产力是最活跃、最革命的因素,是社会变革的决定力量。在社会化大生产条件下,工人阶级是唯一同现代大工业相联系的阶级,是先进生产力的代表,它必然顺应生产力的客观要求,不断变革生产关系,为生产力的发展开辟道路。由于工人阶级代表着社会化大生产发展的要求,因而它的阶级利益是同社会历史发展的方向完全一致的。同时,资本主义制度下的工人阶级一无所有,备受资产阶级的剥削和压迫,它的革命要求最强烈。工人阶级的上述特性决定了只有工人阶级才最大公无私,最富于革命的坚定性和彻底性。工人阶级不但是资本主义的掘墓人,而且是社会主义和共产主义的建设者。工人阶级如果不能解放全人类,便不能最后解放自己。在工人阶级的上述特性中,前者反映了工人阶级的阶级本质,是其根本特性和革命性的决定因素;后者则反映了资本主义制度下工人阶级的社会经济地位,是资本主义社会工人阶级的重要阶级属性,是造成其革命性的一个重要因素。在社会主义社会,工人阶级虽然占有生产资料,成了国家的领导阶级,但依然同现代大工业相联系,依然是先进生产力的代表,因而在本质上仍然具有革命性。况且,工人阶级上升为国家的领导阶级,只是万里长征走完了第一步,它的历史使命还远未完成。在社会主义制度建立以前,工人阶级的革命性主要表现为摧毁旧的生产关系和上层建筑,解放生产力;在此以后,其革命性则主要表现为不断改革和完善社会主义的生产关系和上层建筑,大力发展社会生产力,建设社会主义物质文明和精神文明,为社会主义向共产主义过渡创造条件。

总之,在资产阶级被消灭以后,工人阶级不仅没有随之消亡,反而将随着社会主义建设的发展更加壮大;在上升为国家领导阶级之后,其革命性不仅没有随之消失,反而正充分地表现着其革命的彻底性。那种工人阶级"消失论""蜕变论”是根本错误的，其要害是企图从阶级基础这个根本上否定共产党的领导。我们必须反其道而行之，要全心全意依靠工人阶级，毫不动摇地坚持党的工人阶级先锋队性质。

二

中国共产党既然是中国工人阶级的先锋队，那么它就必然是全国各族人民利益的忠实代表。忠实地代表最广大人民群众的利益，一切从人民的利益出发，全心全意为人民服务，这是中国共产党的根本立场和唯一宗旨。但是，绝不能以此为借口把党改造成为“全民党”。

近些年来，极少数搞资产阶级自由化的人借用我们对党的根本宗旨的规定，公然提出了“全民党”的口号，企图以此来否定和改变党的阶级性质。这个口号无论在理论上还是在实践上都是极其有害的，必须坚决予以揭露和批判。

首先，这个口号是一个无视客观现实的虚伪的口号。政治学常识告诉我们，政党是近代社会阶级矛盾和阶级斗争的产物，是按照一定的理论原则、政治纲领和组织路线而建立起来的政治集团。任何政党，不论它打着什么旗号，挂着什么招牌，都是以一定的阶级为基础并为这个阶级服务的，是该阶级进行阶级斗争的工具。只要还存在着阶级和阶级斗争，就不会有什么超阶级的党和全民党。一旦谈上超阶级的党和全民党，政党本身也就不存在了。资产阶级曾经标榜自己的政党是超阶级的党，那只不过是他们欺骗和愚弄劳动人民的伎俩罢了。共产党从来不隐瞒自己的阶级性质，公然申明自己是工人阶级政党，是为工人阶级的解放事业服务的。前些时候，那些发生政治剧变的国家的共产党和工人党宣布自己是“全民党”。其实，在它们宣布这个政治剧变的结果时，这些党已经或者正在变成资产阶级的政党。极少数搞资产阶级自由化的人根本无视我国目前还存在阶级和阶级斗争的客观现实，居然提出“全民党”的口号，这一方面暴露了他们妄图改变我们党的阶级性质，否定党的领导的险恶用心；另一方面也暴露了他们的欺骗性和虚伪性。

其次，这个口号把党的阶级性质和党的根本宗旨割裂开来、对立起来，以党的宗旨否定党的阶级性质，其实质是要否定和推翻党的领导。党是工人阶级的先锋队和全国各族人民利益的忠实代表,前者规定了党的阶级性质,后者明确了党的根本宗旨,两者之间具有不可分割的内在联系。坚持党的阶级性质是实现党的根本宗旨的基础和重要保证,实现党的根本宗旨是坚持党的阶级性质的目的和根本体现。工人阶级是人类历史上最伟大的阶级。它所具有的独特的阶级特性,决定了其阶级利益和广大人民群众利益的根本一致性。党只有坚持自己的工人阶级先锋队性质,才能忠实地代表广大人民群众的根本利益,全心全意地为人民服务。同样,党也只有忠实地代表广大人民群众的利益,全心全意为人民服务,密切党同人民群众的血肉联系,才能始终保持自己的工人阶级先锋队性质。一个忠实地代表全国各族人民利益的党必然会毫不动摇地坚持自己的工人阶级先锋队性质,离开这种阶级性质的党绝不可能忠实地代表广大人民群众的利益;一个真正的工人阶级先锋队必然会致力于实现自己全心全意为人民服务的根本宗旨,离开这个根本宗旨的党绝不是工人阶级的先锋队。极少数搞资产阶级自由化的人故意割裂党的阶级性质和党的根本宗旨之间的内在联系,并把两者截然对立起来,用党的根本宗旨否定党的阶级性质,指责我们党在明确自己是全国各族人民利益的忠实代表这一根本宗旨时,不应该也完全没有必要再强调自己是工人阶级的先锋队。他们胡说什么,如果做出这种规定,党的根本宗旨就站不住脚了,就会变成一句毫无意义的空话。他们中的某些人借用党的根本宗旨所体现的人民性,肆意贬低和诋毁党的阶级性,甚至提出人民性高于阶级性的口号。在这里,他们把党的根本宗旨作了自由化的理解,把它当成否定和改变党的阶级性质的理论武器。在此基础上,他们进而打出了“全民党”的旗帜。必须看到,他们强调党的宗旨和我们强调党的宗旨的目的根本不同。我们强调党是全国各族人民利益的忠实代表,目的是使全党同志牢记党的宗旨,全心全意为人民服务,不断密切党和人民群众的血肉联系,更好地坚持党的工人阶级先锋队性质,坚持党的领导。极少数搞资产阶级自由化的人这样做的目的,则和我们恰恰相反。他们完全不是为了增进党同人民群众的联系,改善和加强党的领导,而是要用党的人民性去代替以致否定党的阶级性,改变党的工人阶级先锋队性质,并以此为幌子,离间党和人民群众的关系,制造党和人民群众的矛盾,挑动人民群众对党的不满情绪,最终达至否定党的领导、推翻党的领导的目的。

再次,这个口号从根本上否定和取消了党的先进性。中国共产党是中国工人阶级的先锋队。这一科学表述,不仅明确地规定了党的阶级性,同时也突出强调了党的先进性。中国共产党是用马列主义、毛泽东思想武装起来的,由中国工人阶级的先进分子所组成的,按照民主集中制原则组织起来的党。这就是我们党的先进性内在的根据和根本体现。它告诉我们,中国共产党不仅不是没有任何阶级基础的"全民党",而且也不是与工会没有任何区别的工人团体。它是中国工人阶级的政党,是中国工人阶级的一部分,是中国工人阶级中最忠诚、最积极、最有觉悟的部分。党固然是全国各族人民利益的忠实代表,但作为工人阶级政党,它同它所服务的对象之间的界限不容抹杀。党固然要全心全意地依靠工人阶级,但绝不能把作为工人阶级先锋队的党同整个工人阶级等量齐观。不然的话,党就失去了它的先进性和战斗力。党的先进性绝不是可有可无的,而是必须加以坚持的。党的先进性和党的阶级性是一个统一的整体。没有党的阶级性就不会有党的先进性,丧失了党的先进性也不可能保持党的阶级性。党的阶级性是党的先进性的基础,党的先进性是党的阶级性的保证,两者相互渗透、相互贯通。长期以来,极少数搞资产阶级自由化的人极力诋毁马列主义、毛泽东思想,妄图解除我们的思想理论武装;恶毒攻击党的民主集中制原则,鼓吹要在党内实行多派制;肆意诬蔑我们党是某个特权阶层组成的宗派团体,扬言要通过修改党章来消除这种"宗派色彩"。他们的目的很明确,就是要全盘否定我们党的先进性,并以此来彻底否定党的阶级性,从而把我们党改造成为人人都可宣布参加的"全民党"。

三

"中国共产党是农民党",这是极少数顽固坚持资产阶级自由化立场的人从阶级性质上诋毁党的又一重要言论。其"理论根据"是:民主革命时期,党的主体长期处在农村,党员的社会出身绝大多数是农民成分,这在国际共运史上是绝无仅有的。目前,中国共产党内农民党员仍占据多数,不少工人党员也是穿上工作服不久的农民,许多党员还生活在农民中间。他们所列举的这些情况都是客观存在的,但由此得出"中国共产党是农民党"的结论却是十分荒谬的。

众所周知,我们党在创立和发展过程中,形成了某些不同于一般工人阶级政党的特点，其中最突出的是党的主体部分长期处在农村，党员的社会出身绝大部分是农民成分。这是由我国特定的社会历史条件以及中国共产党人据此所开辟的中国革命道路所决定的。民主革命时期，党把自己的主体从帝国主义和国民党反动派盘踞的中心城市转移到反动统治最薄弱的广大农村，并不意味着党离开了工人阶级而只代表农民阶级的利益。中国的资产阶级民主革命实质上是农民革命，农民是中国民主革命的主力军。中国共产党领导下的工农武装斗争是当时中国具体条件下的工农联盟的特殊形式。也是工人阶级通过自己的先锋队发挥其领导作用的体现。中国共产党所开辟的农村包围城市，最后夺取城市的革命道路，不仅完全符合广大农民的利益，而且也真正地代表了工人阶级的意志。况且，党在广大农村地区领导工农武装斗争的同时，丝毫也没有放松城市工作，始终在组织和领导着城市的工人运动，保持着同广大工人群众的密切联系。由此可以得出结论，在整个民主革命时期，我们党并没有因为其主体部分长期处于农村而变成“农民党”。

在工人阶级已经成为国家的领导阶级的今天，农民党员仍占中国共产党党员的多数，这能否说明我们党不是工人阶级的先锋队，而是“农民党”呢？同样也不能。目前我国还处在社会主义初级阶段，农民阶级不仅没有消亡，而且至今还占全国人口的绝大多数。它是人民民主专政的重要阶级基础，是社会主义现代化建设的一支基本依靠力量。在当今中国，离开了农民阶级，违背了农民阶级的利益，任何事业都是不可能成功的。作为工人阶级的先锋队，中国共产党要有效地对农民实施领导，就必须加强对农民群众的思想政治教育，启发他们的觉悟，并积极慎重地从他们中间发展党员。

能否保持党的工人阶级先锋队性质，问题不在于是不是应当吸收农民出身的人加入党的组织，而在于党究竟执行一条什么样的政治路线和组织路线。党员的社会成分，对于保持党的性质是一个重要因素，但不是唯一的因素，更不是决定的因素。正如列宁所说：“确定一个党是不是真正工人的政党，不仅要看它是不是由工人组成的，而且要看它是由什么人领导以及它的行动和政治策略的内容如何。只有根据后者，才能确定这个党是不是真正无产阶级的政党。”①这就是说，党员的社会出身并不能决定党的性质。决定党的性质的，主要是党的

① 《列宁全集》第 39 卷，北京：人民出版社，1986 年，第 246 页。

领导集团、党的行动纲领和党的策略路线。马克思、恩格斯也指出：随着工人阶级的发展，其他阶级，甚至占统治地位的阶级中的一些人参加到工人运动中来是不可避免的，但是“首先就要要求他们不要把资产阶级、小资产阶级等等的偏见的任何残余带进来，而要无条件地掌握无产阶级世界观”①。

以毛泽东同志为代表的中国共产党人，在理论上和实践上都丰富和发展了马克思列宁主义的上述观点。刘少奇同志指出：“我们党的建设中最主要的问题，首先就是思想建设问题，就是以马克思列宁主义——无产阶级的科学思想去教育与改造我们的党员特别是小资产阶级革命分子的问题，就是和党内各种非无产阶级的思想进行斗争并加以克服的问题。”②在长期的革命和建设实践中，中国共产党从农民群众中吸收了大批积极分子加入党组织。但是，由于党严格按照工人阶级先锋战士的条件吸收党员，同时把从思想上建党放在首位，十分重视党内的思想教育和思想领导，努力克服和改造党内的各种非无产阶级思想，坚持用马列主义、毛泽东思想武装全体党员，并把他们放在革命和建设的实践中去经受锻炼和考验，把蜕化变质分子和不合格党员及时地清除出党，从而在工人党员不占多数的情况下，始终保持了自己的工人阶级先锋队性质，使自己成为一个伟大的马克思主义政党。应当说，这是国际共产主义运动中的一个奇迹。

过去，也曾经有人认为“中国共产党是农民党”，那是因为他们对党的建设缺乏马克思主义的理解，不懂得我们党的历史。现在极少数搞资产阶级自由化的人重新提出这一论点，情况则大不相同了。这些人并不是不懂得党的建设理论，不了解党的发展历史。他们中的某些人曾自诩为“党建理论专家”“党史学者”。可见，他们为了否定党的阶级性质和党的领导，已经卑鄙无耻到了何种程度。

（本文入选中共中央宣传部主办的纪念中国共产党成立七十周年学术讨论会，原载《河南党史研究》纪念建党七十周年专辑）

---

① 《马克思恩格斯全集》第19卷，北京：人民出版社，1963年，第189页。

② 《刘少奇选集》上卷，北京：人民出版社，1981年，第327页。

加强农村基层党的建设的有效方法
——河南密县“两带一创”活动调查

近两年来，河南省密县农村广泛开展了以“党组织和党员带领并帮助农民发展商品生产，壮大集体经济，共同致富；带领并帮助农民执行党的方针政策，遵纪守法，共同进步；创建双文明户”为基本内容的“两带一创”活动，走出了一条围绕两个文明建设抓基层党组织建设，以党组织建设带动和促进两个文明建设，实现党组织建设和两个文明建设同步协调发展的路子。

一、“两带一创”活动适应了建设社会主义新农村的要求

密县地处郑州市西南丘陵地区。党的十一届三中全会以来，这个县的农村经济得到迅速发展。1989 年全县农业总产值为 2.5 亿元，乡镇企业总产值达 14.73 亿元，分别比 1978 年增长 3.1 倍和 14.4 倍，同期农民人均纯收入也由 75 元增长到 610 元。但是在新形势下，该县农村也出现了一些新问题：集体经济发展工作重视不够，农户之间的贫富差距拉得过大；一些农民的社会主义信念发生动摇，产生不少糊涂认识；少数农民自私自利和小农经济思想严重，道德水准下降。①

中共密县县委经过调查研究认为，出现上述问题的主要原因在于一些农村基层党组织不适应变化了的新情况，对农村工作领导不力，影响了战斗堡垒作用的发挥。要解决问题，必须首先从加强农村基层党组织建设抓起。县委认为，当前农村的最大实际是群众迫切要求党组织带领他们共同致富、共同进步。

① 本文中出现的数据均为 1991 年作者在新密县实地调研时，新密县委提供。

农村党建工作必须始终围绕这一党和群众的共振点来进行。这就需要创造一种形式，把基层党组织建设与满足群众的上述要求有机地结合起来。基于这种认识，县委决定在全县农村广泛开展“两带一创”活动。

“两带一创”活动的基本思路是：要在农村基层党组织建设上大做文章，以党组织的战斗堡垒作用和党员的先锋模范作用为动力，以党员帮带为中心环节，以创建双文明户为依据，促进两个文明建设，实现共同致富、共同进步。它是把党支部、党员和农户这三个层次党员带群众联在一起抓，通过制定一套有效的制度和措施，形成一种支部、党员带群众，党员、群众促支部，支部、群众促党员的相互制约、相互激励机制，实现基层党组织建设和两个文明建设的同步协调发展。这就适应了当前农村广大农民既迫切要求脱贫致富，又迫切希望治愚进步的呼唤。

二、从农村工作的实际出发，以农村党建工作为动力，扎扎实实地抓好“两带一创”活动

创建双文明户是“两带一创”活动的基本依托。县委根据本县农村的实际，制定了体现物质文明和精神文明一起抓的10条双文明户标准，颁布了44条实施细则，使每条标准都有实实在在的内容。这一活动主要抓了几个环节：

一是搞好宣传发动工作。在活动起始阶段，除采用各种形式广泛宣传开展这项活动的目的、意义和具体做法外，着重在调查研究的基础上，确定几件当前群众想办却办不了、办不好的事，发动党员带领大家去办。以办实事来加强群众对这项活动的感性认识，取得了良好的宣传效果，找到了活动的突破口。

二是搞好专题教育工作。“两带一创”活动立足于教育，着眼于提高党员和群众的觉悟，专题教育则是整个活动的关键环节。专题教育采取党员教育与社会主义思想教育相结合的形式。在内容上，对党员主要围绕以党的宗旨为核心的党性教育来进行，着重解决新时期的共产党员是忠实地履行自己的神圣职责，积极带领群众走共同富裕的社会主义道路，还是忘记党的宗旨和奋斗目标，只顾个人致富的问题。对农民则主要是紧紧抓住农民群众普遍关心的问题，针

对他们的思想实际，运用社会主义40年给农民生活带来的深刻变化，为他们解疑惑、树信念，着重解决好是贫富悬殊好还是共同致富好的问题。在教育方法上，采取先党员后群众、虚实结合的办法。

三是做好评比和帮带工作。评比双文明户在一般农户、无职党员户、干部家庭几个层次中进行。通过“背靠背”民主评议评出双文明户、先进党员和干部，再通过群众代表会议和党内民主生活会来评议党支部的工作，确定其在全乡的位置，经乡党委核准后向全体村民公布。评议过程是一个发扬民主、总结经验、促进思想交流、加强党群干群联系的过程。评比出来的先进单位和个人给予表扬，以树立典型，扶持正气。评出的先进不搞“终身制”。要求评上先进的农户和全体有帮带能力的党员、干部都要分别与一户问题多、困难大的农户，经双方自愿、支部协调后确定帮带关系，并将帮带效果作为下次评比的一项重要标准。这种做法既有力地鞭策了先进，也给后进农户以巨大的推动，使他们感受到党和同志们的温暖。

三、“两带一创”活动促进了农村党建工作和两个文明建设

两年来，全县分四批在302个村开展了“两带一创”活动，共评出双文明户3万多个，6000多名党员负起帮带使命。通过开展这项活动，全县农村发生了可喜的变化。

1.基层党组织的领导核心作用得到较好发挥，凝聚力、号召力、战斗力明显增强。前些年，农民对一些基层党组织的状况不太满意。在“两带一创”活动中，县委结合换届，对120个村党支部进行了整顿和改组，使许多支部重获生机和活力。不少支部从群众迫切要求解决而又有条件解决的问题入手，着眼于为群众办实事，把许多工作做到了农家小院，使农民从心坎里满意。据统计，仅半年多时间，开展“两带一创”活动的村党支部就组织党员为群众办实事16900余件，带领党员和群众义务筑路220多千米，架桥67座，安装自来水管3.8万米，解决了14000多名群众吃水难的问题。对这些事，农民看在眼里，喜在心上。他们说：“党的好传统又回来了。”通过办实事，过去的群众会难开、许多事难办的情况有了改变。

2.广大无行政职务党员的先锋模范作用重新得到发挥,保证了党的各项农村政策的贯彻落实。农村实行家庭联产承包责任制后,不少无职党员把自己混同于普通农民。“两带一创”活动为广大无职党员发挥作用创造了条件和环境,自活动开展以来,全县涌现出一大批主动为集体和群众排忧解难,积极做无私奉献的党员群体和个人。来集乡朱楼村兴建教学楼,全村党员不约而同地到工地参加义务劳动,为村里节省开支5000多元。参加帮带的党员发挥各自的专长和优势,积极帮带那些贫困落后户。他们有的把自家的资金和生产工具无偿提供给被帮带户;有的把自己的一技之长毫无保留地传授给帮带对象;有的出面调解被帮带者的家庭矛盾和邻里纠纷;有的帮助落后群众、失足青年转变思想。总之,他们既帮致富,又帮进步。据统计,全县活动村有8000多名党员为群众办好事26000多件,1500多名党员帮助2300多个贫困户脱了贫,2100多名党员帮助3500多个精神文明比较落后的农户取得了进步。

3.群众的精神面貌发生了巨大变化。

坚定了社会主义信念。有的听说一些社会主义国家发生剧变后,对我们能否继续坚持社会主义表示忧虑。通过开展有针对性的专题教育,广大农民加深了对党的现行政策的理解,明确了农村改革的社会主义性质,认识到只有社会主义才是他们的富裕之路。特别是广大党员积极带领群众共同致富的实际行动,更加坚定了农民走社会主义道路的信念。他们表示:“就是天塌下来,俺们也照样跟着共产党干社会主义!在党员先锋模范作用的感召下,3000多名率先致富的农民也踊跃参加帮带活动,为实现共同致富做贡献。

国家、集体观念大大增强。以前,部分农民认为集体的东西不拿白不拿,国家的便宜不占白不占。一些人长期拖欠国家贷款,不交合理的集体提留,甚至贪占集体财产。现在,农民的思想觉悟普遍提高了。近两年来,全县有5074户农民主动归还欠国家、集体的各种款项60余万元。同时,他们还积极捐款捐物,兴办集体公益事业。

荣辱观念发生明显变化。密县评比双文明户,要求户户参评,家家挂牌,评比结果一目了然。十佳评比牵动着千家万户的心,农民们对自家能挂什么牌,牌上有几面旗,看得很重,他们时时注意学、比、赶、超。

讲文明、讲道德已成风尚,新的人际关系正在形成。在农村生活中,邻里之间、家庭成员之间往往会因为鸡毛蒜皮的小事打架、结仇。评比把讲团结作为一项重要内容,促使农户主动改善邻里、家庭关系。城关镇韩庄村两户农民因宅基地纠纷伤了和气,7 年多不相往来,村镇干部多次调解也不见效。在活动中,双方主动登门相互致歉,很快解决了纠纷。据统计,全县农村已有近 5000 起邻里纠纷、5700 多件家庭矛盾在活动中得到解决。

法制观念有所增强。这些年,一些农民经济上富裕了,但是精神却空虚了,聚众赌博、嫖娼卖淫现象时有发生。通过“两带一创”活动,广大农民的法制观念有所增强,农村社会治安形势开始出现转机。1990 年,全县刑事治安发案率比上年下降 40%。

4.集体经济发展壮大。在“两带一创”活动中,各村党支部把集体主义教育放在突出位置上,引导农民正确处理统与分、眼前利益与长远利益的关系,使他们认识到集体经济是社会主义在农村的本质体现,是实现共同富裕的根本保证,从而激发了农民群众发展集体经济的热情。超化乡樊寨村一家村办工业因资金短缺停产多年,当村党支部决定恢复这个厂的生产时,党员、干部、群众 10 天内集资 9 万余元,使这个厂起死回生。一年多来,全县恢复和新办集体企业 75 个,使 90%的村有了集体企业。1990 年,全县乡村集体企业产值达到 6 亿多元。集体经济实力的增强,促进了农田基本建设和社会化服务体系的发展与完善。迄今为止,全县乡村两级已为农业投入 3900 多万元,已有 149 个村能向农户提供 10 项以上服务,153 个村能向农户提供 6 至 9 项服务。

5.各项农村工作顺利开展。计划生育、宅基地管理,过去一直是农村最难唱的“两出戏”。评双文明户将计划生育、宅基地管理列入评比内容,使不少农民自觉实行计划生育,全县已有 4314 亩旧宅基地复耕还田。此外,农村集资办学等项工作也取得新进展。目前,全县农村已为教育集资 296 万元,新建教学楼 40 多幢。

四、“两带一创”活动的启示

1.各级农村党组织都要从反和平演变的战略高度,认真解决好为谁服务的问题,进一步密切党和农民群众的联系,巩固农村社会主义阵地。这是直接关系到党的生死存亡和社会主义事业的兴衰成败的大问题,把党的自身建设搞好，使人民群众切实感受到我们党是真正代表他们利益的，党才能立于不败之地。密县的经验告诉我们，农村基层党组织只有切实转变领导作风和工作作风，改善和加强党对农村工作的领导，脚踏实地地带领农民群众建设社会主义现代化新农村，才能在广大农村筑起抵御和平演变的钢铁长城。

2.农村基层党组织必须把带领农民群众共同致富、共同进步作为现阶段的主要任务来抓。贫穷、贫富悬殊都不是社会主义，社会主义的一个本质特征是共同富裕。这个道理，许多农村党组织都已经基本认识到了，并正在带领农民走共同富裕道路，但还应当使他们懂得，社会主义不仅要有高度的物质文明，还必须要有高度的精神文明。社会主义精神文明的发展必然表现为社会成员的思想觉悟的普遍提高，表现为社会的共同进步。共同致富是共同进步的物质基础，共同进步是共同致富的重要保证。没有共同进步就不可能实现共同致富。农民迫切要求党组织带领他们共同致富，带领他们治理社会秩序，净化社会环境，改变农村精神面貌，实现共同进步。农村基层党组织应当顺应社会发展和农民群众的要求，认真负起历史赋予自己的责任。

3.共产党员必须正确处理先富与共同富裕的关系，把带领群众共同致富作为自己义不容辞的责任。在现阶段，我们提倡和鼓励一部分人通过诚实劳动和合法经营先富起来，同时又提倡先富的帮助未富的，以逐步实现共同富裕。这是党的一项基本政策。共产党员是无产阶级的先锋战士，最高理想是实现共产主义。一个共产党员如果不能正确处理先富与共同富裕的关系，只顾自己致富，而对群众的疾苦漠不关心，那他就不是一个合格的共产党员。只有党员首先做出表率，才能影响和带动先富的农民跟着这样做。密县的经验证明，党员的模范行动是实现共同富裕的关键。

4.要把农村基层党组织建设融于两个文明建设之中，以农村党建工作带动其他各项工作。农村基层党组织是农村各项工作的领导核心。能否把这个领导核心建设好，直接关系到各项农村政策能否贯彻落实，关系到农村社会能否和谐稳定和发展。密县紧密联系共同致富、共同进步这个当前农村的最大实际，以党员帮带形式促进两个文明建设，为新时期农村党组织和党员发挥作用创造了条件，也对农村党建工作提出了更高的要求。他们把党员帮带活动与创建双文明户活动挂起钩来，使党组织和党员作用的发挥贯穿于带领群众共同致富、共同进步的全过程，取得了三个建设同步协调发展的综合效果。这个经验告诉我们,农村基层党组织建设是农村两个文明建设的根本。只有突出抓好农村党建工作,才能推动和促进整个农村工作。农村党建工作也不能脱离农村两个文明建设,必须把它融于两个文明建设之中。要结合当地农村实际创造出一种有效的形式,找到农村党建工作与两个文明建设的结合点。

(原载《求是》1992 年第 1 期)

马克思主义党建学说的新发展
——学习江泽民同志关于坚持党的宗旨、密切联系群众的论述

面对充满希望和挑战的21世纪,我们要建设一个什么样的党和怎样建设党,这是江泽民同志始终关注和思考的重大问题。在思考和回答这个带根本性的重大问题时,江泽民同志反复强调要始终不渝地坚持党的宗旨,进一步密切党同人民群众的血肉联系。认真学习江泽民同志的有关论述,对于解决党的建设两大历史性课题,实现党的建设的总目标,全面推进党的建设新的伟大工程,具有重要意义。

一、中国共产党始终是中国最广大人民根本利益的代表,这是我们党重要的立党之本、执政之基、力量之源

综观无产阶级革命导师对党的宗旨的论述,多是从党的性质角度观察问题并进行展开的。马克思主义认为,任何政党都以一定的阶级为基础,在政治上代表这个阶级的利益,并为这个阶级服务。共产党是无产阶级的先锋队,它必然地要在政治上代表无产阶级的阶级利益,为实现无产阶级的阶级利益而奋斗。无产阶级的阶级利益是同最广大人民的利益紧密地联系在一起的。无产阶级只有解放全人类,才能最后解放自己。因此,共产党在代表无产阶级利益的同时,还要代表最广大人民的利益,全心全意地为人民服务。

面对新的世纪,根据新形势新任务的要求,江泽民同志提出了"三个代表"重要思想。在这一重要思想中,江泽民同志把代表最广大人民的根本利益同代表中国先进生产力的发展要求和中国先进文化的前进方向联系和统一起来,进一步科学地揭示了党的宗旨的本质内涵,赋予了党的宗旨以崭新的时代内容,

指明了实现党的宗旨的根本途径和方法,从而对马克思主义的党建学说做出了新阐述和新发展。全心全意为人民服务是党的根本宗旨,代表中国最广大人民的根本利益是"三个代表"重要思想的核心内容。我们发展先进的社会生产力,推进先进的中国文化,建设有中国特色社会主义,目的不是别的,就是要实现最广大人民的根本利益。建设有中国特色社会主义是现阶段中国人民的共同理想,实现这一理想符合中国最广大人民的根本利益。我们党要领导中国人民实现这一共同理想,必须始终不渝地去努力完成发展生产力的根本任务,始终不渝地全面贯彻"两手抓、两手都要硬"的根本指导方针。这是实现最广大人民根本利益的根本途径、根本方法和重要保证。

我们所要发展的生产力,是社会主义的和为中国人民谋利益的生产力;我们所要建设的文化,是社会主义的和为中国人民服务的文化。社会主义和为中国人民谋利益、为中国人民服务,这就是当代中国先进生产力的发展要求,就是当代中国先进文化的前进方向。我们党代表中国先进生产力的发展要求和中国先进文化的前进方向,就是要代表这些最根本的东西。如果不能代表中国最广大人民的根本利益,就无法也不可能按照正确的发展要求和前进方向去推进先进的生产力和文化。同样,如果不能代表中国先进生产力的发展要求和中国先进文化的前进方向,就无法也不可能实现中国最广大人民的根本利益。代表中国最广大人民的根本利益去努力推进中国先进的生产力和先进的文化,代表中国先进生产力的发展要求和中国先进文化的前进方向去努力实现中国最广大人民的根本利益,这是我们党的立党之本、执政之基、力量之源。我们党只有始终当好这"三个代表",才能经受住各种困难和风险的考验,永远保持自己的先进性,永远立于不败之地。

二、政治问题从根本上说就是对人民群众的态度问题和同人民群众的关系问题,密切党同人民群众的血肉联系是最大的讲政治

坚持党的宗旨,全心全意为人民服务,必须正确认识和解决对人民群众的态度问题和同人民群众的关系问题。对于这个问题,毛泽东同志和邓小平同志都做过许多重要论述。从他们的有关论述看,多是从党的作风角度来看待问题

的。毛泽东同志历来强调党要密切联系群众，并且把密切联系群众概括为党的三大优良作风之一。

在把建设有中国特色社会主义事业全面推向21世纪的新的历史条件下，江泽民同志进一步从讲政治的高度考察和阐述了党对人民群众的态度问题和同人民群众的关系问题。1997年12月在全国组织工作会议上的讲话中，江泽民同志指出："政治问题，从根本上说，就是对人民群众的态度问题和同人民群众的关系问题。"①2000年1月24日，他在北京市考察工作时强调："要大力加强对广大干部和党员进行党的群众观点和群众路线的教育，使大家牢牢记住自己是人民的公仆，必须处处依靠群众，一切为了群众，时刻关心群众，始终同群众同甘共苦、团结奋斗。真正做到了这一条，就是最大的讲政治"。②

政治问题，从根本上说是对人民群众的态度问题和同人民群众的关系问题，这是马克思主义党建学说在当代中国发展进程中形成的新的科学论断。怎样对待人民群众，如何认识和处理同人民群众的关系，这绝不只是一般的思想作风问题，而且是一个根本的政治问题："历代统治阶级中较有见地、较有作为的统治者，大都是比较注意民心向背的。一旦忘记这一条，失去民心，腐败盛行，政权就保不住了。在这个问题上，历史为我们提供了许多盛衰兴亡的经验教训。"③他强调说："群众路线是实现党的思想路线、政治路线和组织路线的根本工作路线，应该贯穿于我们党的全部工作之中。加强党的建设，一个十分重要的问题，就是我们党必须始终保持同人民群众的血肉联系。我们的改革和建设，只有得到人民群众的理解、支持和参与，充分发挥人民群众的积极性和创造性，才能顺利推进；党的领导地位，只有赢得人民群众的信赖和拥护，才能巩固和加强。如果失去人民的支持，我们党就会一事无成，就不能生存。"④全党同志都要从讲政治的高度增强正确处理对人民群众的态度问题和同人民群众的关系问题的自觉性。

密切党同人民群众的血肉联系，是最大的讲政治。这是总结党的历史经

---

① 江泽民：《论党的建设》，北京：中央文献出版社，2001年，第281页。

② 江泽民在北京市考察工作强调必须抓住机遇迎头赶上努力发展高新技术产业（新闻稿）2000年1月24日，《人民日报》2000年1月25日。

③ 《十四大以来重要文献选编》，北京：人民出版社，1996年，第1194页。

④ 《江泽民文选》第1卷，北京：人民出版社，2006年，第407页。

验,对党的建设新的伟大工程的推进态势和矛盾进行正确分析做出的新的科学判断。在70多年的奋斗历程中,我们党形成了许多政治优势,其中最根本的一条,就是始终同人民群众保持血肉联系。始终坚持党的宗旨,始终为人民群众的利益而奋斗,这是我们党得到人民群众拥护和爱戴并取得和巩固执政地位的根本所在。我们共产党人讲政治的一个最基本的要求,就是要时刻摆正自己同人民群众的位置,时刻牢记为人民服务的宗旨,时刻警惕脱离群众的倾向。这在我们党执政、实行改革开放和发展社会主义市场经济的条件下,尤其要注意。我们党执政以后,一方面取得了更好地服务于人民的条件,同时也增加了脱离群众的危险。在改革开放和发展社会主义市场经济的社会环境中,这种危险进一步加大了。十一届三中全会以来,党的基本路线和方针政策符合人民利益,党同人民群众的关系从根本上说是好的,但是也不可否认,在我们党内确有一些人特别是一些领导干部,对人民群众建设社会主义生机勃勃的创造性实践缺乏了解,群众观念淡漠,同工农基本群众感情疏远,不懂得党的群众路线,不会做群众工作,有的甚至侵害群众利益。这种状况发展下去是十分危险的,不只是毁掉一批党员、干部,毁掉的将是人民群众对党的信任和拥护,是党的执政地位和领导地位。我们共产党人所讲的坚定正确的政治立场,密切党同人民群众的血肉联系,就其在整个马克思主义政治中的地位和作用而言,无疑是最大的讲政治。

三、坚持和改善党的领导,提高党的执政水平和领导水平,一个重大问题是不断巩固和加强党同人民群众的血肉联系

坚持和改善党的领导的历史任务,最初是由邓小平同志提出来的。江泽民同志从坚持党的宗旨、密切党同人民群众的血肉联系的角度,进一步论述了坚持和改善党的领导、提高党的执政水平和领导水平的重要性和必要性。江泽民同志指出:“坚持和改善党的领导,提高党的执政水平和领导水平,一个重大问题是不断巩固和加强党同人民群众的血肉联系。有了这种联系,我们的改革和建设就有了胜利之本,就有了吸取智慧和力量的最深厚源泉,就有了正确决策,

减少和防止失误的可靠保证。”①我们党是执政党，党的执政水平和领导水平，从根本上说体现在党同人民群众的关系上。党同人民群众的关系如何，是衡量党的执政水平和领导水平高低的一个根本标准。江泽民同志指出：“在任何时候任何情况下，党的一切工作和方针政策，都要以是否符合最广大人民群众的利益为最高衡量标准。这是我们观察和处理问题的一个根本原则。”②面向21世纪，我们党要保持同人民群众的血肉联系，就必须保证党的路线、方针和决策的正确，保证党的路线、方针和决策符合最广大人民群众的利益。而要做到这一点，就必须不断加强和改善党的领导，提高党的执政水平和领导水平。

要坚持和改善党的领导，巩固和加强党同人民群众的血肉联系，就必须做到：

第一，必须坚定正确的政治立场，牢固树立群众观点。政治立场问题，是一个重大的政治原则问题。它要求我们的党员干部观察和处理一切问题，都必须始终站在人民的立场上，把人民拥护不拥护、人民赞成不赞成、人民高兴不高兴、人民答应不答应作为出发点和落脚点。

第二，要自觉地坚持和贯彻党的群众路线，尊重群众的实践和首创精神。群众路线是我们党的根本工作路线。坚持党的群众路线，是我们做好各项工作的根本保证。当前，改革处于攻坚阶段，发展处于关键时期，各种新情况、新问题、新矛盾不断出现。解决这些矛盾和问题，最重要、最有效的办法就是到人民群众中去，倾听人民群众的呼声，虚心向人民群众求教，汲取人民群众的智慧。

第三，要切实转变作风，坚决反对和纠正各种脱离群众的倾向。现在我们有些同志群众观念淡漠了，脱离实际、脱离群众的现象在有些地方有些部门相当严重。有的虚报浮夸，弄虚作假，搞形式主义；有的不关心群众疾苦，不帮助群众解决实际问题，搞官僚主义；有的违背群众意愿，凭想当然办事，搞强迫命令；有的甚至忘记党的宗旨，以权谋私，违法乱纪，堕落为腐败分子。这些现象虽然发生在少数人身上，但危害甚烈，必须坚决予以清除。江泽民同志严肃地指出：“这些现象败坏党的声誉，损害党群关系，同党的宗旨是根本不相容的。党风是关系到党的生死存亡的问题，如果听任腐败现象发展下去，党就会走向

① 《江泽民文选》第1卷，北京：人民出版社，2006年，第359页。

② 《江泽民文选》第2卷，北京：人民出版社，2006年，第262页。

自我毁灭。”①他要求各级领导干部要切实转变作风，加强党性锻炼，严守党的纪律，努力增强拒腐防变的能力。他指出：“党的干部特别是领导干部，必须认真执行党的路线方针政策，决不能有任何偏离；必须正确行使人民赋予的权力，决不能以权谋私；必须把对上级负责和对群众负责统一起来，决不能把二者割裂开来、对立起来；必须在工作中坚持群众路线，深入实际调查研究，决不能搞官僚主义、形式主义、强迫命令。”②

第四，要加强党的制度建设，从制度上保证党的群众路线的贯彻和党群关系的进一步密切。坚持和改善党的领导，巩固和加强党同人民群众的血肉联系，制度建设更带有根本性。要通过改革和建设，使我们党的领导制度进一步完善起来，从制度上防止脱离群众现象的发生。改革党的领导制度，必须进一步完善党的决策体制。我们党要密切同人民群众的血肉联系，首要的问题是必须保证决策和决策的执行符合人民的利益。要通过改革和建设，建立和健全民主的、科学的决策机制，从制度上保证不出现大的决策失误。我们党是对人民群众高度负责的党，党员和党的领导干部必须自觉地接受人民群众的监督。要切实加强党内监督，同时还要努力拓宽党内外监督渠道，发挥群众监督和舆论监督的作用。要不断加强基层民主政治建设，在实践中逐步形成以公开办事、接受群众监督为主要内容的制度。各级党组织和领导干部一定要相信和依靠人民群众，真诚和主动地接受监督，广开言路，听民声，察民意，知民情，不断改进我们的工作。

第五，要真心实意地为人民群众办实事，把最广大人民群众的切身利益实现好、维护好、发展好。江泽民同志强调：“全心全意为人民谋利益，不能挂在嘴上，不能搞‘虚功’，而是要实实在在地为群众办事，要从群众最关心、最迫切需要解决的实际问题入手开展工作，把我们党的根本宗旨切实落实到各项工作中，落实到广大人民群众身上。”③全心全意为人民群众谋利益，不仅要领导人民群众为实现自己的利益而奋斗，而且还必须在改革和建设中切实维护人民群众的利益，努力使工人、农民、知识分子和其他群众共同享受经济发展和社会发

---

① 《江泽民论党的建设》，北京：中央文献出版社，2001 年，第 35 页。

② 《江泽民文选》第 2 卷，北京：人民出版社，2006 年，第 45 页。

③ 《江泽民文选》第 2 卷，北京：人民出版社，2006 年，第 365~366 页。

展的成果。党的各级领导干部都要关心涉及群众切身利益的问题,注意在改革和建设中可能引发的新矛盾,见微知著,防微杜渐,把问题解决在萌芽状态,解决在基层,解决在当地。改革越深化,越要正确认识和处理各种利益关系,把个人利益与集体利益、局部利益与整体利益、当前利益与长远利益正确地统一和结合起来,把最广大人民群众的切身利益实现好、维护好、发展好,把他们的积极性引导好、保护好、发挥好。

(原载《中州学刊》2000 年第 6 期,收入本书时有删改)

党的先进性：含义、价值与实践

江泽民同志在“5·31”重要讲话①中紧紧抓住“三个代表”这条主线，突出强调高举邓小平理论伟大旗帜、全面贯彻“三个代表”要求这个主题。他指出：贯彻“三个代表”要求，关键在坚持与时俱进，核心在保持党的先进性，本质在坚持执政为民。这既是在理论层面上对“三个代表”重要思想的继续丰富和发展，也是在实践层面上对贯彻“三个代表”提出的根本要求。在这一根本要求中，保持党的先进性居于核心地位，是坚持与时俱进、执政为民的根本保证，是我们党始终走在时代前列、永葆生机和活力的必然要求。只有深刻理解党的先进性的科学内涵，正确认识保持党的先进性的时代价值与历史价值，才能增强保持党的先进性的自觉性和坚定性，在实践中全面贯彻“三个代表”要求。

一

党的先进性，就其内涵而言有两层含义：一是指一个政党在思想、理论、纲领等方面所具有的优于其他政党的特质；二是指一个政党在人类社会历史发展进步中所起作用的性质。前者是后者的基础和前提，后者是前者的集中体现。一个政党是否具有先进性，关键是看这个党举什么旗、走什么路、为什么人，看其是否代表社会发展的正确方向。看一个政党是否具有先进性，主要是看它的理论、纲领、路线是不是马克思主义的，是不是代表了社会发展的正确方向，是不是代表了最广大人民的根本利益。这三条，既是衡量一个政党先进与否的根本标准，同时也是党的先进性的本质内涵。

---

① 即江泽民同志2002年5月31日在中央党校省部级干部进修班毕业典礼上的讲话。

始终坚持以马克思主义为指导，是一个政党具有先进性的首要标志。一个政党要具有并保持自己的先进性，一刻也离不开先进理论的武装和指导。马克思主义深刻地揭示了人类社会发展的规律，是迄今为止最科学、最先进、最严整的思想体系。马克思主义政党之所以被称作马克思主义政党，就是因为它是以马克思主义这一科学理论作为根本指导思想的。有了这样一种科学理论作指导，马克思主义政党才能够制定出符合社会发展正确方向、代表最广大人民根本利益的纲领和路线，才能具有并保持自己的先进性。

代表社会发展的正确方向，是马克思主义政党先进性的根本体现。社会发展的正确方向，反映着社会历史发展的客观规律和必然趋势，在本质上与马克思主义政党的先进性具有高度的一致性。世界潮流浩浩荡荡，顺之者昌，逆之者亡。一个马克思主义政党，只有顺应时代发展潮流，准确把握时代脉搏，代表社会发展的正确方向，才能站在时代前列，引领时代大潮，始终保持自己的先进性。

代表最广大人民的根本利益，是马克思主义政党先进性的本质要求。人民是世界历史的创造者，是推动社会前进的根本力量。除最广大人民的根本利益以外，没有自己的特殊利益，这是马克思主义政党区别于其他政党的显著标志，也是它先进于其他政党的根据所在。马克思主义政党的性质和宗旨，决定了党的全部任务和责任就是为人民谋利益，团结和带领人民群众为实现自己的根本利益而奋斗。一个不代表最广大人民根本利益甚至与这种根本利益相悖的政党，不可能是马克思主义政党，也不可能具有什么先进性。

判断一个党是不是先进政党，归根到底是看这个党在社会历史前进中所起的实际作用。一个政党是否具有先进性，既不是凭人们的主观感觉如何而定，也不能视这个党的声明如何而定，最终要由历史实践和时代发展来检验和确证，看这个党是推动历史前进还是阻碍社会发展。认清社会发展趋势，致力于推动历史前进，是一切先进政党的自觉行动，也是一个政党具有先进性的根本标志。

“三个代表”重要思想进一步深化了对我们党先进性的认识。它从社会发展规律和党的进步本质的高度，科学地揭示了我们党先进性的实质。它从经济、政治、文化发展等不同层面对党的先进性做了全新的科学定位，把代表中国先进生产力的发展要求、代表中国先进文化的前进方向、代表中国最广大人民的根本利益，作为我们党先进性的根本体现和根本要求，这是对马克思主义政党先进性理论的重大发展。

“三个代表”重要思想赋予党的先进性以新的科学内涵和时代内容，是对党的先进性的高度提炼和集中概括。它在重申和强调我们党必须代表最广大人民的根本利益的同时，把代表先进生产力的发展要求视为我们党先进性的深厚物质基础，体现了社会主义的本质要求和马克思主义执政党的根本任务；把代表先进文化的前进方向摆在同代表先进生产力的发展要求和代表最广大人民的根本利益相同的位置上，使马克思主义执政党先进性的内涵更加丰富。这三个方面涵盖了政治、经济、文化等领域，而且相互联系、相互作用，缺一不可，构成了党的先进性深刻而丰富的内涵系统。

二

党的先进性问题，事关党的生死存亡。对于马克思主义政党来说，先进性就是自己宝贵的生命。丧失了先进性，就等于丧失了生命。一些执政几十年的共产党之所以会改旗易帜、丧失政权，有的甚至走向衰亡，原因是多方面的，其中最重要、最根本的，就是这些党丧失了自己的先进性。先进性丧失了，势必会丧失民心，在人心向背上出大问题。一旦在这方面出问题，其走向衰亡的历史命运也就不可避免了。这些党的沉痛教训警示我们：不论哪个国家的党，不论它们执政时间多长，也不论它们有多么辉煌的历史，谁丧失先进性，谁就必然丧失执政资格，丧失赖以生存的基础。

党的先进性问题，是建设一个什么样的党、怎样建设党的核心问题。80 多年来，建设一个什么样的党、怎样建设党，始终是我们党致力回答的一个重大课题。而对这一课题的回答，则始终是围绕着怎样保持党的先进性这一核心问题来进行的。我们与时俱进地进行理论创新，不断开拓马克思主义理论发展的新境界；研究和制定符合客观实际的路线方针政策，不断促进社会全面进步；培养和选拔优秀中青年领导干部，造就一支宏大的高素质的干部队伍；加强和改进党的作风建设，不断增进党同人民群众的血肉联系；旗帜鲜明地反对腐败，不断推进廉政建设；改革和完善党的领导体制，不断增强党的活力，都是为了保持党的先进性。离开这个核心,党的建设就会迷失方向,失去灵魂。紧紧围绕先进性这个核心问题,不断加强和改进党的建设,这是我们党的一条重要政治经验。在新的世纪,我们要继续推进党的建设新的伟大工程,必须创造性地运用好这条经验。

江泽民同志把保持党的先进性视为实践"三个代表"要求的核心,深刻地揭示了保持党的先进性对于实践"三个代表"所具有的重大的时代价值和历史价值。

首先,保持党的先进性是适应国际国内形势深刻变化的客观要求。当前,国际局势正在发生深刻的变化。世界多极化和经济全球化趋势在曲折中发展,科技进步日新月异,综合国力竞争日趋激烈。进入新世纪,我国进入了全面建设小康社会,加快推进社会主义现代化的新的发展阶段。改革开放20多年来,我国的现代化建设取得了巨大成就,综合国力日益增强,人民生活明显改善,党和国家的各项事业充满生机和活力。但也必须看到,随着经济体制改革的深化和社会主义市场经济的发展,社会经济成分、组织形式、就业方式、利益关系和分配方式呈现出多样化的趋势,社会生活各个领域的新矛盾、新情况层出不穷。深刻变化了的国际国内形势,既为我们带来了新的发展机遇,也向我们提出了严峻的挑战。在形势复杂多变、各种不可测因素增多的情况下,我们党如何在世界形势深刻变化的历史进程中始终走在时代前列,如何在应对国内外各种风险考验的历史进程中始终成为全国人民的主心骨,如何在建设有中国特色社会主义的历史进程中始终成为坚强的领导核心,关键要看我们党能不能始终保持自己的先进性,不断增强创造力、凝聚力和战斗力。

其次,保持党的先进性,是胜利完成党的庄严使命的客观要求。在新的发展阶段,我们党肩负着推进现代化建设、完成祖国统一、维护世界和平与促进共同发展的历史任务。抓住机遇,加快发展,在建设有中国特色社会主义的道路上实现中华民族的伟大复兴,这是历史和时代赋予我们党的庄严使命。完成党的庄严使命,根本在于把发展作为执政兴国的第一要务,集中精力把经济建设搞上去。这是解决其他所有问题的关键。而要做到这一切,最重要的政治保证就是保持党的先进性。能不能始终保持党的先进性,关系到党能否继续保持旺盛的生机和活力,不断增强自己的创造力、凝聚力和战斗力。只要我们能够始终保持党的先进性,始终保持共产党人的蓬勃朝气、昂扬锐气、浩然正气,永远与人民群众心连心，我们党的执政基础就坚如磐石。

再次，保持党的先进性，是加强和改进党的自身建设的客观要求。保持党的先进性、纯洁性，增强党的创造力、凝聚力和战斗力，是加强党的建设的根本目的。在团结和带领全国人民实现中华民族伟大复兴的奋斗历程中，我们必然会遇到各种困难和风险，经受各种新的严峻考验。我们唯有按照“三个代表”的要求，紧紧围绕保持党的先进性这个核心，全面推进新世纪党的建设新的伟大工程，才能领导人民推动中国社会历史不断前进。

三

保持党的先进性是一个与时俱进的要求。随着时代和实践的发展，党的先进性也必须与时俱进。面对新世纪的新形势新任务，我们党应如何保持自己的先进性，这是需要认真研究、解决的一个重大历史课题。保持党的先进性，必须明确一个出发点和着眼点，把握一个根本要求和根本方法，还要正确处理好三个辩证统一关系。

“三个代表”的核心是保持党的先进性。紧跟世界发展进步的潮流，解决党内突出问题，巩固党的执政地位，既是“三个代表”的出发点和着眼点，也是保持党的先进性的出发点和着眼点。明确这一出发点和着眼点，就明确了保持党的先进性的基本思路；把握住了这一出发点和着眼点，也就把握住了保持党的先进性的努力方向。

党的先进性集中地表现为始终站在时代的前列。始终站在时代前列，是保持党的先进性的根本要求。历史和现实都表明，一个政党要保持先进性，最根本的是要与时代的发展步伐相一致，真正引领时代大潮。始终站在时代前列，必须坚持解放思想、实事求是的思想路线，弘扬与时俱进精神。这是我们党在长期执政条件下保持先进性和创造力的决定性因素。只有坚持这条思想路线，弘扬这种精神，我们党才能登高望远，在更加广阔的时代背景和世界图景中谋划和推进建设有中国特色社会主义事业。

党的先进性是具体的历史的，必须放到推动当代中国先进生产力和先进文化的发展中去考察，放到维护和实现最广大人民的根本利益的奋斗中去考察，归根到底要看党在推动历史前进中的实际作用。这是看待党的先进性的根本方法,即具体的历史的方法。这种方法告诉我们,党的先进性的内涵是随着实践的发展而不断发展变化的。党的先进性保持得如何,最根本的是要看具体的社会实践。在现阶段,必须始终紧紧抓住发展这个执政兴国的第一要务,把保持党的先进性和发挥社会主义制度的优越性落实到发展先进生产力、发展先进文化、维护和实现最广大人民的根本利益上来。

为了保持党的先进性,要在明确上述出发点和着眼点、把握上述根本要求和根本方法的基础上,正确处理好以下三个辩证统一关系:

一是最高纲领与最低纲领的辩证统一关系。一个政党是否具有先进性,首先要看它的理论、纲领是不是马克思主义的。马克思主义纲领是最高纲领与最低纲领既相区别又相统一的纲领。其区别主要表现在:最高纲领是党的最终奋斗目标,是党的最高理想;最低纲领则是党在现阶段的奋斗目标,是党和人民在现阶段的共同理想。其辩证统一关系集中地体现为:最高纲领是最低纲领的灵魂,决定着最低纲领的性质和发展方向;最低纲领反映最高纲领的阶段性要求,是实现最高纲领的现实基础。它们是理想与现实、目标与手段的统一,也是原则要求与国情和时代要求的有机结合。因此,我们既要胸怀共产主义远大理想,又要从当前实际出发,把立足点置于现实基础之上。忘记远大理想而只顾眼前,就会失去前进方向;离开现实工作而空谈远大理想,就会脱离实际。

二是党的阶级基础与党的群众基础的辩证统一关系。党的阶级基础是关系建设一个什么性质的党的重大政治原则问题。中国共产党是中国工人阶级的先锋队,同时是中国人民和中国民族的先锋队,是中国特色社会主义事业的领导核心,代表中国先进生产力的发展要求,代表中国先进文化的前进方向,代表中国最广大人民的根本利益。党的阶级基础的先进性,决定了党的先进性。党的阶级基础任何时候都是不能改变的,否则党就从根本上丧失了先进性。保持党的先进性,首先必须始终坚持党的工人阶级先锋队性质,不断增强党的阶级基础。同时,我们党又是中国人民和中华民族的先锋队,代表着中国最广大人民的根本利益。广泛的代表性,是党的先进性的又一重要体现。党的先进性是党的阶级基础的先进性与党的群众基础的广泛性的有机结合。保持党的先进性,就要在坚持并不断增强党的阶级基础的同时,根据经济发展和社会进步的实际,进一步扩大党的群众基础,不断提高党的社会影响力。必须看到,增强党的阶级基础与扩大党的群众基础是一致的,扩大党的群众基础是增强党的阶级基础的必然要求。在新的历史条件下,作为马克思主义执政党,我们不仅要坚持自己鲜明的阶级性质,还要根据社会阶层构成的新变化,把承认党的纲领和章程、自觉为党的路线和纲领而奋斗、经过长期考验、符合党员条件的社会其他方面的优秀分子吸收到党内来。只有这样,才能把党的先进性、阶级基础、群众基础和社会影响力统一起来,始终保持党的先进性。

三是坚持马克思主义与发展马克思主义的辩证统一关系。党的先进性根源于党的理论基础的先进性。党要保持先进性,首先必须坚持马克思主义。马克思主义是党始终走在时代前列、保持先进性的思想保证。马克思主义这个老祖宗不能丢,否则党就会失去思想灵魂和正确方向,丧失先进性。但是对马克思主义绝不能采取教条主义、本本主义的态度。马克思主义具有与时俱进的理论品质。如果不顾历史条件和现实情况的变化,拘泥于马克思主义创始人的某些个别论断和具体行动纲领,我们就会因为思想脱离实际而不能顺利前进,甚至发生失误。马克思主义的一个基本道理,就是不能拿本本去框实践,而只能用实践去发展本本。如果一切都要先看本本上有没有,老祖宗讲过没有,就很难在实践中迈开步子。我们一定要看到《共产党宣言》发表 150 多年来世界政治、经济、文化、科技等发生的重大变化,一定要看到我国社会主义建设发生的重大变化,一定要看到广大党员干部和人民群众工作、生活条件和社会环境发生的重大变化,一定要充分估计这些变化对我们党执政提出的严峻挑战和崭新课题,一定要适应实践的发展,以实践来检验一切,用发展着的马克思主义指导新的实践,在理论上坚持与时俱进。总之,我们必须用发展的观点来对待马克思主义,在坚持中发展,在发展中坚持。

(原载《中州学刊》2002 年第 6 期)

二十年来河南以党建促发展的经验与启示

20 世纪 90 年代初，河南从本省具体情况出发，提出了实现中原崛起、河南振兴的奋斗目标。为实现这一宏伟目标，20 年来，河南坚持党建先行原则，在推进中原崛起、河南振兴中持续加强党的建设，以党的建设新的伟大工程促进和保障中原崛起、河南振兴，并取得了丰硕成果。20 年来，中原大地发生了沧桑巨变。中原崛起、河南振兴的历史实践，既有力地印证了中国特色社会主义道路的正确性、中国特色社会主义制度的优越性和中国特色社会主义理论体系的科学性，同时也彰显了党的建设促进和保障科学发展的伟力。20 年来，河南在以党建促发展促崛起的实践中积累的经验弥足珍贵，给我们以深刻启示。

一、加强党的建设必须围绕中心、服务大局

党的建设从来就不是游离于党所领导的伟大事业之外，而是同党所领导的伟大事业紧密地联系在一起的。因此，党的建设必须紧密联系党的中心任务来进行，紧密联系社会主义经济建设、政治建设、文化建设和社会建设来进行，说到底要紧密联系发展这个党执政兴国的第一要务来进行，为完成党的历史任务提供根本保证。党的建设与经济社会发展，两者相辅相成、相互促进、相互依赖、不可分割。经济社会发展既是党的建设重要的物质基础，更是党的建设的出发点和落脚点。党的建设是经济社会发展的重要保障，党的建设工作不能脱离经济社会发展这个中心，否则就失去了意义。

20 世纪 90 年代初以来，河南各级党组织始终坚持把发展作为第一要务，紧紧围绕经济社会发展谋划和推进党的建设，把加快经济社会的发展、促进和保障中原崛起作为党建工作的出发点和落脚点，把党建工作放到发展大局中部

署、落实、推进，充分发挥各级党组织的领导核心作用和党员的先锋模范作用，坚持用经济社会发展和中原崛起的实际成果来检验党的建设工作成效，着力把党建优势转化为发展优势，把党建资源转化为发展资源，把党建成果转化为发展成果，使党的工作和党的建设更加符合科学发展观的要求，为全省经济社会的又好又快发展提供可靠的政治保障和组织保障。

多年来，河南各地坚持把党建工作放到全省经济社会发展大局、融入中原崛起的具体实践中谋划和推进，坚持经济社会发展工作部署到哪里，党建工作就延伸到哪里、渗透到哪里、服务到哪里。从以"三讲"为主要内容的党性党风教育活动到深入学习实践科学发展观活动，从开展并不断深化县乡村"三级联创"①到全面推行"四议两公开"②，从抓"双强"③、促"双创"④到选派机关干部深入基层担任农村村党支部"第一书记"，从反对奢靡之风、浮躁之风、贪占之风、跑要之风到建立健全党风廉政建设责任制，党建工作的每一个思路、载体、形式和举措，都是针对党建工作中存在的不符合、不适应经济社会发展要求的突出问题提出来的，都是要为经济社会发展提供有力的思想保证、政治保证、组织保证、作风保证和制度保证的。

20年来河南党建工作的实践告诉我们，新时期加强和改进党的建设，必须紧密联系党的中心任务建设党，始终把促进发展作为党建工作第一位的任务，任何时候任何情况下都不能动摇。只有围绕中心、服务大局，推动发展、促进崛起，党建工作才会有作为、有活力；只有自觉地把党的建设放在全省中心工作的"大盘子"中谋划、部署，才能使党建工作真正融入中心、服务大局，才能真正做到有抓手、收成效。在全面建成小康社会新的历史阶段，发展仍然是事关中原崛起、河南振兴和河南人民福祉的第一要务，是解决河南所有问题的根本出路

---

① "三级联创"，是指在县、乡镇和村三级党组织中，开展的以"五个好"村党组织、乡镇党委和农村基层组织建设先进县为主要内容的创建活动。

② "四议两公开"，即"4+2"工作法，是指农村所有村级重大事项都必须在村党组织领导下，按照"四议""两公开"的程序决策实施，"四议"：党支部会提议、"两委"会商议、党员大会审议、村民代表会议或村民会议决议；"两公开"：决议公开、实施结果公开。该工作法由河南省南阳邓州市率先提出。

③ 抓"双强"，是指要抓好"培养选拔带头致富能力强、带领群众共同致富能力强的村支部书记"。

④ 促"双创"是指要促进"创富裕村、创和谐村"。

所在。把党建工作进一步同中原崛起、河南振兴紧密联系起来,主动贴近中心、服务中心,找准结合点、切入点,使二者相辅相成、相互促进、相互融合。

二、加强党的建设必须抓住根本、把握主线

把河南的事情办好,关键在党,关键在加强党的建设。搞好党的建设,必须尊重和遵循党建工作规律,善于抓住根本,善于抓住关键。党的执政能力建设是我们党执政以后的一项根本建设。党执政以后的全部实践活动,是围绕提高执政水平、完成执政使命而进行的。党的先进性建设是加强和改进党的建设的根本任务和永恒课题。抓住了先进性建设,就抓住了党的建设的根本,就抓住了加强党的执政能力建设、巩固党的执政地位的关键。清正廉洁是马克思主义政党的政治本色,也是执政党取信于民的基本要求。抓住了纯洁性建设,就抓住了党的建设的生命工程。党的执政能力建设、先进性和纯洁性建设犹如一条红线,贯穿于全党的思想建设、组织建设、作风建设、反腐倡廉建设和制度建设。全面推进党的建设新的伟大工程,必须牢牢把握党的执政能力建设、先进性和纯洁性建设这条主线。

20 世纪 90 年代初以来特别是党的十六大以来,河南各级党组织坚持用马克思主义中国化的最新成果武装广大党员干部,着力推进学习型党组织建设,教育和引导广大党员干部坚定崇高的理想信念,坚守共产党人高尚的精神追求,坚守作为共产党人精神寄托和心灵归宿的精神家园;坚持标准,严格程序,扎实做好发展党员工作,不断增强党员队伍的生机和活力,增强党在全社会的影响力和凝聚力;健全党的基层组织,创新党的组织形态,丰富党组织活动内容,改进党组织活动方式,不断提高党组织的创造力、凝聚力、战斗力;坚持德才兼备、以德为先的用人标准,坚持正确的用人导向,积极推进选人用人体制机制创新,着力完善干部选拔任用机制,培养和造就高素质执政骨干队伍;深入开展党风党纪教育,积极进行批评和自我批评,弘扬新风正气,以优良的党风促政风带民风;坚持党要管党、从严治党方针,扎实开展纠风和专项治理工作,加大查办违反党纪政纪案件力度,坚决清除各类腐败分子等。所有这些,都是着眼于和着力于加强党的执政能力建设、先进性和纯洁性建设。

20年来河南的党建实践告诉我们，加强党的执政能力建设、先进性建设和纯洁性建设，必须贯穿于党的思想建设、组织建设、作风建设、反腐倡廉建设和制度建设之中，统一于推动科学发展，实现中原崛起、河南振兴的伟大实践。在面临形势和任务极为复杂的新的历史条件下，我们必须着力提升各级党组织和领导干部的执政能力，使之始终保持先进性和纯洁性，不断增强党的创造力、凝聚力和战斗力，为全面推进中原经济区建设提供有力保证。各级党组织要把党的执政能力建设、先进性和纯洁性建设摆在突出位置，着力转变思想观念、转变领导方式、转变工作作风，不断保持和发展各级党组织和党员的先进性，不断增强各级领导班子和领导干部的执政能力，不断增强党员干部拒腐防变和抵御风险的能力，更好地发挥各级党委的领导核心作用、基层党组织的战斗堡垒作用和党员的先锋模范作用，不断开创中原崛起、河南振兴的新局面。

三、加强党的建设必须坚持解放思想、勇于创新

解放思想、实事求是、与时俱进、求真务实是科学发展观最鲜明的精神实质，也是加强和改进党的建设、全面提高党的建设科学化水平的重要法宝。创新是马克思主义政党永葆先进性、生机和活力，始终走在时代前列，始终成为中国特色社会主义事业坚强领导核心的灵魂、源泉和不竭动力。我们党要始终保持先进性，始终充满创造力、凝聚力和战斗力，必须以改革创新精神推进党的建设新的伟大工程。

20世纪90年代初以来特别是党的十六大以来，河南各级党组织解放思想、勇于创新，在党建实践中不断进行新探索、创造新经验、谋求新成效。不少市县着力创新党的基层组织设置方式和活动方式，积极推广在农村社区、农民专业合作社、专业协会、产业链上建立党组织的做法，探索“村村联建”“村企联建”“村居联建”等模式，扩大党组织覆盖面和影响力，同时努力找准党建工作与农村改革发展的结合点，积极改进农村党组织活动方式，把党组织活动与发展农业、建设农村、致富农民有机结合起来，成效十分显著。譬如，濮阳市从组织创新入手，大力推进基层党组织结构转型、功能转型、运作方式转型、动力转型，较好地解决了市场经济条件下党组织功能弱化、城乡分割的党建工作模式等问

题，有力地促进了农村改革的发展；郑州市在选拔任用干部工作中探索和试行“三票制”，通过群众推荐、素能测评、差额票决三次投票民主决定干部人选，在实践中产生了良好效果；郑州市把党的领导机制、“两委”协调机制、党内基层民主机制和农村村民自治机制有机地融合在一起，创造并推广“四议两公开”工作法，既坚持党的领导核心作用，又尊重党员民主权利和村民自治权利，受到中央领导的充分肯定；信阳市建立健全城乡一体党员动态管理新机制，明确流动党员流入地与流出地党组织双向共管的职责，大力实施“金桥”工程、回归工程、温暖工程，形成城乡一体、全面覆盖、协同配合、运转有序的动态管理新格局；商城县坚持以规范县委权力行使为着力点，以公开透明为基本要求，以制度创新为抓手，以监督制约为保障，在党务公开和县委权力公开透明运行试点工作中探索出一套完整规范的党务公开工作模式——“65458”党务公开法①，其做法和经验得到中央有关部门的认可；焦作市在市直各单位探索构建岗位权力风险防控机制，形成了以岗位“六知道”和防控“六办法”为主要内容的“焦作模式”，实现了对岗位权力的有效制约和监督等。可以说，这些做法和成效，都是解放思想、勇于创新的结果。离开解放思想、改革创新，这些做法和成效也就无从谈起。

20 年来河南的党建实践告诉我们，党的事业发展没有止境，党的建设创新没有止境，解放思想也没有止境。新的历史条件下，能不能始终走在时代前列，能不能始终保持同人民群众的血肉联系，能不能始终成为中国特色社会主义事业的坚强领导核心，是对党的最根本的考验。要经受住这个考验，关键是要坚持以改革创新精神全面推进党的建设新的伟大工程，使党的建设工作更富有时代气息、更富有实际成效。各级党组织要善于根据世情、国情、党情的发展变化，坚持以解放思想为先导，坚持用时代发展的新要求和人民群众的新期待来审视自己，不断认清党建新形势、研究党建新情况、解决党建新问题、落实党建新要求，以与时俱进的思想观念和奋发有为的精神状态开展工作，不断探索新形势下加强党建工作的新形式、新路径、新机制、新载体，不断开拓新思路、推出

① “65458”党务公开法，即对全局和中心工作、思想政治建设、组织建设、作风建设、制度建设和党员群众认为有必要公开、非涉密的党内其他事项等“六项内容”，通过会议、专栏、媒体、网站和热线等“五个平台”进行公开，并设立“四道程序”、“五种制度”、“八有标准”予以保障。

新举措、进行新创造、取得新经验，不断增强“自我净化、自我完善、自我革新、自我提高”的能力，全面开创党建工作新局面。

四、加强党的建设必须坚持以人为本、执政为民

马克思主义认为，人民群众是历史的创造者，是推动社会发展的根本力量。相信谁、依靠谁、为了谁，是否始终站在最广大人民群众的立场上，是区分唯物史观和唯心史观的分水岭，也是判断马克思主义政党的试金石。党的十八大报告强调：“为人民服务是党的根本宗旨，以人为本、执政为民是检验党一切执政活动的最高标准。”对于党的建设来说，坚持以人为本、执政为民，任何时候、任何情况下都是最紧要的。党员是党的事业及党的建设的主体，是一切党建活动赖以开展的重要基础和基本依靠。尊重党员的主体地位，维护党员的正当权益，发挥党员的主体作用，是搞好党建工作的重要保证。

20 世纪 90 年代初以来特别是党的十六大以来，河南各级党组织在党建工作中坚持做到了“两个着眼于”：一是着眼于为民惠民，把实现好、维护好、发展好最广大人民的根本利益作为根本的价值追求和归宿；二是着眼于保障党员的主体地位，着力调动和发挥广大党员的积极性、创造性和先锋模范作用。

多年来，河南各地坚持以“基层组织得到加强、干部作风得到转变、经济社会得到发展、人民群众得到实惠”为目标，紧紧围绕推动务实发展、建设务实河南来推进党的建设，脚踏实地，遵循规律，不图虚名，不务虚功，不搞花架子，不做表面文章，在基层组织建设、发挥党员作用、创新服务载体、着力民生民心上狠下功夫，积极推进强基固本的“党建基础工程”、民需我办的“党员先锋工程”、保障和改善民生的“民心工程”、为弱势群体排忧解难的“送温暖工程”等，努力使党的建设真正成为人民群众满意的工程。

与此同时，河南各地根据中央的部署和要求，着力解决党员主体地位、党内人文关怀、党员先锋模范作用发挥等方面存在的突出问题，坚持不懈地提高党员素质，尊重党员主体地位，保障党员民主权利，探索扩大党内基层民主的多种实现形式。不少党组织注重加强党员主体意识教育，着力提升党员的主体意识和主体素养，激励他们以主人翁的姿态积极参与党内生活；强化党员民主意识

教育,着力增强党员民主素养和行使、维护自身各项民主权利的能力;健全和完善党内民主制度,真正落实和保障党员的知情权、参与权、选举权、监督权,积极营造平等融洽、生动活泼、畅所欲言、团结和谐的党内民主氛围;注重党内人文关怀和心理疏导,建立健全党内激励、关怀、帮扶机制,对广大党员群众特别是老党员、生活困难党员施以真情关怀服务,使他们真实感受到党组织的关怀与温暖,有效地增强他们对党组织的认同感和归属感,极大地激发党组织的内在活力,提升党组织的凝聚力、向心力和战斗力。

20年来河南的党建实践告诉我们,以人为本、执政为民是党建工作的核心理念和核心价值追求。只有始终坚持这一核心理念和核心价值追求,并将其贯彻落实到党建工作的全过程和各个方面,才能真正体现党的性质和宗旨的根本要求,取得实实在在的效果。党员是党的肌体的细胞和党的活动的主体。加强和改进党的建设,必须充分尊重党员的主体地位,保障党员民主权利,发挥党员主体作用。历史经验证明,什么时候坚持以人为本、执政为民,真诚地为人民群众谋取实际利益,我们党的执政地位就坚若磐石,否则就受到削弱;什么时候党员主体地位得到尊重,党员民主权利得到保障,党员主体作用得以发挥,我们党的内生动力和创造活力就竞相迸发,否则就受到压抑。要把为民惠民作为谋划和推进党建工作的根本出发点和落脚点,把人民群众满意作为衡量和评判党建工作的根本标准,把党员主体作用的发挥作为加强和改进党建工作的重要抓手,全面提高党的建设科学化水平,把党建工作的实际成效真正落实到实现好、维护好、发展好最广大人民的根本利益上来,使我们的党建工作更加符合科学发展观的要求,能够经得起实践、历史、人民的检验。

五、加强党的建设必须着力基层、夯实基础

党的基层组织是党的全部工作和战斗力的基础,担负着直接联系群众、宣传群众、组织群众、团结群众,把党的路线方针政策落实到基层的重要责任。各项政策的落实、经济的发展和社会的稳定,都需要基层党组织发挥战斗堡垒作用、广大党员发挥先锋模范作用。党的基层组织是开展党的活动的基本单位,是党员履行义务、行使权利的基本场所,是实现党的领导的基本环节,是密切党

群关系的基本纽带，是推进党建创新的基本载体。抓基层、打基础是党的建设的重心所在，也是党建工作的活力所在。

20世纪90年代初以来特别是党的十六大以来，河南各级党组织按照中央和省委关于加强农村基层组织建设的总体部署，紧紧围绕深化农村改革、发展农村经济、增加农民收入、维护农村社会稳定的大局，在全国率先开展和实施"三级联创"活动和"大学生村干部"计划，探索出了"双强"工程、"金桥"工程、"五个一"工程、"强基富民"工程和"支部加协会"、农村党组织"两推一选"、党员设岗定责、党员承诺制、村级组织规范化建设等许多新做法；把城市社区党组织建设作为巩固党的执政基础、加强社会管理、协调社会关系、维护社会和谐稳定的一项基础性工程来抓，采取有效措施，让社区党组织实现全覆盖，让党的基层组织建起来、党员的身份亮出来、党的组织活动搞起来、鲜红的党旗飘起来、党的光辉形象树起来；创造性地开展新经济组织和新社会组织党建工作，不断增强党的阶级基础、扩大党的群众基础；以实现"五有两保"（有组织、有阵地、有活动、有作用、有形象，保证企业的正常经营、保护职工的合法权益）为目标加强非公有制企业党建，大力抓好在规模以上非公有制企业建立党组织工作，并把社会团体和中介组织党建工作纳入基层党建总体规划；打破城乡分割的党建资源格局，创新基层组织设置和活动方式，推行"村企联建""村居联建""村与机关联建"等党建新模式，实现城乡党建资源共享、优势互补，促进城市资源向农村流动，努力构建城乡统筹的基层党建新格局；在农民工党员相对集中的行业采取单建、联建等形式建立党组织，通过构建集组织设置新模式、党员管理服务平台、党员信息化管理于一体的红色家园，建立健全党员流出地、流入地双向互动的共管机制和城乡一体的流动党员教育管理机制；为基层工作的开展创造更好的条件、更好的氛围、更好的环境、更好的机制，关注关心基层干部，注重培养选拔那些长期扎根基层、默默无闻、工作成绩突出的党员干部，引导广大党员干部沉下心来，踏踏实实做事，扎扎实实工作等。所有这些，都体现出河南在党的建设中注重抓基层、打基础的优良传统。

20年来河南的党建实践告诉我们，基础不牢，地动山摇；抓好基层、打好基础，是我们应对各种困难和风险的重要保证，任何时候都不能忽视，任何时候都不能放松。改革发展稳定关键在基层，加强和改进党的建设关键也在基层。把基层党建工作抓好、抓到位，是充分发挥基层党组织的战斗堡垒作用和党员的先锋模范作用的重要前提。习近平总书记指出，提高党的执政能力，巩固党的执政地位，实现党的执政使命，做好抓基层、打基础的工作始终是战略重点。把抓基层、打基础的工作进一步摆在突出位置切实抓紧抓好，通过建好基层党组织领导班子，创新基层党组织工作机制，改善基层党组织工作条件，更好地发挥基层党组织推动发展、服务群众、凝聚人心、促进和谐的作用，更好地发挥广大党员的先锋模范作用。越是改革发展任务艰巨，越要重视抓基层、打基础。把党建工作的着眼点、着力点放在基层，在基层党建工作中寻找切入点、结合点、突破点。各级领导干部要更多地着眼基层，切实做好抓基层、打基础的工作，带头深入基层，为基层解难题、办实事。

六、加强党的建设必须坚持重在持续

可持续是科学发展观的基本要求之一，也是务实推进党的建设的内在要求和重要体现。加强和改进党的建设，全面提高党的建设科学化水平，必须做到重在持续。这里所说的持续，就是不折腾、不刮风、不呼弄，一以贯之地持续好的思路、好的举措、好的经验、好的做法，始终保持那么一股劲，始终保持工作的连续性，锲而不舍地推进党的建设新的伟大工程。坚持做到重在持续，是河南多年来加强和改进党的建设、以党建工作的有效推进促发展、促崛起的一条重要秘籍。

20世纪90年代初以来特别是党的十六大以来，河南省委和全省各级党组织在持续实践中提炼出党建工作的好理念：实现从“管理”到“服务”的转变，牢固树立“党的上级组织为下级组织服务，党组织为党员服务，党组织和党员共同为群众服务”的服务型党建工作理念，以服务凝聚党员、凝聚群众，进而凝聚社会；在持续实践中形成党建工作的好思路：始终坚持围绕中心、服务大局，把推动科学发展，实现中原崛起、河南振兴的任务和要求体现和融入基层党建工作的各个方面，精心打造具有河南特色的党建工作品牌，坚持用科学理论指导党建工作，以科学标准提升党建工作，以创新实践推动党建工作，努力把党建资源转化为发展资源，把党建优势转化为发展优势，把党建成果转化为发展成果，不断提高党的建设科学化水平，为推动经济社会发展提供动力和保证；在持续实践中创造党建工作的好做法:坚持用发展的观点看待和解决基层党建工作中的新机遇和新挑战以及工作中面临的新情况、新特点和新问题,以“跳出党建抓党建”的思维,不断探索,与时俱进,勇于破除那些旧的不合时宜的思想观念和机制的束缚,创新工作思路,不断开创党建工作新局面;在持续实践中升华党要管党、从严治党的意识:居安思危、清醒忧患,常怀忧党之心,恪尽兴党之责,严格按党章办事,按党的制度和规定办事,对党员特别是领导干部严格要求、严格教育、严格管理、严格监督,在党内生活中讲党性、讲原则,弘扬正气、反对歪风,着力解决在党员干部党性党风党纪方面群众反映强烈的突出问题,不断解决自身存在的问题,始终保持党的先进性和纯洁性。正是由于这些已被党建工作实践证明是有效管用的理念、思路、做法在新的党建实践中得到持续和提升,形成了“千磨万击还坚劲,任尔东西南北风”的机制,河南经济社会发展才会呈现出今天这样好的气势、好的态势、好的趋势,全省广大干部群众才会有今天这样良好的精神状态。所有这些,都彰显了河南在党建工作中的务实求进精神。

回顾20年来河南的党建工作,最突出的特点是持续,最重要的经验是持续。这一经验告诉我们,思路太多是不成熟的表现,思路多变是急功近利的表现。推进党建工作,重在持续,贵在持续。加强党的建设,促进科学发展,必须要有持之以恒、锲而不舍的韧劲;正确的思路、做法一经形成,就不改弦更张、另起炉灶、另搞花样,不搞“一个将军一道令”“一朝天子一朝臣”,而是扑下身子,狠抓落实、接力推进,咬定青山不放松,一任接着一任干,一张蓝图绘到底。坚持重在持续,绝不仅仅是工作方法问题,它体现的是党性、从政品格、责任心、运作能力,它的精髓和核心理念是实事求是、务实发展。只要把行之有效的经验、思路和做法一以贯之地坚持下去,并使之在新的建设实践中不断得到丰富、完善和提升,就一定能够把我们的各级党组织建设好,为中原崛起、河南振兴提供更强有力的保证。

(原载《学习论坛》2013年第6期)

终生与官僚主义不懈斗争的伟大战士
——毛泽东同志反对官僚主义的理论与实践及其启示

毛泽东同志是全党全国各族人民崇敬和爱戴的伟大领袖和导师。他对脱离群众的官僚主义疾恶如仇,毕生同官僚主义进行了不懈的斗争。在这一斗争实践中,毛泽东同志对官僚主义的性质、根源与危害等进行了透辟的分析和阐述,提出了防治官僚主义的正确方针、办法和举措,为我们留下了宝贵的精神遗产。在纪念毛泽东同志诞辰120周年的时候,重温他反对官僚主义的理论与实践,对于当前深入开展党的群众路线教育实践活动,集中解决好形式主义、官僚主义、享乐主义和奢靡之风“四风”问题,具有重大的现实意义。

一、毛泽东同志对官僚主义的理论分析与批判

始终与人民群众心连心的毛泽东同志,对党内出现的官僚主义现象深恶痛绝。为了卓有成效地反对和清除官僚主义现象,毛泽东同志着力从理论上对其表现、实质、产生的根源及其危害进行了透辟的揭露和分析。

一是揭露了官僚主义的表现形式。早在土地革命战争时期,毛泽东同志就指出了官僚主义的两种表现:一种是不理不睬或敷衍塞责的怠工现象,另一种是命令主义。他说:尽管“命令主义者表现上不怠工,好像在那里努力干。实际上,命令主义地发展合作社,是不能成功的;暂时在形式上发展了,也是不能巩固的。”①延安整风期间,毛泽东同志曾经借用一首《咏泥神》的旧诗来讥讽和揭露官僚主义者:“一声不响,二目无光,三餐不食,四肢无力,五官不正,六亲无

① 《毛泽东选集》第1卷,北京:人民出版社,1991年,第125页。

靠,七窍不通,八面威风,久坐不动,十分无用。”他说,除“三餐不食”与官僚主义者有些不太像以外,其他各方面都很像。① 20世纪60年代初,在总结“大跃进”的教训时,毛泽东同志进一步指出了强迫命令式的官僚主义、老爷式的官僚主义、不负责任的官僚主义、机关式的官僚主义、摆官架子的官僚主义、宗派性的官僚主义、特殊化的官僚主义等20种官僚主义表现形式。毛泽东同志批评这些官僚主义者高高在上,孤陋寡闻,不了解下情,不做调查研究,因而脱离实际,脱离领导;狂妄自大,骄傲自满,空谈政策,不抓业务,主观片面,不听人言,蛮横专断,强迫命令,不顾实际,盲目指挥;等等。

二是揭示了官僚主义的性质。毛泽东同志指出:“我们共产党人区别于其他任何政党的又一个显著的标志,就是和最广大的人民群众取得最密切的联系。”②在他看来,官僚主义就其性质来说,是同党的性质和宗旨根本相悖的,因为它的本质特征就是脱离群众,当官做老爷。他明确指出:“无论在地方工作中,在军队工作中,无论是官僚主义倾向或军阀主义倾向,其毛病的性质都是一样,就是脱离群众。”③“如果我们做地方工作的同志脱离了群众,不了解群众的情绪,不能够帮助群众组织生产,改善生活……那末,这就是沾染了国民党的作风,沾染了官僚主义的灰尘。”④1945年4月,毛泽东同志在总结我们党24年奋斗的历史经验时指出:“凡属正确的任务、政策和工作作风,都是和当时当地的群众要求相适合,都是联系群众的;凡属错误的任务、政策和工作作风,都是和当时当地的群众要求不相适合,都是脱离群众的。教条主义、经验主义、命令主义、尾巴主义、宗派主义、官僚主义、骄傲自大的工作态度等项弊病之所以一定不好,一定要不得,如果什么人有了这类弊病一定要改正,就是因为它们脱离群众。”⑤

三是分析了官僚主义产生的根源。由党的性质和宗旨所决定,我们党同以脱离人民群众为根本特征的官僚主义是水火不相容的。官僚主义现象之所以会在我们党内长期存在,有其深刻的社会根源。毛泽东同志认为,其根源主要

---

① 转引自梁柱:《官僚主义是人民民主的大敌——重温毛泽东反对官僚主义的论述》,《红旗文稿》,2013年第17期。

② 《毛泽东选集》第3卷,北京:人民出版社,1991年,第1094页。

③ 《毛泽东选集》第3卷,北京:人民出版社,1991年,第934页。

④ 《毛泽东选集》第3卷,北京:人民出版社,1991年,第933页。

⑤ 《毛泽东选集》第3卷,北京:人民出版社,1991年,第1095页。

是:(1)经济根源。官僚主义是“小生产者散漫性和萎靡状态的上层建筑”①。由于我国是一个小生产者占多数的国家,我们“党的组织基础的最大部分是由农民和其他小资产阶级出身的成分所构成的”②,因此,党“处在散漫的小资产阶级的包围之中,极端恶浊的官僚主义灰尘和军阀主义灰尘天天都向我们的脸上大批地扑来”③。(2)文化根源。在中国这样一个有着几千年封建统治历史的国度,我们的党员干部很容易受到特权思想、等级观念、官本位意识等腐朽思想文化的影响。毛泽东同志曾经批评一些党员干部做大官了,要保护大官们的利益,他们有好房子,有汽车,薪水高,有服务员,比资本家还厉害。他对体现等级制的所谓资产阶级法权表现出了极大的反感和厌恶,多次提出要废除资产阶级法权。④ (3)思想根源。我们的党员干部不仅会受到腐朽封建文化的影响,而且还会受到资产阶级腐朽思想的侵蚀。毛泽东同志一再告诫全党同志,要警惕资产阶级糖衣炮弹的袭击,务必保持谦虚谨慎、不骄不躁的作风,务必保持艰苦奋斗的作风。

四是指出了官僚主义的危害。毛泽东同志历来非常痛恨官僚主义,他从当时所处的历史条件出发,揭示了官僚主义的严重危害。(1)贻误党和人民的事业。1934 年 1 月,毛泽东同志在《关心群众生活,注意工作方法》一文中指出:“一切工作,如果仅仅提出任务而不注意实行时候的工作方法,不反对官僚主义的工作方法而采取实际的具体的工作方法,不抛弃命令主义的工作方法而采取耐心说服的工作方法,那末,什么任务也是不能实现的。”⑤(2)损害党的威信。毛泽东同志多次批评一些党员干部高踞于群众之上,不关心群众疾苦,不关心群众痛痒,脱离群众,脱离基层,当官做老爷,指出:“有些机关官僚主义极为严重,领导者脱离群众,闹得不像样子。”⑥1953 年 2 月,毛泽东同志严厉斥责邮电部某些官僚主义者强迫人们给党中央打致敬电报、写致敬信的做法,称这种行为“在人民面前把共产党表现得不像样子,大大损害了共产党的威信”⑦。

---

① 《列宁选集》第 4 卷,北京:人民出版社,1972 年,第 572 页。
② 《毛泽东选集》第 1 卷,北京:人民出版社,1991 年,第 85 页。
③ 《毛泽东选集》第 3 卷,北京:人民出版社,1991 年,第 935 页。
④ 《毛泽东年谱(1949—1976)》第 6 卷,北京:中央文献出版社,2013 年,第 641 页。
⑤ 《毛泽东选集》第 1 卷,北京:人民出版社,1991 年,第 140 页。
⑥ 《建国以来毛泽东文稿》第 3 册,北京:中央文献出版社,1989 年,第 62 页。
⑦ 《毛泽东文集》第 6 卷,北京:人民出版社,1999 年,第 266 页。

(3)激起民怨,动摇党的执政地位。1956年个别地方发生少数人闹事的事件。毛泽东同志分析说:“这些人闹事的直接的原因,是有一些物质上的要求没有得到满足……但是发生闹事的更重要的因素,还是领导上的官僚主义。”①他还说:“谁犯了官僚主义,不去解决群众的问题,骂群众,压群众,总是不改,群众就有理由把他革掉。”②

二、毛泽东同志反对官僚主义的实践

鉴于官僚主义对党的事业的严重危害,毛泽东同志高度重视反对官僚主义的斗争,并为此倾注了毕生精力。

早在土地革命战争时期,毛泽东同志就旗帜鲜明地开始了反对官僚主义的斗争。他指出:“我们共产党人不是要做官,而是要革命,我们人人要有彻底的革命精神,我们不要有一时一刻脱离群众。只要我们不脱离群众,我们就一定会胜利。”③而官僚主义则是同这一彻底革命精神根本相违背的。毛泽东同志一针见血地说:“官僚主义,是脱离群众,破坏苏维埃与群众的关系,对于苏维埃胜利和发展,有莫大危害……这是苏维埃政府中绝对不允许存在的。”④他强调:“官僚主义的领导方式,是任何革命工作所不应有的,经济建设工作同样来不得官僚主义。要把官僚主义方式这个极坏的家伙抛到粪缸里去。”⑤

我们党在全国执政以后,毛泽东同志坚持认为,革命战争年代党必须紧紧依靠人民群众,党执政以后同样也须臾不能脱离人民群众。“我们要进行大规模的国家建设,就必须克服官僚主义,密切联系人民群众。”⑥“如果党群关系搞不好,社会主义制度就不可能建成;社会主义制度建成了,也不可能巩固。”⑦为此,我们必须坚决反对和彻底清除官僚主义。与此同时,毛泽东同志还非常清

① 《毛泽东文集》第7卷,北京:人民出版社,1999年,第237页。
② 《毛泽东年谱(1949—1976)》第3卷,北京:中央文献出版社,2013年,第34页。
③ 《毛泽东文集》第3卷,北京:人民出版社,1996年,第23页。
④ 《中央人民委员会紧急决议》,《红色中华》1932年12月5日。
⑤ 《毛泽东选集》第1卷,北京:人民出版社,1991年,第124页。
⑥ 《建国以来毛泽东文稿》第3册,北京:中央文献出版社,1989年,第46页。
⑦ 《毛泽东年谱(1949—1976)》第3卷,北京:中央文献出版社,2013年,第192页。

醒地认识到，执政以后，党脱离人民群众的危险比过去空前地加大了。他从关系党和国家生死存亡的战略高度郑重告诫全党："我们一定要警惕，不要滋长官僚主义作风，不要形成一个脱离人民的贵族阶层。"①1950 年 2 月，毛泽东同志访问苏联结束回国返京途中，到当时的松江省视察工作。松江省委的领导同志请毛泽东同志为他们题词，他提起毛笔，略微思忖片刻以后，挥毫写下了"不要沾染官僚主义作风"十个大字。

面对党执政以后官僚主义迅速滋长的现实，毛泽东同志深深地为红色江山是否会改变颜色而忧虑重重。鉴于苏联的教训，毛泽东同志尖锐地指出，我们国家也有危险，官僚主义作风反了多次，还是存在，甚至比较严重，做官有特权，县官不如现管，报喜不报忧，假话满天飞，这些很容易造成干部的腐化、蜕化和变质，因此要把"反官僚主义的斗争看作同镇压反革命的斗争一样的重要"②。在反对官僚主义的斗争实践中，毛泽东同志提出了一系列重要的思想、观点、路径、办法和举措。

一是用整风精神解决官僚主义问题。延安时期，毛泽东同志领导我们党创造了用整风的办法、通过开展批评与自我批评的方式来解决党内矛盾和问题的好形式。毛泽东同志正确地指出，我们沾染有官僚主义灰尘和毛病的同志，"绝对大多数都是好同志。对于有了毛病的人，一经展开批评，揭发错误，也就可以改正。但是必须开展自我批评，正视错误倾向，认真实行改正"③。他认为，要帮助有这种毛病的同志洗掉官僚主义的灰尘，整风是最好和最有效的办法。他说："整风是在我们历史上行之有效的方法。以后凡是人民内部的事情，党内的事情，都要用整风的方法，用批评和自我批评的方法来解决，而不是用武力来解决。"④新中国成立以后，毛泽东同志把这一成功经验运用于解决党内官僚主义问题，先后多次运用整风的精神和形式，在党内开展反对官僚主义及其他不良现象的斗争，如 1950 年整风运动、1957 年整风运动。根据毛泽东同志的意见，1957 年中共中央在《关于整风运动的指示》中明确规定了用整风精神解决官僚主义问题应当遵循的方针和原则："这次整风运动，应该是一次既严肃认真又和

---

① 《毛泽东年谱（1949—1976）》第 3 卷，北京：中央文献出版社，2013 年，第 34 页。
② 《毛泽东文集》第 6 卷，北京：人民出版社，1999 年，第 191 页。
③ 《毛泽东选集》第 3 卷，北京：人民出版社，1991 年，第 934 页。
④ 《毛泽东年谱（1949—1976）》第 3 卷，北京：中央文献出版社，2013 年，第 34 页。

风细雨的思想教育运动，应该是一个恰如其分的批评和自我批评的运动”；“对于在整风运动中检查出来犯了错误的人，不论错误大小，除严重违法乱纪者外，一概不给以组织上的处分，并且要给以积极的、耐心的帮助，这样来达到‘惩前毖后、治病救人’的目的”①。

二是严肃处理违法乱纪、顽固不化的官僚主义者。毛泽东同志认为，用整风和批评与自我批评的方法解决官僚主义问题，并不等于无原则地一团和气，更不等于对问题严重的官僚主义者采取姑息纵容的态度。他要求对于违法乱纪、经教育挽救无效的官僚主义者，必须依照党纪国法予以严肃处理。他指出：“凡典型的官僚主义、命令主义和违法乱纪的事例，应在报纸上广为揭发。其违法情形严重者必须给以法律的制裁，如是党员必须执行党纪。各级党委应有决心将为群众所痛恨的违法乱纪分子加以惩处和清除出党政组织，最严重者应处极刑，以平民愤，并借以教育干部和人民群众。”②

三是依靠人民群众用加强民主扩大监督的办法防治官僚主义。一贯相信和依靠人民群众的毛泽东同志坚定地认为，单靠党内整风还不能完全解决官僚主义问题，还必须诉诸人民群众和社会各界的广泛参与，通过加强民主和扩大监督来达到预期的目的。早在延安时期，毛泽东同志就形成了这样的大思路。1945 年 7 月在与民主人士黄炎培先生就共产党能否跳出“其兴也勃焉，其亡也忽焉”的历史周期律问题进行的“窑洞对”中，毛泽东同志不无自信地说：我们已找到了新路，我们能跳出这个周期律。这条新路，就是民主。只有让人民来监督政府，政府才不敢松懈；只有人人起来负责，才不会人亡政息。我们党执政后，毛泽东同志在这条新路上继续探索。他认为，要防止和克服官僚主义，最重要的是扩大人民民主，尤其是吸引广大群众直接参与对国家的管理和监督。他指出，必须扩大企业管理工作中的民主，扩大职工群众参加企业管理的权利，发挥职工群众对于企业行政的监督作用，提出要实行民主管理，实行干部参加劳动、工人参加管理、领导干部与工人群众相结合。他高度重视人民群众在反对官僚主义斗争中的作用，强调要像开展镇压反革命斗争“一样的发动广大群众

---

① 中共中央：《中国共产党中央委员会关于整风问题的指示》，《人民日报》1957 年 5 月 1 日。

② 《毛泽东文集》第 6 卷，北京：人民出版社，1999 年，第 255 页。

包括民主党派及社会各界人士去进行，一样的大张旗鼓去进行”①，认为这是斗争取得胜利的关键。在他看来，只有“发挥群众的主动性、责任心，克服领导者的主观主义、官僚主义和命令主义，领导与群众就容易打成一片了”②。与此同时，毛泽东同志还认为，反对官僚主义，必须发挥各民主党派的作用。“没有非党干部参加政府就会出毛病。共产党要永远与非党人士合作，这样就不容易做坏事和发生官僚主义。”③

四是用改革和建立健全制度的办法防止官僚主义的滋生。在反对官僚主义的斗争实践中，毛泽东同志意识到官僚主义现象的产生同高度集权的政治体制不无关系，认为把各种权力都集中在中央，不给地方一点权力，不仅不利于地方积极性的发挥，而且容易成为滋生官僚主义的温床。因此，他主张“扩大一点地方的权力，给地方更多的独立性，让地方办更多的事情”④。在毛泽东同志看来，机构庞大、臃肿也是官僚主义赖以滋生的条件。因此，他积极主张推动机构改革，大幅度精简机构，指出：“必须反对官僚主义，反对机构庞大。在一不死人、二不废事的条件下，我建议党政机构进行大精简，砍掉它三分之二。”⑤毛泽东同志重视制度在反对和清除官僚主义中的作用，强调应通过建立健全相关制度来预防和克服官僚主义。他认为，只有建立健全这些制度，才能“保证贪污浪费和官僚主义不重犯，或犯了也易克服”⑥。应当“着重地克服领导机关中的官僚主义和分散主义，并将那些过去需要而现在已不需要的制度和办法加以改变，方能解决这个问题”⑦。与此同时，毛泽东同志还认为，一些干部之所以脱离群众，犯官僚主义错误，在很大程度上同他们长期不参加体力劳动有关，因此他起草了《中共中央关于即将发出整风，党政主要干部参加体力劳动的指示和请各地分析研究党与人民群众各项具体矛盾的通知》，以此推动中央做出了建立干部参加劳动制度的规定：“为了加强党同广大劳动人民的联系，彻底改变许多领导人员脱离群众的现象，在进行整风运动的同时，应该在全党提倡各级党

---

① 《毛泽东文集》第6卷，北京：人民出版社，1999年，第191页。
② 《建国以来毛泽东文稿》第6册，北京：中央文献出版社，1992年，第592页。
③ 《毛泽东文集》第6卷，北京：人民出版社，1999年，第13~14页。
④ 《毛泽东文集》第7卷，北京：人民出版社，1999年，第31页。
⑤ 《毛泽东文集》第7卷，北京：人民出版社，1999年，第36页。
⑥ 《建国以来毛泽东文稿》第3册，北京：中央文献出版社，1989年，第95页。
⑦ 《毛泽东文集》第6卷，北京：人民出版社，1999年，第271~272页。

政军有劳动力的主要领导人员以一部分时间同工人农民一起参加体力劳动的办法,并且使这个办法逐步地形成为一种永久的制度。"①

五是要做好长期斗争的思想准备。毛泽东同志认为,作为"旧社会遗留下来的坏作风",官僚主义不是一个容易医治的顽症,不可能靠一时的努力就一劳永逸地彻底解决,"一年不用扫帚扫一次,就会春风吹又生了"②。在他看来,"官僚主义和命令主义在我们的党和政府,不但在目前是一个大问题,就是在一个很长的时期内还将是一个大问题"③。我们要把领导上的老爷式作风、官僚主义作风、命令主义作风完全消灭得干干净净,"不是短时间内所能完成的,需要一个长期过程,需要每一年整风一次,彻底批判那些老爷式的和官僚主义、命令主义的人们,把他们的缺点改变过来"④。因此,不要期望毕其功于一役地永久解决官僚主义问题,必须做好长期斗争的思想准备。

三、毛泽东同志反对官僚主义的理论与实践给我们的启示

毛泽东同志反对官僚主义的理论是毛泽东思想的重要组成部分,是同马克思列宁主义的相关理论一脉相承而又在中国的具体实践中与时俱进地发展了的科学理论。在这一科学理论的指导下,毛泽东同志领导我们党同官僚主义进行了不懈的斗争,取得了有目共睹的成就。毛泽东同志反对官僚主义的理论和实践,对于当前全党正在开展的党的群众路线教育实践活动,集中解决形式主义、官僚主义、享乐主义和奢靡之风这"四风"问题,保持党的先进性和纯洁性,具有重要的指导作用和启示价值。

一是深化对防止和克服官僚主义重要性的认识。思想是行动的先导,认识的高度和深度决定人们的态度和行动的力度。毛泽东同志之所以毕生同官僚主义作不懈斗争,根本在于他对开展这一斗争的意义和重要性有着清醒的认识。他充分估计到了官僚主义的严重危害,把反对官僚主义当成贯彻群众路

---

① 《建国以来重要文献选编》第10册,北京:中央文献出版社,1994年,第225页。

② 《毛泽东文集》第8卷,北京:人民出版社,1999年,第166页。

③ 《毛泽东文集》第6卷,北京:人民出版社,1999年,第254页。

④ 《建国以来重要文献选编》第13册,北京:中央文献出版社,1996年,第157页。

线、密切党群关系和巩固社会主义制度的根本问题。当前，我们反对和克服官僚主义，是全面建成小康社会、实现中华民族伟大复兴的中国梦的迫切要求，是永葆党的先进性和纯洁性、巩固党的执政地位的迫切要求。1980 年邓小平同志曾不无忧虑地说，官僚主义是我们党和国家政治生活中广泛存在的一个大问题，无论在我们的内部事务中，或是在国际交往中，都已达到令人无法容忍的地步。客观地说，现在同那时相比，官僚主义现象要严重得多，已经成为中国特色社会主义的一大祸害。如果任由其滋长和泛滥，实现中华民族伟大复兴的中国梦只能是一句空话，甚至有丧失党的执政地位、亡党亡国的危险。我们只有在思想上有这样高度的认识，才能在行动上做到高度的自觉。

二是深入研究官僚主义的实质、特征及其表现形式。反对和清除官僚主义，前提是必须搞清楚什么是官僚主义，它的实质是什么，具有哪些特征和表现形式。只有搞清楚了这些，才能明确解决问题的努力方向，有的放矢地选择和推出解决问题的路径与举措。就其本质而言，官僚主义是剥削阶级旧官僚及其机构的恶劣习气。尽管我们党在性质和宗旨上与这种习气水火不相容，但是由于种种原因，党的领导机关和干部也会沾染这一习气。作为世界各国普遍存在的一种社会现象，官僚主义在不同国家、不同历史时期会有着不同的表现形式和特征。我国的官僚主义不同于外国的官僚主义，现在的官僚主义不同于过去的官僚主义。邓小平同志曾经说过："我们现在的官僚主义现象，除同历史上的官僚主义有共同点以外，还有自己的特点，既不同于旧中国的官僚主义，也不同于资本主义国家中的官僚主义。"①但是无论时代和历史条件怎样变化，封建残余思想作祟的官僚主义实质是不会改变的。要在深刻认识官僚主义实质的基础上，深入研究其在不同历史条件下的具体表现形式和特征，从中找出其发展演变规律，找到克服它的正确路径和办法。

三是牢固树立群众观点，自觉践行群众路线。群众路线是我们党的生命线和根本工作路线。贯彻党的群众路线，根本在牢固树立群众观点。毛泽东同志指出："有无群众观点是我们同国民党的根本区别，群众观点是共产党员革命的出发点与归宿。"②他曾批评一些同志缺乏群众观点，不注重和不善于同群众密

① 《邓小平文选》第 2 卷，北京：人民出版社，1994 年，第 327~328 页。
② 《毛泽东文集》第 3 卷，人民出版社，1996 年，第 71 页。

切结合,因而使自己的领导变成脱离群众的官僚主义领导。当前,少数党员干部背离党的群众路线,官僚主义问题严重。他们想事情、做决策,不是坚持一切为了群众、一切依靠群众,不是坚持从群众中来、到群众中去,结果往往把事情弄得很糟,使党和人民的事业严重受损。这些同志的根本症结,在于群众观点淡化甚至丧失殆尽。群众观点是马克思主义历史唯物史观的基本观点。我们无论从事任何一项事业,都必须充分地相信群众和依靠群众。离开人民群众,我们将一事无成。毛泽东同志强调指出:“共产党基本的一条,就是直接依靠广大革命人民群众。”①纠正和克服官僚主义,贯彻执行好党的群众路线,必须始终站稳人民立场,牢固树立群众观点,像习近平总书记要求的那样,在任何时候任何情况下,与人民同呼吸共命运的立场不能变,全心全意为人民服务的宗旨不能忘,群众是真正英雄的历史唯物主义观点不能丢,始终坚持立党为公、执政为民,做到谋划发展思路向人民群众问计,查找发展中的问题听人民群众意见,改进发展措施向人民群众请教,落实发展任务靠人民群众努力,衡量发展成效由人民群众评判。

四是抓住关键、多管齐下、综合施策。官僚主义是一种长期存在的、复杂的历史现象。既然如此,克服和消除官僚主义就不能搞单打一,希冀通过哪一方面的一时努力来一蹴而就地解决问题,而必须抓住重点,多管齐下,综合施策。官僚主义首先是一种主义,首先就应该从思想上寻找解决问题的办法。要加强马克思主义的群众观点和党的群众路线教育,牢固树立正确的世界观、人生观、价值观,坚决克服官本位意识和特权思想。消除官僚主义,制度更带有根本性、全局性、稳定性和长期性。制度问题不解决,思想作风问题也解决不了。因此,要在着力解决思想问题的同时,重点抓好相关制度建设。我国所特有的官僚主义现象,同传统的高度集权领导体制不无关系。克服官僚主义,要加快推进经济体制和政治体制改革,尤其要加快推进以权力结构为核心的党和国家领导制度改革,努力改进领导方式和工作方法,加快推进社会主义民主法治建设。

五是把握正确的方针和原则,恰如其分地处理犯官僚主义错误的同志。延安整风运动创造了通过批评和自我批评解决党内矛盾的成功范例,这次整风运动摒弃以往“左”倾错误领导对党内同志实行“残酷斗争、无情打击”的做法,实

---

① 《建国以来毛泽东文稿》第12册,北京:中央文献出版社,1998年,第581页。

行“惩前毖后、治病救人”和“团结—批评—团结”的方针，对犯错误的同志不简单地做组织处理，而是着重帮助其分析产生错误的原因，找到纠正错误的办法。毛泽东同志为这一方针的制定和施行付出了巨大努力，做出了杰出贡献。从 20 世纪 50 年代后期开始，我们党犯了严重的“左”倾错误，其重要原因之一，就是对官僚主义在党内的严重程度做了错误估计，认为大多数党组织和干部都存在严重的官僚主义问题，已在党内形成了一个与工人阶级、农民阶级尖锐对立的“官僚主义者阶级”，必须通过一个阶级推翻另一个阶级的革命来加以解决，从而背离了延安整风确立的正确方针和原则。当前，我们开展党的群众路线教育实践活动，集中解决官僚主义等“四风”问题，必须认真汲取这一历史教训，把握正确的方针和原则，以整风精神开展批评和自我批评，坚持原则、敢于碰硬，真正做到触及灵魂，红红脸、出出汗，同时又要慎重处置作风方面存在问题的党员干部。既要坚持开门搞活动，又要坚决杜绝搞任何形式的群众运动。

（原载《中共郑州市委党校学报》2014 年第 3 期）

论全面从严治党对邓小平从严治党思想的继承和发展

邓小平同志留给我们的思想遗产和政治遗产中，从严治党是最重要的组成部分。在新的历史条件下，习近平总书记站在坚持和发展中国特色社会主义全局的战略高度，系统总结我们党管党治党的历史经验，深刻把握新形势下从严治党的特点和规律，鲜明地提出了全面从严治党这一重大战略思想。这一战略思想，是对邓小平从严治党思想的继承和发展，为新形势下进一步增强从严治党的系统性、预见性、创造性、实效性，实现党的自我净化、自我完善、自我革新、自我提高，保持和发展党的先进性和纯洁性，锻造中国特色社会主义事业的坚强领导核心，指明了方向，提供了遵循。

一、全面从严治党对邓小平从严治党思想的继承

作为马克思主义执政党，中国共产党的自身建设是一个长期历史过程，需要一代又一代共产党人接力干下去。党的执政实践在发展，党的建设就没有止境。在薪火相传的接力奋斗过程中，后来者在从前辈接过接力棒的同时，也势必要从前辈那里继承其思想遗产和政治遗产。正如马克思所说："人们自己创造自己的历史，但是他们并不是随心所欲地创造，并不是在他们自己选定的条件下创造，而是在直接碰到的、既定的、从过去承继下来的条件下创造。"①

党的十八大以来，以习近平同志为总书记的党中央接过了历史接力棒，继续推进党的建设新的伟大工程。在指导和推动党的建设实践过程中，习近平总书记提出了全面从严治党的战略思想。这一战略思想，既凝结了新一届党中央

① 《马克思恩格斯选集》第1卷，北京：人民出版社，1995年，第585页。

在新的历史条件下管党治党的政治智慧,同时深得邓小平从严治党思想的滋养。

全面从严治党战略思想,对邓小平从严治党思想的继承主要体现在以下两个方面。

1.继承了邓小平从严治党思想的根本立场和科学方法

党的十八大以来,习近平总书记一再阐明自己的根本立场。十八大闭幕后,在中央政治局常委与中外记者见面时,习近平总书记饱含深情地说:“人民对美好生活的向往,就是我们的奋斗目标。”①他深深地懂得:“人民是历史的创造者,群众是真正的英雄。人民群众是我们力量的源泉。”②此后不久,在谈到党要管党、从严治党时,他明确提出:“要坚定理想信念,始终把人民放在心中最高的位置,弘扬党的光荣传统和优良作风,坚决反对形式主义、官僚主义,坚决反对享乐主义、奢靡之风,坚决同一切消极腐败现象作斗争,永葆共产党人政治本色,矢志不移为党和人民事业而奋斗。”③一句“始终把人民放在心中最高的位置”,鲜明的人民立场跃然纸上!

联系邓小平同志的有关论述和实践,习近平总书记的这一根本立场同邓小平同志的根本立场是一脉相承的。邓小平同志反复强调,我们共产党人要坚定地相信群众、依靠群众,尊重群众的首创精神,自觉地从人民创造历史的活动中吸取思想营养和前进力量,带领人民群众为实现自己的根本利益而奋斗。他要求“党的组织、党员,都要永远站在人民一边,同人民在一起”④。他告诫全党同志:“群众是我们力量的源泉,群众路线和群众观点是我们的传家宝。党的组织、党员和党的干部,必须同群众打成一片,绝对不能同群众相对立。如果哪个党组织严重脱离群众而不能坚决改正,那就丧失了力量的源泉,就一定要失败,就会被人民抛弃。”⑤显而易见,习近平总书记的根本立场和邓小平同志完全一致,是继承并光大了邓小平同志的根本立场。

---

① 《习近平谈治国理政》,北京:外文出版社,2014年,第4页。

② 《习近平关于实现中华民族伟大复兴的中国梦论述摘编》北京:中央文献出版社,2013年,第45页。

③ 习近平在第十二届全国人民代表大会第一次会议上的讲话(新闻稿)2013年3月17日,《人民日报》2013年3月18日。

④ 《邓小平年谱(1975—1997)》(上),北京:中央文献出版社,2004年,第685页。

⑤ 《邓小平文选》第2卷,北京:人民出版社,1994年,第368页。

党的十八大以来，习近平总书记以全面从严治党的理论与实践，初步彰显了其科学的方法论。他认为，辩证唯物主义是共产党人的世界观和方法论，我们要坚持和运用这一科学世界观和方法论，其中的重要一条，就是增强问题意识、坚持问题导向。他指出："问题是事物矛盾的表现形式，我们强调增强问题意识、坚持问题导向，就是承认矛盾的普遍性、客观性，就是要善于把认识和化解矛盾作为打开工作局面的突破口。我们党领导人民干革命、搞建设、抓改革，从来都是为了解决中国的现实问题。"①从十八大以来的理论和实践可以清晰地看到，在全面从严治党方面，习近平总书记具有很强的问题意识，问题导向非常明确。党的群众路线教育实践活动之所以能达到预期要求、取得重大成果，关键在于习近平总书记和党中央始终聚焦问题，以重大问题为导向，紧紧抓住作风问题这一要害重点突破。这次教育实践活动积累的一条重要经验，就是"必须突出重点、聚焦问题"②。习近平总书记这方面的科学方法还有许多，譬如"从大处着眼，小处着手""领导带头，以上率下""以知促行，以行促知""严字当头，从严从实""持续用力，久久为功"等，但树立问题意识、坚持问题导向，是最重要、最具鲜明特点的科学方法。

在长期的管党治党实践中，邓小平同志总是善于发现问题、提出问题，从来不对问题采取回避的态度。他曾经鲜明地提出："真正的问题是干部问题"③；"最大的问题是各级领导班子的年轻化"④；"整风要解决的根本问题是群众观点、群众路线问题"⑤；"核心问题在于要把党的队伍整好"⑥；等等。发现和提出问题，目的是要解决问题。邓小平同志经常说："我们开会，作报告，作决议，以及做任何工作，都为的是解决问题。"⑦为了有效解决问题，邓小平同志总是带着问题进行深邃思考，分析问题的根源和性质，找到问题的症结，提出解决问

---

① 习近平在中共中央政治局第二十次集体学习时的讲话(新闻稿)2015年1月23日，《人民日报》2015年1月25日。

② 习近平在党的群众路线教育实践活动总结大会上的讲话(新闻稿)2014年10月8日，《人民日报》2014年10月9日。

③ 《邓小平文集(1949—1974年)》下卷，北京：人民出版社，2014年，第149页。

④ 《邓小平文选》第3卷，北京：人民出版社，1993年，第241页。

⑤ 《邓小平文集(1949—1974年)》下卷，北京：人民出版社，2014年，第84页。

⑥ 《邓小平文集(1949—1974年)》上卷，北京：人民出版社，2014年，第231页。

⑦ 《邓小平文选》第2卷，北京：人民出版社，1994年，第113页。

题的对策。他在论述改善党的领导问题时指出："怎样改善党的领导，这个重大问题摆在我们的面前。不好好研究这个问题，不解决这个问题，坚持不了党的领导，提高不了党的威信。"①在分析党内官僚主义现象时，他说："官僚主义还有思想作风问题的一面，但是制度问题不解决，思想作风问题也解决不了。"②邓小平同志的此类论述很多，这里不再一一赘述。综观邓小平从严治党的理论和实践，问题意识和问题导向，犹如一条红线贯穿其中，是他管党治党的重要方法论。尽管习近平总书记未曾具体说过其坚持问题意识和问题导向是从邓小平那里继承来的科学方法，但从他所说的"要学习邓小平同志善于运用辩证唯物主义和历史唯物主义观察世界、处理问题的思想方法和领导艺术"③看，从其思想方法与邓小平同志的根本一致性看，他的这一科学方法与邓小平同志的思想方法之间，确实存在继承与被继承的关系。

2.继承了邓小平同志关于从严治党的思想理论成果

党的十八大以来，习近平总书记在全面从严治党方面做出了大量论述，深刻阐述了从严治党的途径、方法和要求。从习近平总书记阐述的实际内容及其历史发展逻辑来看，直接继承了邓小平同志的许多相关思想理论成果。集中表现在：

第一，继承了邓小平同志管党治党一定要从严的思想。

邓小平同志一贯重视管党治党工作。随着我们党成为执政党，邓小平同志对党组织和党员的要求更高了。他先后发表《对党的干部要求应更加严格》《必须对党员实行严格的监督》《党的建设就是要严》等重要讲话，深刻阐明从严管党治党思想。早在 1950 年他就说："我们觉得，一个胜利了的党对于党员的要求应该更严格些。"④1951 年在回答"对于取得革命胜利的党的要求，是要严还是要宽呢"这一问题时，他明确指出："我们的回答是应该更加严格，对党的组织要更严，对干部的要求要更高。"⑤1954 年在回答"建党应该严还是应该宽"的问题时，他明确肯定地说："我们建党一定要严。"他进一步阐述说："我们共产党要

① 《邓小平文选》第 2 卷，北京：人民出版社，1994 年，第 271 页。
② 《邓小平文选》第 2 卷，北京：人民出版社，1994 年，第 328 页。
③ 《十八大以来重要文献选编》中卷，北京：中央文献出版社，2016 年，第 43 页。
④ 《邓小平文集（1949—1974 年）》上卷，北京：人民出版社，2014 年，第 136 页。
⑤ 《邓小平文集（1949—1974 年）》上卷，北京：人民出版社，2014 年，第 182 页。

搞社会主义,将来要搞共产主义,不严怎么能够实现这个任务呢?"①1962年,他进一步强调指出:"执政党如何进行党的建设,这个问题大。党的建设就是要严。"②

新的历史条件下,习近平总书记继承邓小平同志相关思想,进一步强调要从严管党治党。他认为,党的执政地位和领导地位并不是自然而然就能长期保持下去的,不管党、不抓党就有可能出问题甚至出大问题,甚至有亡党亡国的危险。因此,他担任总书记伊始就明确表示:"我们的责任,就是同全党同志一道,坚持党要管党、从严治党,切实解决自身存在的突出问题。"③此后,他还反复强调说:"党要管党,才能管好党;从严治党,才能治好党。对我们这样一个拥有八千五百多万党员、在一个十三亿人口大国长期执政的党,管党治党一刻不能松懈。"④"历史使命越光荣,奋斗目标越宏伟,执政环境越复杂,我们就越要增强忧患意识,越要从严治党。"⑤

第二,继承了邓小平从严治党必须加强党的思想建设的思想。

邓小平同志深谙思想建设在整个党的建设中的重要地位和作用。因此,他在论述党要管党、从严治党时,突出强调加强党员干部思想政治建设的重要性和紧迫性。他指出:"过去我们党无论怎样弱小,无论遇到什么困难,一直有强大的战斗力,因为我们有马克思主义和共产主义的信念。有了共同的理想,也就有了铁的纪律。无论过去、现在和将来,这都是我们的真正优势。"⑥他多次强调说,党要抓好思想建设、管好党员干部思想,关键是要加强思想政治工作,特别是要加强理想信念教育。他明确提出:"我们一定要把思想政治工作放在非常重要的地位,切实认真做好,不能放松。这项工作,各级党委要做,各级领导干部要做,每个党员都要做。"⑦

新的历史条件下,习近平总书记继承邓小平同志相关思想,进一步强调指出,坚持党要管党、从严治党,必须切实加强党员干部理想信念教育。在他看

---

① 《邓小平文集(1949—1974年)》中卷,北京:人民出版社,2014年,第204页。
② 《邓小平文集(1949—1974年)》下卷,北京:人民出版社,2014年,第149页。
③ 《习近平谈治国理政》,北京:外文出版社,2014年,第4页。
④ 《十八大以来重要文献选编》上卷,北京:中央文献出版社,2014年,第4~5页。
⑤ 《习近平关于全面从严治党论述摘编》,北京:中央文献出版社,2016年,第4~5页。
⑥ 《邓小平文选》第3卷,北京:人民出版社,1993年,第144页。
⑦ 《邓小平文选》第2卷,北京:人民出版社,1994年,第342页。

来，坚定理想信念，坚守共产党人的精神追求，始终是共产党人安身立命的根本。对马克思主义的信仰，对社会主义和共产主义的信念，是共产党人的政治灵魂，是共产党人经受住任何考验的精神支柱。他曾形象地把理想信念比喻为共产党人精神上的钙。他强调指出，如果“没有理想信念，理想信念不坚定，精神上就会‘缺钙’，就会得‘软骨病’”①。现实生活中，一些党员干部出这样那样的问题，说到底是信仰迷茫、精神迷失。只有坚定理想信念，才能炼就“金刚不坏之身”。因此，从严管党治党，首先就要坚定党员干部的理想信念。

第三，继承了邓小平从严管党治党关键是从严管住干部的思想。

我们党是执政党，党的干部是党执政的骨干和中坚。政治路线确定之后，干部就是决定的因素。“中国的事情能不能办好，社会主义和改革开放能不能坚持，经济能不能快一点发展起来，国家能不能长治久安，从一定意义上说，关键在人。”②我们能不能把党管好，关键要看能不能把干部管好。因此，邓小平同志一再阐明“从严管党治党、关键是从严管住干部”的思想。他着重强调指出：“党要管党，一管党员，二管干部。对执政党来说，党要管党，最关键的是干部问题，因为许多党员都在当大大小小的干部。”③

在新的历史条件下，习近平总书记继承邓小平同志相关思想，进一步阐明了管住管好干部对于坚持从严治党的极端重要性，提出了从严治党关键是从严治吏的重要思想。他指出：“进行具有许多新的历史特点的伟大斗争，实现党的十八大确定的各项目标任务，关键在党，关键在人。关键在党，就要确保党在发展中国特色社会主义历史进程中始终成为坚强领导核心。关键在人，就要建设一支宏大的高素质干部队伍。”④他着重强调指出：“党要管党，首先是管好干部；从严治党，关键是从严治吏。要把从严管理干部贯彻落实到干部队伍建设全过程。要坚持从严教育、从严管理、从严监督，让每一个干部都深刻懂得，当干部就必须付出更多辛劳、接受更严格的约束。”⑤

第四，继承了邓小平从严管党治党要靠制度和纪律的思想。

---

① 《习近平谈治国理政》，北京：外文出版社，2014年，第15页。
② 《邓小平文选》第3卷，北京：人民出版社，1993年，第380页。
③ 《邓小平文选》第1卷，北京：人民出版社，1994年，第328页。
④ 《习近平谈治国理政》，北京：外文出版社，2014年，第411页。
⑤ 《十八大以来重要文献选编》上卷，北京：中央文献出版社，2014年，第350页。

在长期的管党治党实践中，邓小平同志突出强调制度和纪律的作用。他认为，要把一个有几千万党员的党管好治好，领导制度、组织制度问题更带有根本性、全局性、稳定性和长期性。他说："我们过去发生的各种错误，固然与某些领导人的思想、作风有关，但是组织制度、工作制度方面的问题更重要。"①与此同时，他还特别强调加强党的纪律的极端重要性，提出了"为了坚持和改善党的领导，必须加强党的纪律"的重要思想。他指出："一个党如果允许它的党员完全按个人的意愿自由发表言论，自由行动，这个党当然就不可能有统一的意志，不可能有战斗力，党的任务就不可能顺利实现。"②因此，"严格地维护党的纪律，极大地加强纪律性"③，是管党治党不可或缺的重要途径。

在新的历史条件下，习近平总书记继承邓小平同志相关思想，进一步阐明了加强制度和纪律建设对于坚持从严治党的极端重要性。习近平同志认为，从严管党治党，光靠觉悟是不够的，还必须要有刚性约束，必须坚持思想建党和制度治党紧密结合。他指出："从严治党靠教育，也靠制度，二者一柔一刚，要同向发力、同时发力。"④2015 年 3 月 5 日，他在参加十二届全国人大三次会议上海代表团审议时指出，全面从严治党，关键是要抓住领导干部这个"关键少数"，全方位扎紧制度笼子，更多用制度治党、管权、治吏⑤。在讲到党的纪律问题时，习近平同志指出："党要管党、从严治党，靠什么管，凭什么治？就要靠严明纪律。"他强调说："干部出问题，都是因为纪律的突破。必须严明党的纪律，党的各项纪律都要严。"一个政党，不严明政治纪律，就会分崩离析。在新的历史条件下，"党面临的形势越复杂、肩负的任务越艰巨，就越要加强纪律建设，越要维护党的团结统一"。只有这样，才能"确保全党统一意志、统一行动、步调一致前进"⑥。

---

① 《邓小平文选》第 2 卷，北京：人民出版社，1994 年，第 333 页。

② 《邓小平文选》第 2 卷，北京：人民出版社，1994 年，第 271 页。

③ 《邓小平文选》第 2 卷，北京：人民出版社，1994 年，第 271 页。

④ 习近平在党的群众路线教育实践活动总结大会上的讲话（新闻稿）2014 年 10 月 8 日，《人民日报》2014 年 10 月 9 日。

⑤ 《习近平关于严明党的纪律和规矩论述摘编》，北京：中央文献出版社、中国方正出版社，2016 年，第 59~60 页。

⑥ 《习近平谈治国理政》，北京：外文出版社，2014 年，第 386 页。

二、全面从严治党对邓小平从严治党思想的发展

与时俱进是马克思主义的理论品质。时代和实践的发展永无止境，马克思主义的理论创新也永无止境。邓小平同志曾经说过，在时代和实践发生巨大变化的情况下，如果我们“不以新的思想、观点去继承、发展马克思主义，不是真正的马克思主义者”①。在新的历史条件下，习近平总书记根据新的实践经验、适应新的时代要求，以新思想、新观点、新理念、新论断、新要求和新的决策部署，进一步丰富和发展了邓小平同志的这一重要思想。

1.将全面从严治党同其他“三个全面”并列提出，共同构成治国理政新的战略布局

党的十八大以前，我们讲到从严治党，也同党的奋斗目标相联系，也讲到要围绕党的中心任务抓党建，讲到加强党的建设要推进改革、依靠法制。譬如，邓小平同志在思考“执政党应该是一个什么样的党，执政党的党员应该怎样才合格，党怎样才叫善于领导”②这一重大问题的同时，也在思考我国社会主义现代化建设的目标问题。经过深邃思考，邓小平同志提出，要经过从严管党治党，“使全党在思想上政治上和精神状态上有显著的进步，党员为人民服务而不谋私利的觉悟有显著的提高，党和群众的关系有显著的改善”，“把我们党建设成为有战斗力的马克思主义政党，成为领导全国人民进行社会主义物质文明和精神文明建设的坚强核心”③。在提出这一建党目标的同时，他郑重地把小康社会确定为我国现代化建设的宏伟目标。此外，邓小平同志还强调改革党的领导制度和组织制度，强调要用法制手段管党治党。但是，由于历史条件的限制，邓小平同志的上述这些观点，是他在论及从严治党、建设小康社会、党的领导制度和组织制度、法制建设问题时分别阐发的，并没有将这些方面有机地联系起来，将它们整合为、上升为治国理政的战略布局。邓小平同志是人不是神。尽管他

① 《邓小平文选》第3卷，北京：人民出版社，1993年，第292页。
② 《邓小平文选》第2卷，北京：人民出版社，1994年，第276页。
③ 《邓小平文选》第3卷，北京：人民出版社，1994年，第38、39页。

拥有很高的理论水平、丰富的斗争经验、卓越的领导才能，但这并不意味着他的认识和行动可以不受时代条件限制。我们“不能用今天的时代条件、发展水平、认识水平去衡量和要求前人，不能苛求前人干出只有后人才能干出的业绩来”。① 这是历史唯物主义者应有的科学态度。

党的十八大以来，以习近平同志为总书记的党中央从坚持和发展中国特色社会主义全局出发，提出并形成了全面建成小康社会、全面深化改革、全面推进依法治国、全面从严治党的战略布局。这一战略布局，是新的历史条件下我们党治国理政的总方略，是发展中国、实现中华民族伟大复兴的中国梦的总纲。在这一战略布局中，全面建成小康社会是战略目标，全面深化改革、全面推进依法治国、全面从严治党是实现该目标的三大举措；实现中华民族伟大复兴的中国梦，全面建成小康社会是基础，全面深化改革是动力，全面推进依法治国是支撑，全面从严治党是关键，四者相辅相成、相互促进、相得益彰。这“四个全面”是环环相扣的，具有很强的内在逻辑性，共同托起中华民族伟大复兴的中国梦。

“四个全面”战略布局的提出，标志着以习近平同志为总书记的党中央完成了新时期新阶段治国理政总方略的整体谋划和顶层设计，它充分表明了我们党坚持和发展中国特色社会主义的高度自觉，彰显了马克思主义执政党与时俱进的政治品格。特别需要指出的是，把全面从严治党纳入“四个全面”战略布局，一方面表明了习近平总书记对推进党的建设新的伟大工程、锻造中国特色社会主义事业坚强领导核心的高度重视，彰显了他对“党要管党丝毫不能松懈，从严治党一刻不能放松”②的坚定决心，同时也标志着其对中国特色社会主义规律的认识得到了进一步深化。

2.把从严治党由管党治党思想上升为管党治党理论体系

在长期的管党治党实践中，邓小平同志从不同层面对管党治党提出了从严的要求。但由于实践发展和历史条件的限制，邓小平同志提出的只是从严治党的一些思想，既没有明确使用“从严治党”这一科学概念，也未使“从严治党”的要求覆盖党的建设各个方面。在论及从严治党问题时，邓小平同志主要从党

---

① 《十八大以来重要文献选编》上卷，北京：中央文献出版社，2014年，第693页。

② 习近平两会期间在参加江西代表团审议时的讲话（新闻稿）2015年3月6日，《人民日报》2015年3月7日。

员、干部、党的组织和整个党的建设等层面阐明了自己的观点和主张,强调“对党的组织要更严”“对党的干部要求要更高”“对党员实行严格的监督”“对党的建设要求要严”等,而对党的建设的其他方面则较少涉足。

在新的历史条件下,习近平同志着眼于自我净化、自我完善、自我革新、自我提高,保持党的先进性和纯洁性,确保党在发展中国特色社会主义历史进程中始终成为坚强领导核心,鲜明地提出了“从严治党”这一科学概念,并且还在这一概念前面冠之以“全面”两个字。提出全面从严治党,这在我们党的历史上尚属首次。在“全面从严治党”战略思想中,习近平同志为了实现管党治党目标,提出了两个最基本要求:一是“全面”,二是“从严”。所谓“全面”,就是管党治党要做到全覆盖,既要在内容上把从严治党的要求贯穿于党的思想建设、组织建设、作风建设、反腐倡廉建设、制度建设等各个领域、各个方面和全部过程,做到没有任何遗漏、不留任何死角,又要在主体上把从严治党的责任落实到各个层级,从中央到地方再到基层,各级党组织都切实担负起从严治党的责任,贯彻从严治党的要求。同时,还要采取措施持续发力,着力推进从一时严到始终严、从部分严到全面严、从被动严到主动严的转变,实现从严治党的常态化、长效化。所谓“从严”,就是“坚持严的标准、采取严的举措”①管党治党,既要对党组织和党员提出严格的标准与要求,又要教育和引导广大党员干部特别是领导干部严以修身、严以用权、严以律己,更要以坚决态度和果断措施对在从严治党方面失职的责任人进行问责。从严内在地包含着从实,从严治党必然要求从实治党。要以踏石留印、抓铁有痕的劲头,把严的标准、严的要求、严的举措“具体地而不是抽象地、认真地而不是敷衍地落实到位”,“坚决防止搞形式、放空炮、走过场”②。

由以往强调“从严治党”到新时期新阶段强调“全面从严治党”,彰显了我们党对管党治党规律认识的进一步深化。党的十八大以来,紧紧围绕全面从严治党,习近平总书记发表了一系列重要讲话,做出了一系列重要论述,提出了一系列新的思想和观点,科学阐明了提出全面从严治党的历史背景,深刻揭示了全面从严治党的重要性和重大意义,系统阐述了全面从严治党的总体要求、重

---

① 《十八大以来重要文献选编》中卷,北京:中央文献出版社,2016年,第97页。
② 《十八大以来重要文献选编》中卷,北京:中央文献出版社,2016年,第97页。

点任务和举措路径，等等。这些新思想、新观点和新论断相互联系、相互贯通，共同构成管党治党新的科学理论体系，这无疑是对邓小平同志从严治党思想的重大发展。

3.极大丰富和发展了邓小平从严治党思想

党的十八大以来，习近平总书记把马克思主义党建基本理论同当代中国党的建设具体实际结合起来，积极探索新形势下从严管党治党的特点和规律，创造性地提出了许多新思想、新观点，做出了一系列新论断、新部署，极大地丰富了邓小平同志的从严治党思想。

在思想建设方面，习近平总书记明确提出要坚持思想教育从严，拧紧思想建党的“总开关”。阐明了加强党员思想教育的极端重要性，指出：现实生活中，一些党员、干部出这样那样的问题，说到底是信仰迷茫、精神迷失。指出了党员思想教育的重点，强调要把理想信念教育摆在首位，并且做出了“理想信念就是共产党人精神上的‘钙’，没有理想信念，理想信念不坚定，精神上就会‘缺钙’，就会得‘软骨病’”①的重要论断。提出了加强警示教育的基本要求和努力方向：让广大党员、干部受警醒、明底线、知敬畏，主动在思想上划出红线、在行为上明确界限。深刻论述思想建党和制度治党密切结合的必要性，做出了“从严治党靠教育，也靠制度”的科学论断，提出了“二者一柔一刚，要同向发力、同时发力”的要求。

在组织建设方面，阐明从严管理干部的总体要求：坚持以严的标准要求干部、以严的措施管理干部、以严的纪律约束干部，使干部心有所畏、言有所戒、行有所止。阐明了从严管理干部的极端重要性。强调“党要管党，首先是管好干部；从严治党，关键是从严治吏”，做出了“我们国家要出问题主要出在共产党内，我们党要出问题主要出在干部身上”②的重要论断，提出了“选好人、用对人是头等大事，要用最坚决的态度、最果断的措施刷新吏治”③的重要观点。指出了从严管理干部的路径，即坚定理想信念，加强道德养成，规范权力行使，培育优良作风，使各级干部自觉履行党章赋予的各项职责，严格按照党的原则和规

---

① 《习近平谈治国理政》，北京：外文出版社，2014 年，第 15 页。

② 《十八大以来重要文献选编》中卷，北京：中央文献出版社，2016 年，第 97 页。

③ 《习近平关于党风廉政建设和反腐败斗争论述摘编》，北京：中央文献出版社、中国方正出版社，2015 年，第 115 页。

矩办事。提出了从严管理干部的具体办法和要求,强调要严格执行干部管理各项规定,把对一把手的监督、管理作为重中之重,对干部选拔任用要严格把关,等等。

在作风建设方面,深刻阐明了严字当头、从严从实抓作风建设的极端重要性。强调作风问题"绝对不是小事,如果不坚决纠正不良风气,任其发展下去,就会像一座无形的墙把我们党和人民群众隔开,我们党就会失去根基、失去血脉、失去力量"①。还告诫全党同志说,我们党的执政基础很牢固,但如果作风问题解决不好,就可能出现"霸王别姬"这样的时刻。借鉴古今中外一些统治集团因作风败坏而导致人亡政息的深刻教训,要求"以最严格的标准、最严厉的举措治理作风问题"②。阐明了加强作风建设的重点,做出了要"集中解决形式主义、官僚主义、享乐主义和奢靡之风这'四风'问题"的论断。提出"作风问题根本上是党性问题"的重要观点,强调改进作风"要举一反三,透过作风看党性,在解决作风问题的基础上解决好党性问题"③。指出了加强作风建设的具体路径,强调抓作风建设要返璞归真、固本培元,重点突出坚定理想信念、践行根本宗旨、加强道德修养,既要立足当前又要着眼长远,既要着力治标又要注重治本,提出了"注重从制度机制上解决问题,树立制度的严肃性和权威性,实现抓作风建设制度化、常态化"的要求。阐明了作风建设的长期性和复杂性,强调作风问题具有反复性和顽固性,形成优良作风不可能一劳永逸,克服不良作风也不可能一蹴而就,做出了"作风建设永远在路上,永远没有休止符"的著名论断,强调要"抓常、抓细、抓长,持续努力、久久为功"④。把抓作风作为推进党的建设新的伟大工程的重要切入点和着力点,强调要把作风建设要求融入党的思想建设、组织建设、反腐倡廉建设、制度建设之中,全面提高党的建设工作水平。

在制度建设方面,第一次提出了"制度治党"的概念和要求。强调要全方位扎紧制度笼子,更多用制度治党、管权、治吏。深刻阐明了坚持思想建党和制度治党紧密结合的重要性和必要性,强调要"使加强制度治党的过程成为加强思

---

① 《习近平谈治国理政》,北京:外文出版社,2014 年,第 387 页。
② 《十八大以来重要文献选编》中卷,北京:中央文献出版社,2016 年,第 97 页。
③ 《习近平关于全面从严治党论述摘编》,北京:中央文献出版社,2016 年,第 154 页。
④ 《十八大以来重要文献选编》中卷,北京:中央文献出版社,2016 年,第 97 页。

想建党的过程,也要使加强思想建党的过程成为加强制度治党的过程"①。针对近年来制度建设中存在的主要问题,对制度的制定和完善提出了要求:强调制度不在于多,而在于精,在于务实管用,要突出针对性和指导性;要搞好配套衔接,做到彼此呼应,增强整体功能;要按照于法周延、于事简便的原则提高制度制定质量;制定制度要广泛听取党员、干部意见,从而增加对制度的认同;已经有的制度要严格执行,不完善的制度要抓紧完善,筑起最严密的篱笆墙。高度重视制度执行力问题,强调必须坚持制度面前人人平等、执行制度没有例外,不留"暗门",不开"天窗",坚决维护制度的严肃性和权威性,使制度成为硬约束而不是橡皮筋;"要狠抓制度执行,扎牢制度篱笆,真正让铁规发力、让禁令生威"②。突出强调加强纪律建设,把如何在新形势下加强全党的组织纪律性作为一个重大课题提到了全党同志的面前,提出了"把严守纪律、严明规矩放在重要位置来抓"③的要求。

在反腐倡廉建设方面,深刻阐明了腐败问题的严重性及其对党和人民事业的极大危害性。强调指出:"党面临的最大风险和挑战是来自党内的腐败和不正之风。"④表达了惩治腐败的决心和信心,强调从严治党,惩治这一手决不能放松;要从关系党和国家生死存亡的高度,以猛药去疴、重典治乱的决心,以刮骨疗毒、壮士断腕的勇气,坚持无禁区、全覆盖、零容忍,严肃查处腐败分子。确定了"坚持'老虎''苍蝇'一起打"方针,强调既要坚决查处领导干部违纪违法案件,又要切实解决发生在群众身边的不正之风和腐败问题。深刻揭示了腐败问题与特权思想和特权现象之间的内在联系,强调"反腐倡廉建设,必须反对特权思想、特权现象",提出了"除了法律和政策规定范围内的个人利益和工作职权以外,所有共产党员都不得谋求任何私利和特权"⑤的重要观点。指出了反

---

① 习近平在党的群众路线教育实践活动总结大会上的讲话(新闻稿)2014年10月8日,《人民日报》2014年10月9日。

② 《习近平关于党风廉政建设和反腐败斗争论述摘编》,北京:中央文献出版社、中国方正出版社,2015年,第127页。

③ 习近平在十八届中央纪委五次全会上的讲话(新闻稿)2015年1月12日载,《人民日报》2015年1月15日。

④ 《习近平关于党风廉政建设和反腐败斗争论述摘编》,北京:中央文献出版社、中国方正出版社,2015年,第101页。

⑤ 《习近平谈治国理政》,北京:外文出版社,2014年,第16页。

腐倡廉建设的重要路径：全面加强惩治和预防腐败体系建设，加强反腐倡廉教育和廉政文化建设，健全权力运行制约和监督体系，加强反腐败国家立法，加强反腐倡廉党内法规制度建设，深化腐败问题多发领域和环节的改革，确保国家机关按照法定权限和程序行使权力。提出了制度反腐和法治反腐的重要思想，强调“加强对权力运行的制约和监督，把权力关进制度的笼子里，形成不敢腐的惩戒机制、不能腐的防范机制、不易腐的保障机制”①；“善于用法治思维和法治方式反对腐败，加强反腐败国家立法，加强反腐倡廉党内法规制度建设，让法律制度刚性运行”②。首次明确了党风廉政建设的“两个责任”，即党委的主体责任和纪委的监督责任，并要求将这“两个责任”的落实情况列入巡视监督内容。

三、结束语

习近平总书记提出的全面从严治党战略思想，不仅是对邓小平从严治党思想的继承和发展，而且也是对马克思主义执政党建设理论的极大丰富和重大发展。这一战略思想，在新的历史条件下进一步深化了对管党治党的规律性认识，深刻回答了“建设一个什么样的党、怎样建设党”这一基本问题，为全面推进党的建设新的伟大工程提供了行动指南和基本遵循，对于保障“四个全面”战略布局协调推进，保证“两个一百年”奋斗目标和中华民族伟大复兴的中国梦的实现，具有重大的理论指导意义和现实指导意义。

全面从严治党，是我们党在新形势下进行具有许多新的历史特点的伟大斗争的根本保证。我们要坚决贯彻习近平总书记全面从严治党战略思想，把继承传统和改革创新结合起来，把总结自身经验和借鉴世界其他政党经验结合起来，主动适应全面从严治党新常态，积极引领全面从严治党新常态，着力增强从严治党的系统性、预见性、创造性、实效性，使从严治党的一切努力都集中到增强党的自我净化、自我完善、自我革新、自我提高能力上来，集中到提高党的领

---

① 《习近平谈治国理政》，北京：外文出版社，2014 年，第 388 页。

② 《习近平关于党风廉政建设和反腐败斗争论述摘编》，北京：中央文献出版社、中国方正出版社，2015 年，第 121 页。

导能力和执政能力、保持和发展党的先进性和纯洁性上来，努力锻造中国特色社会主义事业坚强领导核心，为全面建成小康社会、全面深化改革、全面推进依法治国提供坚强的组织保证，以实现中华民族伟大复兴的中国梦的实际行动和丰硕成果，告慰邓小平同志的英灵！

（原载《中国浦东干部学院学报》2014 年第 5 期）

承留镇坚持质量建党兴党的调查与思考

近年来,河南省济源市承留镇坚持质量建党兴党和一切为了群众的理念,按照思想先进、组织忠诚、为民务实、统筹城乡、群众满意的思路,全面贯彻“党要管党、从严治党”要求,着力提升党员干部队伍质量、基层党组织建设质量、基层领导班子建设质量、联系服务群众质量,有效增强了基层党组织的创造力、凝聚力和战斗力,为科学发展提供了强有力的组织保证。承留镇的探索和实践,在如何把全面从严治党要求落实到基层方面积累了有益经验,走出了全面提高党的建设科学化水平的新路子。

一、基本做法

承留镇位于济源市城乡接合部。近年来,随着城乡一体化进程加快,承留镇进入了发展快车道。经济发展和社会转型,给承留镇带来了一些新问题:征地拆迁任务重,移民搬迁难度大,失地农民增多,社会矛盾凸显等。面对发展的新形势新任务和遇到的新矛盾新问题,一些基层党组织和党员干部在素质和能力方面表现出明显的不适应,影响了党组织创造力、凝聚力、战斗力和党员先锋模范作用的发挥。特别是近年来经济下行压力加大,使全镇基层党组织和党员干部面临新的考验。针对这些情况,承留镇党委从本地具体实际出发,坚持质量建党兴党和一切为了群众的理念,把“党要管党、从严治党”的要求落实到位。

1.着力提升党员干部队伍质量

提高党员干部素质,是党的建设的一项基础性工程。为提高党员干部素质,承留镇坚持思想先进理念,围绕打造党建先锋、发展先锋队伍,把加强党员干部教育培训摆上重要位置、常抓不懈。一是突出教育培训重点,把理想信念教育作为党员干部教育培训的首要任务,强化科学理论武装,为党员干部补足精神之"钙"。着力强化中国特色社会主义理论体系学习培训,重点学习十八大和十八届三中、四中全会精神特别是习近平总书记系列重要讲话精神,教育和引导党员干部坚定理想信念,自觉践行"三严三实",坚守修身之本、为政之道、成事之要。二是精心打造教育培训平台,推动学习型党组织建设。以"玉川先锋课堂"①"锋领承留"②为载体,围绕抓好"党性观念、理想信念、能力素质"三项教育活动,全面实施党员干部素质提升工程。三是在狠抓党员干部教育培训全覆盖的同时,注重教育培训实效,着力提升教育培训质量。

2.着力提升基层党组织建设质量

增强基层党组织的创造力、凝聚力、战斗力,关键在提升基层党组织建设的质量。承留镇坚持组织忠诚、统筹城乡理念,把守纪律、讲规矩摆在重要位置,以培养组织忠诚度为着眼点,着力提升基层党组织建设质量。一是牢固树立抓好党建是最大政绩的理念,建立党建分工负责制度,明晰和强化管党治党责任,督促镇、村两级党组织主要负责人切实履行好第一责任,同时完善考核办法,强化责任追究。二是严把发展党员入口关,严格标准、严格程序、严肃纪律,把从严要求贯穿发展党员全过程,确保党员发展质量,同时探索建立正常的党员退出机制,对不合格党员畅通出口,予以清退。仅 2013 年,该镇就处置不合格党员 9 名,3 人被取消预备党员资格。三是强化党的意识,教育引导党员干部牢记党员是自己的第一身份,为党工作、为民服务是第一职责,始终忠诚于党、忠实于人民,任何时候都和党同心同德,都同人民站在一起。四是适应城乡一体化发展要求,坚持城乡统筹协调、注重城乡衔接、促进城乡互动原则,因地制宜地采取"村村联建""村社联建""村企联建""商户联建"等形式,探索与城乡统筹发展相适应的党组织设置模式,推动基层党组织设置动态延伸和全覆盖,提升城乡党建整体水平。

3.着力提升基层领导班子建设质量

从严治党要求能否全面贯彻落实,关键在有无一个坚强的领导核心。承留

① "玉川先锋课堂",是中共济源市委组织部依托远程教育直播间,创新开展书记大讲堂、"三农"大讲堂、美丽济源大讲堂、法制大讲堂、道德大讲堂、生活大讲堂的党员教育活动。

② "锋领承留",是济源市承留镇依托远程教育直播间在党员中开展的党员教育活动。

镇党委坚持务实为民理念，以转变领导作风和工作作风为突破口，着力加强基层领导班子建设。一是严格党内政治生活，围绕党性党风党纪和贯彻执行民主集中制等方面存在的问题，定期召开民主生活会，开展积极的思想斗争和经常性的思想交流互助。二是优化村党支部书记群体结构，配强基层党组织“主心骨”，着力打造政治素质高、群众威信高，发展能力强、协调能力强的“双高双强”支部书记队伍。三是突出问题导向，贯彻从严要求，切实转变作风。开展以“转作风、问民计、促发展”为主题的下访夜谈活动，组织党员干部夜访困难户、问题户，通过交流谈心，加强沟通、增进了解，倾听群众呼声。对照“三严三实”要求，认真查找差距与不足，正视和解决自身存在的问题。四是加大对那些领导班子不团结、软弱涣散，凝聚力、战斗力不强，干群关系紧张、群众上访多的后进村的整顿力度。近年来，先后调整村支部书记 5 名，停职或劝辞村干部 7 名。五是建立开展以“群众评议党员、党员评议支部、支部之间相互评议、重点项目现场考核”为主要内容的“三评一考”活动，把对村党支部书记及其他班子成员的考核交给群众，实行民主评议、民主监督。

4.着力提升联系服务群众质量

全面从严治党的各项举措和努力，最终要落脚到服务人民、增进群众福祉上。承留镇党委坚持人民至上、群众满意理念，创新制度机制，搭建载体平台，密切党同人民群众的血肉联系。一是实行“集中接访日”“班子成员下访日”等项制度，镇委书记定时定点接待群众来访，镇党委班子成员按责任区域划分带队下访，主动体察民情，与群众面对面、心交心，加强和群众的沟通、交流，帮助群众排忧解难。二是建立党政班子成员联系党代表、党代表联系党员、党员联系服务群众，帮助群众解决困难和问题的“三联一帮”机制，每名镇党委班子成员联系 10 名镇党代表，每位党代表联系 10 名党员，每位党员联系 10 户群众，让他们在联系帮扶过程中践行群众路线，解决联系服务群众“最后一公里”问题。三是建立便民服务全程代办制度，在各村设立村级便民服务中心，组织党员干部和志愿者为群众代办宅基地、计生、低保、司法等事务，让群众享受到“办事只找一个人，只进一个门，小事不出村，大事不出镇”。四是打造便民服务平台，强化党组织联系服务群众阵地建设。设立滨湖花园社区党群综合服务中心、承留镇综合治理服务中心、党代表工作室，以争创服务型党组织为抓手，积极为群众营造和谐稳定的平安环境，提供“一站式”服务，打造“听民声、传民意、解民忧”

的联系服务群众载体。

二、主要成效

经过上述努力，全面从严治党的要求在承留镇得到较好落实，这里的党建工作运行质量得到明显提升，基层党组织创造力、凝聚力、战斗力得到明显增强，党群干群关系得到明显改善，全镇呈现出经济较快发展、民生持续改善、社会和谐稳定的喜人局面。

1.党建工作运行质量明显提升

一是党建工作责任制得到有效落实。全镇基层党组织主要负责人抓党建工作的责任感明显增强。过去长期存在的责任主体不明、责任边界不清、党建工作难以落实的问题得到较好解决，党建工作“说起来重要，做起来次要，忙起来不要”现象明显减少。目前在承留镇，党建工作主体责任已延伸到行政村、村民小组和社区、企业，形成了上下贯通、层层负责的完整链条和一级抓一级、层层抓落实的工作格局，出现了“千斤重担大家挑，人人肩上有目标，齐心协力抓党建，凝心聚力促发展”的喜人景象。二是基层党组织的生机和活力明显增强。通过打造“三个平台”①，使广大基层干部的综合素质得到明显提升。随着“三评一考”②和“后进村”整治活动的开展，有力激发了“后进村”知耻而后勇、争先进位的内生动力。近年来，南姚河东村、花石村等8个基层党组织改变了过去软弱涣散的状况，重新焕发了生机和活力。上述活动的开展，也使先进村增加了压力和动力，出现了“基层党组织结对竞赛抓党建、你追我赶促发展”的生动局面。三是基层党组织的战斗力明显增强。中原特钢二期扩建工程上马时，东张村需要整体拆迁，村党支部书记家的住房并不在首批拆迁范围，而且恰逢在海防前线服役的儿子回来结婚，但为了发挥表率作用，他依然说服家人，推迟儿子的婚期，带头拆掉自家的房子。在他和其他7位村干部的带动下，全村1736

---

① “三个平台”，是指镇级党校、玉川先锋课堂、锋领承留三个党员教育平台。

② “三评一考”，是指在济源市承留镇开展的“群众评议党员、党员评议支部、下级党组织评议上级党组织、上级党组织考核下级党组织”的活动。

人顺利实现了和谐拆迁。

2.党员干部作风明显好转

一是党员干部作风得到切实转变。通过开展“集中接访日”“班子成员下访日”“下访夜谈”等活动,全镇党员干部迈开双脚、扑下身子,深入实际、深入群众,体察民情、了解民意,倾听诉求、化解矛盾。过去,有些干部整天坐在机关里,了解下情靠听汇报,部署靠打电话,现在这种情况已经基本绝迹,全镇呈现出“党员干部沉下去、群众意见浮上来、村组竞相发展、重点项目快速推进”的生动局面。对党员干部作风的这些变化,广大群众看在眼里,喜在眉梢。他们高兴地说:“这才是老百姓待见的好党员、好干部!”二是党群干群关系出现新常态。干部作风的明显转变,党员干部与群众的经常互动和密切接触,使广大群众对党员干部逐渐有了亲切感,他们有什么心事,乐于跟党员干部聊一聊;有什么困难,愿意找党员干部帮助解决。于是,干部群众的心渐渐贴在了一起,他们经常在田间地头一起吃农家饭,在农家小院里亲热攀谈。三是党组织的凝聚力进一步增强。党员干部密切联系群众,热情为群众提供“零距离”的贴心服务,赢得了广大群众好评。使广大群众不仅发自内心地拥护中国共产党,而且自觉自愿地接受基层党组织的领导。

3.经济持续健康发展

党建工作的改进和加强,为承留镇经济发展注入了强劲动力,提供了坚强组织保证。一是招商引资成果丰硕。近年来,承留镇依托优势企业和产业园区招商引资,富士康精密仪器、富士康配套模具钢等一批技术含量高、投资强度大的项目相继落地。目前,全镇工业总数已达 180 余家,其中限上企业 29 家。二是产业不断优化升级。该镇实施科技兴企战略,持续实施企业家培训计划,大力采用新技术、新工艺、新装备,促进产业结构调整,加快优势产业转型升级,工业经济实现质的跨越。三是经济增长质量和效益持续提升。2013 年全镇实现规模以上工业总产值 166 亿元,地方财政收入 1.46 亿元,连续多年跻身河南省百强乡镇,2013 年位居第 11 位。四是新型城镇化发展引人注目。该镇以镇区和虎岭产业集聚区建设为平台,以打造“产业新城、水域靓城、财富商城”为目标,突出以人为本这个核心,通过产业发展带动城镇化建设,继而以镇区建设的不断完善推动产业优化升级,走出了一条以产兴城、以城促产、产城互动、融合发展的科学发展之路。①

4.民生得到持续改善

党建工作推动和保障经济发展,经济发展促进和加快了以改善民生为重点的社会建设。一是群众的收入水平快速提升。随着越来越多的企业在镇区集约发展,近年来快速增加了4万多个就业岗位,使当地农民在家门口就能就业当产业工人。充分的就业,加上现代农业、特色农业的快速发展,使农民的腰包越来越鼓。2013年全镇农民人均纯收入达到13000元。二是生活质量和幸福指数得到明显提升。随着镇里财政收入逐年增加,用于改善民生的财政支出也大幅增加,人民群众得到的实惠越来越多。教育是民生工程。近年来,该镇以创建教育强镇为目标,投入巨额资金,高标准地建成了承留一中、承留实验小学和承留幼儿园。规划建设了功能完备的滨湖花园等六大社区和卫生院、敬老院、商业街、便民中心、文化广场等公共服务设施。同时,该镇积极构建统筹城乡的户籍和社会保障体系。经过几年努力,该镇公共服务体系日益完善,公共服务水平日臻提高,农村居民在教育、文化、卫生等方面与城镇居民的差距逐步缩小,他们的生活质量和幸福指数明显提升。居住在滨湖社区的搬迁户王宣德谈起搬迁后的生活时激动地说:“以前都挤破头想往城里去,现在我们农民和城里人没啥两样,城里有啥咱承留都有,而且更好更方便。”三是社会更加和谐稳定。仓廪实而知礼节,衣食足而知荣辱。群众生活质量和幸福指数的提高,为承留镇社会秩序平稳运行奠定了坚实基础,再加之党员干部联系服务群众制度的落实、群众反映诉求渠道的畅通,以及村级党支部在化解本村组矛盾问题中作用的发挥与强化,该镇基层信访量连年下降,社会和谐度日益提升,全镇呈现出一派繁荣发展、盛世祥和的喜人景象。

三、几点启示

承留镇坚持质量建党兴党的探索实践,在落实全面从严治党要求、提高党的建设科学化水平、促进经济社会发展方面取得了明显成效。这个镇的探索实

① 这组数据为笔者在实地调研时,承留镇党委政府提供的。

践，至少可给我们以下几点启示：

1.全面从严治党要着眼于巩固党的执政基础

我们党是在一个有着13亿多人口大国执政的党，党的基层组织是党全部工作和战斗力的基础，是落实党的路线方针政策和各项工作任务的战斗堡垒。“基础不牢，地动山摇。”在新的历史条件下，加强基层党组织建设极为重要，也更为迫切。然而，有少数地方领导干部总觉得党建工作是虚的，不容易出政绩，没有抓经济发展实在、靠谱，没必要那么上心、用劲，因而淡化了管党意识，放松了治党责任，在工作中出现了矮化、虚化党建工作的情况。这是错误的，也是很危险的。对此，习近平总书记严肃发问道：“如果我们党弱了、散了、垮了，其他政绩又有什么意义呢？”此话分量很重、发人深省。大量实践证明，哪里党建抓得好，哪里的党组织战斗力就强，哪里的经济社会发展得就好。承留镇的经验和做法启示我们，基层工作千头万绪，抓好基层党组织建设是关键、是保证。只要把党建工作做到家、做到位了，党建这个龙头真正舞起来了，就能带动和保证经济社会又好又快发展。各地基层党组织要像承留镇党委那样，牢固树立正确政绩观，进一步增强管党治党的自觉性和坚定性，坚持把抓好党建作为最大政绩，坚持把党建工作和中心工作一起谋划、一起部署、一起考核，真正把管党治党的责任承担好、落实好，做到真管真严、敢管敢严、长管长严。

2.全面从严治党要把握质量建党兴党的内涵和实质

长期以来，我们也提质量建党，但就其内涵而言，却是很狭窄的，仅指要靠提高党员质量来建设和发展党。譬如我们经常讲，一个政党的力量，取决于党员的数量，更取决于党员的质量。党员是党的肌体的细胞。注重党员质量是马克思主义建党的重要原则，也是新形势下建党兴党的迫切要求。但是也要看到，一个政党有没有力量，既取决于党员质量，也取决于党的组织状况。一个由10名士兵组成的战斗团队，其战斗力能够大大超过100名散兵游勇。90多年的奋斗历史充分证明，我们党之所以有力量，根本在于她是一个集中统一、组织严密的党。这是党的组织优势，也是党的力量所在。承留镇的经验和做法启示我们，质量建党兴党是一个包括提高党员质量、教育管理质量、组织生活质量、党内民主质量、联系服务群众质量、科学发展质量等在内的内涵十分丰富的概念，全面提高党的建设科学化水平，必须完整把握质量建党兴党的内在要求，着力提升党建工作的运行质量和管党治党质量。各地应像承留镇那样自觉运用系统思维,切实打好全面提高党的建设科学化水平的“组合拳”。坚持质量建党兴党,并将其作为提高党的建设科学化水平的突破口和重要路径,是承留镇党建工作的一大亮点和创新点。各地基层党组织要像承留镇那样,坚持解放思想、与时俱进,紧密结合当地实际,创新党建工作的理念、方式、方法,走出一条有自己特色的落实全面从严治党的新路子。

3.全面从严治党要把各项政策措施落实到基层

全面从严治党是一个系统工程,其各个方面相互联系、相互制约、相辅相成。这就要求我们必须注重管党治党的系统性、整体性,坚持思想教育从严、干部管理从严、作风要求从严、组织建设从严、制度执行从严,统筹协调加以推进。承留镇的经验和做法启示我们,把全面从严治党要求落实到基层,就要坚持问题导向,紧密结合党组织和党员干部的实际状况,有针对性地采取配套措施,解决存在的突出问题。要从严加强思想教育,用好思想建党这个传家宝,引导党员干部在补钙强筋、固根守魂上下功夫。着力强化基层党组织的政治引领功能,把每一个基层党组织都建设成为坚强的战斗堡垒。以建设服务型党组织为抓手,健全基层党组织的组织体系,严格党内政治生活,严明党的纪律和规矩,选好用好基层党组织带头人,使基层基础工作真正强起来。全面从严治党,重点在于从严管理党员干部,要以严的要求、严的措施、严的纪律管束党员干部。要回应群众关切,突出解决“不严不实”问题,强化整改落实和立规执纪,推动基层党员干部切实转变作风。坚定地相信群众、依靠群众,完善基层组织民主管理制度,充分发挥人民群众的监督作用,把群众路线贯穿于从严治党的全过程。把思想建党同制度建党紧密结合起来,既努力从思想上解决问题,又为思想先进提供制度保障。要健全和完善基层党建责任制,强化工作问责,狠抓任务落实。

4.全面从严治党要把党建工作落实到改善和保障民生上

把抓好党建作为最大政绩,并不等于说可以空对空地就党建抓党建。党的建设历来是同党的政治路线和中心任务紧密联系在一起的,必须遵循党的政治路线来进行,围绕党的中心任务来展开。这是我们党长期执政的一条基本经验。承留镇的经验和做法启示我们,围绕中心、服务大局,始终是党建工作必须牢牢把握的出发点和落脚点;如果离开经济建设这个中心和大局,单纯地就党建抓党建,必将走进死胡同。要把党建工作与中心工作有机地结合起来,形成同频共振,力戒“两张皮”“不搭界”,充分发挥基层党组织和党员的积极性、主动性、创造性，为科学发展提供坚强保证。围绕中心、服务大局，归根到底要落实到改善和保障民生上来。改善和保障民生，体现党的根本宗旨和执政理念，是全面从严治党的价值目标。各级党组织和领导干部要像承留镇党委那样，始终把人民对美好生活的向往作为党建工作的核心目标，抓住群众最关心最直接最现实的利益问题，发扬钉钉子精神，有坚持不懈的韧劲，一件事情接着一件事情办，一年接着一年干，锲而不舍向前走，做到件件有着落、事事有回音，让群众看到变化、得到实惠。

（原载《中州学刊》2015 年第 10 期）

谁都不能拿政治原则当儿戏做交易

——马克思恩格斯对李卜克内西等人的批评及其启示价值

1875年,德国社会民主工党领导人李卜克内西和倍倍尔等人不顾马克思、恩格斯的忠告和反对,在德国工人运动两派合并问题上向拉萨尔派做出丧失原则的妥协和让步。李卜克内西、倍倍尔等人这种拿原则当儿戏、做交易的行为,受到马克思、恩格斯的严厉批评。党的十八大以来,习近平总书记反复强调要严明政治纪律和政治规矩,并针对党内出现的某些政治乱象告诫全党同志:“谁都不能拿政治纪律和政治规矩当儿戏。”①,2016年8月,习近平在调研考察青海期间进一步强调:“各级党组织要自觉担当责任,严格按党的政治纪律和政治规矩办事,任何时候任何情况下都不能破坏党的政治纪律和政治规矩,都不能拿党的政治纪律和政治规矩做交易”②。党的政治纪律和政治规矩与党的政治原则相辅相成,拿政治纪律和政治规矩当儿戏、做交易,就是拿原则当儿戏、做交易。重温马克思、恩格斯当年对李卜克内西等人的批评,对于深刻理解和深入贯彻习近平总书记重要论述精神,严明党的政治纪律和政治规矩,具有十分重要的启迪意义。

一、李卜克内西所犯错误和马克思恩格斯对他们的批评

李卜克内西是国际工人运动的著名活动家,是德国社会民主党和第二国际

---

① 《习近平关于严明党的纪律和规矩论述摘编》,北京:中央文献出版社、中国方正出版社,2015年,第23~24页。

② 习近平在青海考察时的讲话(新闻稿)2016年8月23日,《人民日报》2016年8月25日。

的主要创始人之一。早年在马克思主义影响下积极投身无产阶级解放事业，1869年创建德国社会民主工党，领导工人群众开展不懈的革命斗争。然而，这位在工人群众中享有很高威望的无产阶级革命家，却在德国工人运动中的两派合并问题上犯下了严重的机会主义错误。

19世纪60年代，德国工人运动形成了两个派别，一派是李卜克内西和倍倍尔领导的爱森纳赫派，另一派是受拉萨尔主义影响的拉萨尔派。由于前者接受马克思主义的指导，后者信奉拉萨尔机会主义，因此两派在许多重大原则问题上存在严重分歧。19世纪70年代初，迅速发展的德国革命形势要求尽快结束工人运动的分裂状态，建立统一的工人革命政党。为此，爱森纳赫派曾经几次向拉萨尔派提出两派联合的建议，均遭对方拒绝。后来，由于拉萨尔派顽固推行机会主义路线，引起广大工人群众不满，其在德国工人运动中的威信和影响迅速下降，组织上濒临瓦解状态。为避免自身分崩离析，拉萨尔派不得不接过“团结”的口号，主动向爱森纳赫派提出两派合并的请求。

在爱森纳赫派和拉萨尔派合并问题上，马克思、恩格斯是抱肯定和积极支持态度的，因为两派合并毕竟能够迅速壮大德国革命力量。为了确保两派合并真正有利于工人运动发展，马克思、恩格斯提出，两派合并要以科学社会主义原则为基础，拉萨尔派必须放弃其机会主义主张，“合并的第一个条件是，他们不再做宗派主义者，不再做拉萨尔派”①。如果拉萨尔派不肯这样做，那就不急于合并，先和他们缔结一个反对共同敌人的行动协定，这样做既可满足工人群众要求，推动工人运动发展，又能使党不同拉萨尔主义同流合污，保持自身的政治纯洁性。马克思、恩格斯还特别提醒和告诫李卜克内西、倍倍尔等人，决不能对拉萨尔派做无原则的妥协，“决不能拿原则来做交易，决不要作理论上的‘让步’”②。

然而，一味地热衷和醉心于两派合并的李卜克内西、倍倍尔等人，竟置马克思、恩格斯的提醒和忠告于不顾，在重大原则问题上向拉萨尔派做出妥协和让步，并与之共同拟定和发表了充斥着拉萨尔主义观点的哥达纲领草案。对“这

---

① 《马克思恩格斯选集》第3卷，北京：人民出版社，2012年，第345页。
② 《列宁选集》第1卷，北京：人民出版社，2012年，第311页。

个纲领草案中所表现的明显的退步”，马克思、恩格斯“感到特别愤慨”①。他们不能容忍这些人将德国工人革命政党的纲领糟蹋成这个样子。为了划清同拉萨尔主义的界限，从理论上和政治上彻底清算拉萨尔主义，马克思抱病写下了《哥达纲领批判》。同时，他们也不能容忍李卜克内西、倍倍尔等人拿党的原则做交易的错误行为，以极为犀利的笔锋对其进行了尖锐、严厉的批评。

马克思、恩格斯首先阐明对哥达纲领草案的总体看法，指出一个党的纲领毕竟“是一面公开树立起来的旗帜”②，“是在全世界面前树立起可供人们用来衡量党的运动水平的里程碑”③，因此制定一个正确的党纲至关重要。然而，哥达纲领草案却无原则地接受了拉萨尔主义的观点和口号。马克思认为，这是一个“极其糟糕的、会使党精神堕落的纲领”④。他郑重申明：“我们同上述原则性纲领毫不相干，同它没有任何关系。”⑤恩格斯气愤地说：“接受这些东西是我们党的一种耻辱。”⑥他断然表示：一旦这个纲领被通过，“马克思和我永远不会承认建立在这种基础上的新党”⑦。

马克思、恩格斯深刻分析了李卜克内西、倍倍尔等人所犯错误的性质，指出：他们所犯错误的要害，是使党对拉萨尔派做出丧失原则的重大让步。恩格斯分析说，一向对两派合并持反对态度的拉萨尔派，突然对合并热衷起来，完全是为摆脱目前所处困境采取的一种策略，企图以此来重新巩固自己在工人运动中已经动摇的地位。但是，李卜克内西、倍倍尔等人却被假象所迷惑，让拉萨尔派“团结”的叫喊给弄糊涂了⑧，为了片面追求合并而公然放弃科学社会主义原则。马克思认为，向拉萨尔派做出这样的妥协和让步，突破和失守了党的政治底线。基于这一判断，马克思、恩格斯一针见血地揭露了李卜克内西所犯错误的实质——右倾投降。他们说，对拉萨尔派做出无原则让步，是整个德国社会

① 《马克思恩格斯选集》第3卷，北京：人民出版社，2012年，第353页。
② 《马克思恩格斯选集》第3卷，北京：人民出版社，2012年，第350页。
③ 《马克思恩格斯选集》第3卷，北京：人民出版社，2012年，第355页。
④ 《马克思恩格斯选集》第3卷，北京：人民出版社，2012年，第355页。
⑤ 《马克思恩格斯选集》第3卷，北京：人民出版社，2012年，第354页。
⑥ 《马克思恩格斯文集》第10卷，北京：人民出版社，2009年，第404页。
⑦ 《马克思恩格斯选集》第3卷，北京：人民出版社，2012年，第349页。
⑧ 《马克思恩格斯文集》第10卷，北京：人民出版社，2009年，第391页。

主义无产阶级向拉萨尔主义的投降①。

马克思、恩格斯深刻剖析了李卜克内西、倍倍尔等人所犯错误的严重危害。一是使党付出过高代价。马克思指出，这种以丧失原则为代价的两派合并，只不过是用过高的代价换来的一时的成功②。恩格斯也说，两派合并“无疑是可以用小得多的代价取得的”③。二是严重损害党的政治纯洁性。恩格斯说，让别人把拉萨尔的口号强加到自己头上，“这是我们党在道义上的一次巨大失败”，并容易造成这样一种假象：“我们的党改信拉萨尔的信条了。”④这样做的后果是：“我们的党将丧失它的政治纯洁性。”⑤三是严重败坏党的声誉。恩格斯说，我们总还得想一想，“整个德国社会主义无产阶级向拉萨尔主义的这种投降将会造成什么印象。”⑥四是在党内滋长妥协迁就情绪，使机会主义思潮得以泛滥。“同拉萨尔分子的妥协已经导致同其他不彻底分子的妥协”⑦。

恩格斯还对李卜克内西所犯错误的思想根源做了剖析。他指出，马克思对哥达纲领的批判，首先是针对李卜克内西的。他说，纲领中这些含糊和混乱的词句是从哪里来的？其实所有这些词句正是李卜克内西的化身。李卜克内西之所以接受这些词句，是因为他多年来“沉醉于这些词句中。他在理论问题上从来是含糊不清的”⑧。马克思也曾评价说：“李卜克内西没有主见。”⑨这里所说的“没有主见”，是就李卜克内西缺乏理论素养而言的。这是对李卜克内西所犯错误思想根源的深刻揭示。正是由于在理论问题上从来都含糊不清，因此李卜克内西根本分辨不清真假马克思主义，很容易在思想上犯糊涂，在重大原则问题上发生动摇、随波逐流。

---

① 《马克思恩格斯选集》第3卷，北京：人民出版社，2012年，第350页。
② 《马克思恩格斯选集》第3卷，北京：人民出版社，2012年，第355页。
③ 《马克思恩格斯文集》第10卷，北京：人民出版社，2009年，第406页。
④ 《马克思恩格斯文集》第10卷，北京：人民出版社，2009年，第405页。
⑤ 《马克思恩格斯选集》第3卷，北京：人民出版社，2012年，第350页。
⑥ 《马克思恩格斯选集》第3卷，北京：人民出版社，2012年，第350页。
⑦ 《马克思恩格斯文集》第10卷，北京：人民出版社，2009年，第420页。
⑧ 《马克思恩格斯文集》第10卷，北京：人民出版社，2009年，第610页。
⑨ 《马克思恩格斯选集》第3卷，北京：人民出版社，1972年，第104页。

二、深刻认识同违反党的政治纪律和政治规矩行为作斗争的极端重要性

党的十八大以来，习近平总书记站在全局和战略的高度，把严明政治纪律和政治规矩摆上重要位置，深刻阐明严明政治纪律和政治规矩的极端重要性，并对此提出明确要求。习近平总书记强调政治纪律和政治规矩问题，具有很强的现实针对性。一个时期以来，违反政治纪律和政治规矩、拿政治纪律和政治规矩当儿戏、做交易的问题，在我们党内比较突出。习近平总书记将这些问题概括为“七个有之”：“搞任人唯亲、排斥异己的有之，搞团团伙伙、拉帮结派的有之，搞匿名诬告、制造谣言的有之，搞收买人心、拉动选票的有之，搞封官许愿、弹冠相庆的有之，搞自行其是、阳奉阴违的有之，搞尾大不掉、妄议中央的也有之。”①在这些方面，有的人已到了肆无忌惮、胆大妄为的地步！

党的政治纪律和政治规矩与党的政治原则紧密联系。政治纪律涉及政治方向、政治立场等重大问题，其本身就是重要政治原则。比如，同党中央保持高度一致，既是我们党最重要的政治纪律，又是全党同志必须遵循的重大政治原则。正如习近平同志所说，遵守党的政治纪律，最核心的，就是同党中央保持高度一致，自觉维护中央权威。违反党的政治纪律和政治规矩，就是违反党的政治原则；拿党的政治纪律和政治规矩当儿戏、做交易，就是拿党的政治原则当儿戏、做交易。140多年前，李卜克内西等人拿原则做交易，给德国社会民主工党和德国工人运动造成了严重后果。现在少数人肆意践踏政治纪律和政治规矩，拿政治纪律和政治规矩当儿戏、做交易，同样会给党和中国特色社会主义事业带来严重危害。其危害性主要表现在以下几个方面。

一是严重涣散党的组织，破坏党的团结统一。党的团结统一是党的力量所在，是党的事业必定要胜利的重要保证。维护党的团结统一，既要靠共同的理

---

① 《习近平关于严明党的纪律和规矩论述摘编》，北京：中央文献出版社、中国方正出版社，2015年，第22页。

想信念、严密的组织体系和全党同志的高度自觉，还要靠严明的纪律和规矩。没有规矩不成其为政党，更不成其为马克思主义政党。严明党的纪律，首先就要严明政治纪律，其中最核心的要求，就是同党中央保持高度一致、自觉维护党中央权威。这是维护党的团结统一最根本的一条。在我们党内，如果允许无视党中央权威，自行其是、阳奉阴违、另搞一套；允许口无遮拦、信口雌黄、乱评乱议，甚至妄议中央大政方针；允许在党内培植私人势力，搞团团伙伙、结党营私、拉帮结派，搞非组织活动，使党的政治纪律成了摆设，使党的章程、原则、制度丧失严肃性和权威性，使党沦为各取所需、自行其是的私人俱乐部，那么就会四分五裂、一盘散沙，丧失凝聚力和战斗力。

二是影响党的路线方针政策和重大决策部署的贯彻落实。党的路线方针政策和中央重大决策部署与党的政治纪律和政治规矩密切联系、相辅相成。党的路线方针政策和中央重大决策部署代表党和人民意志，体现党中央权威，必须不折不扣贯彻落实。一个党员是否遵守党的政治纪律和政治规矩，维护中央权威，关键看其对党的路线方针政策和重大决策部署的态度与行动。习近平总书记强调："维护中央权威，贯彻落实党的理论和路线方针政策，是政治纪律，是绝对不能违反的。"①那些无视党中央权威的人，敢拿政治纪律和政治规矩当儿戏、做交易的人，对中央采取阳奉阴违态度的人，就会在行动上搞"上有政策、下有对策"那一套，有令不行、有禁不止，在贯彻党的路线方针政策和中央重大决策部署上打折扣、搞变通。在我们党内，如果允许这样做，党的路线方针政策势必会被束之高阁，中央的重大决策部署就不可能落地生根。

三是严重损害政治生态，恶化从政环境。政治生态综合体现党风、政风和社会风气状况，直接影响党员干部的价值取向和从政行为，是我们党为人民执好政、服好务的重要条件。大量事实表明，政治纪律和政治规矩是政治生态之本，净化政治生态必须严明党的政治纪律和政治规矩。目前一些地方政治生态不佳甚至趋于恶化，其中重要的原因之一，就是党的政治纪律和政治规矩在那里被破坏、被践踏了。试想，在一个地方，如果人们可以不受党的政治纪律和政治规矩约束，毫无顾忌地妄议中央大政方针，胆大妄为地搞团团伙伙、结党营

---

① 《习近平关于严明党的纪律和规矩论述摘编》，北京：中央文献出版社、中国方正出版社，2015年，第17页。

私、拉帮结派，肆无忌惮地搞利益输送、利益交换和权钱交易，而那里的党组织和党员干部在大是大非面前又态度暧昧、消极躲避、不敢亮剑，甚至故意模糊立场，耍滑头，久而久之，必然会影响当地的党风、政风和社会风气，导致那里的政治生态严重受损，从政环境日渐恶化。

由此可见，尽管目前我们党内存在的严重违反政治纪律和政治规矩现象，与当年李卜克内西等人拿原则做交易的错误行为相比，在具体表现上有诸多不同，但给党的建设和党的事业发展带来的危害却是非常巨大、不可低估的。坚守还是破坏政治纪律和政治规矩，是目前我们党面临的一场严肃而重大的政治斗争。能否赢得这场重大的政治斗争，事关党的事业兴衰成败，事关党的生死存亡。要像当年马克思、恩格斯那样，毫不犹豫地拿起共产党人的战斗武器，同严重违反政治纪律和政治规矩的行为作毫不妥协的坚决斗争。

三、马克思恩格斯严厉批评李卜克内西等人的当代价值与启示

马克思、恩格斯当年对李卜克内西、倍倍尔等人所犯错误的尖锐批评，堪称国际共产主义运动史上同拿党的政治原则当儿戏、做交易的机会主义行为作斗争的光辉典范。马克思、恩格斯对李卜克内西、倍倍尔等人进行严厉批评虽然已经过去140多年了，但是，他们批评李卜克内西、倍倍尔等人错误行为的态度、做法、理念和经验，对于当前我们反对拿政治纪律和政治规矩当儿戏、做交易的行为和治理相关政治乱象，具有重要的借鉴意义和启示价值。

一是把严明政治纪律和政治规矩提到更加重要的位置来认识。在重大原则问题上，马克思、恩格斯历来是立场坚定、旗帜鲜明，毫不含糊、绝不退让的。对李卜克内西、倍倍尔等人拿原则做交易这件事的处理，充分体现了他们坚定的态度和坚强的党性。德国工人运动两派合并以前，他们告诫李卜克内西、倍倍尔等人，实现两派合并是必要的，但是不能拿原则做交易。劝告无效以后，他们断然与李卜克内西、倍倍尔等人的错误划清界限，并从理论上加以澄清和批判。马克思、恩格斯的这一实践启示我们，共产党人必须严守党的政治纪律和政治规矩，任何人都不能越过这条红线，否则是要跌大跟头的。党的

十八大以来，我们党严肃查处了周永康、薄熙来、郭伯雄、徐才厚、孙政才、令计划等严重违纪违法案件。这些人严重践踏党的政治纪律和政治规矩的行为令人震惊。他们的行为从反面警醒我们，不讲政治原则和不讲规矩给党和人民事业造成的损害是多么的严重，严明党的政治纪律和政治规矩是多么的重要。

二是同拿政治纪律和政治规矩当儿戏、做交易者作毫不留情的斗争。李卜克内西是国际工人运动中享有盛誉的革命家，曾为革命事业做出过杰出贡献。然而，马克思、恩格斯并未因此而原谅其所犯错误，而是以极严肃的态度对其进行了尖锐批评。其中马克思对其批评的尖锐性和严厉性，甚至连恩格斯都感到吃惊。马克思、恩格斯的批评实践启示我们，对我们党内违反重大政治原则的极少数人，必须进行毫不妥协的坚决斗争。目前我们党内有极少数人，无视党的政治纪律和政治规矩，政治野心膨胀，大搞非组织政治活动，破坏党的团结统一；培植私人势力，搞团团伙伙、结党营私、拉帮结派；对党不忠诚，做人不老实，腐化堕落、道德败坏，已经彻底丧失了共产党人的政治本色。如果说当年李卜克内西等人所犯错误尚属党内矛盾的话，那么这些人问题的性质已经发生变化，已经站到了党和人民的对立面。对这些人，必须硬起手腕、不留情面，果断出手、敢于亮剑，毫不手软、绝不姑息，绝不能听之任之。过去那种失之于宽松软的局面，再也不能继续下去了，必须坚决加以改变。

三是耐心帮助、教育和挽救在政治上犯错误的同志。李卜克内西、倍倍尔等人拿原则做交易，严重背离了科学社会主义的基本原则，给党的革命事业带来了严重危害，但在马克思、恩格斯看来，他们的错误仍属于党内矛盾范畴，与拉萨尔等人的问题有本质区别。因此，尽管马克思、恩格斯对李卜克内西、倍倍尔等人的批评是那样的尖锐激烈、毫不留情，但终究还是从团结愿望出发，希望通过批评和教育使他们重新回到正确轨道上来。马克思、恩格斯的批评实践启示我们，对待在政治原则问题上犯错误的党员干部不可一概而论，必须严格区别两类不同性质的矛盾，耐心帮助、教育和挽救犯了一般性错误的同志，切不可将他们与某些政治野心家混淆起来。目前我们党内违反政治纪律和政治规矩的问题，大多数是党内矛盾性质，真正蜕化变质、腐化堕落的只是极少数。对犯错误的同志，必须给予严厉批评，开展积极健康的思想斗争，以使他们真正警醒起来，同时又要坚持惩前毖后、治病救人方针，帮助他们分析犯错误的原因,指明改正错误的方向和方法,以达到既弄清思想又团结同志的目的。

四是着力加强党的思想理论建设。在马克思、恩格斯看来,李卜克内西之所以拿党的政治原则做交易,并不是他要根本背叛党和革命事业,而是“‘诚实的人’又一次受到了不诚实的人的极大的欺骗”①。李卜克内西受骗上当的原因是多方面的,其中最主要的原因,就是缺乏应有的马克思主义理论素养,在理论问题上总是含糊不清、缺乏主见,从而弱化了在重大原则问题上辨别是非的能力。理论上清醒是政治上坚定的基础和前提。坚定正确的政治方向,做政治上的明白人,首先就要做到理论上清醒。马克思、恩格斯对李卜克内西所犯错误思想根源的分析启示我们,严明党的政治纪律和政治规矩,避免有人在重大政治原则上犯糊涂、跌跤子,必须加强党的思想理论建设,着力提高党员干部的马克思主义理论素养,增强他们辨别大是大非、抵御错误思潮侵袭的能力。要坚持固本培元,切实加强党的思想理论建设,引导党员领导干部强化理论武装,接受马克思主义的理论滋养,掌握正确的立场、观点、方法,练好看家本领,筑牢信仰之基、补足精神之“钙”、把稳思想之舵,增强政治敏锐性和政治鉴别力,炼就“金刚不坏之身”。

五是切实把政治建设摆在党的建设首位。坚持党要管党、全面从严治党,必须在加强党的思想理论建设的同时,坚持以党的政治建设为统领,把党的政治建设摆在党的建设首位。党的政治建设是党的根本性建设,是严明党的政治纪律和政治规矩的灵魂和保障。抓住了政治建设,就抓住了防范和杜绝拿政治纪律和政治规矩当儿戏、做交易行为的根本。是否恪守党的政治纪律和政治规矩,是新形势下对每个党员干部党性和对党忠诚度的考验与检验。全党同志要牢固树立政治意识、大局意识、核心意识、看齐意识,增强坚持党中央权威和集中统一领导的思想自觉和行动自觉,始终在政治立场、政治方向、政治原则、政治道路上同党中央保持高度一致,任何时候任何情况下都始终做到政治立场不移、政治方向不偏。要坚持不懈严格党内政治生活,增强党内政治生活的政治性、原则性、战斗性,不断提高党内政治生活质量和水平。要把党的政治纪律和政治规矩立起来、严起来,增强政治纪律、政治规矩的刚性和约束力,任何人不

① 《马克思恩格斯选集》第3卷,北京:人民出版社,2012年,第345页。

得越过这个红线，越过了就要严肃追究其政治责任。

（本文系作者向2017年11月河南省科学社会主义学会、河南省国际政治与国际共运研究会和信阳师范学院当代马克思主义研究所在河南信阳联合主办的科学社会主义学会年会暨“新时代中国特色社会主义理论与实践”学术研讨会提交的参会论文）

反腐倡廉建设篇

坚持党的先进性与反腐败

坚持党的先进性与反腐败,二者相互联系、相互促进、相辅相成。腐败是党的先进性的腐蚀剂,坚持党的先进性,客观上要求反对和防止腐败;党的先进性是一切腐败现象的对立物,反对和防止腐败,是坚持党的先进性的重要保证。坚决反对和防止腐败,是全党的一项重大政治任务。我们必须从坚持党的先进性、巩固党的执政地位、维护国家的长治久安的高度,充分认识腐败现象的极端危害性,充分认识反对和防止腐败的极端重要性,以"三个代表"重要思想统领党风廉政建设和反腐败斗争,把坚持党的先进性和反对腐败统一于执政党建设和中国特色社会主义建设中去,以改革创新的精神把党风廉政建设和反腐败斗争进一步引向深入。

反对和防止腐败是坚持党的先进性的客观要求

党的先进性,就其内涵而言,是指一个政党在理论、纲领和在人类社会发展进步进程中所起作用的性质等方面优于其他政党的特质。看一个政党是否先进,最主要和最根本的,是看它是否代表最广大人民的根本利益。这一条,既是衡量一个政党先进与否的根本标准,同时也是党的先进性的本质内涵。人民是推动历史进步的主体。人民的历史地位和作用,决定了他们的利益最为紧要。为人民的利益而奋斗,是一个政党具有并保持先进性的根本标志和根本要求。先进政党的一切理论和奋斗,都必须始终致力于实现最广大人民的根本利益。先进政党代表先进生产力的发展要求和先进文化的前进方向,推动社会历史的发展进步,归根结底都是为了实现最广大人民的根本利益。

党的先进性是党的生命。是否具有和能否保持自己的先进性,对于一个政党来说，关系党的生死存亡和事业成败。人心向背是党的先进性的重要体现。一个政党能否生存发展，党的事业能否兴旺发达，根本取决于人心向背，取决于是否能够赢得最广大人民群众的信任、拥护和支持。只有始终代表先进生产力的发展要求，代表先进文化的前进方向，代表最广大人民的根本利益，才能赢得最广大人民的信任、拥护和支持，不断推进党的事业发展。否则，党的事业就会走向失败，甚至党自身也有衰亡的危险。

党和人民群众的关系，是党的先进性的集中体现。能否始终保持党同人民群众的血肉联系，直接关系我们党能否始终坚持自己的先进性。腐败是党的先进性的腐蚀剂。如果我们不警惕、不警觉，任其发展蔓延，那将带来灾难性的后果。我们要始终保持党同人民群众的血肉联系，始终保持党的先进性，必须旗帜鲜明、毫不动摇地反对腐败。坚决反对和防止腐败，这是始终坚持党的先进性的客观要求。党的先进性是党存在和发展的根本依据，是得到最广大人民信任和拥护的根本条件，是党赖以执政的基石。一个执政党如果丧失了先进性，就失去了存在的依据，失去了群众的支持，也就失去了执政的基础，那它必然要走向衰亡。世界上一些长期执政的大党老党之所以失去执政地位，有的甚至完全瓦解，其根本原因就是腐败横行，党丧失了先进性，失去了人民群众的拥护和支持。这些执政党垮台的沉痛历史教训，我们必须牢牢记取。

党执政时间越长越要反对腐败

我们党已经执政 50 多年。长期执政给党的自身建设，尤其是党的作风建设提出了一系列新的问题。许多事实一再表明，由于党长期处在执政地位，大量党员干部长期担任领导职务，一些人不思进取、好逸恶劳、贪图享受的思想滋长起来了，利用手中掌握的权力谋取私利的现象发生了，形式主义、官僚主义的不良作风也泛滥起来了。对于这些消极腐败现象的产生，我们需要从党执政以后地位的变化及其带来的相关问题做进一步的思考。

我们党已有 80 多年的历史。在这 80 多年的奋斗历程中，党的历史地位发生了重大变化，从一个为夺取政权而奋斗的党成为一个掌握着全国政权的执政党，成为一个连续执政 50 多年的党。党的地位的这种历史性变化和党的长期执政,不能不对党员和干部队伍带来深刻的影响。

革命战争年代,在反动派残酷统治的政治环境和极其艰苦的生活环境中,为了取得革命胜利,广大党员和干部只有密切联系群众,紧紧依靠群众,从人民群众中获得支持和力量,才能生存、发展,否则就会失败。那时,由于尚未掌握全国政权,我们党可以调动的资源很有限,无论高级干部还是普通党员,大家都过着非常艰苦的生活。

从新中国成立到现在,我们党已经在全国执政50多年,党所处的历史方位和肩负的历史使命发生了根本性变化。从党的自身情况看,党所处的地位发生了重大变化,这就是长期执政;党所处的环境发生了重大变化,这就是对外开放和发展社会主义市场经济;党员队伍发生了重大变化,这就是党员数量增大,党的干部队伍新老交替不断进行。所有这些变化表明,作为一个长期执政并在对外开放和发展社会主义市场经济条件下领导国家建设的党,我们党脱离群众的危险加大了,联系群众的渠道、方式以及领导群众实现自身利益的途径等方面都出现了一些新情况。

执政党的最大特点,就是执掌全国政权,拥有调动全国各种资源的权力,它的党员干部担任从中央到地方的各种领导职务。能否正确对待自己手中的权力,是运用手中的权力更好地为群众谋利益,还是利用它与民争利,为个人谋私利,这对执政党的党员干部特别是领导干部来说,不能不是一个严峻考验。在党长期执政以后,特别是在改革开放和发展社会主义市场经济的历史条件下,这种考验显得尤其严峻、尤其突出。党要继续执政并长期执政,仅靠历史上建立的功绩是不够的,人民群众要求我们这个执政党在新的历史条件下有新的作为。必须清醒地看到,人心向背并不是一劳永逸的,而是不断变化的,其关键就在于执政党能否始终代表最广大人民的根本利益。在继续执政和长期执政的历史过程中,我们党一定要把自己的政治优势保持好、发扬好,始终保持同人民群众的密切联系,这样才能永远立于不败之地。

我们党是坚持立党为公、执政为民的马克思主义政党。党的执政地位的取得,靠的是执政为民的政治优势,党的执政地位的巩固同样要靠这一政治优势。为此,我们党必须始终坚持人民价值主体论,以中国最广大人民作为价值主体,以为人民服务作为行为准则,以实现和满足人民群众的利益要求作为最高价值追求,把党的价值实现完全融于中国人民和中华民族的解放与发展事业之中,任何时候任何情况下，与人民群众同呼吸共命运的立场不能变，全心全意为人民服务的宗旨不能忘，坚信人民群众是真正英雄的历史唯物主义观点不能丢。

从现实情况看，我们的多数党员干部在这方面做的是比较好的。但也确有一些党员领导干部经受不住执政、改革开放和发展社会主义市场经济的考验，把人民赋予的权力看作自己的既得利益，用来捞取和维护一己私利，陷入权钱交易、骄奢淫逸、贪赃枉法的腐败泥潭。大量事实告诉我们，党执政时间越长，其党员干部脱离群众的危险就越大，各种腐败现象就越容易发生。因此，党执政时间越长，越要加强党的自身建设，越要加强对党员干部的管理，越要注意反对和防止腐败。只有这样，才能使党永远坚持自己的先进性，巩固自己的执政地位。

要从加强党的执政能力建设的高度做好党风廉政建设和反腐败工作

有无执政能力，执政能力强弱，是衡量执政党先进性的一个重要标准。先进性是党赖以执政的重要基础。执政能力是党的先进性的重要体现。中国共产党之所以能够经受住各种风险考验，在一个具有近 13 亿多人口的东方大国继续执政、长期执政，就在于她始终坚持了自己的先进性。

一个党在其执政过程中，不可避免地要面临这样那样的风险考验，其中最大和最现实的考验，就是腐败与反腐败斗争的考验。对我们党来说，这种考验不仅是现实的、严峻的，而且是长期的。党的执政能力体现在许多方面。有无能力反对和防止腐败，是最重要、最集中的体现。我们党要经受住腐败与反腐败斗争的考验，始终坚持自己的先进性，巩固自己的执政地位，必须把党风廉政建设和反腐败工作作为党的执政能力建设的重要内容。

把党风廉政建设和反腐败工作作为党的执政能力建设的重要内容，是我们党深刻认识共产党执政规律取得的最新成果。党的十六大深刻阐述了加强党的执政能力建设的极端重要性，明确提出不断提高科学判断形势的能力、驾驭市场经济的能力、应对复杂局面的能力、依法执政的能力和总揽全局的能力的基本要求。2003 年 2 月 19 日，胡锦涛总书记在中央纪委第二次全会上进一步要求，要把党风廉政建设和反腐败工作作为党的执政能力建设的重要内容，这表明我们党对共产党执政规律的认识达到了新的理论高度。党的执政能力,是指党领导和支持人民当家做主,管理国家及社会事务的本领。加强党的执政能力建设,其中就内含着增强党反对和防止腐败的能力,把党风廉政建设和反腐败工作提高到一个新的水平的要求。只有把党风廉政建设和反腐败工作作为党的执政能力建设的重要内容,在不断提高科学判断形势的能力、驾驭社会主义市场经济的能力、应对复杂局面的能力、依法执政的能力和总揽全局的能力的同时,不断提高反对和防止腐败的能力,才能全面加强党的执政能力建设,不断巩固党的执政地位。

把党风廉政建设和反腐败工作作为党的执政能力建设的重要内容,是新世纪新阶段我们党进一步解决两大历史性课题的客观要求。提高党的领导水平和执政水平,提高拒腐防变和抵御风险能力,是我们党在新的历史条件下永葆先进性必须解决好的两大历史性课题。在执政条件和社会环境发生深刻变化的历史条件下,解决好这两大历史性课题,客观上就要求我们必须努力改革和完善党的领导方式和执政方式,加强党的执政能力建设,着力提高党风廉政建设和反腐败工作水平,充分发挥反腐倡廉工作的促进作用和保证作用,始终保持党同人民群众的血肉联系,使我们党能够经受住长期执政、改革开放和发展社会主义市场经济的考验,把党建设成为始终带领人民团结奋进的坚强领导核心。

把党风廉政建设和反腐败工作作为党的执政能力建设的重要内容,必须着眼于全面加强党的执政能力建设,在实践中不断提高反对和防止腐败的能力。党风廉政建设和反腐败工作,必须坚持党的领导、人民当家作主和依法治国的有机统一,把全心全意为人民服务的宗旨、从严治党的方针、立党为公和执政为民的要求制度化,努力筑牢思想道德和党纪国法两道防线,着力构建教育与监督并重的中国特色预防腐败体系,不断推进反腐倡廉工作的制度化、规范化和程序化,用制度保证党的先进性。

要把党风廉政建设和反腐败工作同改革开放和经济建设的重大措施结合起来,使之相互促进、协调发展。各级党委要以高度的政治责任感和使命感,切实担负起反腐倡廉的政治责任,发挥好总揽全局、协调各方的作用,使反腐败领导体制和工作机制有效运转起来,形成齐心协力反腐败的良好局面。要努力建设一支政治坚强、公正清廉、纪律严明、业务精通、作风优良的高素质的纪检监察干部队伍。要把依法执政的要求贯彻到党的纪律检查工作中去,严格依法依纪办事。

要以“三个代表”重要思想统领反腐败斗争。当前我们反腐败,是在新世纪新阶段反腐败,必须以不断发展着的马克思主义作指导。“三个代表”重要思想是当代中国的马克思主义,它深刻地揭示了共产党的执政本质、执政基础、执政内容、执政方式、执政纲领、执政资格和执政前途等一系列重大理论和实践问题,是我们党必须长期坚持的指导思想,也是深入开展党风廉政建设和反腐败斗争的强大思想武器。因此,我们必须坚持以“三个代表”重要思想统领反腐败斗争。

以“三个代表”重要思想统领反腐败斗争,必须贯彻“三个代表”重要思想的根本要求。贯彻“三个代表”重要思想,关键是坚持与时俱进,核心是坚持党的先进性,本质是坚持执政为民。这三条根本要求,是胜利开展反腐败斗争的根本保证。

坚持执政为民,是由我们党的性质和宗旨所决定的,是党的先进性的本质表现。它要求我们的党员干部必须坚持立党为公、执政为民,牢固树立正确的世界观、人生观、价值观,正确对待和运用自己手中的权力,以最广大人民的根本利益作为施权用权的根本出发点和落脚点,始终做到权为民所用、情为民所系、利为民所谋,切实把最广大人民的根本利益实现好、维护好、发展好,与人民群众同呼吸、共命运。这一本质要求同腐败是根本对立的,它根本排斥一切腐败现象,是我们反对和防止腐败的基本理论根据。

坚持执政为民,是坚持党的先进性的必然要求。只有坚持执政为民,才能使党永葆先进性。只有坚持党的先进性,才能更好地坚持执政为民。因此,坚持党的先进性与坚持执政为民,二者在本质上是一致的,它们共同为我们反对和防止腐败提供了强大思想理论武器。

坚持党的先进性,坚持执政为民,必须坚持与时俱进。与时俱进,既是一种理论品质,又是一种精神状态,更是一种实践要求。只有在理论上坚持与时俱进,根据不断发展变化着的世情、国情和党情,准确把握时代特征和社会发展趋势,深入探索新形势下反腐倡廉的特点和规律,在理论上不断拓展新视野,做出新概括,使我们反腐倡廉的全部理论和工作体现时代性、把握规律性、富于创造性,用发展着的理论指导和推动反腐倡廉新的实践,使反腐倡廉工作的思路和对策更具有科学预见性和现实针对性,才能为反腐败斗争提供强大的思想武器。只有在精神状态上坚持与时俱进,始终保持共产党人的蓬勃朝气、昂扬锐气和浩然正气,具有强烈的使命感、责任感和实事求是的态度,对反腐败斗争充满必胜信心,才能为反腐败斗争提供强大的精神动力。只有在具体工作实践中坚持与时俱进,加强对新形势下腐败现象发生的特点和趋势的研究,探索党风廉政建设的规律,探索反对和防止腐败的长效机制和有效方式,推动机制创新和制度创新,才能为反腐败斗争提供可靠的体制保证和制度保证。

党的先进性是具体的、历史的,必须放到推动当代中国先进生产力和先进文化的发展中考察,放到维护和实现最广大人民根本利益的奋斗中考察,归根到底要看党在推动历史前进中的作用。人民群众最基本的利益是经济利益。如果经济发展不上去,人民群众的生活富裕不起来,执政为民就会成为一句空话,党的执政地位就会动摇。因此,以“三个代表”重要思想统领反腐败斗争,坚持党的先进性,必须紧紧围绕“发展”这个党执政兴国的第一要务开展反腐倡廉工作,从巩固党的执政地位的高度,正确解决好加快发展、与时俱进、执政为民与反腐倡廉的关系,使坚持党的先进性和反腐败斗争统一于党的建设和中国特色社会主义建设的伟大实践之中。

(原载《中州学刊》2003 年第 6 期)

当前腐败演变的新趋势新特点

近年来，各级党委、政府和纪检监察机关始终保持对腐败分子的高压态势，进一步加大查办案件的力度，严肃查处了陈良宇、刘方仁、王怀忠、杜世成、郑筱萸等一批有影响的大案要案，有力震慑了腐败分子。随着腐败与反腐败博弈形势的发展变化，一些腐败分子绞尽脑汁不断研究和"创新"以权谋私、权钱交易的策略与手法，力图探寻更加隐秘、能够有效规避风险的腐败方式，于是权钱交易出现了新情况、新问题，呈现出新的演变趋势。

一

第一，从贿赂标的物来看，已经超出了传统的"财物"界限和范围，开始向财产性利益和非财产性利益领域延伸。为了使权钱交易更具隐蔽性和复杂性，交易双方往往在贿赂标的物上煞费苦心地精心谋划、反复揣摩。于是，贿赂标的物便呈现出多样化的发展趋势。请托人给职务犯罪嫌疑人施以贿赂，提供有价证券、支付凭证、黄金、珠宝等财物者依然有之，提供免费劳务、住房装修、住房使用权、车辆使用权、出国出境旅游等财产性利益者也不鲜见，安排高消费娱乐、休闲、健身活动，提供出国留学、性服务等非财产性利益者则与日俱增，有的还将其披上更加华丽的外衣，美其名曰"劳务费""润笔费""顾问费"等。

第二，从收受贿赂的策略手法来看，已经出现了许多不可忽视的新现象和新变化。腐败分子们开始采取战略投资、曲线牟利的策略手法：回报不直接表现为一般意义上的现金，而是转换为其他形式的各种利益。近年来，以交易形式收受贿赂，以接受请托人提供的干股收受贿赂，以"合作"开办公司或者进行其他"合作"投资名义收受贿赂，以委托请托人投资证券、期货或者其他委托理财的名义收受贿赂，要求或者接受请托人以给特定关系人安排工作为名使特定关系人不实际工作却获取所谓薪酬等现象相继出现。

第三，从权钱交易涉足的领域来看，已经由行政、司法、吏治等领域向立法领域渗透延伸。以往的权钱交易行为多发生在吏治、行政、司法等领域，被人们称为吏治腐败、行政腐败、司法腐败。2008 年 11 月，商务部条法司原巡视员（正司级）郭京毅因涉嫌受贿罪被检察机关决定逮捕，惊爆新中国成立以来公开披露的第一例立法腐败大案。随后，又有数位涉案司局级官员被“双规”或被刑拘。这些涉案人员一边拿了某些利益群体的好处，一边发挥自己的特殊影响，在法律中为这些利益群体夹带“私货”，使得法律的制定、修改、解释对政府部门之外的这些利益群体有利。

第四，从权钱交易的路径和渠道来看，正在由职务犯罪嫌疑人和请托人双方直接交易向由中介组织代为交易蔓延。中国社会科学院的一份研究报告表明，近年来随着中介组织的迅速发展和大量行政寻租与商业贿赂等腐败借助中介之手来实施，我国社会中介组织腐败现象正日益严重。该报告称，在各种贪污腐败案件当中，利用会计师、评估师、行业协会等中介组织出具审计报告、财务资料、评估报告等文书的合法性，掩饰其贪污腐败等非法行为，以图蒙混过关、实现非法利益，是一些官员寻租腐败的惯常做法。一些中介机构为实现其客户委托的事项而直接或者介绍利害关系人向政府官员提供金钱、有价证券等其他财产或获利机会。一些中介组织甚至正在沦为洗钱的技术智囊和实际操盘手。

第五，从贿赂的实际接受人来看，已经不再仅仅局限于职务犯罪嫌疑人本人。一些职务犯罪嫌疑人，尤其是一些职务较高的职务犯罪嫌疑人利用职务上的便利为请托人谋取利益以后，往往不是其本人亲自收受请托人财物，而是授意请托人与其特定关系人以买卖房屋、汽车等物品的方式进行交易，有关财物也由其特定关系人收取。甚至于在退休以后，自己也不直接到请托人公司去任职，而是由其特定关系人代之。采用该种形式，更增加了权钱交易的隐蔽性和复杂性。据 2007 年 6 月，时任中央纪委副书记的刘锡荣在一次党风廉政建设形势报告会上透露说：中纪委对落马贪官进行调查发现，受贿者 80% 的贿赂都是由妻子、儿女、情妇等代收的,由其自己亲收的不及20%。①

第六,从贿赂的标的物在请托人手中滞留的时间来看,不尽相同,有长有短。随着权力寻租风险的不断增大,一些职务犯罪嫌疑人不再明目张胆地以现权套现利,转而采取新的策略和方式:在利用职务上的便利为请托人谋取不正当利益时并不要求即时得到回报,而是与请托人约定,待该谋利行为的影响期过后或待该官员退休或者辞职从商后再予以套现。这就是人们通常所说的"期权腐败"。除此以外,在贿赂的标的物交接的约定上,职务犯罪嫌疑人与请托人还有一种选择,那就是双方约定贿赂标的物暂由请托人存放、保管,职务犯罪嫌疑人何时需要,请托人随时交付供其享用。实际上,也就是职务犯罪嫌疑人为障人耳目,逃避打击,并不把贿赂的标的物一次性地全部收受过来,而是将其存放在请托人那里,当成自己随用随取的"小金库"。

第七,从贿赂的标的物所有权转移的情况来看,呈现出表面上虽未转移而实质上已经转移的趋势。以往职务犯罪嫌疑人利用职务上的便利为请托人谋取利益以后,请托人将贿赂标的物连同其所有权一次性地交付给职务犯罪嫌疑人。贿赂标的物是房屋、汽车等特定的有形财物的,请托人连房产证、汽车购置发票都一并交付。近年来,这种情况有所改变。职务犯罪嫌疑人收受房屋、汽车时,并不要求到登记机关办理权属变更手续,而是以"借用"的方式实际长期占用。

二

当前腐败演变的上述新趋势,使其呈现出了一些与以往不同的新特点。

一是具有较强的预谋性。作为一种智能化程度较高的职务犯罪实施者,行为人一般都具有较高的智商,并对与其职务相关的专业知识和法律法规相当熟知,反侦查能力比较强。为规避风险,在实施职务犯罪以前,通常都进行了精心、周密的谋划,在心理上和作案条件上做了充分准备,而且其预谋多是围绕反侦查这一核心展开的,意在逃避法律的追究。有的甚至不惜出重金,请"高人"

---

① 《千名党员干部听警示课》,《重庆晚报》2007年6月24日。

指点。

二是具有较强的纠合性。犯罪嫌疑人一般数量较少,通常只有职务犯罪嫌疑人和不法请托人两个自然人构成。双方一般是战友、同学、老乡关系,是彼此之间最信得过、靠得住的“铁哥们儿”,情感深厚、彼此耦合、过往甚密、便于沟通,容易臭味相投、沆瀣一气,易于在主观上形成共同的犯罪故意,在犯罪目的、动机和手段上达成共识,结成紧密的利益共同体,订立宁死不招的攻守同盟,且在实施犯罪过程中彼此角色配合默契。即便是一方东窗事发、身陷囹圄,也自恃彼此之间的这种过硬关系,负隅顽抗。

三是具有较强的时差性。与以往那种赤裸裸的权钱交易行为相比,现阶段一些腐败案件中的权钱交易并不是简单的即时兑现式的投桃报李,而是采取了十分隐秘的手法。从权力寻租和扩张的一般规律看,通常具有空间和时间两个维度。权力的扩张和寻租通常会产生两大后果:一是损害公众利益,二是谋得个人私利。为有效降低权钱交易的风险,提高职务犯罪的安全系数,职务犯罪嫌疑人和不法请托人经过周密的设计和策划,利用寻租和扩张后果发生时序的延展性,故意使损害公众利益的后果发生在前,谋得个人私利后果发生在后,打一个时间差,借以模糊两种后果发生之间的关联性。从时间跨度上看,两种后果发生的时间差通常达几年甚至十几年之久。

四是具有较强的异域性。一些腐败案件中的权钱交易双方,虽然是好朋挚友,但是并不一定处在同一地域。市场经济语境下,资本的跨地域、跨行业、跨国境流动十分频繁。权钱交易双方充分利用这样的机会,彼此勾结,共同犯罪。有的职务犯罪嫌疑人甚至以境外的不法商人为合作对象,在国内为对方牟取非法利益,在境外得到回报。有的职务犯罪嫌疑人以前曾在国有控股公司任过职,后来又担任党政领导职务。在国有控股公司任职时,与民营企业老板达成期权交易协议,离职后被依约聘任到民营企业任职,直至此时,其所得回报才得以兑付。同时,不法商人反哺职务犯罪嫌疑人的回报也形式多样、花样翻新,通常以各种看似“合情、合理、合法”的形式兑现。

当前腐败演变的上述新趋势和新特点,无疑增大了甄别和查处职务犯罪行为的难度,使我们的党风廉政建设和反腐败斗争面临着新的挑战和考验,迫切要求我们悉心研究新形势下腐败演变的特点和规律,积极探索拓展从源头上防治腐败工作领域的路径和办法,不断推进反腐倡廉的理论创新和实践创新,力争在一些重点、难点问题上取得新突破,最大限度地遏制腐败现象的滋生和蔓延。

(原载《学习时报》2009 年 5 月 25 日)

论利益冲突及其预防制度构建

党的十七届四中全会通过的《中共中央关于加强和改进新形势下党的建设若干重大问题的决定》，郑重地提出了“建立健全防止利益冲突制度”这一重大课题。这在我们党反腐倡廉的历史上还是第一次。在十七届中央纪委第五次全会上发表的重要讲话中，胡锦涛同志再次把这一重大战略任务提到了全党面前。利益冲突是腐败赖以滋生的重要根源。建立健全防止利益冲突制度，是更加注重治本、更加注重预防、更加注重制度建设的重要体现，也是拓展从源头上防治腐败工作领域的重要举措。要在深刻认识和把握反腐倡廉建设规律的基础上，抓住正确行使权力这个关键，坚持以制约和监督权力为核心，加快推进防止利益冲突制度建设，进一步夯实从制度上预防和治理腐败的基础，最大限度地减少和避免公共资源配置、公共资产交易、公共产品生产等领域权力寻租机会。

一、利益冲突及其主要类型和本质特征

这里所说的“利益冲突”不是一般意义上的社会利益冲突，而是特指国家公职人员“在公共行政过程中，因受到私人利益因素的影响，并且不采取相应的处理举措，以致价值判断和政策取向偏离公共利益要求，发生私人利益与其公职所代表的公共责任相冲突的情境和行为”①。也就是说，这种利益冲突是权力道德伦理视域中的利益冲突，亦即公共权力主体自己或者特定关系人的私人利益与社会公共利益之间的对抗、抵触、背离。

① 程铁军等:《建立健全防止利益冲突制度》,《瞭望新闻周刊》2010 年第 10 期。

利益冲突原本是一个政治学概念,20 世纪 60 年代加拿大政府将其引入廉政领域,认为公职人员必须百分之百地为国家利益或公共利益服务,不得以公职谋取个人利益,为此必须防止个人利益与公共利益可能发生的任何实际或潜在的冲突。此一论点得到国家社会广泛认同。从此,利益冲突便成为一个特定的廉政概念。

在我国现实生活中,廉政视域中的利益冲突有诸多表现形式。从目前已经观察到的情况看,这种利益冲突主要有以下几种类型。

1.交易型利益冲突。这一类型的利益冲突,就是国家公职人员利用职务上的便利为请托人谋取利益,请托人以不同形式和名义向其输送钱财或其他财产性利益、非财产性利益,使之谋得个人私利。例如,某国有企业集团高级领导在该企业集团工程招标过程中,对负责招标工作的项目主管领导及本集团基建部门的项目经理施加一定影响,帮助与其有密切私人关系的特定投标者中标该集团上亿元的基建工程项目,使这一特定中标者在承建这些基建工程项目中获利近千万元。作为为自己谋得巨大利益而给予该高级领导的回报,中标者直接向其送上巨额贿赂款。从逻辑关系上说,中标者的这种钱财输送与该高级领导对他的关照有着直接的因果关系,具有直接的关联性。这是交易型利益冲突的典型表现形式。此外,一些新型受贿行为,比如掌握土地审批权或房地产开发审批权的国家公职人员,利用职务上的便利为请托人谋取利益,以明显低于市场的价格向请托人购买房屋的,同样属于交易型利益冲突行为。尽管该国家公职人员在购买房屋时向请托人支付了一定数额的款项,但是交易价格却明显低于市场价甚至低于成本价,支付的款项与该物品的正常价格明显不符,违反等价交换原则,其实质是以交易为名、行贿赂之实,与一般的权钱交易并无不同,只不过是为原本赤裸裸的权钱交易穿上了迷惑人的“伪装”。

2.影响型利益冲突。这一类型的利益冲突,就是国家公职人员利用本人职权或者地位形成的便利条件,直接或者间接地为自己、近亲属、利益相关者谋取私人利益。2010 年 3 月 11 日,香港无线电视广播有限公司(TVB)业务总经理陈志云因涉嫌利益输送被香港廉政公署(ICAC)请去“喝咖啡”,事件震动香江。此案的案情大致是:陈志云的前任私人助理丛培昆离职后,开设了一家广告公司,从 TVB 获得制作多项综艺节目的服务合约,陈志云作为 TVB 高层,涉嫌在其中扮演“关键角色”,“输送”了直接“利益”①。2006 年 9 月,中共中央决定对上海市委原书记陈良宇严重违纪问题立案调查。中共中央在决定中列举了陈良宇的诸多违纪问题,其中就有“利用职务上的便利为亲属谋取不正当利益”这一条。经查,2002 年至 2003 年,从事房地产生意的陈良军(陈良宇的胞弟)欲在上海市宝山区拿到一块土地,多次找宝山区委领导帮忙。后者请示陈良宇,陈同意并表示“按规定办,把好关”。于是,陈良军很快便顺利地获得了这块土地的使用权,随后他将这块土地的使用权转手倒卖,非法获利 1.18 亿元②。这两个案例中的利益输送,均属于影响型利益冲突行为。

3.旋转型利益冲突。这一类型的利益冲突,就是国家公职人员利用自己在公共管理部门和经营性企业之间双向转换角色、穿梭交叉所形成的便利条件,直接或者间接地为自己、近亲属、利益相关者谋取私人利益。比如,曾在中央财政管理干部学院任教的肖时庆,1996 年调入中国证券监督管理委员会工作,最初在上市公司监管部任职,后任上市公司监管部副主任。2001 年出任东方证券党委书记、董事长、总经理。2004 年后调回中国证监会,历任上市公司监管部副主任、股改办副主任、上市公司监管部副主任(正局级)。2007 年起担任中国银河金融控股有限责任公司党委委员,银河证券党委书记、纪委书记、总裁、法人代表,2009 年 4 月因涉嫌受贿被有关部门带走调查时拟重返中国证监会任职③。正是凭着两进两出中国证监会这道官商旋转门,利用从证监会官员到证券公司高管,亦即“猫”与“鼠”之间角色和身份的多次转换,肖时庆收受了巨额的利益输送。这类利益冲突还有一种表现形式,国家公职人员在职期间或者退休以后在企业兼职、任职,或者在履行公共事务过程中利用公权,或者利用在职时的影响,为自己、亲属或利益相关者谋取私人利益。

4.集团型利益冲突。这一类型的利益冲突,就是政府部门或部门小集团利用其作为公共权力行使者而占据的强势地位,直接或者间接地为自己或小团体谋取利益。在我国现阶段,代表国家行使公共权力的政府本身就是一个重要的利益主体。这一利益主体的利益集中地表现为部门利益或部门小集团利益,甚

---

① 黄拯:《从陈志云被捕看香港廉政建设》,人民网 2010 年 3 月 23 日。

② 王和岩等:《审判陈良宇现场纪实》,《文摘报》2008 年 5 月 2 日。

③ 李德林:《肖时庆两进两出证监会》,《证券市场周刊》2009 年第 40 期。

或表现为某些部门行政首长的个人利益。经济转轨和社会转型所带来的利益分化以及对利益最大化的追求,不可避免地对某些政府部门产生一定影响。这些政府部门偏离甚至背离公共利益,利用其所具有的强势地位来谋取部门利益、小团体利益乃至少数领导的个人利益。网络电视(IPTV)是一种利用宽带有线电视网,集互联网、多媒体、通信等多种技术于一体,向用户提供包括数字电视在内的多种交互式服务的高新技术。目前许多国家都在竞相采用这种新技术,然而这种业务在我国的一些地方却一再被叫停。有业内人士一针见血地指出,IPTV 叫停声的背后是部门利益冲突。"全球性的 IPTV 热潮已经来临,中国应该迎接这个大趋势的挑战,而不是从部门利益和地方利益出发、以行政手段对抗这个趋势。目前,中国 IPTV 发展所面临的最大问题既不是市场也不是技术,用户习惯也不是问题,真正的阻力来自部门之间、地区之间的利益对抗。"①这种利益对抗表面上是部门之间、地区之间的利益对抗,但其实质则是某些部门利益、小团体利益与公共利益的冲突,因为这种利益对抗最终损害的还是公共利益。

上述这些利益冲突尽管有显性和隐性之分,表现形式各异,但却有着共同的本质:公共权力行使主体以自己或者特定关系人的私人利益对社会公共利益的侵犯,亦即公共权力的变异。

公共权力在本质上是社会公众意志的反映,是维护社会公众利益的工具,因为它是由社会公众授予的。这就决定了公共权力的最终利益指向只能是社会公众利益。然而,在现实生活中,公共权力毕竟是直接掌握在作为权力行使主体的一部分人手里,由这些人来具体行使,这就使权力本身具有内在的矛盾性:一方面权力的最终利益指向是社会公众利益,要求其行使者必须用自己手中的权力来实现好、维护好、发展好社会公众利益;另一方面权力又同具体的行使主体个人或其特定关系人的利益相联系,权力一旦被缺失权力伦理道德的行使主体所掌握,并且不受制约和监督,行使权力的主体就会利用公共权力来为个人或其特定关系人谋取私利。公共权力主体的私人利益与社会公共利益之间所发生的这种抵触和对立,标志着公共权力已经背离了其应有的利益指向,丧失了其原有的社会公益性质,沦为个人或少数人谋取私利的工具。

---

① 吴波:《500 亿商机网络电视市场受阻部门利益冲突》,中国商报网 2006 年 2 月 14 日。

二、建立健全防止利益冲突制度的重要性和紧迫性

利益冲突问题的提出,是以“理性经济人”假设为其理论基础的。此一理论把国家公职人员假设为“理性经济人”,认为作为一种社会存在,国家公职人员也有一般人的人性特点,也需要首先解决吃、穿、住、行问题,然后才能从事政务活动。这就决定了他们同时兼有公共人和经济人的双重角色,其行为在具有公共性的同时又不可避免地具有自利性。这就使得他们经常处于角色冲突和利益矛盾之中。公共人的角色要求他们在行使公共权力时须以追求社会公共利益最大化为目标,但经济人的角色则驱使他们把实现自己或特定关系人的利益最大化作为其目标追求。假如这后一种角色让公职人员在行使公共权力时占据了主导地位,那就势必会导致利益冲突。

应当看到,有些利益冲突本身直接构成腐败。例如,交易型利益冲突本身就直接构成腐败。一个国家公职人员利用职务上的便利为请托人谋取利益,并收受请托人给予的钱财或其他财产性利益、非财产性利益,其本身就是腐败行为。同时还应看到,尽管有些利益冲突本身尚不直接构成腐败,但却是滋生腐败现象的重要根源。中国足球协会和中国足球运动管理中心是两块牌子一套人马,虽然前者是一个民间组织,却能行使一些行政管理职能。这种“双重身份”决定了中国足协一方面是权力机构,一方面是市场主体,明显地存在着利益冲突问题。这种利益冲突如果不能得到有效治理,就极有可能会成为滋生腐败的温床。中国足协前专职副主席南勇既是民间组织官员,又是中国足球运动管理中心主任,正局级国家公职人员,还担任着作为商业机构——中超联赛股份公司的董事长,他亦民亦官亦商,集多重角色、多方利益于一身,既拥有行政审批权,又拥有市场利益和相关赛事运作的决定权,利益冲突是显而易见的,但其本身并不就是腐败。如果南勇能够廉洁自律,有关部门能够严加监管,形成对其权力的有效制约和监督机制,也许这起震惊中外足坛的腐败案就不会发生。然而,在缺失有效治理的情况下,这种利益冲突最终还是导致了腐败案的发生。因此,国际学界和政界普遍把利益冲突视为滋生腐败的重要根源。

现阶段中国腐败问题的实际现状证明了这一点。在以往发生的许多重大

腐败案件中,相当普遍地都能从其背后看到利益冲突的影子,大多是利益冲突发生和存在但未得到有效治理导致的必然结果。

利益冲突问题的治理情况如何,不仅直接影响反腐倡廉建设的总体成效,影响党的执政能力建设和先进性建设实际效果,同时还对党的执政基础和执政合法性产生严重影响。执政党的执政基础是授权于执政党的人民群众,执政党的执政合法性来自人民群众的拥护、支持和认同。而利益冲突问题的实质,是执政党执政语境下公共权力行使主体的个人或者其特定关系人的私人利益与社会公共利益的对立、抵触和背离,它直接损害党的执政基础,销蚀党执政的合法性。在论及这一问题时,北京大学廉政建设研究中心主任李成言坦言:“目前公众对有些人事任免、政府采购、工程招标、行政审批事项不信任,根源就在于决策官员在政策决定中存在利益冲突。”他还强调指出:“利益冲突问题对政府廉洁危害极大,其要害在于这种行为削弱了公众对官员的基本信任。在现实中,即使官员没有获得私人利益,但只要利益冲突明显存在,公众就有理由对官员在决策过程和行政过程中的客观性产生质疑。”①美国约翰·霍普金斯大学访问学者周琪博士也指出:“利益冲突的存在还会威胁到公众对政府官员决策客观性的信心。”②也正是因为如此,许多国家都把防止利益冲突视为有效预防腐败的前瞻性策略。

当前中国处在社会转型期,随着市场经济的发展、所有制结构和社会结构的变化,党的执政基础已经并将继续发生重大变化。历史经验告诉我们,在社会结构发生重大变化后,任何执政党都面临一个重新认知执政基础并适时调整相关政策的问题。值此重大历史关头,防止和治理利益冲突,遏制腐败现象的滋生和蔓延,对于扩大党的执政基础、巩固党的执政地位具有特别重要的意义。

利益冲突在腐败现象滋生中的根源作用,引起了党中央的高度警觉和重视。尽管前些年党中央对“利益冲突”这个概念鲜有提及,但在相关制度、机制设置过程中已经注意到了这个问题,先后制定和出台了一系列针对利益冲突的政策法规。譬如,1984 年 12 月发布《关于严禁党政机关和党政干部经商、办企

---

① 参见《瞭望》新闻周刊 2010 年第 10 期记者采访文章。

② 周琪:《从解决“利益冲突”着手反腐败》,《中国新闻周刊》2016 年第 20 期。

业的决定》,1997 年 1 月颁布《关于领导干部报告个人重大事项的规定》,1997 年 3 月印发《中国共产党党员领导干部廉洁从政若干准则(试行)》,2007 年 5 月颁布《关于严格禁止利用职务上的便利谋取不正当利益的若干规定》,以及 2009 年十七届全国人大常委会七次会议通过《中华人民共和国刑法修正案(七)》,等等。这些政策法规,分别从不同方面就防止利益冲突问题做出了相关规定。

近年来为从源头上有效防治腐败,党中央反复提出防止利益冲突的问题,并在建立健全相关制度方面取得了重要进展。2010 年 1 月中央纪委颁布实施的《中国共产党党员领导干部廉洁从政若干准则》(以下简称《廉政准则》),针对现阶段反腐倡廉工作实际,在原有试行版的基础上,更加详细地列明了党员领导干部廉洁从政必须禁止的各种行为,突出地体现了防止利益冲突的精神。与原有试行版相比较,《廉政准则》在总则部分增加了“必须模范遵守党纪国法,清正廉洁,忠于职守,正确行使权力,始终保持职务行为的廉洁性”的原则性要求;在第二条中增加了禁止“违反规定拥有非上市公司(企业)的股份或者证券”等诸多内容;在第五条中增加了不准利用职务之便,为他人谋取利益,为其特定关系人收受对方财物等方面的内容;在新增加的第七条中做出了“禁止违反规定干预和插手市场经济活动,谋取私利”的规定。

应当说,这些新的制度规定对于防止利益冲突、保证党员领导干部廉洁从政具有重要的促进作用。但是,从总的情况看,防止利益冲突制度建设还处于初始和探索阶段,制度资源稀缺和制度供给不能满足制度需求的问题还远未解决,制度设计和制度安排还存在不少缺陷,制度的法制化程度和刚性约束力还有待进一步提高。防止利益冲突,制度更带有根本性、全局性、稳定性和长期性。利益冲突在腐败现象滋生中的根源作用,决定了建立健全防止利益冲突制度的重要性。利益冲突的普遍存在及其对我国廉政安全日趋严重的威胁,使建立健全防止利益冲突制度显得尤为迫切。

三、加快推进防止利益冲突制度建设

坚决反对腐败,防止党在长期执政条件下腐化变质,是党必须始终抓好的重大政治任务。当前反腐倡廉形势依然严峻,根本在于作为腐败主要源头的利益冲突现象凸显并且尚未得到有效治理,其深层原因就是相关制度建设严重滞后。建立健全防止利益冲突制度,是深入贯彻党的十七大提出的“三个更加注重”要求的重要体现,是拓展从源头上防治腐败工作领域的客观要求,是构建惩治和预防腐败体系的核心内容。要统一思想、提高认识,进一步增强责任感和紧迫感,加快推进防止利益冲突制度建设,尽快构建科学、严密、规范的防止利益冲突制度基本框架,努力提高防止利益冲突制度的科学化、规范化水平。

第一,从法理上厘清公私利益界限,为构建防止利益冲突制度提供重要前提。利益冲突之所以容易发生,在很大程度上源于国家公职人员在个人私利与其所代表的公共利益之间界限的模糊性。在利益冲突中,国家公职人员同时兼有承担公共责任的公共人角色和作为某个家庭或单位成员的社会人角色。这种双重角色,往往使国家公职人员面临两种价值选择:要么是为着实现公共利益而放弃寻求私人利益,要么是寻求私人利益而牺牲公共利益。做出前一种选择,表现了作为公共权力行使者的国家公职人员的伦理责任;做出后一种选择,则表明其陷入了权力腐败的泥潭。在公共领域与私人领域已经分化但分化尚不充分的社会转型期,对公域与私域中的角色定位和公利与私利之间的界限划分并不是那么清晰,而是相互交织、模糊不清的。这一时期,相互交织的各种利益和相互激荡的各种利益关系,不可避免地会对作为公共人的国家公职人员做出上述价值选择带来一定的困难,使他们中的一些人故意或非故意地做出后一种选择。一些人更是故意利用公利与私利之间界限的这种模糊性进行权力寻租,利用职务上的便利为个人或小集团谋取利益。因此,要从制度上有效防止利益冲突,首先就要从法理上厘清公利与私利之间的界限,使二者之间的界限明晰化,不仅在制定法规、制度条文时使之明晰化,更要在实际操作中做到清晰化,为国家公职人员做出负起伦理责任的正确选择提供便利条件,并最大限度地减少某些国家公职人员故意利用二者之间界限的模糊性进行权力寻租的可能性。

第二,抓住“三公”领域这个重点,以科学、严密的制度安排阻断国家公职人员以权谋私的通道。从现阶段我国的实际情况看,利益冲突现象大多发生在公共资源配置、公共资产交易、公共产品生产领域(简称“三公”领域)。在我国现行体制下，包括土地管理、工程建设、矿产资源开发、产权转让、政府采购等在内的“三公”领域，行政审批权、资源配置权、行政执法权相对比较集中，往往成为不法商人向掌管这些权力的政府部门及其公职人员施以贿赂的重点领域。这就决定了在缺失制约和监督的情况下，利益冲突和权力腐败现象在这些领域的高发和频发。而且，这些政府部门及其行政官员手中的资源配置权越大，发生权力寻租的概率和风险也就越大。因此，必须着力完善“三公”领域市场运行机制，重点抓好这些领域的制度建设，在公共权力与私人利益之间筑起一道有效防止利益冲突的“防火墙”。要加快推进公共资源配置市场化进程，把市场竞争机制引入公共资金使用、公共产品生产等领域，进一步加大市场配置资源的力度，以实现资源的有效配置。加快推进公共资产交易市场体系建设，大力推进要素市场体系建设，促进生产要素的合理流动和公平竞争；进一步完善产权交易制度的支撑体系，加强产权交易市场中介机构的监管，确保公共资源阳光交易；进一步健全产权交易制度实施平台，推进产权交易市场整合，统一各地产权交易规则，促进要素资源的跨区域流动和优化配置；进一步扩大产权交易制度的覆盖面，消除防止利益冲突和权力寻租的制度盲区。要加快推进公共产品市场运行机制创新，在准公共产品供给领域引入竞争机制，逐步消除政府和企业对准公共产品供给的垄断，实现准公共产品供给的多元化；加快推进投融资体制改革，着力推进投融资主体多元化和资金筹措市场化；进一步规范和完善财政管理体制，继续推进预算管理制度改革，增强财政收入和支出安排的公平性和透明度；加快推进公共部门行政执法监控机制建设，切实强化对公共产品生产供给的全程监督。

第三，加快构建基本制度框架，着力提高防止利益冲突的科学化、规范化、长效化水平。一是加快建立国家公职人员财产申报制度。财产申报制度，是指国家公职人员依照法定的期限和方式向有关机关如实申报其财产状况及变化情况，并接受有关机关监督检查的制度。许多国家的成功经验证明，财产申报制度是防止利益冲突的一个重大举措。官民信息不对称是发生利益冲突的重要原因之一。建立国家公职人员财产申报制度，可在一定程度上解决官民信息不对称的问题。早在 1994 年，我国就将《财产收入申报法》列入第八届全国人大立法规划，但迄今还未完成。现在建立这一制度，时机已经成熟。要借鉴国外的成功经验，加快此项制度的立法进程。二是健全和完善国家公职人员利益冲突回避制度。国外成功经验表明,建立健全这一回避制度,是防止利益冲突的重要制度保障。美国相关法律就明文规定,禁止雇员以官方身份参与他知道对自己或其他关联人有经济利益的任何特定事项。目前《中华人民共和国公务员法》中虽已就利益冲突回避问题做出了相关规定,但是却未对没有执行回避要求所承担的责任做出具体规定,缺乏可操作性,从而使制度的执行失去了保障。要借鉴国外的成功做法,使这一制度尽快地健全和完善起来。三是抓紧制定建立违规公职人员个人资产处理制度。这一制度是相关部门在审查国家公职人员财产申报情况时发现的涉嫌利益冲突的个人资产依法做出处理的制度。对这类资产的处理,可采取资产出售、资产委托的形式,即或以公平交易的办法卖掉资产,或把资产委托给政府安排的信托人管理。四是进一步健全离职后行为限制制度。建立这一制度是国际上防止利益冲突的通行做法。《中华人民共和国公务员法》借鉴国外通常的做法,已对国家公职人员离职从业做出了限制性的规定,但是还存在一些不完善的地方。譬如,对国家公职人员离职从业所做的限制性规定还比较笼统,还有待于进一步细化和具体化;对公职人员离职从业所做的限制性规定还是单方面的,只对离职公职人员的从业行为做出了限制性规定,而未对接纳其从业的相关企业的接纳行为做出相应的限制性规定;还仅限于对公职人员离职从业的限制,尚未对他们诸如作为某商业机构的代表或代理人与其原任职单位从事商业活动、利用离职前掌握的内部信息谋取利益等做出限制性规定。所有这些,都需要通过制度建设来逐步加以完善。

第四,加快立法进程,着力提升防止利益冲突制度的刚性与约束力。通过相关立法,用所有制度中最具强制性、权威性和稳定性的法律制度来防止利益冲突,是现代法治国家普遍做出的选择。防止腐败并不仅仅依赖于个人道德,更重要的是依赖于法律和规章。这一认识,已成为许多西方国家人们的共识。在这些国家,都制定有防止利益冲突的极严格的法律制度。譬如,加拿大制定有约束公职人员行为的《利益冲突章程》,还制定了针对现任和退休的公职人员的《利益冲突与离职后行为准则》。美国则以刑事法律的形式颁布了《利益冲突法》,并对违反该法的行为规定有相应的罚金刑和有期徒刑。不仅如此,防止利益冲突立法在当今世界已经成为廉政立法的核心。目前,与防止利益冲突、加强反腐倡廉建设的客观要求相比,我国的防止利益冲突立法严重滞后,已有的相关法律规定散见于多部法律法规和“红头文件”之中，缺乏系统性和严密性，其中的许多“严禁”或“不准”具有一定时效性，更有许多规定缺失相应的惩罚性条款，可操作性比较差。利益冲突之所以在我国相当普遍地存在，并有相当一部分演变成为腐败，与相关立法缺位和已有法律制度存在缺陷不无关系。当前我国建立健全防止利益冲突制度，最迫切、最重要的一项工作，就是抓紧制定一部专门法律《防止利益冲突法》，并使之与我国现行的法律法规相配套。其实，早在几年前，中央已经就此提出了明确要求：探索制定公务员从政道德方面的法律法规。要从我国的具体国情出发，借鉴国外的先进经验，切实做好相关立法论证和框架设计，对利益回避、财产申报、资产处理、公职人员离职后行为限制等做出相应的制度安排，明确规定其具体的操作程序以及违反法律规定所应当承担的法律后果。

第五，把强化反腐倡廉教育同加强对权力的制约和监督有机结合起来，构建防止利益冲突的长效机制。防止利益冲突，首先必须加强对国家公职人员的反腐倡廉教育。反腐倡廉教育是反腐倡廉的基础性工作，是拒腐防变的第一道防线，是从源头上预防腐败的重要举措，是惩治和预防腐败体系的重要内容。只有切实加强反腐倡廉教育，帮助公职人员认清利益冲突问题的本质及其危害，不断增强自身的思想道德素质和抵御私欲膨胀与各种诱惑的能力，增强防止利益冲突的自觉性，才能夯实廉洁从政的思想道德基础，筑牢拒腐防变的思想道德防线。坚持正面教育和警示教育相结合，思想教育和廉政文化建设相结合，日常教育和专题教育相结合，加快推进教育载体创新，不断改进教育方式，切实增强教育实效。防止利益冲突，核心在加强对权力的制约和监督。在现实生活中，公共权力毕竟是直接掌握在一部分人手里，很容易与其个人私利联系起来。权力一旦被缺失权力伦理道德的人所掌握，并且不受制约和监督，就会丧失其社会公益性质，导致利益冲突现象的发生。要有效防止权力利益冲突，必须切实加强对权力的制约和监督。抓住了对权力的制约和监督，就抓住了防止利益冲突的关键。反腐倡廉教育与制约、监督权力，是防止利益冲突的两道重要防线，前者是基础，后者是关键。预防是教育与制约、监督共同的价值功能。共同的价值功能，使得二者在防止利益冲突中具有互补性。这就要求我们要把加强反腐倡廉教育同强化对权力的制约和监督有机结合起来，并在此基础上进一步深化改革、加快推进制度创新、坚决惩治腐败，形成改革的推动力、教育的说服力、制度的约束力、监督的制衡力、惩治的威慑力共同发挥作用的长效机制，充分发挥惩防体系的整体效能。

（原载《反腐倡廉建设研究文集》第二辑，河南人民出版社 2013 年 10 月出版）

关于完善离职国家工作人员从业行为法律规范的若干建议

"期权"受贿是近年来新出现的一种隐蔽性和欺骗性很强的受贿犯罪行为。而国家工作人员退休或者辞职以后到与原工作业务直接相关的企业或者其他营利性组织任职,则是兑现离职前利用职务上的便利为请托人谋取利益时达成的离职后收受钱财的"事先约定"的重要方式。为规范离职国家工作人员从业行为,预防和治理"期权"受贿行为,《中华人民共和国公务员法》(以下简称《公务员法》)做出了相关规定。但是,现有的法律规定还尚待进一步完善。

一、国家规制"期权"受贿行为的法律亟待完善

国家工作人员在任时利用职务上的便利为请托人谋取利益,但是并不直接地从请托人那里即时得到财物类的回报,而是在退休或者辞职以后按照事前与请托人达成的约定,接受请托人的"聘请",到以请托人为法人代表的企业任职,不实际工作而挂名领取薪酬,或者虽然参与工作但是领取的薪酬明显高于该职位的正常薪酬水平,从而使与请托人先前约定的实际利益得以变现。这是"期权"受贿犯罪的一种重要表现形式。

针对这种新型受贿行为,《公务员法》第一百零二条第一款对国家工作人员离职从业做出了"三年两不准"的规定:"公务员辞去公职或者退休的,原系领导成员的公务员在离职三年内,其他公务员在离职两年内,不得到与原工作业务直接相关的企业或者其他营利性组织任职,不得从事与原工作业务直接相关的营利性活动。"这一法律规定,对于预防和治理"期权"受贿犯罪具有一定的积极意义。但是,从目前司法实践的实际效果来看,还存在着一些不健全和不完善的地方,尚不能有效地堵塞滋生"期权"受贿犯罪的漏洞。

笔者认为，上述法律规定存在的缺陷主要有以下四个方面：

一是对国家工作人员离职从业所做的限制性规定还比较笼统，尚有待于进一步细化和具体化。譬如，“与原工作业务直接相关”有无时空概念上的区别？国家工作人员的工作岗位不是固定不变的。如果他们离职以前短期内连续发生多次工作岗位变动，“原工作业务”应该如何进行界定？再者，对“任职”应做何理解，它的具体内涵是什么？是仅指担任正式职务，抑或还包括担任顾问一类非正式职务？而所有这些，在法律条文中均无明确和具体的规定。

二是对国家工作人员离职从业做出的限制性规定尚为单方面的，亦即只对离职国家工作人员的从业行为做了限制性规定，而未对接纳离职国家工作人员从业的企业的接纳行为做出相应的规定。按照《公务员法》第一百零二条第二款的规定，公务员辞去公职或者退休后有违反前款规定行为的，只是“责令接收单位将该人员予以清退，并根据情节轻重，对接收单位处以被处罚人员违法所得一倍以上五倍以下的罚款。”

三是对违反离职从业禁令者的处罚力度还不够大。《公务员法》第一百零二条第二款规定：“公务员辞去公职或者退休后有违反前款规定行为的，由其原所在机关的同级公务员主管部门责令限期改正；逾期不改正的，由县级以上工商行政管理部门没收该人员从业期间的违法所得。”这样的处罚力度，不足以收到震慑犯罪、以儆效尤的预期效果。

四是对国家工作人员离职从业行为的监管力度还有待进一步加大。目前，尚缺失监管国家工作人员离职从业行为的程序、制度和机制。

二、健全和完善《公务员法》相关规定的几点建议

为进一步健全和完善《公务员法》的有关规定，以有效堵塞滋生“期权”受贿犯罪的漏洞，笔者建议通过法定程序对《公务员法》做出如下修订：

一是细化对国家工作人员离职从业的限制性规定，使之进一步具体化。为依法强化对国家公务员离职以后权利和行为的限制，加拿大于 1994 年专门制定了一部《公务员利益冲突与离职后行为法》。这部法律明确规定，公务员在离

职一年期限内不得“在任职期满前一年他们曾有直接的和重要官方关系的实体的董事会中任职或受雇于该实体”；“在任何情况下，前公职人员均不应改变立场，在任何正在进行的活动、交易、谈判或以政府为一方而前公职人员曾代表政府或任政府顾问的案件中代表任何个人、商业实体、协会或联合会”，而且公务员在离职一年期限内不得“代表任何其他人或实体向他们任职期满前一年曾有直接和重要官方关系的部门提出意见”。这些规定详细、具体，很具操作性。我们应借鉴这一做法，制定与《公务员法》有关条款相配套的《公务员离职后行为法》，将具体的限制性要求写入其中，以从根本上切断国家工作人员离职或者退休以后利益变现的通道和路径。应对国家工作人员离职从业的限制性规定做出相应的补充和修改，使之在内容上更加臻于完善。此外，还应当注意党内立法与国家立法之间的彼此协调与配合，尽可能地使《中国共产党党员领导干部廉洁从政若干准则》与《公务员法》在相关条款的具体内容上做到相互衔接与统一。

二是对离职国家工作人员的从业行为做出更加严格的限制性规定，明确规定企业不得以任何名义聘用原先管辖过他们的国家工作人员，否则依法追究聘用企业的法律责任，给予严厉经济处罚。同时，还应当依法对已经离职或者退休的国家工作人员到其原先管辖区域内的企业从业所获得的报酬做出指导性的一般规定；其所得的实际报酬，比照当地他人同等劳动的平均收入水平，扣除正常收入以后的差额部分以非法所得论，并对其违法行为做出相应的经济处罚。

三是健全和完善违反国家工作人员离职后行为限制的处罚机制，加大对违反离职从业禁令的处罚力度。目前《公务员法》对国家工作人员离职或者退休以后有违反规定的就业行为者，规定“由其原所在机关的同级公务员主管部门责令限期改正；逾期不改正的，由县级以上工商行政管理部门没收该人员从业期间的违法所得，责令接收单位将该人员予以清退，并根据情节轻重，对接收单位处以被处罚人员违法所得一倍以上五倍以下的罚款”。这一处罚规定，主要不是直接针对违反规定的离职或者退休的国家工作人员的，也就是说，离职或者退休的国家工作人员即使违反有关规定，其本身不需承担任何法律责任。很显然，这样的规定既不合理，也难以有效遏制离职或者退休的国家工作人员进行利益冲突行为的冲动，无法有效切断国家工作人员离职或者退休以后利益变现的通道和路径。建议增加针对违规从业的离职或者退休国家工作人员个人的处罚规定,包括与其违法所得相适应的经济处罚和情节严重情形下的刑事处罚规定。

四是建立健全监管国家工作人员离职从业行为机制。尽管国家法律和中央纪委的相关文件早已对国家工作人员离职从业行为做出明确规定,但是由于缺失相应的监管机制,实践中对该种行为的监管还很不到位。香港特别行政区政府的一些做法很值得我们汲取和借鉴。为防止前首长级公务员离职就业引起利益冲突,香港特别行政区政府建立了规管首长级公务员离职就业的机制,设立了“首长级公务员离职就业检讨委员会”(以下简称委员会),具体负责检讨现行规管首长级公务员在停止政府职务后担任外界工作的政策和安排,对首长级公务员离职后担任外界工作的权利、公众期望和避免利益冲突各项因素进行平衡。2008 年 8 月,香港特别行政区政府前房屋及规划地政局常任秘书长及房屋署署长梁展文出任香港新世界中国地产公司执行董事及副董事总经理,引起香港市民和舆论界的强烈质疑,被指在政府任职期间曾经以“红湾半岛”工程搞“利益输送”,以为退休后就业铺路。在舆论的强大压力下,委员会进行专案调查,梁展文和新世界中国地产公司于 8 月 16 日宣布双方无条件解约,此一风波方告平息。我们应当借鉴香港特别行政区政府的经验,建立健全相关监管机制,以立法的形式明确此一行为由谁监管、怎样监管,监管的程序和手段是什么、在监管中有失职和不作为的情况怎么办,等等,从而使这种监管具有可操作性,监管效果具有可查性。

五是增加国家工作人员离职从业行为的透明度。阳光是最好的防腐剂。预防和治理“期权”受贿犯罪,一个重要的治本办法,就是实行以公开性为必要条件的人民民主,最大限度地增加离职或者退休的国家工作人员从业行为的透明度,将其离职或者退休以后的从业行为置于社会公众的监督之下。香港公务员特别是高级公务员的履历和薪酬水平等各类资料,包括其退休和离职以后的从业情况,都是向社会公开的,所有市民均可从政府网站上随时查询。要以法律的形式对公务员离职从业行为公开做出规范,要求公务员退休或辞职以后须向原单位报告其从业情况,原单位掌握情况后亦须及时向主管部门通报情况,并向全社会公示。接纳退休或辞职公务员的企业,也要就其从业情况及时向社会公示。要明确规定退休或辞职国家工作人员不如实报告其从业情况或者报告不及时所应承担的法律责任,同时规定其原单位和主管部门以及接纳其从业的企业不如实或者不及时公示所应当承担的法律责任。

（原载中共中央党校《理论动态》2012 年 4 月 30 日）

防止县域官员腐败与县域政治生态优化

近年来，县域官员腐败特别是县委书记腐败，已经成为反映强烈的社会热点问题。县域官员腐败影响县域社会稳定，削弱党在县域社会的公信力和执政基础。作为县域官员腐败的重要条件，县域政治生态恶化加剧县域党委和政府的信任危机，极易引发危害县域社会稳定的群体性事件。深刻揭示县域政治生态恶化与县域官员腐败之间的内在联系，客观分析造成县域政治生态恶化的深层原因，提出优化县域政治生态的理论与对策，对于防治县域官员腐败、保持县域社会稳定、巩固党在县域社会的执政基础，具有重要的实践意义和理论价值。

一、从政治生态视角探寻县域官员腐败的根源

近年来，买官卖官、贪污受贿、包养情妇、腐化堕落等腐败现象在全国一些县域屡有发生，县域官员特别是县委书记成为腐败高发群体。在有的地方，还出现了同一县域内县委书记、县长"前腐后继"接力腐败的情况。有的地方县委书记贪腐案发，往往把众多副科级以上干部都牵扯进去。

人们不禁要问：这些县官们到底怎么了？是什么原因使他们如此接二连三地堕入了腐败的泥潭？笔者以为，一个党员领导干部之所以蜕化变质为腐败分子，原因是多方面的，既有其自身主观方面的原因——放松主观世界的改造，导致理想信念动摇、思想道德滑坡、精神家园荒芜，也有其所处客观环境方面的原因，如政治生态状况对他们的深刻影响。

政治生态是一个复杂的系统，主要由政策环境、法治环境、舆论环境、用人环境和廉政环境等构成，涉及党的思想建设、组织建设、作风建设、制度建设和反腐倡廉建设状况。政治生态与领导干部廉洁从政状况二者相互联系、相互影

响。一个地方政治生态良好,有利于增强领导干部的廉洁从政意识,筑牢拒腐防变的思想道德防线,遏止腐败现象的发生。反之,一个地方政治生态恶化,精神懈怠、贪图享受,独断专行、骄奢淫逸等歪风盛行,势必助长领导干部邪念的产生,成为腐败现象滋生蔓延的温床。

从总体上说,目前我国县域的政治生态是好的。近年来,我国综合经济实力特别是县域综合经济实力之所以能够持续增强,县域社会总体保持和谐稳定,表明我国县域的党风、政风和社会风气比较清正,干部群众的精神状态比较好。这是我国县域社会的主流。但是,也要清醒地看到,政治生态不佳甚至趋于恶化的情况,在某些县域确有存在,有的还相当严重。

近年来,受国内外各种因素的影响,奢靡之风、浮躁之风、虚假之风、媚俗之风、吹捧之风、跑要之风等不正之风在一些地方比较盛行。一些人贪大求洋、追求豪华、过度消费、炫富比阔,比穿着讲究、住宅豪华、情妇数多寡。一些人急功近利、目光短浅,功利心重、好大喜功,不愿意干打基础、谋长远的事情,热衷于"政绩工程"。一些人作风不实、形式主义严重,只图虚名、不求实效,为了所谓"政绩"不惜弄虚作假。个别人贪图享受、贪图钱财、贪图美色,崇尚享乐主义,沉溺于灯红酒绿、声色犬马之中。少数人具有扭曲的媚上情结,唯领导马首是瞻,对上级趋之若鹜,极尽巴结献媚之能事。一些人无原则地歌功颂德,热衷于逢迎讨好、互相吹捧。少数人权欲熏心,跑官要官买官,为谋取官位和权力不择手段。

上述不正之风的盛行,对县域政治生态产生了相当严重的负面效应。在上述这些歪风的作用下,一些县区在政治生态方面出现了一系列不良乱象。

一是容易形成县域官场内庇荫网。上述不正之风的流行,会让一些县域领导干部特别是县委书记更加飘飘然,在完全忘记了"我是谁"的同时,使得原本就根深蒂固的"权力崇拜""关系崇拜""金钱崇拜"意识得到进一步的强化,上下级之间的人身依附关系得到进一步的固化,以少数县域高官为核心,以权力和金钱为"润滑剂",以亲情、友情、乡情为"黏合剂",形成若干层级不同的关系网,彼此结成利益联盟,在县域官场"逐渐衍生出具有封建专制色彩的家族化、帮派化、圈子化的个人政治庇荫关系网结构",他们利用其所掌管的体制内的合法性政治资源,"在政治上拉帮结派,在经济上相互牵连,把原先制度化、程序化的地方组织结构变成了‘施恩者’与‘效忠者’之间的私人政治”①。

二是容易形成官场“潜规则”，并使“潜规则”代替显性的正式规则成为官场运作的重要行为范式。上述不正之风的流行，在一些县域形成了不少没有明文规定的、被人们约定俗成的官场“潜规则”。譬如：遇事先看“一把手”的意思，“头儿”的意见就是我的意见，凡事莫要较真儿讲原则，否则官运迟早要夭折；在官场混要互相给面子，不去触动同僚的“奶酪”；官场如战场，莫要“空手套白狼”“不跑不送原地不动，只跑不送暂缓使用，又跑又送提拔重用”；等等。这些不登台面但却颇具约束力的官场“潜规则”，被一些深谙其道的人运用得如臂使指、十分自如、风生水起，在官场实际运作中屡试不爽。于是，民主集中制等许多显性的正式规则严重失灵，甚至完全被取代。在这种病态的县域政治生态环境中，一些庸官、昏官也能混得人五人六的，一些贪官竟能“带病”提拔、一路升迁，而一些原本正直清廉的干部或者不得不改变初衷、随波逐流，或者因成为官场“另类”而无法立足、被逆向淘汰。

三是容易导致县域政权出现“苏丹化”现象②。所谓苏丹式政权，是指那种类似于汉语中的“土皇帝”政体，其基本特征是掌权者权力不受制度和规则约束，将其治理区域变成个人的私人领地，并形成以效忠其个人为基础的朋党式关系网。在当今中国，类似这种“苏丹化”的土皇帝政治已在某些县域初见端倪。一个时期内，杜保乾在中部某省某县担任县委书记时，就是这里的“土皇帝”。他利用手中的权力把公共资源变成个人私产，随心所欲擅权专横而又不受任何约束。在其治下，他巡视城乡的电视录像要作为“重要新闻”滚动播出；其头像与“语录”赫然出现在重要地段的大幅广告牌上；为突出自己在该县的统治地位，他竟然命令县电视台掐断中央和省市的电视频道，一天到晚只播放本县节目。更为骇人听闻的是，他在一次全县干部大会上竟狂妄地说：“你们要和县委保持一致。县委是什么呢？县委就是县委书记。”③

四是势必导致公众政治参与度和认同度下降。公民政治参与是现代民主政治的核心，是政治文明发展进步的重要标志。在我国社会主义制度下，人民

---

① 张新光：《“内生腐败”及其成因》，《天津行政学院学报》2008 年第 4 期。

② “苏丹化”：美国政治学家林兹引入政治社会学的一个概念，这种政治模式非常类似于古代“苏丹王”的统治。苏丹属于政教合一的封建伊斯兰国家。

③ 石飞：《“土皇帝”的谬论：县委就是县委书记》，《中国青年报》2001 年 9 月 26 日。

群众广泛而积极的政治参与是人民当家做主的重要体现。然而,在近年来我国公民政治参与意识不断增强、主动性参与明显增多的大背景下,少数县域基层的公众政治参与意愿和参与程度却逆势下降,不少人对县域政治生活表现出一种“无所谓”的消极、麻木乃至冷漠的态度,有的甚至采取远离政治生活的逃避态度。究其原因,除公民意识淡薄、经济因素困扰、政治参与机制不完善以及传统政治文化影响以外,由县域政权“类苏丹化”、官场“潜规则”大行其道等所造成的县域底层民众政治参与挫折感,也是其中的一个重要原因。在县域官场内庇荫网政治模式下,县域底层民众表达利益诉求、监督权力运行的渠道非常狭窄,某些方面和环节甚至完全被人为地堵塞,提出的意见和建议如泥牛入海,得不到任何答复;投诉和举报多被扣押,不少投诉者和举报人甚或遭到打击报复。所有这些,不能不使县域底层民众产生某种政治参与的挫折感,从而在一定程度上泯灭了他们政治参与的兴趣和愿望,扼杀了他们政治参与的主动性和积极性,导致政治冷漠情绪在一些县域底层民众中快速弥漫,进而使县域政权的政治认同度进一步下降。

上述不良政治生态是县域官员腐败最重要的温床。错综复杂的朋党式庇荫网和官场利益联盟的形成,为权力越界和滥用平添了一些保护伞和遮蔽层,使得对权力运行的制约和监督变得愈加困难;显性正式规则尤其是权力运行制约和监督机制的失灵,以及人们对腐败现象逐渐从深恶痛绝到“习以为常”,甚至从麻木到羡慕,腐败从一种政治现象演变成一种文化现象,一些贪婪之徒以权谋私起来更加肆无忌惮。因此可以说,不良县域政治生态是县域官员腐败的重要基础,县域官员腐败是不良县域政治生态开出的“恶之花”。

二、导致个别地方县域政治生态不佳甚或趋于恶化的主要原因

县域官员腐败案的频发多发,表明个别地方县域政治生态不佳甚或趋于恶化。导致个别地方县域政治生态不佳甚或趋于恶化的主要原因有以下几个方面。

一是党不管党现象相当突出。党要管党、从严治党,是我们党的优良传统和宝贵经验。邓小平指出:“党要管党,一管党员,二管干部。对执政党来说,党

要管党，最关键的是干部问题。”①然而在一些县(区)，党不管党的现象相当突出。不少县区领导特别是县区委书记把经济工作看成是硬任务，抓招商引资、搞经济发展很有一套，就是不重视党的自身建设，把招商引资、发展经济当成“硬指标”，却把党建工作当成“软任务”，说起来重要、抓起来次要、忙起来不要。这些同志抓党员干部教育失之于泛，缺乏针对性和说服力，效果不理想；抓党员干部管理失之于偏，抓落实如“蜻蜓点水”不到位，甚至出现偏差；抓党员干部监督失之于软，怕得罪人丢选票，睁只眼闭只眼；抓党员干部惩戒失之于宽，执纪执法不严，对违法违纪者尽可能地大事化小小事化了；抓廉洁自律失之于松，自律意识淡漠，放松自我改造和自我约束。

二是价值观迷失乱象亟待治理。转型期的中国社会，是一个价值观念多元碰撞的社会。尽管社会主义核心价值观仍然占主流话语地位，但是却已经被西方价值观念挤占了不少话语空间，并且有日益被边缘化的危险。现实生活中，一些老板、大亨们一掷千金、挥金如土的潇洒人生，以及被影视文化肆意渲染的豪宅名车、金屋藏娇、纸醉金迷等奢靡生活，与国家公职人员微薄的工资收入、紧巴的低水平消费形成了强烈反差，使不少党员干部心理失衡。一些党性不强、意志不坚定者经不起诱惑和考验，人生观、价值观发生错位和扭曲，迷失自我、步入歧途，道德滑坡、底线失守、精神荒漠化、人格低矮化成为其行为特征。

三是传统政治文化的影响根深蒂固。中国是一个有着近两千年封建统治历史的国家，在长期的封建专制统治过程中形成了与之相适应的政治文化。“君权神授”“顺天应人”“君主崇拜”等思想观念，在整个封建时代占统治地位并得到广泛渲染，“权力崇拜”意识和“权力本位”的价值观在人们脑海里打下了深深的烙印。尽管我们搞了 60 多年的社会主义，但是封建政治文化至今仍在影响着一些人的思想和观念，支配着一些人的行为。特别是在乡村文化气息浓厚的县域官场，传统政治文化仍在很大程度上影响着一些党员干部的价值取向、道德选择和行为模式，成为县域政治生态恶化的重要推手。

四是权力过分集中的沉疴尚待革除。改革开放以来，改革党和国家领导制度、解决权力过分集中问题在总体上取得了明显进展，获得了一定成效。但是，在一些县域党委领导班子中，“一把手”个人集权、个人专断的问题依然存在，邓

---

① 《邓小平文选》第 1 卷，北京：人民出版社，1994 年，第 328 页。

小平同志当年所说的“以集体领导的外表掩盖个人专断的实质”①这一痼疾依然如故，甚或与过去相比有过之而无不及。“一把手绝对真理，二把手相对真理，三把手服从真理，其他把手没有真理”，坊间流传的这个段子反映了一些县域官场政治生态。在个别地方，县委书记成了“土皇帝”，在其所管辖的区域内几乎没有任何可以制约他的力量。这就势必使那些想揽工程挣钱的人特别是想揽大工程挣大钱的人，那些想当官特别是当了官还想当更大官的人，把行贿的目标对准位高权重、能够“一锤定音”的县委书记。

五是贫富差距过大等社会公平问题日益凸显。改革开放革除了“大锅饭”的弊端，拉开了收入差距，激发了人们的积极性，但是又出现了收入过于悬殊的问题。“富人有钱无处花，穷人有钱不敢花”的现象，已经成为社会公众特别是县域基层民众的最大关切。目前，社会公众对勤劳致富正当经营造成的收入差距有一定承受力，但是对违法犯罪致富现象，对不正当收入造成的不合理的贫富差距，心理不平衡，反映十分强烈。这就势必会在一定程度上扭曲社会公众尤其是县区基层群众的政治情感，加之日渐蔓延的权钱交易、贪污腐化等，从而动摇乃至摧毁人们原本固态的理想信念和道德行为根基，导致对现实不满的政治情结，成为政治生态恶化的重要推手。

三、优化县域政治生态的对策建议

消极腐败是我们党面临的“四大危险”之一，是可能毁掉中国特色社会主义事业的致命伤。县域官员腐败影响党和政府形象，损害党群干群关系，轻则引起群众的怨恨和不满情绪，重则引发大规模的群体性事件。我们要从巩固党的执政地位、完成党的执政高度的使命，坚持县域善治理念，着力重构和优化县域政治生态，从源头上探寻防治县域官员腐败的路径和举措。

一是培育和塑造县域人文精神。人文精神是一个民族的灵魂。我们要优化县域政治生态，首先必须培育和塑造县域人文精神。目前先进的价值理念和道德规范受到日益严重的冲击，社会乃至官场到处弥漫着铜臭气，充斥着龌龊

① 《邓小平文选》第1卷，北京：人民出版社，1994年，第231页。

味。这种不良的政治生态,很容易使一些党员干部经受不住诱惑,堕入腐败的泥潭。因此,重构政治生态、治理县域官员腐败,必须积极培育和塑造县域人文精神。抓住了县域人文精神培育,就抓住了优化政治生态之魂。要着力引导人们明确荣与辱,判断是与非,分清美与丑,辨别善与恶,弘扬社会正气,塑造美好心灵,树立正确的价值取向和行为导向。村落文化是县域政治生态的深厚基础。针对其重人情关系的典型特征,要强化规则意识,培育法治文化,为增强主流价值理念感召力、重建县域政治生态提供坚实的人文基础。

二是加强党风政风民风建设。当代中国语境下,政治生态是党风、政风、社会风气的综合体现,其核心问题是党风问题。一个县政治生态恶化,从根本上说是源于该县干部作风的败坏。优化政治生态,也就应当从加强党风建设抓起。抓住了党风建设,就抓住了优化政治生态的关键。要按照"八个坚持、八个反对"的要求,着力解决党风方面存在的突出问题,解决群众反映最强烈的问题。党风正则政风良,党风正则民风淳。各级党组织和领导干部的作风如何,直接决定着政风的实际状况,在社会上具有很强的导向作用和示范作用。要在加强党风建设的基础上,着力构建以优良的党风促政风带民风的长效机制。县域各级党员干部要做以优良的党风促政风带民风的模范实践者。

三是增强县域党组织的执政能力特别是社会整合能力。一个县域政治生态的实际状况,同该县域内党组织的执政能力密切相关。优化政治生态,必须切实加强县域党组织的执政能力。抓住了执政能力建设,就抓住了优化政治生态的根本。增强县域党组织的执政能力,关键在于抓好各级党委班子建设,着力提升领导干部的执政素质和执政水平。社会整合能力是党的执政能力的重要方面。加强县域党组织的社会整合能力,是强化党对社会的领导和控制的重要举措。要着力加强党的思想理论建设,充分发挥社会主义核心价值体系的整合力和引领力;加强民主政治建设,拓展基层利益诉求表达渠道;加强党的基层组织自身建设,增强其联结和协调统筹功能,促进公民社会的组织化和社会组织结构的整合;充分发挥执政党制度整合的功能与优势,提高整合的制度化水平。

四是要树立正确的选人用人导向。为政之要,重在人才。选人用人导向是一面旗帜。选准用好一个领导干部,就等于在广大干部面前树起一个标杆,就会对广大干部起到积极的引导作用和示范作用,促进政治生态优化。因此,选准用好干部是优化县域政治生态的关键环节。要坚持德才兼备、以德为先的用人标准，充分尊重群众的知情权、参与权、选择权和监督权，着力提高选人用人公信度，进一步匡正选人用人风气。健全和完善体现正确政绩观要求的干部选拔、任用、考评、奖惩体系，真正把群众公认、实绩突出的优秀干部选拔到重要岗位上来；让想干事的有机会，会干事的有舞台，干成事的有地位；让那些得过且过、政绩平平的人无法生存，让那些投机钻营、跑官要官的人失去市场。

五是稳步推进县域民主法治建设。加强民主法治建设，是优化县域政治生态的根本途径。要切实加强党内民主建设，尊重党员主体地位，保障党员民主权利，推进党务公开，完善党代会制度和党内选举制度，完善党内民主决策机制，坚决克服个人独断专行和软弱涣散现象。要大力发展基层民主，推进政务公开，拓宽制度化参与县域治理渠道，建立主体多元、方式开放的县域治理机制。县域党组织要按照科学执政、民主执政、依法执政的要求，带头维护法治的尊严和权威，坚持依法办事。各级政府要严格依照法定权限和程序行使权力、履行职责，推进政府管理方式创新，加强行政决策程序建设，善于运用法律手段深化改革、推动发展、维护稳定，为全面建成小康社会提供有力法治保障和良好法治环境。

六是加快推进县权改革。民为邦本，县为国基。在现行的党的组织结构和运行机制中，县级党委处于城乡结合、宏观与微观结合的枢纽部位和承上启下的关键环节，担负着把党的路线方针政策贯彻落实到城乡基层的重要职责。县级党委权力是否规范、健康运行，对县域经济发展、政治生态、社会和谐稳定都会产生重要影响。防止县级党委权力运行失范或被滥用，根本在推进党委领导体制改革，核心是推进党务公开，增加权力运行的透明度，加强对权力的制约和监督。要以实现县域善治为目标，着力深化县委权力公开透明运行，廓清权力边界，强化制约和监督，保障权力在法治框架内运行，重点强化对县委书记职权的规范和制约。要整合监督力量，畅通监督渠道，加强情况反馈，形成县委权力特别是县委书记权力运行的制约监督机制和反映问题处理工作机制。

（原载《中州学刊》2013 年第 2 期）

河南法治反腐运行态势分析与前瞻

党的十六大以来特别是近年来，随着全国反腐败法治化进程明显加快，法治在河南省惩治和预防腐败中的功能作用日渐得到较好发挥，为新形势下全省党风廉政建设和反腐败斗争提供了重要的制度保障。但由于人们对法治反腐重要性的认识还不够到位，国家的反腐败法律体系尚不够完善，法治反腐运行的配套机制尚不够健全，相关法律制度的刚性和执行力亟待增强，因此，目前河南反腐败法治化的总体水平还不够高。在可以预见的未来一个时期，随着法治反腐的理念更加深入人心和相关法律制度的健全与完善，法治反腐的组织机构及其运行机制的科学化、规范化，法治思维和法治方式将成为河南党风廉政建设和反腐败斗争的主导思维和最重要方式，法治在惩治和预防腐败中的功能作用将得到更充分的发挥。

一、河南法治反腐运行态势总体良好

近年来，在党中央、国务院的坚强领导下，河南坚持依法治省和廉洁兴省战略不动摇，不断提高国家反腐败法律法规的执行力，着力加强地方性反腐败立法工作，坚决依法查处大案要案，始终保持对腐败的高压态势，全省法治反腐呈现出良好的运行态势。

1.法治反腐理念日渐深入人心

法治是治国理政的基本方式，也是反对消极腐败、建设廉洁政治的根本路径。在依法治国、建设社会主义法治国家的大背景下，河南省鲜明地提出了依法治省和廉洁兴省战略，强调把党风廉政建设和反腐败斗争纳入法治轨道，坚持用法治思维和法治方式反对腐败，加快反腐模式从传统反腐向法治反腐的转变。持续开展依法反腐思想教育，引导纪检监察和司法机关工作人员摈弃人治思维，牢固树立法治思维，坚持宪法和法律至上，严格按法规制度办案，把全部反腐工作都置于法治框架内进行，使对所有贪腐案件的查处都始终秉持法治精神，始终以法治精神为依归。全省纪检监察机关广泛开展了“依纪依法安全文明廉洁办案”专题教育活动，分期分批对省、市、县三级纪检监察机关分管案件工作的领导及相关人员进行了专题培训。全省法院系统则集中开展了社会主义法治理念教育活动，坚持以人民群众满意为根本标准，始终把端正执法思想放在首位，引导广大干警准确把握社会主义法治理念的科学内涵和本质要求；坚持开门教育，动员社会各界广泛参与，切实整改存在的问题，以实际行动践行社会主义法治理念；相继开展法院思想作风整顿活动，集中清理执行积案专项活动和集中处理涉法涉诉上访案件工作，解决了一大批案件和问题，取得了良好的社会效应，全省排查出的积案执结率达到95%；全省上半年新收执行案件执结率达到85.2%，涉法涉诉进京非正常上访由过去的前5名下降到第13名，教育活动群众满意率达到90.6%①。经过各方面的共同不懈努力，法治反腐理念已在河南渐入人心，依法反腐正在成为全省纪检监察和司法机关工作人员的自觉行动。

2.法治反腐的法制基础已经初步形成

坚持法治反腐理念，把全部反腐工作都纳入法治轨道，前提是必须要有一套反腐败的法律法规体系。这是法治反腐的重要基础。没有这样一个法律法规体系，或者这种法律法规体系不健全、不完善，法治反腐就会因为缺乏其应有的法制基础而被束之高阁，或者使其功能作用受到一定的影响和削弱。为了奠定法治反腐的法制基础，这些年来，我们党先后制定和施行了《中国共产党党员权利保障条例》《中国共产党党内监督条例（试行）》《中国共产党巡视工作条例（试行）》等党内法规制度；为确保公共权力的正确行使，我国制定了《中华人民共和国行政许可法》《中华人民共和国公务员法》《中华人民共和国行政监察法实施条例》等基础性法律法规制度；为依法依纪惩治腐败，国家还制定并不断完善包括刑事处罚、党纪处分和政纪处分在内的惩处违法违纪行为的实体性法律法规，并加入了《联合国反腐败公约》。同时，河南省也在加紧通过地方立法来构建反腐败法制基础，先后出台了《河南省反腐败条例》，制定了《关于严格禁止

① 张建新：《我省社会主义法治理念教育经验叫响全国》，《河南日报》2007年8月25日。

违反规定干预和插手公共资源交易的若干规定》《关于进一步规范招投标活动的意见》《工程建设廉洁准入暂行办法》等项制度。经过上述努力，反腐败法规制度体系的基本框架已逐步建立起来，法治反腐的法制基础已初步形成，并在制约和监督权力运行的实践中发挥了基础性和关键性的作用。

3.依法制约和监督权力运行初见成效

腐败本质上是权力腐败。权力一旦失去制约和监督，必然导致腐败。预防和治理腐败，核心是加强对权力运行的制约和监督。法治的核心要义是约束公权力、保障私权利。依靠法治制约和监督权力，把权力关进制度的笼子里，是有效预防和治理腐败的根本路径。近年来，河南省在实践中通过全委会听取党委常委会工作报告，在济源、荥阳、夏邑等市县进行党代会常任制试点，探索在党代会闭会期间发挥党代表的作用，发挥党代会和全委会对重大问题的决策职能。在全国较早地提出了要加大对县（市、区）的巡视力度，将全部县（市、区）纳入巡视范围，并积极拓展巡视范围，不仅将市、县四大领导班子及其成员纳入巡视范围，而且还将市、县两级纪委领导班子也纳入了巡视范围。坚持制约有效、规则在前、程序严谨，把对权力行使的监督检查纳入各项改革中，逐步建立健全决策权、执行权、监督权既相互制约又相互协调的权力结构和运行机制。在进一步深化行政管理体制改革中，继续精减和调整行政审批事项，完善并联审批、全程代办、特事特办等高效便捷服务机制。在深化司法体制和工作机制改革过程中，注重完善对司法权运行的制约监督机制，健全司法公开、司法回避、司法问责等制度规范，确保司法机关公正廉洁执法。

4.依法惩治腐败的威慑力逐步显现

依法惩治腐败，是法治反腐的内在要求和题中应有之义。要有效遏制和治理腐败，必须始终保持惩治腐败的高压态势，坚决依纪依法严惩腐败。这些年来，河南省在突出抓好反腐制度建设、强化对权力运行的制约和监督的同时，坚持有案必查、有腐必惩，持续加大办案工作力度，突出办案重点，严肃查办违反政治纪律行为，坚决维护中央权威；严肃查办发生在领导机关和领导干部中贪污贿赂、失职渎职案件，重点领域和关键环节中的案件，严重违反政治纪律和组织人事纪律的案件，重大责任事故和群体性事件涉及的失职渎职及背后的腐败案件；严肃查办商业贿赂案件，加大对行贿行为刑事处罚、经济处罚和资格处罚力度；严肃查办发生在基层政权组织和重点岗位以权谋私、滥用职权的案件；严肃查处执法机关以案谋私、贪赃枉法和为黑恶势力充当“保护伞”等案件。据中共河南省委常委、省纪委书记尹晋华答记者问时提供的数据，2007 年 11 月至 2013 年 5 月，全省纪检监察机关立案 80687 件，给予党政纪处分 87818 人，其中市厅级干部 137 人，平均每年 25 人。① 有关数据还显示，6 年多来，河南省共计查处县处级干部 2405 人，平均每年查处 373 人、重处分 112 人、移送司法机关 43 人。② 经过上述努力，一些人民群众反映强烈的突出问题得到阶段性的解决，初步遏制了消极腐败现象的进一步滋生和蔓延，增强了全省广大干部群众反腐败的信心，依法惩治腐败的威慑力在河南得到初步显现，并呈现出继续增强的良好发展态势。

上述可见，近年来河南法治反腐运行态势总体良好，这种总体良好的运行态势，不仅表现在各种法治反腐举措的陆续推出上，也不仅表现在查处腐败分子的具体数字上，更表现在人民群众对全省党风廉政建设和反腐败斗争成效的满意度上。人民群众满意不满意，是检验和衡量党风廉政建设和反腐败斗争成效的最根本标准。2011 年年初国家统计局河南省调查总队开展的 2010 年河南省党风廉政状况民意问卷调查结果显示：近六成群众对当前本省党风廉政总体状况给予肯定，超过七成半的群众对近年来河南党风廉政建设和反腐败斗争成效表示认可，群众对本省党风廉政状况满意率连续 5 年稳步上升。2012 年 9 月至 10 月，中共河南省纪委与国家统计局河南调查总队联合开展的这项民意调查结果又显示：2012 年群众对党风廉政建设和反腐败斗争成效表示“满意”和“较满意”的占 72.82%，满意率较 2011 年提高了 3.26 个百分点。③ 人民群众满意度之所以能够得到持续提升，依法反腐在其中发挥了非常重要和不可替代的作用。

二、影响河南法治反腐平稳健康运行的不利因素尚存

近年来河南法治反腐运行态势总体良好，取得了腐败现象得到较为有效的

① 尹晋华：《以“恶”对事　以善对人》，《检察日报》2013 年 2 月。

② 王芳：《收拢五指　重拳惩腐——河南省纪检监察机关加强案件查办工作记实》，《中国纪检监察报》2013 年 10 月 9 日。

③ 王芳：《收拢五指　重拳惩腐——河南省纪检监察机关加强案件查办工作记实》，《中国纪检监察报》2013 年 10 月 9 日。

遏制和社会满意度有所提高的明显成效,但是,在现实中影响河南法治反腐平稳健康运行的不利因素依然存在。这些不利因素主要表现在:

1.与法治反腐理念相悖的封建残余思想尚待进一步清除

经过近年来的思想教育,法治反腐理念逐渐得到河南广大纪检监察和司法机关工作人员的认同与践行,并日渐深入人心。然而,中国是一个拥有几千年封建专制统治历史的国家,人治观念和"官本位"意识等封建残余思想在人们心灵上打下了深深的烙印。在封建专制统治的历史长河中,作为华夏文明重要发祥地的河南长期处于全国的政治、经济、文化中心,封建思想意识在这里的积淀尤为深厚,上述封建残余思想在这里也就更加根深蒂固。应当说,我们党领导人民进行的新民主主义革命是彻底的,但是肃清封建残余思想影响的任务完成得并不是那么彻底。时至今日,上述封建残余思想还幽灵般地潜伏在一些领导干部的头脑里,影响和支配着他们的思想和行动。由于"官本位"意识和人治思想作祟,少数领导干部认为权比法大,有权就可以不受法律约束,就可以凌驾于法律之上,就可以以言代法、以权代法、以权压法。在这些封建残余思想的影响下,少数领导干部不注重运用法律武器反腐败,而是片面强调个人人格魅力和道德教化的作用,习惯于按长官意志办事,使得有些法律制度得不到应有的贯彻执行,在一定程度上影响了法治在反腐败中应有作用的发挥。

2.反腐败法律法规制度体系尚待进一步健全和完善

反腐败法律法规制度体系不健全、不完善,是目前影响法治反腐实际效果的一个重要原因。一是长期以来我们主要依靠党内的红头文件来反对腐败,党纪党规有余,国家法律法规制度不足,是一个不争的事实。我们并不否认党内红头文件在反腐败斗争中的作用,但必须承认与国家法律法规制度相比,党纪党规的刚性、权威性和震慑力相对较弱,往往是原则性规定较多,可操作性的规定较少,因而执行起来随意性和弹性较大。二是目前我国尚缺少像《中华人民共和国反腐败法》或《中华人民共和国廉政法》这样一部专门法典。我国反腐败法律法规制度体系现存的一个明显缺陷,就是总体上呈现分散状态,部分法律程序不够严密,立法方面存有空白、盲点和缺项,缺乏一部系统、完整的反腐败法典,在很大程度上影响了法治反腐的实际效果。三是反腐败法律法规制度之间的彼此关联性比较差。现有的反腐败法律法规制度缺失顶层设计,相互之间不协调、不匹配、不配套,缺乏应有的关联性和协同性,有些彼此重叠甚至相互抵触,也在一定程度上影响了法治反腐的效果。

3.对权力运行的制约和监督尚待进一步加强

目前,河南的反腐败斗争已取得了阶段性重要成果,但从总体上说形势依然比较严峻,腐败现象在一些领域仍然易发多发,一些重大违纪违法案件影响恶劣。从河南的实际情况看,滋生腐败的深层次原因,既有权力过分集中而又得不到有效制约的问题,也有制约和监督权力刚性不足的问题。当下腐败现象之所以易发多发,不仅在于制约和监督权力运行的制度不健全、不完善,同时还在于这些制度对权力运行的制约和监督尚缺乏足够的有效性。造成这种有效性不足的原因,既有制度执行不力的问题,也有制度本身不科学、不规范、不严密的问题,更有制度法治化程度不高、刚性严重不足的问题。譬如,作为党和国家的根本组织制度和领导制度,民主集中制是防止权力滥用、遏制权力腐败最重要的基本制度,但即使这样一个重要的基本制度,也长期体现在党内的红头文件里,而没有以党内、国家或地方性的立法形式对其做出具体和详细的刚性规定,因此在实践中违背民主集中制原则的现象屡见不鲜,一些人自恃位高权重而胆大妄为,公然肆意践踏这一重要原则。现在,一些地方"一把手"制约监督难,难就难在民主集中制得不到有效贯彻执行,其深层原因,则是由于民主集中制未被纳入法治轨道。

三、改善河南法治反腐运行状况的对策建议

在十八届中央纪委二次全会上的讲话中,习近平总书记指出:"要继续全面推进惩治和预防腐败体系建设。要加强反腐倡廉教育和廉政文化建设,督促领导干部坚定理想信念,保持共产党人的高尚品格和廉洁操守,提高拒腐防变能力,在全社会培育清正廉洁的价值理念,使清风正气得到弘扬。要健全权力运行制约和监督体系,让人民监督权力,让权力在阳光下运行,确保国家机关按照法定权限和程序行使权力。要善于用法治思维和法治方式反对腐败,加强反腐败国家立法,加强反腐倡廉党内法规制度建设,让法律制度刚性运行。扬汤止沸,不如釜底抽薪。要从源头上有效防治腐败,加强对典型案例的剖析,从中找出规律性的东西,深化腐败问题多发领域和环节的改革,最大限度减少体制障

碍和制度漏洞。要加强对权力运行的制约和监督，把权力关进制度的笼子里，形成不敢腐的惩戒机制、不能腐的防范机制、不易腐的保障机制。”①党的十八届三中全会《关于全面深化改革若干重大问题的决定》进一步强调指出：“坚持用制度管权管事管人，让人民监督权力，让权力在阳光下运行，是把权力关进制度笼子的根本之策。必须构建决策科学、执行坚决、监督有力的权力运行体系，健全惩治和预防腐败体系，建设廉洁政治，努力实现干部清正、政府清廉、政治清明。”②这些重要论断，为推进法治反腐、建设廉洁政治指明了方向。实施依法治省和廉洁兴省战略，推进河南党风廉政建设和反腐败斗争，客观上要求切实解决法治反腐运行中存在的突出问题，加快推进河南反腐法治化进程。为此，提出对策和建议如下。

1.着力提高对法治反腐重要性的认识

党的十八大报告指出，依法治国是党领导人民治理国家的基本方略，法治是治国理政的基本方式，要更加注重发挥法治在国家治理和社会管理中的重要作用。针对目前人们对法治反腐重要性的认识还不够到位的现实情况，应通过各种形式加强对各级领导干部、相关工作人员乃至广大人民群众的法治反腐教育，着力提高其对法治反腐重要性的认识。要使他们认识到，法治是反腐败的利器，是反腐败斗争取得胜利的重要保证，要把反腐败斗争置于法治的框架内来进行。要使他们懂得，只有坚持依靠法治反腐，才能确保我们反腐败的正当性、稳定性、持续性和有效性。要教育和引导他们坚决摈弃人治思想、“官本位”意识等封建残余思想，牢固树立法治意识，培养法治精神，强化法治思维，掌握法治反腐方式方法，不断提高法治反腐的能力和水平。

2.加快健全和完善反腐败法律法规制度体系

健全和完善反腐败法律法规制度体系，一是加强国家和地方反腐败立法。反腐败专门法律的出台，是一个国家惩治和预防腐败体系基本框架形成的重要标志。没有这样一部专门法律，构建惩治和预防腐败体系基本框架就无从谈起。要抓紧时间研究制定我国反腐败的专门法律，从根本上确立和完善我

---

① 《十八大以来重要文献选编》上卷，北京：中央文献出版社，2014 年，第 135~136 页。

② 《中共中央关于全面深化改革若干重大问题的决定》（新闻稿）2013 年 11 月 12 日，《人民日报》2013 年 11 月 16 日。

国惩治和预防腐败体系的基本框架。加强反腐败立法,既要注意加强防范性方面法律的立法,又要注意加强惩戒性、制约监督性等方面法律的立法;既要坚持统筹兼顾,充分考虑反腐败立法的全面性、系统性,又要分清轻重缓急有序推进,注意反腐败立法的针对性、有效性。在中央和地方立法并行的前提下,河南省的地方立法可以先行一步,大胆地进行立法实践,为全国立法积累经验、探索路子。二是抓紧研究制定事关反腐倡廉工作全局的重要法规,出台《中国共产党纪律处分条例》和《行政机关公务员处分条例》等一系列重要配套法规。三是进一步增强各项反腐败立法之间的协调性,使它们彼此相互配合、相互补充、共同作用,以避免其相互之间的不一致甚至冲突。

3.加快推进权力制约和监督的法治化

法治不仅意味着公权力要严格依法行使,还意味着要把对权力的制约和监督纳入法治的轨道。制约和监督权力不是无序的随意之举,它必须以法律为依据,受法律的规范和约束。推进权力制约和监督法治化,既要通过一定的权力制度体系来实现和维系权力制约和监督的合法性,又要着力推进相关制度规定的法治化。一是要以明确的法律规范确认权力行为主体行使权力的法理基础。权力主体的施权行为必须有法律依据,任何缺乏法律依据的权力运作行为都是非法的和无效的。根据权责对等原则,应在相关法律法规和规章中明确权力行为主体违法行使权力行为的种类,规定其应承担的法律责任。二是要明确界定权力主体的职权范围和行权边界,并使之法律化、制度化。权力主体须严格按法定边界行使权力,越界行使且对权利构成侵害的须承担相应法律责任。三是要有科学、严密的权力运行程序。要对权力运行程序的各个环节进行合理设定,尤其要明确规定权力主体行使权力的方式和步骤,使权力运行的各环节在时间和空间上相互衔接,在功能上相互协同。为此,必须着力推进权力运行程序的法治化。

四、河南法治反腐运行趋势展望

从总体上看,今后一个时期河南法治反腐运行将呈现出持续向好的态势,法治反腐理念更加深入人心,反腐败法律法规制度体系更趋完善,权力制约和监督的法治化水平进一步提高。

1.法治反腐理念更加深入人心

随着法治反腐教育的逐步强化和各种教育举措的落实到位，该项教育的效应将日益显现，人们将比以前更加尊重法律、敬畏法律、信仰法律，对法治反腐重要性的认识将随之得到进一步提高，法治反腐将成为越来越多的人的共识，法治思维将成为更多的人开展党风廉政建设和反腐败斗争的主导思维方式，法治方式将成为更多的人开展党风廉政建设和反腐败斗争的行为准则，法治反腐理念的本质内涵和基本要求更多地融入规范反腐倡廉的长效机制中去，过去那种习惯于依靠权力发号施令，甚至无视法律规范的行为和现象将会大为减少。

2.反腐败法律法规制度体系更趋完善

未来一个时期，将是国家进行反腐败立法的重要黄金期，包括《中华人民共和国反腐败法》或《中华人民共和国廉政法》等专门法律在内的一系列惩治和预防腐败的法律法规或将陆续制定和颁布施行，河南省也将根据本省党风廉政建设和反腐败斗争的实际需要，制定并颁布施行与之相配套的实施办法，并制定和出台适合本省实际的反腐败的地方性法规，反腐败法律法规制度长期以来存在着的一些空白和漏洞空间将被进一步压缩，有的或将完全消失，整个反腐败法律法规制度体系将进一步健全、完善，并更加系统、严密，河南省法治反腐的法制基础将被进一步夯实。

3.权力制约和监督的法治化水平将达到新高度

随着反腐败法律法规制度体系的进一步健全和完善，权力行为主体行使权力的法理基础或将以明确的法律规范得到确认，权力运行的边界将以法律法规的形式更进一步地加以明晰，权力运行的法定程序也将趋于更加科学和严密，权力的赋予、行使与交接等均由法律法规做出明确规定，有权即有责、用权必负责、责权相统一的制度和机制渐趋健全和完善起来，越过权力边界行使权力、不按法定程序滥用权力并且造成一定后果者，将视情节轻重被追究法律责任。

（原载《河南法治发展报告（2014）》，社会科学文献出版社 2014 年 3 月出版）

『期权』腐败及其治理篇

“期权”腐败及其治理对策

近年来,“期权”腐败现象在一些地方呈现出蔓延态势。作为腐败的新变种和衍生物,“期权”腐败更具遮蔽性和欺骗性,其危害性也更烈。深刻分析“期权”腐败的成因,认真研究其特点,准确把握其规律,悉心探索预防和治理的对策与措施,是新形势下反腐败斗争提出的迫切要求。

一、“期权”腐败及其成因

所谓“期权”腐败,是一种类似于期货投资的套期式腐败行为。其表现通常是职务犯罪嫌疑人与商业性经营主体之间达成某种权钱交易的“期权契约”。根据这种“契约”,职务犯罪嫌疑人在位时利用其手中掌握的权力,为商业性经营主体谋取非法利益,但并不要求受益人即时给予回报,而是让对方在未来的某个适当时候给予其形式不同的巨额回报。这个“未来的某个适当时候”,一般是指职务犯罪嫌疑人离开一定职位(退休、退职、辞职)以后。以相关个案为例:浙东南某县级市的房管办负责人在位时,通过各种关系精心策划,将市区黄金地段大片地块出让给某民营企业。该企业老板借此开发的小商品市场建成后,日进斗金,成了亿元户。房管办负责人退休后,该企业老板把他聘为该公司干部,年薪30万,并享有高级住房一套,以及每年几万元的请客送礼签批权。这是一起典型的“期权”腐败行为。

近年来这种腐败现象呈滋长蔓延之势,是有着深刻的社会历史背景的。

近年来,随着反腐败力度的不断加大,一些腐败分子逐渐感到了在权力寻租中前所未有的压力和风险。他们既不甘心放弃权力寻租,又担心在权力寻租中东窗事发,于是便绞尽脑汁不断研究和“创新”以权谋私、权钱交易的策略与手法,力图探寻更加隐秘、能够有效规避风险的腐败方式。一些腐败分子不敢再明目张胆地以现权套现利,转而采取在任时将手中的权力作为一种无形资产进行“资本投资”,待离职以后再套现“投资收益”的方式和策略。这表明,“期权”腐败是权钱交易空间日趋狭小而出现的新变种。

从权力寻租和扩张的一般规律看,通常具有空间和时间两个维度。在现代法治社会,任何公权力都有其法定的行使边界。缺失行使边界,必然造成权力滥用,而权力自身又都具有突破这种行使边界以期扩张和寻租的天然禀性。权力超越法定边界的扩张和寻租,即为权力在空间上的寻租和扩张。权力的扩张和寻租通常会产生两大后果:一是损害公众利益,二是谋得个人私利。这两种后果既可同时发生,亦可异时发生。寻租和扩张后果发生时序上的这种延展性,即是权力在时间上的寻租和扩张。“期权”腐败即属权力在时间维度上的寻租和扩张。这种寻租和扩张模式具有相当的遮蔽性和欺骗性。行为人利用寻租和扩张后果发生时序的延展性,故意使损害公众利益的后果发生在前,谋得个人私利后果发生在后,打一个时间差,模糊两种后果发生之间的关联性,借以掩人耳目、瞒天过海,达到规避风险、逃避打击的目的。

“寻租”利益回报的高兑付率和高安全性,是“期权”腐败形式受到愈来愈多的腐败分子青睐的重要诱因。虽然职务犯罪嫌疑人在为不法商人谋得巨大利益后辞去官职,亦有回报得不到兑付之虞(如果得不到兑付,职务犯罪嫌疑人也无可奈何),但从现实情况看,这种风险很小,一般都能依约兑付。“期权”腐败不仅兑付率较高,同时又经过了多种多样的遮蔽,因而安全系数也比较高,大大降低了东窗事发的概率。

“期权”腐败现象之所以得以发生和蔓延,同现行经济、政治、法律的体制和制度性弊端密切关联。这些弊端主要表现在以下几个方面。

其一,政府职能尚未得到根本转变,行政权力对微观经济活动特别是投融资活动的干预依然过多。政府干预经济活动能够在一定程度上弥补市场的缺陷,但对微观经济活动特别是投融资活动的干预过多,为腐败分子利用行政权力从事寻租活动提供了机会和空间。

其二,领导与决策体制改革还不到位,权力过分集中问题尚未得到根本解决。在不少地方和单位,对重要建设项目的安排和大额度资金的使用,决策权仍集中在少数人特别是“一把手”手里,大到城市规划、土地批租,小到合同的签订与合同的履行，往往是“一把手”说了算。这种情况，很难对权力运行进行有效制约和监督，从而为腐败分子搞“暗箱操作”、权力寻租创造了条件。

其三，权力运行机制还有待进一步完善，对权力运行的监督制约亟待加强。权力配置不够科学，程序不够严密；权力运行不够规范，过程不够透明；监督制约机制不够健全，对权力运行的约束相当乏力；等等。所有这些都为权力寻租留下了制度和机制上的漏洞与缝隙。

其四，法律制度不够完善，尚存在相当大的法律真空。由于“期权”腐败是权力扩张和寻租的新变种，且具有很大的遮蔽性，因而我们目前对其还缺乏足够的法理学方面的认识，暂时还很难制定出相应的具体适用的法律规范，尚未将其纳入法律调整的对象范围。

二、“期权”腐败特点分析

“期权”腐败区别于其他腐败的一个最显著标志，在于其权钱交易是现权与期利之间的一种交易。职务犯罪人不是像有些贪官那样一手办事、一手要钱，而是着眼长远，先投入后求回报，离职前利用职务上的便利为不法商人谋取利益，当时并不要求即时得到回报，而是在事隔相当长时间甚至多年待其离职后，才以各种貌似合法的方式加以兑现。这是其本质特征。由这一本质特征所决定，“期权”腐败具有以下一些具体特点。

一是具有较强的预谋性。作为一种智能化程度较高的职务犯罪实施者，行为人一般都具有较高的智商，并对与其职务相关的专业知识和法律法规相当熟知，反侦查能力比较强。为规避风险，在实施职务犯罪以前，通常都进行了精心、周密的谋划，在心理上和作案条件上做了充分准备，而且其预谋多是围绕反侦查这一核心展开的，意在逃避法律的追究。有的甚至不惜出重金，请“高人”指点。

二是具有较强的纠合性。犯罪嫌疑人一般数量较少，通常只有职务犯罪者和不法商人两个自然人构成。双方一般是战友、同学、老乡关系，是彼此之间最信得过、靠得住的“铁哥们儿”，情感深厚、彼此耦合、过往甚密、便于沟通，容易臭味相投、沆瀣一气，易于在主观上形成共同的犯罪故意，在犯罪目的、动机和手段上达成共识，结成紧密的利益共同体，订立宁死不招的攻守同盟，且在实施犯罪过程中彼此配合默契。即便是一方东窗事发、身陷囹圄，也自恃彼此之间的这种过硬关系而负隅顽抗。

三是具有较强的时差性。与以往那种赤裸裸的权钱交易行为相比，“期权”腐败中的权钱交易并不是简单的即时兑现式的投桃报李，而是采取了十分隐秘的手法。经过周密的设计和策划，职务犯罪者和不法商人故意将权钱交易的实施过程拖长，使职务犯罪者谋得个人私利后果的发生，大大滞后于损害公众利益后果的发生，以模糊二者之间的因果关系。从时间跨度上看，两种后果发生的时间差通常达几年甚至十几年之久。

四是具有较强的异域性。“期权”腐败中的权钱交易双方，虽是好朋挚友，但并不一定处在同一地域。市场经济语境下，资本的跨地域、跨行业、跨国境流动十分频繁。权钱交易双方充分利用这样的机会，彼此勾结，共同犯罪。有的职务犯罪者甚至以境外的不法商人为合作对象，在国内为对方谋取非法利益，在境外得到回报。有的职务犯罪嫌疑人以前曾在国有控股公司任过职，后来又担任党政领导职务。在国有控股公司任职时，与民营企业老板达成期权交易协议，离职后被依约聘任到民营企业任职，直至此时，其所得回报才得以兑付。同时，不法商人反哺职务犯罪嫌疑人的回报也形式多样，花样翻新，通常以各种看似“合情、合理、合法”的形式兑现。

“期权”腐败的上述特征和特点，使其具有较大的遮蔽性，所以学界有些专家把这种腐败称作“遮蔽型腐败”。这种腐败方式的最大功效，就是能将通过权钱交易得到的黑钱洗白，以降低权钱交易的风险，提高职务犯罪的安全系数。因此，有些专家又称之为“洗钱式腐败”。“期权”腐败的遮蔽性，无疑增大了甄别和查处此类职务犯罪的难度。首先是此类职务犯罪的时间跨度相当大，职务犯罪嫌疑人有足够的时间密谋串供，毁灭证据。证据缺失，证人难找，使得侦查机关难以查证，公诉机关难以举证。如江苏省建设系统的一个官员，在位期间为一家房地产公司谋取了很多利益。退休之后，该公司以各种名义给予了这名官员很多好处。事情被发现之后，一审法院判决他有罪。这名官员不服，觉得自己在位时没有获得任何好处，不属犯罪，因而提起上诉。二审法院经过审理，判决他无罪，从而使他逍遥法外。其次是在犯罪构成要件上难界定。职务犯罪嫌疑人早已离职，很难从法律上将其定性为职务犯罪；职务犯罪嫌疑人离职后从事合法的商业经营,很难从法律上将其定性为“期权”腐败行为。最后是具体犯罪事实更难界定。譬如有些职务犯罪嫌疑人离职后,本人并不直接在受益企业任职,而是由其亲属代之任职。再如,受益企业为职务犯罪嫌疑人提供的豪华住宅、高级轿车虽由其长期使用,但产权却并未归于其名下。

“期权”腐败的遮蔽性强,因而其社会危害性也较大。由于职务犯罪嫌疑人认定这种腐败行为安全系数大,因而往往尽可能地把手中权力的运用空间发挥到极致,为不法商人谋取尽可能大的利益,以便将自己手中的权力转化为尽可能大的资本,为自己争得尽可能大的期权收益。此类职务犯罪以国家的经济权益为其主要侵害客体,往往会造成巨额的国有资产流失,严重损害社会公共利益。1994 年 5 月,时任广东省高级人民法院院长、省政法委副书记的麦崇楷利用职务便利,鼎力为澳门商人简祖扬摆平一起毁约官司,在为简祖扬避免巨额经济赔偿的同时,给与之合作的天河办事处造成 1000 万元的经济损失。几年后,在麦崇楷即将退休时,简祖扬单方面出资 2000 万元建造“成丰大厦”,将麦的儿子列为合伙人。1997 年,简祖扬因涉嫌诈骗被公安机关拘传,麦崇楷又利用职务便利将简弄出。此举让“成丰大厦”的全部产权归在其儿子的名下。有人惊呼:“权力期权”已成为当今最大且最具升值潜能的“期货”①!不仅如此,它还在一定程度上扰乱正常的社会经济秩序,破坏社会分配领域的公平与公正,进而导致社会心理的结构性失衡。在目前我国社会处在矛盾凸显期的情势下,其社会危害性不可低估。

三、防治“期权”腐败的对策

“期权”腐败这一腐败新变种的发生和蔓延,已经引起社会各界的忧虑和关切。要坚持标本兼治、综合治理、惩防并举、注重预防的战略方针,积极探索从体制、机制、制度上预防和惩治“期权”腐败的有效途径,努力从源头上不断铲除“期权”腐败滋生蔓延的土壤。

一是悉心研究和探讨“期权”腐败的特点和规律,为从源头上防治“期权”

---

① 高福生:《用制度阻击“期权”腐败》,《法制日报》2005 年 12 月 1 日。

腐败奠定思想认识基础。当前,我们对“期权”腐败的特点和规律还知之不多,认识不深。这是目前惩治和预防“期权”腐败还相当乏力的一个重要原因。要进一步深化对“期权”腐败现象的研究,科学界定这一职务犯罪的构成要件,深刻揭示和准确把握其基本特征,为加强反腐防腐立法、惩治“期权”腐败犯罪提供科学的量刑依据和标准。同时,还要动态剖析“期权”腐败现象发生、蔓延的条件和环境、过程与环节,找出相关体制、机制、制度和管理上存在的漏洞与薄弱环节,不断增强反腐败工作的预见性、针对性和有效性。

二是进一步加强反腐倡廉教育,切实筑牢抵御“期权”腐败的思想道德防线。那些堕落为“期权”腐败分子的党员领导干部,往往是从思想道德防线失守开始的。防治“期权”腐败,基础在于加强思想道德建设。要以各级领导干部为重点,以树立马克思主义的世界观、人生观、价值观,正确的权力观、地位观、利益观,科学的发展观和政绩观以及社会主义荣辱观为根本,以艰苦奋斗、廉洁奉公为主题,以更好地达到立党为公、执政为民为目标,进一步加强反腐倡廉教育。要坚持和完善反腐倡廉“大宣教”的工作格局,把思想道德教育和纪律教育贯穿于工作的各个环节,把教育、制度规范和严格管理有机结合,发挥整体效能,形成合力。充分利用现代教育手段,开展正面宣传和警示教育,弘扬正气,激浊扬清,以案明纪,警钟长鸣。切实加强廉政文化建设,积极营造良好的党风廉政建设和反腐败工作的社会环境、舆论环境和人文环境,进一步增强各级领导干部廉洁自律、廉洁从政意识,筑牢拒腐防变思想道德防线。

三是继续深化改革,通过体制和机制创新逐步铲除腐败现象产生的土壤和条件。“期权”腐败之所以在一些领域和环节得以滋生和蔓延,是同这些领域和环节存在着的体制和机制上的缺陷和弊端分不开的。防治“期权”腐败,关键在推进体制和机制创新。要着重抓住那些容易产生“期权”腐败的重点领域和环节,加快推进行政审批制度、财政管理体制、投融资体制改革和干部人事制度改革。当前,要重点推进建设工程招投标、经营性土地使用权出让、产权交易、政府采购等管理体制和机制创新。要引入市场竞争机制,建立统一开放的招投标中心,对经营性土地使用权出让、建设工程发包、企业产权交易和政府采购实行公开招投标或拍卖,规范各类招投标、交易、采购中心的运行机制与管理监督制度,切实做到与政府主管部门机构、职能、人员、财务“四分开”,割断领导干部利用职权干预和插手这些经济活动以从中进行“期货交易”的可能。要加快行政管理体制改革，推进政府职能转变，着力建设有限政府、法治政府、责任政府和服务政府，充分发挥市场在资源配置中的基础性作用，严格禁止领导干部插手微观经济活动。应建立重大建设项目和投融资活动终身责任追究制，不管职务犯罪嫌疑人离职多少年，都要依法追究其法律责任。

四是进一步加强制度建设，为预防“期权”腐败提供可靠的制度屏障。反腐倡廉，制度更带有根本性、全局性、稳定性和长期性。防治“期权”腐败，关键在加强制度建设。要适应新形势新任务的要求，切实加强以党章为核心的党内法规制度体系建设，着力提高制度的科学性、系统性、权威性，做到用制度管权、用制度管事、用制度管人。要对权力进行适度的分解，坚决改变一个人说了算的金字塔权力结构，建立健全决策权、执行权、监督权既相互制约又相互协调的矩阵型亦即网状权力结构，形成结构合理、配置科学、程序严密、制约有效的权力运行机制，以便有效地防止权力失控、决策失误、行为失范。全面贯彻落实党风廉政建设责任制，进一步完善报告制度、谈话制度、述职述廉制度、评议制度、考核制度和责任追究制度，坚持和完善“三重一大”(重大事项决策，重要人事任免、重大项目安排和大额资金运作事项)。集体决策制度、领导干部经济责任审计制度，健全信访举报管理制度，深化和完善政务公开制度，建立健全内部控制制度。加快廉政立法进程，进一步完善相关的法律规范。抓紧研究制定反“期权”腐败的专门法律条款，修订和完善刑法、刑事诉讼法等相关法律制度。

五是进一步加强对领导干部行使权力的全方位、全过程监督，最大限度地减少“期权”腐败发生的可能。“期权”腐败的本质是权力的失控、失范和滥用。历史和现实都表明，失去制约和监督的权力必然导致腐败。防治“期权”腐败，重在加强对权力运行的制约和监督。把权力运行置于严密的制约、监督之下，权钱交易就失去了条件，无论是“即时交易”还是“期权交易”均难以进行。要增强监督意识。权力具有潜在的扩张性、诱惑性和腐蚀性，只有切实加强对权力运行的制约和监督，才能有效遏制“期权”腐败的滋生和蔓延。要突出监督重点，着重加强对领导干部特别是主要领导干部的监督，加强对重点环节和重点部位权力行使的监督。尤其要加强对财政资金运行的监督，依法规范财政资金分配行为；加强对国有资产和金融的监管，健全对国有资本投资决策和项目法人的约束机制，实行重大投资项目论证制和重大投资决策失误追究制。要拓宽监督渠道，充分发挥各监督主体的积极作用，使各种监督形式有机结合，各方面监督力量有效配合。切实加强党内监督，支持和保证人大、政协、司法和政府专门机关的监督。尤其要切实加强社会监督，依法保障公民的知情权、参与权、选择权、监督权和检举权、控告权、申诉权，认真受理人民群众举报反映的问题。

六是依法规制行政自由裁量权，最大限度地压缩“期权”腐败的滋生空间。滥用行政自由裁量权，是权力扩张和寻租、“期权”腐败滋生的温床。自由裁量权是指国家主体在法律、法规规定的原则和范围内有选择余地地处置权力，其实质是行政主体在法定的范围和幅度内，对具体的行政行为以及行为的范围、方式、种类、幅度、时限等拥有自行选择权和决定权。赋予行政主体这样的权力，便于行政主体在复杂多变的问题面前审时度势、权衡轻重、灵活机动地做出决断，履行职责，以避免错过处置问题的最佳时机，确保行政效率和行政效能。但正由于行政自由裁量权具有选择性和较强的任意性，行政主体可在法定范围内相对自由地做出决断和处置的特点，也容易导致行政主体滥用该权力。在依法治国的时代背景下，慑于法治的威严，一些腐败分子在滥用权力的方式选择上慎之又慎，往往要为其披上“合法合规”的外衣。于是，滥用行政自由裁量权便成为他们搞“期权”腐败的首选。防治“期权”腐败，必须依法规制行政自由裁量权。要进一步完善行政立法，从源头上加强对行政自由裁量权的控制。应根据法的目的，对自由裁量权行使的条件、运用的范围、裁量的幅度、事实要件的确定标准等做出准确、明晰的规定，以尽可能地压缩自由裁量的弹性空间。要进一步完善程序立法，强化对自由裁量权的程序控制。行政程序是公正与效率的平衡机制。应通过制定实施细则，以严密的行政程序来规范自由裁量行为。要进一步强化对行政自由裁量的监督，建立自由裁量公示制度，使自由裁量权的行使在“阳光”下运行；建立自由裁量登记报告备案制度，使自由裁量权的行使有案可稽；建立自由裁量质询制度，使自由裁量权行使中的违规行为得以及时发现与纠正。

七是进一步规范和完善领导干部辞职制度，切实加强对领导干部辞职后从事经营活动的跟踪监督。辞职从事经营活动，是权力滥用受益者向原权力行使人兑付期权收益的重要形式和关键阶段。防治“期权”腐败，还需在期权收益套现这一重要环节进行跟踪追击。要进一步规范领导干部辞去公职的条件，健全和完善领导干部辞去公职的审核、批准程序，健全和完善领导干部辞去公职经济责任审计制，建立健全领导干部辞职以后遵守有关从业规定的承诺制。依法对领导干部辞去公职后从事经营活动做出更加严格的限制，明确规定不得从业任职的区域、单位和业务范围以及禁入的期限，进一步明确违反离职从业限制者所应承担的法律责任以及对其所采取的强制性制裁措施。

（原载《中州学刊》2006 年第 5 期）

再论“期权”腐败及其治理对策

“期权”腐败是在近年来我国反腐败力度不断加大、权钱交易空间日趋狭小的新的历史条件下而衍生出来的腐败新变种。笔者曾在《中州学刊》2006 年第 5 期著文《“期权”腐败及其治理对策》(以下简称“前文”),就此一腐败现象的成因、特点及其治理,谈了自己的一些浅薄之见。本文拟就相关问题再做进一步的探讨。

一、离开一定职位:并非是“期权”腐败的必备要件

所谓“期权”腐败,是指把公共权力当作一种资本,被掌握这种权力的国家工作人员利用来为请托人谋取利益,此后请托人在某个时期内按照事前的约定,将“投资收益”回报给该国家工作人员或者其亲属等利益相关人。

在这里,掌握公共权力的国家工作人员为他人谋取利益,但并不要求立即兑付回报,而是约定在未来的某个适当时候再予以兑现。这个“未来的某个适当时候”,或者是该谋利行为的影响期过后,或者是待该国家工作人员离开一定职位(退休、退职、辞职)以后。

在前文中,笔者曾经将“未来的某个适当时候”,界定在国家工作人员“离开一定职位(退休、退职、辞职)以后”。现在看来,似有不妥。依目前笔者愚见,这个“未来的某个适当时候”,不仅应当包括“离开一定职位(退休、退职、辞职)以后”,而且还应当包括国家工作人员在职期间。也就是说,国家工作人员在职期间收受贿赂的一些贪腐行为,同样也带有“期权”腐败的色彩,具有“期权”腐败的性质。

以田某贪腐案为例。2002 年,某县电力公司国有股转让,某集团公司董事

长王某意欲购买。在与时任县委书记的田某“密谋”时,王某提出:出资3000万元购买该县电力公司国有股,事成之后给田某1500万元。于是,两人很快达成了“交易协定”。在田某极力促成下,2002年11月,该县将拥有4.6亿元总资产、1.9亿元净资产的电力公司国有股以4000万元的价格出售给了某集团公司。由于收购价比请托人王某的出价稍高些,田某主动提出少要300万元。随后,王某便按照事前约定,开始向田某兑现“承诺”。到2004年9月,王某总计给田某行贿钱物价值1200万余元。①

在这个案例中,尽管田某接受贿赂时并未离开原有职位,而是仍在现任职务任期内,但是其行为符合“期权”腐败的基本特征,具有明显的“期权”腐败性质。这种腐败行为的期权性质,并不能因为职务犯罪嫌疑人尚未离开一定职位而发生任何改变。

首先,从“期权”腐败的内涵和基本特征看。“期权”腐败与这类现权与现利之间即时交易式的传统的一般性的腐败现象有很大不同。“期权”腐败不同于传统的和一般性的权钱交易行为。传统的和一般性的权钱交易行为,通常是请托人向掌握公共权力的国家工作人员行贿在先,国家工作人员利用职务上的便利为请托人谋得利益在后,或者是请托人向国家工作人员行贿与国家工作人员利用职务上的便利为请托人谋得利益同时进行,亦即人们常说的“先拿钱,后办事”“一只手受贿,一只手卖权”。

“期权”腐败与这类现权与现利之间即时交易式的传统的一般性的腐败现象存在着明显的区别。它区别于其他腐败的一个最显著标志,就在于它是“现权”与“期利”之间的一种交易:国家工作人员利用职务上的方便为请托人谋取利益,但并不要求即时回报,而是与请托人约定,在该谋利行为的影响期过后,或者国家工作人员离职以后再予以兑现。也就是说,职务犯罪嫌疑人不是像过去有些贪官那样,一手办事、一手要钱,而是先投入后求回报。他们利用职务上的便利为不法商人谋取利益,当时并不要求即时得到回报,而是着眼长远,在事隔多年或者待其离职以后,才以各种貌似合法的方式加以兑现。可以说,它实质上是一种延期回报的权钱交易行为。

---

① 霍朗:《四川犍为县委书记难抵糖衣炮弹,被控受贿3000万》,《第一财经日报》2005年10月25日。

在上述贪腐案中，职务犯罪嫌疑人田某在为请托人王某谋取利益之时，并没有即时索取或者收受请托人的贿赂，而是约定在事成之后再行收受。在这里，职务犯罪嫌疑人田某既把公共权力当作谋取私利的工具，又以期权投资的方式与请托人进行“交易”，是一种典型的“期权”腐败行为。

其次，从“期权”腐败的本质特征看。在前文中，笔者在剖析“期权”腐败的本质特征时指出，权力的寻租和扩张通常具有两个维度：空间和时间；产生两大后果：一是损害公众利益，二是谋得个人私利。这两种后果既可同时发生，亦可异时发生。寻租和扩张后果发生时序上的这种延展性，即是权力在时间上的寻租和扩张。笔者进一步指出，“期权”腐败即属权力在时间维度上的寻租和扩张。行为人之所以使损害公众利益的后果发生在前，谋得个人私利后果发生滞后，使这两种权力寻租和扩张的后果发生的时序出现错位，就是要打一个时间差，故意模糊两种后果发生之间的关联性，借以掩人耳目、瞒天过海，达到规避风险、逃避打击的目的。

在田某贪腐案中，职务犯罪嫌疑人利用职务上的便利为请托人王某谋取利益，使其以明显低于实际价值的4000万元的价格，购得4.6亿元总资产、1.9亿元净资产的县电力公司国有股，造成了国有资产的严重流失。他明知自己的这一行为会造成损害公众利益的严重后果，但是却对自己的这一行为以及由此可能造成的后果的发生采取了放任的态度。他之所以这样做，完全是为了谋得个人私利，从请托人王某那里得到1200万元的“回报”①。在这里，损害公众利益的后果发生在前，而从请托人那里谋得个人私利的后果发生在后，而且二者之间存在着密不可分的因果关系。这两种后果发生时序的错位性，决定了职务犯罪嫌疑人贪腐行为的期权性。

再次，从在职型“期权”腐败行为与离职型“期权”腐败行为的异同看。按照谋得个人私利后果发生时职务犯罪嫌疑人在职与否，笔者将“期权”腐败行为划分为两种类型：一种是谋得个人私利的后果发生在职务犯罪嫌疑人在职期间，另一种则是谋得个人私利的后果发生在职务犯罪嫌疑人离职之后。前者可简称为在职型“期权”腐败行为，而后者则可简称为离职型“期权”腐败行为。

---

① 霍朗：《四川犍为县委书记难抵糖衣炮弹，被控受贿3000万》，《第一财经日报》2005年10月25日。

二者既有区别,又有联系。

二者的区别主要在于并且仅仅在于:在前一种类型"期权"腐败行为中,谋得个人私利的后果发生在职务犯罪嫌疑人在职期间,而在后一种类型"期权"腐败行为中,谋得个人私利的后果发生在职务犯罪嫌疑人离职之后。二者的这种区别,丝毫也不能湮没或者改变它们的"期权"腐败的共同性质:二者均是把权力作为一种资本进行"投资",以期获得某种收益,并且二者均是损害公众利益的后果发生在前,谋得个人私利的后果发生滞后。

二、事先约定:"期权"腐败不可或缺的构成要件

"期权"腐败是一种事后受贿类的职务犯罪行为,但是该种职务犯罪行为又同一般性的事后受贿职务犯罪行为存在着一定的差异。二者的本质区别就在于国家工作人员在利用职务上的便利为请托人谋取利益时,其是否就贿赂标的物及其数量和事后双方交接的时间、方式等事项,与请托人进行了约定。当然,约定的内容可简可繁;约定的形式可以是书面的,也可以是口头的;约定的主动方可以是国家工作人员,也可以是请托人。

在"期权"腐败型职务犯罪行为中,当事人双方就这些事项进行了某种形式的约定,而在一般性事后受贿职务犯罪行为中,当事人双方则未就这些事项进行任何约定。

试举例说明。某国有公司总经理陈某,利用职权为下属李某单独制定了一个特殊的利润提成办法,并以公司文件的形式下发。由此,李某的年度提成比例比当时公司别的处室的提成比例高出许多倍,两年间共有总额达 180 余万元的超额利润归个人支配。为感谢陈某对他的这种特殊关照,李某先后分三次将 33 万元人民币和 15 万元港币送给陈某。陈某的妻子用李某送的钱在珠海以本人的名义购买了一套价值 50 万元的商品房。①

在上述案件中,尽管陈某的行为亦属事后受贿类的职务犯罪行为,但是其

---

① 储槐植、杨健民:《"事后受贿"能否构成受贿罪——析陈晓受贿案和徐德民受贿案》,《刑事司法指南》,北京:北京法律出版社,2000 年,第 175 页。

事前并未就收受贿赂的有关事项与李某进行约定。他事先为李某谋取利益时并没有受贿的故意，但在事后明知李某所送的财物是对自己职务行为的不正当回报而予以收受，于是便具有了收受贿赂的故意。因此，陈某的行为构成了受贿罪，但不属于“期权”腐败型职务犯罪行为。陈某的行为之所以不属于“期权”腐败型职务犯罪，主要在于陈某利用职务上的便利为李某谋取利益之时，未就李某给予其回报的相关事宜与李某作“事先约定”，而离开这种“事先约定”，陈某的事后受贿行为就不具有期约性。也就是说，陈某利用职务上的便利为李某谋取利益时，并没有将手中的权力当作“期权投资”的资本，没有以此获取李某不菲回报的主观上的期待。既然陈某未将手中的权力当作“期权投资”的资本，亦没有以此获取不菲回报的主观期待，那么他的受贿行为当然就不属于“期权”腐败型职务犯罪。

而前面所举的田某贪腐案中，请托人王某在与田某“密谋”时，开出1500万元的价码来收买田某，条件是田某必须利用职务上的便利为其谋取利益：以3000万元的价格收购总资产为4.6亿元、净资产达1.9亿元的县电力公司国有股。这是一个典型的“事先约定”、事后受贿类的职务犯罪案例。在这个“约定”中，“交易”双方就请托事项和贿赂的标的物及数量与时间等进行了约定。于是，作为国家工作人员的田某在收受请托人王某的钱财之前，应请托人王某的请求，许诺为他谋取利益，那么这种请求和许诺之间在客观上就形成了一种以权换利的约定。这种约定的本身就使职务行为的纯洁性、不可收买性受到了侵犯，具备了受贿罪最本质的犯罪特征。这个约定的达成，使田某收受贿赂的主观故意表露无遗：他明知利用职务上的便利为请托人谋取利益并非法收受贿赂的行为是一种损害其职务行为廉洁性的犯罪行为，而故意实施这种行为。在其受贿的主观故意中，不仅包含有非法收受他人财物的故意，而且还包含有为他人谋利益作为非法收受财物的交换条件，即以权换利的故意。

在这起贪腐案中，田某不仅主观上具有索取和收受他人财物的故意，而且其行为还具有明显的期约性。这种期约性，集中和突出地体现在田某与请托人王某所达成的那个“约定”上。透过该“约定”，作为国家工作人员的田某做出了利用职务上的便利为请托人王某谋取利益的许诺。利用职务上的便利为请托人谋取利益，做出如此这般许诺，其本身就是一种行为。这种许诺一经做出，就在作为国家工作人员的田某与请托人王某之间客观地形成了以权换利的权钱交易关系,并以该种关系的形成使人们产生以下认识:国家工作人员的职务行为是可以收买的,只要给予一定的财物,就可以使国家工作人员为自己谋取各种利益。这本身就使国家工作人员职务行为的不可收买性受到了侵犯。于是,无论田某为请托人谋取的利益是否正当,也不论他为请托人王某谋取的利益是否实现,其行为已经具备了刑法所规定的受贿罪的客观要件。

利用职务上的便利为他人谋取利益并在事后收受他人财物,这是典型的受贿犯罪形式。一般情况下,无须考察事先有无明确约定,因为行为人收受他人财物的行为本身就说明了他主观上具有受贿的故意,认定为受贿是没有争议的。但是,要认定“期权”腐败型职务犯罪行为,则必须对国家工作人员与请托人双方事先有无约定的情形做出详尽的考察。

以往人们也十分注重对国家工作人员事后收受他人财物(无论是在职期间还是离职以后)的案件中有无事先约定的情形进行考察,但是他们做出这种考察的目的,主要在于对行为人事后收受他人财物是否构成受贿罪做出正确判断,以避免客观归罪现象的发生。譬如,有些专家学者认为,国家工作人员利用职务上的便利为他人谋取利益至离退休后收受财物的,要认定其受贿罪,须以在职时有事先约定为定罪条件。如果没有这一限制要件,很有可能造成客观归罪。很显然,这些专家学者是从犯罪构成与否即罪与非罪的视角,来考察事先约定对于办理“期权”腐败这一新类型受贿刑事案件的意义的。

笔者以为,事先约定不仅是国家工作人员事后受贿构成受贿罪的主观要件和客观要件,而且也是国家工作人员此类行为构成“期权”腐败型职务犯罪的认定要件。“期权”腐败型职务犯罪行为的最本质特征是它的期约性。这里所说的“期约”,指的是作为国家工作人员的受贿者与作为请托人的行贿者之间就前者利用职务上的便利为后者谋取利益、后者在未来一个时期内向前者交付贿赂的有关事项达成意思合致而形成的约定。该约定以国家工作人员即时职务上的行为为对价而期约收受请托人的财物。该约定的达成,标志着现权与期利之间期约对价关系的确立。此类约定的达成和此种期约对价关系的确立,是认定“期权”腐败型职务犯罪行为的限制要件。假如没有此类约定的达成和此种期约对价关系的确立,或者案发后没有充分证据证明有此类约定的达成和此种期约对价关系的确立,就无法认定其以权换利行为的期约性,从而也就无法认定其行为是“期权”腐败型职务犯罪行为。

三、制度创新：惩治和预防“期权”腐败的根本路径

从现实情况看，“期权”腐败之所以得以滋生蔓延，其社会背景和因素是相当复杂的，因此治理这种腐败必须采取综合措施，做出多种路径选择，同时又要清楚地认识到，治理“期权”腐败，最根本的是要靠制度、靠法制。这就要求我们必须把制度创新放在更加突出的位置，着力从源头上解决深层次问题。

预防和治理“期权”腐败，核心是加强制度建设，推进体制、机制、制度创新。现在，“期权”腐败之所以能够在一些领域和环节滋生蔓延，一个重要原因，就在于这些领域和环节的体制、机制、制度还不完善、不健全，还存在一些漏洞和缺陷。我们必须按照党的十七大的部署和要求，在坚决惩治腐败的同时，更加注重治本，更加注重预防，更加注重制度建设，通过新的体制、机制、制度安排筑牢从源头上预防和治理“期权”腐败的制度防线。

当前和今后一个时期推进制度创新，要着力做到以下几个方面：

一是要坚持以规范和制约权力运行为核心。历史和现实都表明，权力一旦失去规范和制约，必然导致腐败。目前一些“期权”腐败现象之所以能够滋生蔓延，其中的一个重要原因，就是对权力运行规范的乏力和制约的缺位。要有效预防和治理这类受贿犯罪，必须按照结构合理、配置科学、程序严密、制约有效的原则，建立健全决策权、执行权、监督权既相互制约又相互协调的权力结构和运行机制，将权力运行的每一个部位、每一个环节都置于有效的监督之下，切实把预防腐败的要求落实到权力结构和运行机制的各个环节。严格落实党内监督制度，督促各级领导机关、领导干部特别是“一把手”认真执行民主集中制，切实做到科学民主决策、依法规矩用权。要通过建立健全各项制度，努力形成用制度规范从政行为、按制度办事、靠制度管人的有效机制，保证权力在阳光下运行，防止权力失控、决策失误和行为失范，最大程度地减少权力“寻租”的机会。

二是要坚持以“期权”腐败易发多发的重点领域和关键环节为着力点。从现在已经查处的“期权”腐败案件的相关情况看，此类受贿犯罪大多发生在工程建设、房地产开发、土地批租和金融、司法等领域，以及干部人事、行政审批、行

政执法、财政资金运行等权力行使的关键环节和掌管人、财、物的关键岗位。针对这种情况，要重点研究干部人事、行政审批、土地管理、国有资产管理、财税金融、投资体制等方面权力的科学配置，用制度强化对干部人事权、司法权、行政审批权和行政执法权运行的规范和制约，用制度强化对财政资金和金融以及国有资产的监管，靠制度实现对权力在这些领域和环节的运行进行全方位、全过程的监控，靠制度防止"期权"腐败在这些领域和环节的频发与蔓延。对于资源不能完全由市场配置、垄断性比较强的领域，应认真组织相关制度的廉政风险评估，加强制度建设，堵塞制度漏洞，坚决防止因垄断引发权力滥用问题。

三是要坚持以改革统揽预防和治理"期权"腐败的各项工作。改革是发展中国特色社会主义的强大动力，也是从源头上防治腐败的根本途径。预防和治理"期权"腐败，必须始终坚持这一治本的办法。要以改革创新精神把制度建设贯穿于"期权"腐败预防和治理工作的各个环节，不断深化对"期权"腐败这种新型受贿犯罪的特点和规律的研究，提出防治此类犯罪行为体系建设的新思路、新办法、新举措。要把惩治和预防这种新型受贿犯罪寓于各项改革措施之中，坚持用改革的办法解决导致此类犯罪行为发生的深层次问题。坚持以改革创新精神加强制度建设，紧紧围绕权力制约、资金监控和从政行为规范，加快推进干部人事、司法体制、行政管理、社会体制、财税、金融、投资体制、国有企业等方面的改革和现代市场体系建设及相关改革，最大限度地减少以权谋私、权钱交易的体制机制漏洞。要进一步完善公共资源配置机制，更大程度地发挥市场在资源配置中的基础性作用，减少行政权力对微观经济活动的干预，建设公开、公平、公正和竞争有序的"阳光市场"，防止暗箱操作。

当前和今后一个时期推进制度创新，还应当确立和秉持以下重要理念：

一是民主理念。推进体制、机制、制度创新，预防和惩治腐败，核心是规范和制约权力运行。而要规范和制约权力运行，保证人民赋予的权力始终用来为人民谋利益，关键在树立民主理念，强化民主监督。民主是腐败的天敌，是规范和制约权力运行的利器。大量事实表明，凡是"期权"腐败易发多发的地方，无不是民主遭到践踏、少数人独断专行、监督制约机制失灵的地方。只有大力发展党内民主和人民民主，切实加强和改进党内监督，支持和保证人大监督和其他各方面的监督，把党员的各项民主权利和人民群众的知情权、参与权、选择权和监督权真正落到实处，让权力在阳光下运行，才能有效防止权力失控、决策失误和行为失范，确保权力正确行使。要通过大胆实践，着力建立健全保障党员权利和人民民主权利的具体制度，使党员权利和人民民主权利的保障工作更加规范。同时，又要充分尊重广大党员和人民群众的主体地位和首创精神，广泛听取他们的意见，善于集中他们的智慧，并以他们满意不满意作为检验体制、机制、制度创新实际成效的最高标准。

二是法治理念。在现代社会，法治的核心价值在于对权力运行形成有效的规范和制约。在法律与权力的关系上，法治理念强调权力秩序是法律的产物，一切权力秩序都必须恪守法律规则的制度安排；宪法和法律具有至上的权威，任何权力行为主体都不得凌驾于法律之上。这就要求应当运用法律规范对权力运作实施必要的制约，以法律的强制力将权力运行控制在法律允许的范围内；应当通过法定程序构建规范和制约权力运行的法律法规体系，为防止权力失范和滥用提供可靠的法治保障，提高预防和惩治“期权”腐败的法制化水平。当前以法治理念推进体制、机制、制度创新，当务之急是要做两件事情。第一，按照程序正义和程序法定原则的要求，进一步健全和完善行政程序法和司法程序法，对权力的授予和剥夺尤其是权力运作程序做出规定，把权力运作程序上升为法定程序。第二，要把经过实践检验的惩治越权、擅权、滥权行为的具体措施和办法通过立法程序变成法律规则，充分发挥其惩戒功能，以增大“期权”腐败的犯罪成本，并对此类犯罪分子形成强有力的震慑。

三是分权制衡理念。分权制衡绝对不是资产阶级的专利，而是人类共同的文明成果，它体现了民主宪政的基本精神和现代公法的价值取向。任何权力都需要制衡，失缺制衡的权力是不能想象的。权力制衡的重要前提和先决条件，是对权力进行合理的分解，使之具有相对性和有限性。历史表明，绝对的、无限的权力必然导致专权与腐败。目前我国社会之所以不时地发生包括“期权”腐败在内的各种以权换利的受贿犯罪行为，其中的一个重要原因，就是在一些领域和环节，权力还依旧高度集中，某些权力行使主体集决策、执行、监督等各项权力于一身，既是游戏规则的制定者，又是游戏本身的参与者。为确保自己能赢得这个游戏，这些权力行使主体还常常利用订规立制之便，把自己设计成“监督者”或者“裁判员”。在这样一种权力结构下，发生以权换利的受贿犯罪行为也就不可避免了。因此，要从源头上防治腐败，必须通过推进体制改革和机构整合，对权力配置做出新的制度安排，建立健全决策权、执行权、监督权既相互制约又相互协调的权力结构，形成结构合理、配置科学、程序严密、制约有效的权力运行机制，最大程度地减少权力“寻租”的机会。

（原载《中州学刊》2008年第6期）

浅议“期权”腐败的概念和内涵

——兼与林喆教授商榷

目前,“期权”腐败现象及其治理已经或者正在成为学界关注、社会热议的话题。然而,人们在“期权”腐败的概念和内涵等这些最基本的问题上,至今还尚未达成共识。为进一步深化对“期权”腐败问题的研究,我们有必要对“期权”腐败的概念和内涵进行深入探讨,对其做出科学界定。

“期权”腐败中的“期权”(option),是从经济学的期货概念引申而来的。期货是投资者投资理财的一种工具,其内涵和要义是:交易双方不必在买卖发生的初期就交收实货,而是共同约定在未来的某一个时候交收实货。简单地说,期货就是一种合约,一种在双方约定的时间内必须履行的合约,合约规定的义务需要通过交收现货或者进行对冲交易履行或解除。

在经济学中,期货是相对于现货而言的,其本质特征就在“期”上,即并非一手交钱、一手交货,而是交钱与交货分开进行,即现钱与期货之间的交易。借用“期权”这样一个经济学概念,可能对更为准确地诠释“期权”腐败现象,较为深刻地认识和把握该类权力寻租和权力腐败现象的特征、本质及其规律,有所裨益。

迄今为止,学界对这种利用职务上的便利为请托人谋得不正当利益,并期冀从请托人那里获得双方约定的预期回报的腐败现象,称谓不尽相同,称其为“权力期权化腐败”者有之,称其为“期权化腐败”者有之,称其为“期权”腐败者亦有之。尽管人们对这些同一腐败现象的称谓有所不同,但是并不能改变该腐败现象本来的自身性质。在这些称谓中,我们认为,第三种称谓更能言简意赅地揭示该腐败现象的本质特征和基本内涵,故采纳和使用此一概念。

所谓“期权”腐败,是指把公共权力当作一种资本,被掌握这种权力的职务犯罪嫌疑人利用来为请托人谋取利益,此后请托人在某个时期内按照事前的约定，将“投资收益”回报给该职务犯罪嫌疑人或者其亲属等利益相关人。

在这里，掌握公共权力的职务犯罪嫌疑人为他人谋取利益，但并不要求立即兑付回报，而是约定在未来的某个适当时候再予以兑现。这个“未来的某个适当时候”，或者是该谋利行为的影响期过后，或者是待该职务犯罪嫌疑人离开一定职位（退休、退职、辞职）以后。

“期权”腐败本质上是一种职务犯罪行为，是受贿犯罪在新的历史条件下一种新的表现形式。“期权”腐败这类职务犯罪，不同于传统的和一般意义上的权钱交易行为。传统的和一般意义上的权钱交易行为，通常是请托人向掌握公共权力的职务犯罪嫌疑人施以贿赂在先，职务犯罪嫌疑人利用职务上的便利为请托人谋得利益在后，或者是请托人向职务犯罪嫌疑人行贿与职务犯罪嫌疑人利用职务上的便利为请托人谋得利益同时进行，也就是人们通常所说的“先拿钱，后办事”“一只手受贿、一只手卖权”。

“期权”腐败与这类“现权”和“现利”之间即时交易式的传统的一般意义上的腐败现象有很大的不同。这类腐败区别于其他腐败的一个最显著的标志，就在于它是“现权”与“期利”之间的一种交易：职务犯罪嫌疑人利用职务上的方便为请托人谋取利益，但是并不要求即时得到回报，而是与请托人事先约定，在该谋利行为的影响期过后，或者职务犯罪嫌疑人离职以后再予以兑现。也就是说，职务犯罪嫌疑人不是像过去有些贪官那样，一手办事、一手要钱，而是先投入、后求回报。他们利用职务上的便利为不法商人谋取利益，当时并不要求即时得到回报，而是出于逃避法律制裁的“安全方面”的考虑，着眼于长远，在事隔多年或者待其离职以后，才以各种貌似合法的方式予以兑现。可以说，“期权”腐败实质上是一种延期回报的权钱交易行为，这是它最本质的特征。

权力具有天然的扩张性和腐蚀性，在失缺有效制约的情况下，很容易被异化成寻租的资本，从而导致腐败现象的发生。诚如19世纪英国著名历史学家阿克顿勋爵所说：“权力，不管它是宗教的还是世俗的，都是一种堕落的、无耻的和腐败的力量。”从一般规律看，权力的扩张和寻租通常具有两个维度，即空间维度和时间维度。在现代法治社会，任何公权力都应当有其法定的行使边界。权力边界不明晰，或者权力边界缺失，都可能导致权力的越界和滥用，而权力自身又具有突破这种边界以实现扩张和寻租的天然禀性。权力超越法定边界的扩张和寻租，即为权力在空间上的寻租和扩张。

权力的扩张和寻租通常会产生两大后果：一是损害社会公众利益，二是谋得个人私利。这两种后果既可能同时发生，亦可能异时发生。寻租和扩张后果发生时序上的这种延展性，就是权力在时间上的扩张和寻租。“期权”腐败即属权力在时间维度上的扩张和寻租。“期权”腐败的要害，就在于通过延展权力扩张和寻租后果发生的时序，为职务犯罪嫌疑人和请托人之间的权钱交易加上层层掩人耳目的遮蔽。这种扩张和寻租模式具有很强的隐蔽性和欺骗性。行为人利用权力扩张和寻租后果发生这种时序的延展性，故意使损害社会公众利益的后果发生在前，谋得个人私利后果发生在后，打一个时间差，模糊两种后果发生之间的相互关联性，借以掩人耳目、瞒天过海，达到规避风险、逃避打击的目的。

当然，也有专家学者对“期权”腐败这一概念持有异议。其中最具代表性的，当属中共中央党校林喆教授。她曾坦言：“我不赞成使用‘“期权”腐败’这个词，这容易让人误解。因为在金融领域专门有期权的概念，容易混淆。”①笔者以为，林喆教授的这一忧虑可以理解，但是没有必要。金融领域确有“期权”这一概念，并且“期权”腐败中的“期权”这一概念，正是从金融领域中的“期权”概念借用而来的。但是，由于我们在借用这一概念时赋予其以新的特定内涵，因而在谈论这类腐败现象时，指向是非常明确的，不会将其与金融领域的“期权”概念混淆起来。现实生活中，借用某一概念来表述另一事物的情形是司空见惯、屡见不鲜的。譬如，“重心”原本是一个力学概念，指的是在重力场中，物体处于任何方位时所有各组成质点的重力的合力都通过的那一点。现在，人们经常借用这一概念来形容事情的中心、核心或其主要部分，而且人们在借用这一概念的时候，并没有把它与力学领域中的“重心”概念混淆起来。

其实，林喆教授也承认现实生活中的确存在着我们用“期权”腐败这一概念所描述的腐败现象。在谈到这一腐败现象时，她指出：“这种腐败形式的一大特点就是表面上看双方似乎没有发生直接的权钱交易，其实这个交易已经存在，只是兑现时间是在以后。”既然林喆教授不赞成使用“期权”腐败这一概念，但是又承认此类腐败现象的客观存在，那么她到底主张用什么概念来表述此类腐败

① 杜晓：《手段高明交易隐蔽遏制期权腐败遭遇取证定性两难》，《法制日报》2010 年 7 月 26 日。

现象呢？为了表述这类腐败现象，林喆教授发明了一个新词，叫作“利用影响力牟取私利”。她说：“我们应称为‘利用影响力牟取私利’，这样讲更加确切。我们也可以把退职前为退职后做准备、埋下伏笔的情况叫‘未来回报’。”①

笔者以为，林喆教授使用的这一概念倒是内涵不够清楚，不能准确表述我们用“期权”腐败所描述的这类腐败现象，很容易将这类腐败现象与其他腐败现象混淆起来。

“利用影响力牟取私利”这一概念，其实也是借用了《中华人民共和国刑法修正案（七）》新增的“利用影响力受贿罪”这一罪名。所谓利用影响力受贿罪，是指国家工作人员的近亲属或者其他与该国家工作人员关系密切的人，通过该国家工作人员职务上的行为，或者利用该国家工作人员职权或者地位形成的便利条件，通过其他国家工作人员职务上的行为，为请托人谋取不正当利益，索取请托人财物或者收受请托人财物，数额较大或者有其他较重情节的行为。这一新的规定扩大了受贿类犯罪的主体，将与国家工作人员有一定关系的非国家工作人员也纳入了受贿类犯罪的主体，这不仅是国内经济和社会发展的需要，也是与国际接轨的需要，具有很强的现实意义。

但笔者认为，使用“利用影响力牟取私利”这一概念，并不能准确表述我们用“期权”腐败所描述的这类腐败现象。应当说，“利用影响力牟取私利”这种腐败的行为主体，是国家工作人员的近亲属或者其他与该国家工作人员关系密切的人，而不包括国家工作人员。而“期权”腐败的行为主体则不同。“期权”腐败的行为主体只能是国家工作人员或者是曾经担任国家工作人员的人。也就是说，有些“期权”腐败行为是跨越行为人担任国家工作人员期间包括其离职以后的时间段。在整个权钱交易过程中，行为人的身份前后是有很大变化的。为了规避“受贿风险”，“期权”腐败行为人故意将其受贿行为分为两个时段来实施：在担任国家工作人员的时候利用职务上的便利为请托人谋取利益，将自己手中的权力作为资本来“投入”，在离开公职以后再收受贿赂，将“期利”予以变现。因此“期权”受贿的主体表面上是曾经担任国家工作人员或其他从事公务的人，事实上必须同时具备其在职期间或从事公务期间为他人谋取了利益的

---

① 杜晓：《手段高明交易隐蔽遏制期权腐败遭遇取证定性两难》，《法制日报》2010 年 7 月 26 日。

事实。因此,笔者认为,不宜用“利用影响力牟取私利”这一概念来表述“期权”腐败现象。更重要的是,“利用影响力牟取私利”这一概念,根本没有反映和揭示我们用“期权”腐败这一概念所描述的这类腐败现象的本质特征。因此,依笔者之见,还是使用“期权”腐败这一概念为好。

(原载《反腐倡廉建设研究文集》第二辑,河南人民出版社 2013 年 10 月出版)

关于"期权"受贿罪构成要件的若干思考

"期权"受贿是在近年来我国反腐败力度不断加大、权钱交易空间日趋狭小的新的历史条件下衍生出来的新型受贿犯罪,其犯罪构成与一般受贿罪相比更为复杂,具有较强的隐蔽性和欺骗性,给对此类受贿犯罪行为的甄别和认定带来了相当大的难度。科学界定和准确把握"期权"受贿的构成要件,是准确判定"期权"腐败行为的罪与非罪,依法惩治犯罪嫌疑人的重要前提和基础。

一、"期权"腐败的基本特征:界定和把握"期权"受贿罪构成要件的前提和基础

在探讨"期权"受贿罪构成要件以前,我们有必要先来认识一下"期权"腐败的基本特征。

严格地说,"期权"腐败不同于"期权"受贿,二者有着明显的区别①:前者是一个犯罪学术语,后者则属于刑法学范畴。"对'期权'腐败的研究侧重于'期权'腐败的形成原因及对策,对策也不限于法律规制,多是制度层面的完善。而对'期权'受贿的研究则侧重于在刑法层面的研究,多是研究这种行为是否构成受贿罪的问题。"②因此,"期权"腐败并不简单地等同于"期权"受贿。与此同时,"期权"腐败与"期权"受贿又具有无法割断的内在逻辑联系,二者在本质上指同一种特殊的钱权交易行为,有相当的契合性。认定一种"期权"腐败行为是

---

① 该观点中"期权"腐败与"期权"受贿的区别,作者已研究多年,相关内容详见《论"期权"腐败及其治理》,北京:人民出版社,2012 年,第 234~245 页。——编者注

② 杜琪:《对"期权"受贿概念与特征的重新解读》,《华北电力大学学报(社会科学版)》2009 年第 3 期。

否构成“期权”受贿犯罪，客观上要求必须科学地界定“期权”受贿罪的构成要件。而要做到这一点，首先就应准确了解和把握“期权”腐败的基本特征，这是科学界定和准确把握“期权”受贿罪的构成要件的一个重要前提和基础。

所谓“期权”腐败，是一种类似于期货投资的套期式腐败行为。其表现通常是：职务犯罪嫌疑人与请托人之间达成某种权钱交易的“期权契约”。根据这种“契约”，职务犯罪嫌疑人在位时利用其手中掌握的权力，为请托人谋取利益，但是并不要求请托人即时给予回报，而是让对方在未来的某个适当时候再以某种形式予以变现。这个“未来的某个适当时候”，一般是指职务犯罪嫌疑人离开一定职位（退休、退职、辞职）以后。

“期权”腐败区别于传统意义上的腐败的一个最显著标志，就是其权钱交易是“现权”与“期利”之间的一种交易。职务犯罪嫌疑人不是像有些贪官那样一手办事、一手要钱，而是着眼于长远，先行投入而后谋求回报，离开一定职位以前利用职务上的便利为请托人谋取利益，当时并不要求即时得到回报，而是待其离开一定职位以后，才以各种貌似合法的方式加以兑现。这是“期权”腐败最本质的特征。

从权力寻租和扩张的一般规律看，通常具有空间和时间两个维度。在现代法治社会，任何公权力都有其法定的行使边界。缺失行使边界，必然造成权力滥用，而权力自身又都具有突破这种行使边界以期扩张和寻租的天然禀性。权力超越法定边界的扩张和寻租，即为权力在空间上的寻租和扩张。权力的扩张和寻租通常会产生两大后果：一是损害公众利益，二是谋得个人私利。这两种后果既可同时发生，亦可异时发生。寻租和扩张后果发生时序上的这种延展性，即是权力在时间维度上的寻租和扩张。

深入分析权力在时间维度上的寻租与扩张，对于科学界定和把握“期权”受贿的构成要件特别是主体要件具有十分重要的意义。职务犯罪嫌疑人之所以选择这种寻租和扩张模式，在利用职务上的便利为请托人谋取利益之时不要求即时得到回报，而是在待其离开一定职位以后才予以变现，原因就在于“这种寻租和扩张模式具有相当的遮蔽性和欺骗性。行为人利用寻租和扩张后果发生时序的延展性，故意使损害公众利益的后果发生在前，谋得个人私利后果发生在后，打一个时间差，模糊两种后果发生之间的关联性，借以掩人耳目、瞒天过海，达到规避风险、逃避打击的目的”①。

那么，这一寻租和扩张模式是怎样达成如此之功效的呢？依笔者愚见，其神秘的奥妙就在于这个“寻租和扩张后果发生时序的延展性”上。职务犯罪嫌疑人利用这种“时序的延展性”可以达到这样一个目的：模糊其在职时利用职务上的便利为请托人谋取利益与其离职以后收受请托人财物之间的相互关联性，亦即其损害公众利益与其谋得个人私利之间的相互关联性，以此来逃避法律的制裁。

达到上述目的至少可以造成下列几种假象：其一，尽管职务犯罪嫌疑人在职时利用职务上的便利为请托人谋取了利益，但是并没有索取或者收受请托人的财物，使其行为表面看来并没有侵犯国家工作人员职务行为的不可收买性，使其受贿行为的客体要件无法认定。其二，职务犯罪嫌疑人在其离职以后才收受请托人的财物，利用收受请托人的财物这种时序上的延展性，割断了“利用职务上的便利”与“收受他人财物”之间的彼此联系，使其受贿行为的客观方面无法认定。其三，职务犯罪嫌疑人收受请托人的财物时已经离职，其国家工作人员的身份已经解除，使其受贿行为的主体要件无法认定。

由此可见，准确把握“期权”腐败及其基本特征，是科学界定“期权”受贿罪构成要件的一个重要前提和基础。

二、国家工作人员职务行为的廉洁性或不可收买性：“期权”受贿罪的客体

在犯罪构成中，犯罪客体担当对行为的社会属性与价值判断的功能，犯罪构成的其他构成要件最终都要落脚到犯罪客体上，由犯罪客体做出最后的价值判断。所以，它直接影响着定罪与量刑，是犯罪构成的必备要件之一。就受贿罪而言，它的犯罪客体应当是国家工作人员职务行为的廉洁性或不可收买性。

廉洁从政是国家工作人员的为政之本，是国家工作人员正确行使权力、履行职责的重要基础。国家工作人员的职务即权力是由国家授予的。国家工作

---

① 阎德民：《“期权”腐败及其治理对策》，《中州学刊》2006年第5期。

人员在各自的工作岗位上担负着依法行使国家管理职能的重任。在国家授予国家工作人员职务之时,国家工作人员即承担了廉洁奉公的义务。他们要正确履行国家赋予的职责义务,就必须严格遵守党纪国法,不得利用职务上的便利以权谋私和贪赃枉法,切实做到清正廉洁,忠于职守,正确行使权力,始终保持职务行为的廉洁性。如果国家工作人员把由国家授予的职务当作权钱交易的砝码,就侵犯了国家工作人员职务行为的廉洁性或不可收买性。

"期权"受贿作为职务犯罪的一个新变种,是与国家对国家工作人员的廉洁要求相悖的一种犯罪行为,其侵害的客体应当是国家工作人员职务的廉洁性或不可收买性。因为国家工作人员职务行为的廉洁性,是国家工作人员职务行为的公正性的重要保证。公正与廉洁的密切关系体现在廉洁是实现公正的前提。我们很难想象丧失了廉洁性的国家工作人员的职务行为,还能保持其自身的公正性。而公正性又是以不可收买性为根本前提。要想维护和保持国家工作人员职务行为的公正性,就必须保证国家工作人员职务行为的不可收买性。

国家工作人员职务行为的不可收买性,主要包括两方面的内容:一是国家工作人员职务行为本身的不可收买性,二是社会公众对国家工作人员职务行为不可收买性的公信力。这里所说的国家工作人员职务行为,不仅包括正在实施或者已经实施的职务行为,同时也包括即将付诸实施的职务行为和已经做出许诺但是还尚未付诸实施的职务行为。国家工作人员既不能以正在实施或者已经实施的职务行为为依据,向他人索取或者收受财物,也不能以将来可能实施的职务行为或者对职务行为的许诺为依据,向他人索要或者收受财物。

"期权"受贿罪的社会危害表现为严重腐蚀国家肌体,妨碍国家机关对内对外职能的正常履行,败坏党和政府在社会公众心目中的廉洁形象,损害社会公众对国家公职人员及其行为的信赖和尊重,助长了社会不正之风,致使国家和社会公众利益遭受严重损害。我国各级国家机关、各类国有公司、企业、事业单位、人民团体中的国家工作人员,担负着依法代表国家对政治、经济、文化及社会各方面公共事务进行管理的职责。他们享有国家以法律形式赋予的权力,也必须接受相应的监督和约束。而禁止受贿就是一种重要的约束,它是维护国家工作人员廉洁的重要措施和重要保障。把受贿罪(包括"期权"受贿罪)的客体界定为国家工作人员职务行为的廉洁性或不可收买性,更能深刻地揭示受贿罪的本质。

三、双方事先约定延期回报性的权钱交易行为：“期权”受贿的客观方面

在客观方面,“期权”受贿表现为行为人利用职务上的便利,为请托人谋取利益,但是并不要求即时回报,而是与请托人约定,在事后或其离开一定职位后再予以兑现。也就是说,“期权”受贿罪的犯罪嫌疑人不是像一般受贿罪的行为人那样,一手办事、一手要钱,而是先行投入,后求回报,其实质上是一种延期回报的权钱交易行为。其内容主要包括以下几个方面:

一是利用职务上的便利。利用职务上的便利是受贿罪的基本特征之一,是确定罪与非罪的一个关键。在司法实践中,人们对“利用职务上的便利”的理解在范围上有宽有窄,差异比较大,从而会在一定程度上对受贿罪的认定产生直接影响。利用职务上的便利,从利用职务的方式看,可以划分为利用本人职务上的便利和利用他人职务上的便利两种;如前所述,职务行为不仅包括正在实施或者已经实施的职务行为,也包括将要实施的职务行为与所许诺的职务行为,因此从利用职务上的便利的时间上划分,可以分为利用现在职务上的便利、利用将来职务上的便利和利用过去职务上的便利。

二是事先有明确的约定。“期权”受贿罪是一种事后受财类的职务犯罪行为,但是该种职务犯罪行为又同一般性的事后受财职务犯罪行为存在一定的差异。二者的本质区别就在于国家工作人员在利用职务上的便利为请托人谋取利益时,是否就贿赂的标的物及其数量和事后(包括退休、退职、辞职后)双方交接的时间、方式等事项,与请托人进行了约定。关于“期权”受贿罪的客观方面是否要求事先有明确的约定,学者之间有不同的观点和看法,既有“否定说”,亦有“肯定说”。“否定说”认为,“期权”受贿无须事先约定这个要件。如有的学者认为:“该解释中规定的‘事先约定’是否应为构成受贿罪的必要条件,答案是否定的。”①“肯定说”则认为,事后受贿中的约定应为明确的约定。如有的学者认为:“事后受贿中的‘约定’应该是一种明确的约定,这种明确的约定表现为要

---

① 徐健等:《“事后受贿”无须“事先约定”》,《江苏经济报》2007 年 8 月 10 日。

求行贿人在其离职后给付一定数额的财物。”①笔者赞同肯定说，认为事先有明确的约定是“期权”受贿罪客观方面的要件之一。因为：第一，受贿罪在本质上是一种权钱交易行为。如果事前没有明确的约定，钱权交易的双方就无法确定对价关系。第二，将事前无明确约定的“期权”受贿行为作为犯罪处理，有违罪刑法定原则的可能性。因为我国刑法明确规定只有主客观相统一才能作为犯罪处理。事前无明确的约定，就无法确定行为人主观上有受贿的故意，因此处罚这种行为就与罪刑法定原则相悖。第三，“期权”受贿中行为人受贿的意图，以及行为人为实现这一意图创造条件即利用职务上的便利为请托人谋取利益的具体行为始于其任职期间，而实际收受请托人回报其一定好处的时间却是在其离开原有的职位以后，如果当事人双方缺乏明确的约定，就会使司法机关因缺失证据而难以办理此类案件。第四，对约定不明确的事后收受他人财物行为定罪处罚，有悖于我国宽严相济的刑事政策，会对我国惩治贿赂犯罪的刑事政策的统一性造成不良后果。因此，一般性事后受贿职务犯罪行为，双方未就这些事项进行约定。而“期权”受贿行为，双方则必须就这些事项进行过约定。“期权”受贿与一般性事后受贿职务犯罪行为之间的最大区别，就在于行为人在利用职务上的便利为请托人谋取利益时，是否就贿赂的标的物及其数量和事后双方交接的时间、方式等事项，与请托人进行过约定。而且，无论国家工作人员在约定的形成过程中是否处于主动，不论约定的事项简繁、内容是否详尽，均不影响“期权”受贿罪的成立。这也即是说，只要行为人与请托人双方未就上述诸多事项做出约定，就不构成“期权”受贿罪，尽管该行为可能属于其他类型的受贿犯罪行为。因为事前是否就贿赂进行约定决定了行为人是否具有受贿的故意，如果没有“事先约定”的限制要件，很有可能造成客观归罪，将离职后不再具有国家工作人员身份的人收受他人财物的行为一概作为受贿罪追究。

三是为他人谋取利益。为他人谋取利益通常包括以下四种情况：其一，已经许诺为请托人谋取利益，但尚未实际进行；其二，正在实施为请托人谋取利益的行为，但是其过程还尚未完结，还没有为请托人谋得预期的实际利益；其三，为请托人谋取利益已经取得一定进展，但尚未完全实现；其四，为请托人谋取利益的整个过程已经完结，已经全部实现了请托人的要求。为他人谋取利益，不

---

① 郑茂林：《事后受贿中的约定应为明确约定》，《检察日报》2003 年 12 月 19 日。

限于为请托人谋取到了利益，而是只要许诺为他人谋取利益即可，而且不论这种许诺是明示的还是默许的。许诺为他人谋利是一种表示，在法律上也是行为。2003 年 11 月 13 日最高人民法院公布并实施了《全国法院审理经济犯罪案件工作座谈会纪要》，明确规定："为他人谋取利益包括承诺、实施和实现三个阶段的行为。只要具有其中一个阶段的行为，如国家工作人员收受他人财物时，根据他人提出的具体请托事项，承诺为他人谋取利益的，就具备了为他人谋取利益的要件。明知他人有具体请托事项而收受其财物的，视为承诺为他人谋取利益。"对于"期权"受贿来说，为他人谋取利益，必须是发生在国家工作人员在职期间。如果是在职期间先收受他人贿赂，此后为他人谋取利益的，属于常规的一般类型的受贿罪，而不属于我们在这里所说的"期权"受贿。如果是在职期间收受他人贿赂，离开一定职位以后为他人谋取利益的，也不属于"期权"受贿。为他人谋取利益，应当既包括非法利益，也包括合法利益；既包括不正当利益，也包括正当利益；既包括物质性利益，也包括非物质性利益。无论这种利益是否已经实现，只要行为人具有"为他人谋取利益"的主观故意，即只要有承诺、实施、实现三个阶段中的任意一个，就应当认定具备了"为他人谋取利益"的构成要件。

四是事后或离职后收受贿赂或索取贿赂。一般类型的受贿罪客观方面表现为收受或索取贿赂。但是，由于"期权"受贿罪在"为他人谋取利益"和"收受贿赂"之间有一个时间差，所以它在客观方面表现为"事后或离职后"收受或者索取贿赂。收受贿赂与索取贿赂的不同，就在于前者行为人是被动接受，而后者行为人是主动要求。"期权"受贿案件中的多数情形，都属于前一种情况，但是也存在少数索贿的情况。譬如在南京市玄武区孝陵卫街道办事处原副主任黄海涉嫌"期权"受贿案中，行为人就是主动要求请托人给予自己"好处"的。此外，需要特别强调的是，对于一般类型的受贿罪来说，在索取贿赂的情况下，并不要求"为他人谋取利益"为构成要件，而在收受贿赂的情况下，则必须以"为他人谋取利益"为构成要件。而对于"期权"受贿行为，笔者认为，无论是收受贿赂还是索取贿赂，都应以"为他人谋取利益"为构成要件。因为，"期权"受贿罪中的"谋取利益"和"得到贿赂"之间的交易不再是即时兑付、一步到位，而是被人为地分成了行为人"在职"和"离职"两个阶段。如果行为人没有为请托人谋取到利益，就是违背了事前的"约定"，事后的贿赂就不可能兑现。所以，在"期权”受贿罪的构成要件中,“为他人谋取利益”是必不可少的,而“利益”的正当性则在所不问。

四、曾经具有国家工作人员身份的人:“期权”受贿罪的主体

“期权”受贿罪的犯罪主体必须是国家工作人员。与其他犯罪相比,一般受贿罪的主体是特殊主体,即国家工作人员,那么“期权”受贿罪的犯罪主体也必须是国家工作人员,这也是构成“期权”受贿罪的关键条件之一。所谓国家工作人员,是指国家机关中从事公务的人员。国有公司、企业、事业单位、人民团体中从事公务的人员和国家机关、国有公司、企业、事业单位委派到非国有公司、企业、事业单位、社会团体从事公务的人员,以及其他依照法律从事公务的人员,以国家工作人员论。受贿罪的主体是新刑法对受贿罪规定进行修改的主要方面,其主体范围与贪污罪的主体范围有所不同,贪污罪的主体除了国家工作人员,还有“受国家机关、国有公司、企业、事业单位、人民团体委托管理、经营国有财产的人员”,后者并不具备国家工作人员的身份。非国家工作人员,包括国家工作人员的家庭成员,不能独立成为受贿罪的主体,但是可以成为受贿罪的共犯或者构成其他单独的罪名,这在《中华人民共和国刑法修正案(七)》中增加的第三百八十八条之一做了明确的规定。总之,“期权”受贿罪与一般受贿罪一样,其犯罪主体,必须是国家工作人员。这一点,应当是确定无疑的。但是,“期权”受贿罪的犯罪主体与传统受贿罪的犯罪主体又有所区别。传统受贿罪的犯罪主体是国家工作人员,而“期权”受贿罪中的犯罪主体的界定并不简单的是国家工作人员还是非国家工作人员,而是曾经担任国家工作人员、具有国家工作人员身份的人。也就是说,受贿行为是跨越行为人担任国家工作人员期间与其离开一定职位以后两个不同的时段的。因此,在整个受贿的过程中行为人的身份前后是有所变化的,是在担任国家工作人员之时实施其行为的一部分,离开公职以后再实施其行为的另一部分。因此,“期权”受贿罪的犯罪主体表面上是曾经担任国家工作人员或其他从事公务活动的人,事实上必须同时具备其在职期间或从事公务期间为他人谋取了利益的事实。“期权”受贿犯罪的犯罪主体故意将收受财物等行为拖延至离开公职以后,目的在于给人造成此时自己

已经不再是国家工作人员而是非国家工作人员的假象,以掩盖自己事实上的钱权交易的关键性行为,即钱权交易协议的达成等都是在担任国家工作人员的期间实施的。由此可见,“期权”受贿罪中犯罪主体的特殊性,主要表现在其以非国家工作人员的表象掩盖国家工作人员的本质这个关键点上。杜琪博士在论述“期权”受贿客观行为的特殊性时,使用了“行为的阶段性”这一新概念。她指出:“受贿罪是复行为犯,包括两个行为即‘索取或收受他人财物’与‘为他人谋利’。与传统受贿行为相比,‘期权’受贿中行为人索取或者收受他人财物与为他人谋利益是分开进行的,且实施两个阶段行为时主体的身份是不同的,这就是‘期权’受贿行为的阶段性。虽然‘期权’受贿中有一部分行为是在国家工作人员离职后实施的,但是受贿行为的主体部分如索贿型受贿中的索取行为以及收受型受贿中的为他人谋取利益的行为,则必须是在其担任国家工作人员期间实施。因此,将收受他人财物的行为与为他人谋利益的行为分开,故意造成一定的时间差,来掩盖钱权交易的实质,这是‘期权’受贿在行为方面最显著的特征。”①笔者赞同她的这个意见。虽然行为人在收受请托人兑付的好处时已经离开了先前曾经担任的一定职位,已经不再具有先前曾经具有的国家工作人员的身份而成了非国家工作人员,但是,由于行为人与请托人双方事前曾经就行为人离职以后从请托人那里得到某种好处做出约定,所以,行为人实际收受请托人好处的行为与其在职时利用职务上的便利为请托人谋取利益的职务行为之间存在着彼此密切的意思联系,完全能够满足受贿罪的构成要件。换句话说,在有“事先约定”的前提下,行为人主观上有利用职务上的便利索取或者收受请托人好处并为请托人谋取利益的故意,客观上有实际收受请托人给予的好处的行为,尽管其索取或者收受请托人好处的行为发生在离职以后,但其事后受贿的根本特征并没有得到任何改变。对于此类受贿行为以“期权“受贿罪追究行为人的刑事责任,符合我国刑法关于主客观相统一的原则和打击受贿犯罪的立法本意。

---

① 杜琪:《论“期权”受贿的非典型性》,《中国石油大学学报(社会科学版)》2010 年第 2 期。

五、直接故意:“期权”受贿罪的主观方面

“期权”受贿罪的主观方面表现为直接故意。受贿罪在主观方面表现为直接故意,即明知利用职务上的便利索取财物或者收受财物并为他人谋取利益的行为是一种侵害国家工作人员职务行为廉洁性的行为,仍然故意实施这种行为。“期权”受贿罪的直接故意具体包括以下几个方面的内容:一是利用职务上的便利的明知,即明知“约定”事后或离职后收受的贿赂是利用职务便利实施的,是以自己所担任的职务为条件的;二是对财物(应修改为“不正当好处”)性质的明知,即明知事后或离职后所索取或者所接受的“好处”属于非法获取;三是为他人谋取利益的明知;四是对受贿行为损害其职务行为廉洁性的明知,即行为人明知其行为的违法性质和危害后果。此外,前已述及,“期权”受贿行为中“事先约定”也是故意内容的重要体现,强调这一条件是为了构成要件的主客观相统一,避免客观归罪。在这个问题上,笔者与杜琪博士认识几无相左之处,认为事先有明确的约定不仅是“期权”受贿的构成要件,而且是“期权”受贿本质特征在构成上的反映。这是因为:其一,从法律的规定来看,“期权”受贿在法律上的主要依据,就是我国最高审判机关和最高检察机关做出的有关司法解释。2000 年 6 月 30 日最高人民法院审判委员会第 1121 次会议通过、2000 年 7 月 21 日起施行的《最高人民法院关于国家工作人员利用职务上的便利为他人谋取利益离退休后收受财物行为如何处理问题的批复》,以及 2003 年 11 月 13 日最高人民法院印发的《全国法院审理经济犯罪案件工作座谈会纪要》中,都有“与请托人事先约定”的表述。此外,2007 年 7 月 8 日最高人民法院、最高人民检察院联合发布的《关于办理受贿刑事案件适用法律若干问题的意见》中亦有“约定”之表述,足见行为人事先有约定是法律规定的客观要件之一。其二,从“期权”受贿的本质来看,“期权”受贿的本质就是以钱权交易的时间差来掩盖钱权交易的本质。由于在“收钱”和“办事”之间存在时间间隔及主体身份上的变化,假若双方没有钱权交易的“事先约定”,交易双方的“对价”关系就无法确定,这也就从根本上否定了受贿罪的构成。只有存在“事先约定”,“收钱”和“办事”之间才存在一一对应关系。其三,从受贿的主观方面来看,受贿罪故意

的内容，除了有收受财物的故意，还包括明知财物是本人利用职务便利为他人谋取利益的报答物而予以收受的故意。在离退休后收受财物的行为，唯一能够体现“受贿故意”的就是“事先约定”，如果事先无约定，行为人主观上不存在“受贿故意”，就不符合受贿罪的构成。其四，从宽严相济的刑事政策来看，把事前没有明确约定的事后收受他人财物行为作为犯罪处理，将会破坏中国当前对贿赂犯罪进行惩治的刑事政策的统一性，也与中国宽严相济的刑事政策不符。

（原载《反腐倡廉建设研究文集》第二辑，河南人民出版社 2013 年 10 月出版）

关于认定“期权”受贿犯罪的几个问题

“期权”受贿犯罪是近年来我国反腐败力度不断加大、权钱交易空间日趋狭小的历史条件下衍生出来的一种新型受贿犯罪。为惩治这种新型受贿犯罪,最高人民法院、最高人民检察院在《关于办理受贿刑事案件适用法律若干问题的意见》中就该种受贿犯罪的认定做出了规定。但司法实践中,在认定该种受贿犯罪时往往会出现一些意见分歧。笔者拟就其中的一些问题谈谈粗浅之见。

1.关于作为“期权”受贿罪客观要件的“为他人谋取利益”的认定问题

在“期权”受贿犯罪中,由于行为人利用职务上的便利为他人谋取利益在前,而收受请托人的财物在后,二者在时间和空间上发生了分离,中间有一个时间差。行为人之所以这样做,利用其职务上的便利为他人谋取利益发生在前,收受请托人的财物发生在后,使权力寻租和扩张的后果发生的时序出现错位,目的就是要打一个时间差,故意模糊两者之间的关联性,借以掩人耳目、瞒天过海,达到规避风险、逃避打击的目的。由于“为他人谋取利益”与收受请托人的财物这两者在时间和空间上是彼此分离的,行为人从利用职务上的便利为他人谋取利益,到收受请托人的财物,两者在时空上有一很大的跨度,往往相隔几年甚至十几年,使人很难发现它们之间的对价关系,从而掩盖了其权钱交易的本质,因而给认定带来了一定难度。

笔者以为,在处理此类受贿犯罪案件时,认定行为人是否为他人谋取利益,应从以下几个方面进行把握:

一是受贿人实施了为请托人谋利的行为。国家工作人员利用职务之便,实施了为他人谋取利益的行为。不管结果如何,亦即不论请托人的目的是否达到,只要受贿者实施了有利于请托人的行为,就应认定其为请托人谋取了利益。

二是请托人通过受贿人的职务或职权、地位形成的便利条件获取了利益

（包括非法利益）。已经确认请托人因与相关国家工作人员关系密切、交往甚密而取得好处，通过查明这些好处取得的权力运作过程，即可得知该受贿的国家工作人员是否在为请托人谋取利益的过程中发挥了作用。

三是请托人有明确的意图表示。我国刑法关于受贿罪的规定，既不要求受贿的国家工作人员利用职务之便为请托人谋取到利益，也不要求该国家工作人员一定要利用职务之便实施为请托人谋取利益的行为。只要该国家工作人员默许利用职务之便为请托人谋取利益，其行为就具备受贿罪主客观要件的犯罪构成。无论是自己当面陈述，还是托人转告，只要向受贿人说明了其意图，不管该国家工作人员有没有答应，甚至客套推辞，但只要非法收受了请托人的财物，就应该认定该国家工作人员默认利用其职务之便为请托人谋取利益。

2.关于行为人与请托人之间是否事先须有明确约定的问题

"期权"受贿罪是一种事后受财类的职务犯罪行为，但又同一般性的事后受财职务犯罪行为存在一定的差异。二者的本质区别就在于国家工作人员在利用职务上的便利为请托人谋取利益时，是否就贿赂的标的物及其数量和事后（包括退休、退职、辞职后）双方交接的时间、方式等事项，与请托人进行了约定。

关于"期权"受贿罪的客观方面是否要求事先有明确的约定，学者之间有不同的观点。"事先约定"不仅是国家工作人员事后受贿构成受贿罪的主观要件和客观要件，而且也是国家工作人员此类行为构成"期权"受贿犯罪的认定要件。"期权"受贿犯罪行为的最本质特征，在于它的期约性。这里所说的"期约"，指的是作为国家工作人员的受贿者与作为请托人的行贿者之间就前者利用职务上的便利为后者谋取利益、后者在未来一个时期内向前者给付贿赂的有关事项达成合意而形成的约定。该约定以国家工作人员即时职务上的行为为对价而期约收受请托人的财物。该约定的达成，标志着现权与期利之间期约对价关系的确立。此类约定的达成和此种期约对价关系的确立，是认定"期权"受贿犯罪行为的限制要件。假如没有此类约定的达成和此种期约对价关系的确立，或者案发后没有充分证据证明有此类约定的达成和此种期约对价关系的确立，就无法认定其以权换利行为的期约性，从而也就无法认定其行为是"期权"受贿犯罪行为。

概言之，一般性事后受财"期权"受贿犯罪行为，双方未就这些事项进行约定；而"期权"类收受贿赂行为，双方则必须就这些事项进行了约定，且不论国家工作人员在约定的形成过程中是否处于主动，不论约定的事项简繁、内容是否详尽，均不影响“期权”类收受贿赂罪的成立。

3.关于行为人与请托人之间事先约定的认定问题

2000年7月，最高人民法院做出司法解释，规定：国家工作人员利用职务上的便利为请托人谋取利益，并与请托人事先约定，在其离退休后收受请托人财物，构成犯罪的，以受贿罪定罪处罚。由最高人民法院审判委员会会议通过的《最高人民法院关于国家工作人员利用职务上的便利为他人谋取利益离退休后收受财物行为如何处理的批复》，确认了这一司法解释。

这个司法解释使笔者联想到发生在江苏省的一起“期权”受贿案。该省建设系统一名官员在位期间为一家房地产公司谋取利益，这名官员退休后，该公司以各种名义给了他诸多好处，案发后，一审法院判决他有罪。该官员不服，提起上诉，二审法院经过审理，判决他无罪。二审法官为什么会认为该官员无罪呢？因为我国刑法规定，要确定受贿罪，不但要求收受财物这一客观构成要件，还要求受贿的主观故意这一主观构成要件。① 而“受贿的主观故意”是很难取证的。

国家工作人员在职时为人谋取利益而离退休后收受财物，这一行为是比较容易确定的。但是，“事先约定”这一条却几乎无法确定。行为人和请托人都绝对不会傻到订立书面合同的地步，他们口头达成约定，彼此心领神会、不言而喻，过后一旦出事就会订立攻守同盟，拒不承认事先有过约定。在这种情况下，如何证明他们曾经有过“事先约定”？

笔者以为，应依据最高人民法院、最高人民检察院《关于办理受贿刑事案件适用法律若干问题的意见》（以下简称《意见》）来加以甄别和处理。《意见》第十条规定：“国家工作人员利用职务上的便利为请托人谋取利益之前或者之后，约定在其离职后收受请托人财物，并在离职后收受的，以受贿论处。国家工作人员利用职务上的便利为请托人谋取利益，离职前后连续收受请托人财物的，离职前后收受部分均应计入受贿数额。”在这里，只要能掌握国家工作人员离职前后连续收受财物的情况，在客观上就足以表明其在离职前与请托人有约定。应当说，《意见》的这一规定，与2000年最高人民法院审判委员会会议通过的

① 陶建群：《期权腐败：贪官逍遥法外的护身符?》，《人民论坛》，2006年第10期。

《最高人民法院关于国家工作人员利用职务上的便利为他人谋取利益离退休后收受财物行为如何处理问题的批复》规定的原则是一致的。

4.关于行为人利用职务上的便利为请托人谋得非法利益后、收受请托人财物前职务发生变动,是否影响受贿罪成立的问题

国家工作人员特别是担任领导职务的干部经常调动或者升迁,可能出现行为人为请托人谋取利益的行为与收受他人财物的行为分别发生在担任不同职务期间的情形。譬如:张某担任某市交通局局长时利用职务上的便利为李某谋取利益,但当时并未收受李某的财物,而是与其约定待几年后张某职务发生变动以后,再兑现给其的好处。两年后,张某调至另一城市改任教育局局长,其间并未再为李某谋取利益,但李某为感谢张某此前为其谋取利益,向其兑现了事先承诺给予的财物,张某予以收受。

在上述案件的情形中,张某利用职务上的便利为李某谋取利益时,并未收受李某的财物,李某后来给张某兑现其事先承诺的财物时,张某已不再担任原来的职务,也未利用新的职务为李某谋取利益,故张某收受财物的行为与其职务没有任何联系,不能认定其利用职务上的便利为他人谋取利益。

笔者认为这种观点不能成立。

首先,受贿罪侵犯的客体是国家工作人员职务行为的廉洁性或者不可收买性,行为人利用职务上的便利为他人谋取利益与收受他人财物之间具有内在联系,是指这两种行为能够形成对价,从而完成权钱交易,而并非要求行为人为他人谋取利益时与收受他人财物时的职务必须具有某种联系。就行贿人一方而言,行贿人之所以送出财物是因为受贿人先前利用职务便利为其谋取了利益,而不是因为受贿人当前的职务。认定受贿罪的关键在于行为人对于财物是否属于贿赂的认知上,只要行为人明知他人交付的财物是对自己职务行为的不正当报酬,受贿罪就应当成立。

其次,最高人民法院曾在有关的司法解释与会议纪要中对于离退休与离职人员在职时为他人谋取利益,离退休或离职后收受财物是否构成受贿罪做出解释,以双方有事先约定的情况下认定为受贿。上述规定的法理依据是,受贿罪的主体要件是国家工作人员,而离退休、离职人员收受财物时不再具有国家工作人员身份亦不从事公务,只有双方事先约定,其收受财物的行为与过去的职务行为存在统一的意思联络,才能充足受贿罪的构成要件,以符合刑法关于主客观相统一的原则和打击受贿犯罪的立法本意。职务变动的情况与上述情况不同,行为人仍然具有国家工作人员身份,认定其受贿罪成立并无主体要件的妨碍,因此不影响受贿罪的成立,也无须具有事先约定。

5.关于由特定关系人收受贿赂的定性处理问题

在腐败与反腐败的博弈中,一些国家工作人员特别是领导职务较高的一些国家工作人员,利用职务上的便利为请托人谋取利益,往往不是其本人亲自收受请托人的财物,而是指使、授意其特定关系人收取,或者以买卖房屋、汽车等物品及其他一些交易方式进行交易。

以上海市普陀区原副区长张克明"期权"受贿案为例。1996 年年底至 1997 年,张克明利用分管计划、财政、税务和综合经济管理等职务上的便利,帮助请托人上海某实业总公司法定代表人刘某谋取利益,并在 2005 年 1 月退休后不久通过自己的儿子收受刘某送上的 50 万元"好处费"。①

在此案件中,表面上张克明本人未直接收受刘某送上的 50 万元"好处费",但实质上请托人刘某行贿的指向是很明确的,最后送给其儿子也是根据张克明本人的意思,是他本人对于财物的处置行为所致,这符合受贿罪权钱交易的本质特征,同样可以认定是张克明本人获得了这 50 万元贿款。

6.关于特定关系人与请托人达成事后兑现财物的"事先约定"并代为请托人转达请托事项的定性处理问题

实践中,有这样一种情形:特定关系人代为请托人向国家工作人员转达了请托事项,而由于各种原因,没有告知其擅自与请托人达成事后兑现财物的"事先约定"的情况,国家工作人员在完全不知情的情况下利用职务上的便利为请托人谋取了利益。在这种情形下,如何定性处理?

笔者以为,由于国家工作人员主观上没有收受贿赂的故意,因此不能对该国家工作人员在自己完全不知情的情况下"事先约定"收受财物承担罪责,不能认定其犯有收受贿赂罪。如果该国家工作人员明知其特定关系人与请托人达成事后兑现财物的"事先约定",仍按特定关系人的要求利用职务上的便利为他人谋取利益,就应当认定为受贿罪。对其特定关系人也应以受贿共犯论处。但

① 梁奋远、包蹇:《上海普陀区原副区长:大部分钱财在退休后到手》,人民网,2009 年 3 月 20 日。

是，如果其特定关系人只告知其与请托人“事先约定”的部分而不是全部财物的内容或数额，则可以认定国家工作人员主观上有受贿的故意，且其应对特定关系人与请托人“事先约定”的全部财物的内容或数额承担责任。

（原载《反腐倡廉建设研究文集》第二辑，河南人民出版社 2013 年 10 月出版）

关于惩治"期权"受贿犯罪的立法建议

近年来,由于腐败与反腐败博弈形势的发展变化,以权钱交易为主要特征的受贿职务犯罪出现了一些新情况,孳生出一些新变种。在这些新变种中,隐蔽性很强的"期权"受贿犯罪特别引人瞩目。为惩治"期权"受贿犯罪,2007 年 7 月 8 日最高人民法院、最高人民检察院在其联合发布的《关于办理受贿刑事案件适用法律若干问题的意见》中就该种受贿犯罪的认定做出了规定。但是从总体上说,针对此类受贿犯罪的立法还处于起步阶段,许多方面还亟待进一步完善。由于"期权"受贿是一种新的犯罪形态,加之相关立法工作相对滞后,目前惩治"期权"受贿犯罪尚缺乏必要的法律依据。为适应惩治"期权"受贿犯罪的现实需要,本文拟就一些具体问题提出立法建议。

一、进一步完善对离职后原国家工作人员从业行为的法律规范

预防和治理"期权"受贿犯罪,应进一步严格禁止国家工作人员离职以后在其原先管辖区域的企业里从业。国家工作人员离职后虽然失去了原有的身份和权力,但其原有的关系网、人情链以及其在职期间所掌握的政府内部信息等公共资源,在一定时期内还可以发挥作用。因此,他们的一些行为理应受到合理的限制,其中包括其离职以后不得在其原先管辖区域的企业从业,因为这种从业行为极有可能成为滋生"期权"受贿的温床。在这方面,许多现代法治国家都有相关立法。例如加拿大规定:"在任何情况下,前公职人员均不应改变立场,在任何正在进行的活动、交易、谈判或以政府为一方而前公职人员曾代表政府或任政府顾问的案件中代表任何个人、商业实体、协会或联合会",而且公务员在离职一年期限内不得"代表任何其他人或实体向他们任职期满前一年曾有

直接和重要官方关系的部门提出意见”。美国《佛罗里达州公务官员和雇员的道德法》要求,公务员在离职后两年内不得代表他人或实体向他曾经工作的机构提出补偿要求,违者将予以处罚,并处以相等于他通过违禁行为得到的补偿数额的民事罚款。

借鉴国外经验,《中华人民共和国公务员法》(以下简称《公务员法》)对公务员离职从业做出了限制,明确规定:“公务员辞去公职或者退休的,原系领导成员的公务员在离职三年内,其他公务员在离职两年内,不得到与原工作业务直接相关的企业或者其他营利性组织任职,不得从事与原工作业务直接相关的营利性活动。”笔者以为,此一规定还存在一些缺陷,尚不能有效堵塞滋生“期权”受贿犯罪的漏洞。其缺陷主要是:第一,对公务员离职从业所做的限制性规定还比较笼统,尚有待于进一步细化和具体化。譬如,“与原工作业务直接相关”有无时空概念上的区别?国家公务人员特别是领导干部的工作岗位不是固定不变的。如果他们离职前短期内连续发生工作变动,“原工作业务”应如何界定?“任职”的具体内涵是什么?是仅指担任正式职务,抑或还包括顾问等非正式职务,以及没有正式头衔但能出面为企业解决难题者?第二,对公务员离职从业所做的限制性规定还是单方面的,只对离职公务员的从业行为做出了限制性规定,而未对接纳其从业的相关企业的接纳行为做出相应的限制性规定。第三,对违反离职从业禁令者的处罚力度还不够大,还不足以收到震慑犯罪的预期效果。第四,对公务员离职从业行为的监管尚有待进一步加强。

因此,建议通过法定程序对《公务员法》做出修订:

一是要细化对公务员离职从业的限制性规定,使之进一步具体化。加拿大制定有专门的《公务员利益冲突与离职后行为法》。这里所说的“利益冲突”是一个特定的廉政概念,主要是指公职人员所代表的公共利益与其自身所具有的私人利益之间的抵触、冲突与侵害。一般而言,腐败是指公职人员利用公共权力谋取私利的行为,因此可以说,利益冲突是腐败之源。加拿大制定上述法律,旨在对公务员离职后的利益冲突进行调整。我们应当借鉴这一做法,制定与《公务员法》有关条款相配套的《公务员离职后行为法》,将具体的限制和要求写入其中,以提高防止公务员离职后利益冲突的可操作性。同时,细化对公务员离职从业的限制性规定,应当使此规定与中央纪委所做出的“三年两不准”规定在内容上相衔接、相一致,将其修订为:领导干部离职和退(离)休后三年内,不准接受原任职务管辖的地区和业务范围内私营企业、外商投资企业和中介机构的聘任，不准个人从事或代理私营企业、外商投资企业从事与原任职务管辖业务相关的经商办企业活动。

二是应对离职公务员的从业行为做出限制性规定，明确规定企业不得聘用原先管辖过它们的原国家工作人员。同时，应对已经离职的国家工作人员到其原先管辖区域内的企业从业所获得的报酬做出一般性规定；其所得报酬，比照他人同等劳动的收入水平，扣除正常收入后，剩余的均以非法所得处理，并对其违法行为做出相应处罚。

三是进一步完善违反公务员离职后行为限制的处罚机制，加大对违反离职从业禁令的处罚力度。目前我国《公务员法》对公务员离职以后有违反规定的就业行为者，规定“由其原所在机关的同级公务员主管部门责令限期改正；逾期不改正的，由县级以上工商行政管理部门没收该人员从业期间的违法所得，责令接收单位将该人员予以清退，并根据情节轻重，对接收单位处以被处罚人员违法所得一倍以上五倍以下的罚款”。这一处罚规定，显然不是直接针对违反规定的离职公务员的，也就是说，离职公务员即使违反有关规定，自己也无须承担法律责任。很显然，这样的规定既不合理，也不可能有效遏制离职公务员进行利益冲突行为的冲动。建议增加针对违规离职公务员个人的处罚，包括与其违法所得相适应的经济处罚和情节严重情形下的刑事处罚。

四是进一步加强对公务员离职从业行为的监管。尽管国家法律和中央纪委的相关文件早已对公务员离职从业行为做出明确规定，但是由于缺失相关的监管机制，实践中对这种行为的监管还很不到位。香港特别行政区政府的一些做法很值得我们汲取和借鉴。香港特别行政区政府为防止前首长级公务员离职就业引起利益冲突，建立了规管首长级公务员离职就业的机制，设立了“首长级公务员离职就业检讨委员会”，具体负责检讨现行规管首长级公务员在停止政府职务后担任外界工作的政策和安排，平衡首长级公务员离职后担任外间工作的权利、公众期望和避免利益冲突各项因素。2008 年 8 月 1 日，香港特别行政区政府前任房屋署署长梁展文出任香港新世界中国地产公司高官，引起香港市民和舆论界的强烈质疑，被指其在政府任职期间曾以“红湾半岛”工程搞“利益输送”，从而为退休后就业铺路。在舆论的强大压力下，梁展文和新世界中国地产公司于 8 月 16 日宣布双方无条件解约，此一风波方告平息。我们应借鉴香港特别行政区政府的经验，建立健全相关监管机制，以立法的形式明确此一行为由谁监管、怎样监管，监管的程序和手段是什么，在监管中有失职和不作为的情况怎么办，等等，从而使此种监管具有可操作性，监管效果具有可查性。

二、在刑法中增加受贿罪的“约定”行为类型

根据《中华人民共和国刑法》(以下简称“我国《刑法》”)的规定，受贿行为主要有索取贿赂和非法收受贿赂两种行为。前者是受贿人主动，请托人被动；后者是受贿人被动，请托人主动。前者只要行为人有向请托人索取贿赂的行为即构成犯罪，索到了贿赂便是既遂。后者则只有受贿人非法收受了请托人的财物才构成犯罪。但是，除了这两者，应当还有第三种形式，即受贿人和请托人均主动，他们往往事先约定并在事后兑现贿赂。在这种形式中，原则上只要受贿人和请托人相互约定贿赂就成立犯罪，兑现贿赂是既遂。我国实践中虽然也将这一形式的受贿认定为犯罪，但法律并没有明确。我国《刑法》第 386 条规定：“对犯受贿罪的，根据受贿所得数额及情节，依照本法第三百八十三条的规定处罚。索贿的从重处罚。”从字面上看，“受贿所得”这一表述，显然是指已经取得财物的形态，受贿罪的成立必须是实际收受，而未包括要求、约定两种情形。但是在现实中，受贿、行贿的过程均表现为要求、期约、收受三个阶段。

从国际刑事立法体例来看，许多国家都规定只要行为人实施了“要求”“期约”“收受”贿赂的其中一个行为，就构成受贿罪，且均成立犯罪既遂。譬如，日本刑法典第 197 条规定：公务员或仲裁人关于职务上的事情，收受、要求或约定贿赂的是受贿罪。同时还规定：公务员或仲裁人就其职务接受请托，让人将贿赂交付第三者，或者要求或约定如此交付的，处 5 年以下惩役；曾任公务员或仲裁人的人，就其任职时接受请托所为不正行为或不为当为行为而收受、要求或约定贿赂的，处 5 年以下惩役。在《联合国反腐败公约》规定的需要处罚的贿赂犯罪中，行为人也未必是已经得到了实际利益，许诺给予、提议给予或者实际给予公职人员本人或者其他人员或实体不正当的利益，均属于犯罪的范围。很显然，这种立法例将贿赂犯罪的构成及其形态予以前置，提高了惩治贿赂犯罪的力度，值得我们在完善贿赂犯罪的立法时加以借鉴。

在我国《刑法》中增加“约定贿赂”这一行为类型，有利于减少我国《刑法》中的一些不必要的争论。如关于事前有约定的狭义事后受贿和事前有约定的离职后受贿，只要行为人之间有约定，就构成受贿罪，没有必要再去争论这两类事后受贿的犯罪性问题，以便为惩治“期权”受贿犯罪提供有力的法律依据。另外，行为人之间约定的实现与否可以作为犯罪轻重的衡量标准。

三、将刑法中规定的贿赂范围由财物扩大为“不正当好处”

贿赂内容的范围和种类的界定，直接决定一个国家或地区政府对贿赂犯罪的打击范围和力度。在我国《刑法》第三百八十五条中，将受贿罪“贿赂”的内容限定为“财物”。该条中规定：“国家工作人员利用职务上的便利，索取他人财物的，或者非法收受他人财物，为他人谋取利益的，是受贿罪。”按照我国现行刑法的这一规定，贿赂就是行为人收受或索取的财物，立法将贿赂罪的内容仅限定为财物，这是很明确的，这也是关于贿赂的财物说的观点，其认为贿赂仅指金钱或可以用金钱计算的财物，而不包括其他利益。2007 年 7 月 8 日最高人民法院、最高人民检察院联合发布的《关于办理受贿刑事案件适用法律若干问题的意见》，首次将贿赂的范围由财物扩大至财产性利益，明确规定，以交易形式收受贿赂，以接受请托人提供的干股收受贿赂，以开办公司等合作投资名义收受贿赂，以委托请托人投资证券、期货或者其他委托理财的名义收受贿赂，以受贿论处。但这一范围的扩大并没有载入我国《刑法》，因此迄今为止我国对贿赂内容和范围还尚无一个统一的界定。同时，与财物无关的非物质性利益，诸如帮助提职提级、调动工作、出国留学、安排高档娱乐消费、提供美色等，均未被纳入贿赂的范围。这一立法状况，既同我国惩治贿赂犯罪的发展趋势不相适应，也同国际通行的立法惯例不相符合。

近年来，各级党委、政府和纪检监察机关始终保持对腐败分子的高压态势，进一步加大查办案件的力度，严肃查处了一批有影响的大案要案，有力地震慑了腐败分子。随着腐败与反腐败博弈形势的发展变化，一些腐败分子绞尽脑汁不断研究和“创新”以权谋私、权钱交易的策略与手法，力图探寻更加隐秘、能够有效规避风险的腐败方式，于是权钱交易出现了新情况、新问题，呈现出新的演变趋势。从贿赂的标的物来看,已经超出了传统的“财物”界限和范围,开始向财产性利益和非财产性利益领域延伸。为了使权钱交易更具隐蔽性和复杂性,交易双方往往在贿赂标的物上煞费苦心地精心谋划、反复揣摩。于是,贿赂的标的物便呈现出多样化的发展趋势。请托人给职务犯罪嫌疑人施以贿赂,提供有价证券、支付凭证、黄金、珠宝等财物者依然有之,提供免费劳务、住房装修、住房使用权、车辆使用权、出国出境旅游等财产性利益者也不鲜见,安排高消费娱乐、休闲、健身活动,提供出国留学、性服务等非财产性利益者则与日俱增。从贿赂标的物所有权转移的情况来看,呈现出表面上虽未转移而实质上已经转移的趋势。以往职务犯罪嫌疑人利用职务上的便利为请托人谋取利益以后,请托人将贿赂标的物连同其所有权一次性地交付给职务犯罪嫌疑人。贿赂标的物是房屋、汽车等特定的有形财物的,请托人连房产证、汽车购置发票都一并交付。近年来,这种情况有所改变。职务犯罪嫌疑人收受房屋、汽车时,并不要求到登记机关办理权属变更手续,而是以“借用”的方式实际长期占用。

以上贿赂的新的表现形式,说明了贿赂内容外延及其对象随着社会经济的发展和物质、文化、精神生活的改变而改变并日益扩大,这种需求的多样性和层次不断变化性,也决定了贿赂内容及其手段、方法的多样性、复杂性和隐蔽性。以往那种以权钱交易为主的贿赂虽然还相当普遍,但是权权交易、权性交易等贿赂行为更呈迅猛发展势头,传统的贿赂犯罪在内涵、外延上已无法涵盖当今贿赂犯罪的诸多形式,贿赂罪对象仅限于财物,无法适应现阶段惩治贿赂犯罪的实际需要。

与财物无关的非物质性利益未能纳入贿赂的范围,未能全面反映贿赂犯罪的现实状况,不利于我国全面惩治贿赂犯罪。索取或收受其他非物质性的利益,与索取、收受财物没有本质上的差别,主观上都有犯罪的故意,都侵犯了国家工作人员公务行为的廉洁性这一客体,客观上也会造成严重的后果。索取、收受非物质性利益,有时其实际所得的价值比索取、收受财物所获得的价值还要大,其社会危害性也更明显。将贿赂罪的内容仅限于财物,排除了非物质性利益,必然造成立法的不完善,在司法实践中往往会遇到行为人收受了非财物性利益,实施了受贿犯罪行为,也造成了严重后果,却因法律无明文规定而使之逃脱法律的制裁。

贿赂犯罪一直是世界各国严厉打击的重要犯罪行为之一。纵观世界各国和地区，包括我国的香港和台湾，都将“非物质性利益”纳入了贿赂犯罪的内容范围。如美国刑法判例规定贿赂是财产性利益或利益，德国刑法典将受贿对象规定为“利益”（包括非财产性利益），意大利刑法典规定为金钱或其他利益，加拿大刑法典将非财产性利益作为贿赂犯罪的内容。日本虽无明确规定，但在1915年一法院判定，异性间的性交也可能成为贿赂罪的目的物。以上种种规定，使各种侵害国家公职人员职务行为廉洁性的贿赂行为都可以纳入刑法的调整范围，不仅有利于惩治贿赂犯罪，同时也有利于预防此种犯罪。

当今世界，像我国《刑法》将财产性利益和非财产性利益排除在贿赂内容之外，把贿赂犯罪的对象仅仅局限在狭小范围内的做法已很鲜见。为了使立法与国际通行的立法惯例相接轨，我国应当顺应世界打击贿赂犯罪的立法趋势，借鉴国外、境外合理的立法模式，将贿赂的内容扩大至包括“财物”“财产性利益”和“非财产性利益”在内的应有范围，以弥补我国贿赂犯罪立法的不足。

有学者认为，把贿赂范围扩大到包括财产性利益、非财产性利益和其他不正当好处，司法机关难以掌握定罪量刑的标准从而导致操作困难。但是我们知道，受贿罪属职务犯罪，它侵犯了国家工作人员职务行为的廉洁性，与侵犯财产罪有质的不同。受贿罪的社会危害性并不只是通过收受财物一种形式来体现，有时甚至主要不是通过收受财物的多少来体现的。如果以财产犯罪的定罪量刑标准来规定受贿罪，显然缺乏科学性。立法不能只考虑操作上的便利，更不能因此而做出非科学的规定。实际上，把贿赂范围扩大到包括财物、财产性利益和其他不正当利益后，立法可全面规定反映受贿罪社会危害性及其程度的各种情节，如受贿金额，各种财产性利益及其他不正当利益的性质，受贿次数、手段及造成的后果等来共同决定受贿的定罪量刑。

有鉴于此，建议将我国《刑法》贿赂罪中的“财物”修订为“不正当好处”，即比照现行《刑法》的相关规定将贿赂罪定义为：“国家工作人员利用职务上的便利，索取或非法收受他人的不正当好处，为他人谋取利益的，是受贿罪。”“为谋取不正当利益，给予国家工作人员以不正当好处的，是行贿罪。”理由有三：

首先，这样规定符合受贿罪的犯罪本质。受贿罪是一种以“以权谋私”为基本特征的职务犯罪，它侵犯的直接客体是国家工作人员职务行为的廉洁性。国家工作人员利用职务上的便利，不论收受或索取的是财物还是其他不正当好处，都毫无疑问地构成对国家工作人员职务行为廉洁性的侵犯，其社会危害性在本质上是一样的。如果我们一方面打击受贿犯罪，另一方面却把贿赂限制在财物或财产性利益上，势必会放纵犯罪。因此，将国家工作人员利用职务上的便利谋取财产性利益或非财产性利益的行为规定为受贿罪，完全符合受贿罪的本质。只有将刑法中的贿赂范围扩大至"不正当好处"，才能更有效地打击一切贿赂犯罪行为，保护受贿罪所侵犯的客体。

其次，这是惩治受贿犯罪的迫切需要。随着社会发展和人民生活水平的提高，人们愈来愈注重对非物质的和精神层面需要的追求，受贿行为已不再是单纯的"权钱交易"，而是呈现出多样化的特点和趋势。在司法实践中，受贿罪的社会危害性大小并不仅仅取决于收受财物的数额，收受较少财物或收受非财产性利益的受贿行为的社会危害性可能比收受财物多的更严重。有的国家工作人员接受他人提供的"性贿赂"，并利用职务上的便利为请托人谋取不正当利益，使国家利益遭受重大损失。如湖南女巨贪蒋艳萍与省计委原副主任陈作贵相识后，便频频向这一权贵施以美色诱惑，很快便勾搭成奸，使之对她言听计从。她出谋划策，搞假招标，使陈把一装修工程交给她妹妹的情夫吴有恒承包，她从中获利 100 万元。如果仅仅因为收受财物的数额不大或收受的不是财物，而不以受贿罪处理，那就违背了立法原意，从而严重影响反腐败的实际效果。正因为收受财物以外的其他财产性利益或者其他不正当利益，也能够体现受贿罪的本质及其危害程度，所以把它们包括在贿赂范围之中是合理的，也是惩治受贿犯罪的现实需要。

再次，做出这样的修订符合国际通行的规则，有利于我国《刑法》规定与《联合国反腐败公约》（以下简称《公约》）的规定相衔接。中国是《公约》的签署国。《公约》第三章规定了腐败案件的定罪和执法，其中第十五条规定了"贿赂本国公职人员罪"，这一条包括行贿罪和受贿罪。根据《公约》规定，这两种罪的特征是：提供不正当好处，以使公职人员在执行公务时作为或者不作为。按照《公约》的规定，贿赂的内容是指"不正当好处"，其范围显然大于"财物"，它不仅包括金钱与物品、财产性利益，还包括非财产性利益。

四、在我国刑事诉讼法中引入贿赂推定制度

推定是一项证据规则，即指司法者借助现存的事实，并据以推断出另一相关事实存在的一种假设①。所谓贿赂推定，“是指贿赂当事人一方提供证据证明对方有行贿或受贿行为后，被指控方必须提供相反证明，否则推定其受贿罪或行贿罪成立。”②贿赂推定是适用于贿赂犯罪的一项特有证据制度。

英国是最早在单行的反贪污贿赂法中规定贿赂推定制度的国家。目前，许多国家和地区的反贪污贿赂法律规定了贿赂推定，且各国各地区的规定大致相同。如新加坡 1970 年颁布的《防止贿赂法》第八条规定：“依照本法第五条或者第六条所规定之罪（即贿赂、与代理人贿赂交易——笔者注）被追诉之人，当其被证明在政府或者任何政府部门或者公共机构供职中的任何报酬是由或者来自或者寻求与政府或者任何政府部门或者任何公共机构签订契约的人员或者某人的代理人所支付或者给予或者接收时，该报酬应当视为本法上文所说的为了诱导或者回报而贿赂地支付、给予或者接收，但反证被证实的除外。”③香港防止贿赂条例第二十五条规定：“在有关第四或第五条所载罪项（即贿赂、有关合约方面为得到协助及其他而行贿——笔者注）的诉讼中，如已证明被告人曾给予或接受利益者，则除能提出反证外，该项利益应推定为罪项详情所指作为利诱或报酬而给予或接受者。”④一些国家和地区的相关立法与司法实践，贿赂推定具有如下特点：

一是其适用范围的特定性。贿赂推定仅适用于贿赂案件，不适用于其他案件。相对而言，其他的一般犯罪比较容易取得法定证据，而贿赂犯罪则不然，其证据具有隐蔽性、单一性、不稳定性等特点，且大多为言辞证据，直接证据比较

---

① ［美］乔恩·华尔兹：《刑事证据大全》，北京：中国人民公安大学出版社，1993 年，第 315 页。

② 赵虎、郑斌峰：《建议对受贿罪实行推定规则》，《人民检察》2001 年第 4 期。

③ 《反贪污贿赂法》研究起草小组：《外国和港澳地区反贪污贿赂法规汇编》，北京：中国检察出版社，1991 年，第 30 页。

④ 《反贪污贿赂法》研究起草小组：《外国和港澳地区反贪污贿赂法规汇编》，北京：中国检察出版社，1991 年，第 230 页。

匮乏、稀缺，从而往往使侦查机关取证陷入困局。把贿赂行为推定认定作为特殊规则专门规定，体现了这些国家对一般证据规则的尊重。在贿赂案件中，已经证实收受不正当好处或给予不正当好处的行为事实存在，是贿赂推定的前提条件。这即是说，只要公务人员收受不正当好处或者给予公务人员不正当好处这一事实存在，即可适用贿赂推定法则，得出公务人员受贿或者向公务人员行贿的结论（即推定事实）。至于说贿赂推定的基础事实即收受报酬、给予报酬应证明至某种程度，则不属贿赂推定的范畴，而适用各国刑事证明的一般法律规定。

二是其结果的特定性。贿赂推定所要解决的只是犯罪嫌疑人行为的性质认定问题，而非贿赂数额等问题。公务人员收受与其有公务联系的人的财物或者其他报酬，抑或与公务人员有公务联系的人给予公务人员财物或其他报酬，他们收受或给予报酬的行为该如何认定？这正是贿赂推定所要解决的问题，即可以推定该行为为贿赂。因此，通过适用贿赂推定，即可直接认定被告人行为的法律属性，而无须提供其他证据证明。有论者提出，在行贿人与受贿人单独交接贿赂，由于没有其他旁证，案发后一人肯定贿赂存在，另一个人否定时，即在“一对一”的场合，可以适用贿赂推定，认定受贿犯罪成立①。上海刑事律师阮传胜博士不同意此观点，认为贿赂案件中的“一对一”问题，司法实践中有约定俗成的含义，即对于是否存在受贿事实，一方承认而另一方否认。所谓的“是否存在受贿事实”，当然可以指行为性质是否属于受贿之争（如一方称是贿赂，而另一方则坚持是借贷），但更主要还是指有否收受财物之争，即一方承认给予而对方否认收受，或者一方承认收受而对方否认给予。从上述国家、地区的法律规定看，贿赂推定的适用，只能解决行为性质之争，而无法解决有否收受、给予财物这类事实认定之争。亦即推定的结果具有特定性②。笔者赞同后者的观点，认为此观点更符合或者接近国外法律规定的贿赂推定制度的原意。

三是其推定条件的限制性。贿赂犯罪一般是对偶犯罪。一种贿赂犯罪的完成，既包括请托人的行贿行为，也包括受贿人的受贿行为。如果行贿、受贿中的任何一方提供足够的证据证明贿赂事实存在，那么推定的前提即可成立。此

---

① 宋军等：《反贪污贿赂的特殊证据规则》，《外国法译评》1995 年第 3 期。

② 阮传胜：《论贿赂推定及其适用》，《河北法学》2004 年第 11 期。

外，由于贿赂推定毕竟是在某些证据不能获得时对行为人拒不如实提供事实情况而作的法律推定，这种推定并非完全真实，为慎重起见，只能在已最大限度证明一方行贿或者受贿而另一方拒不提供证明的前提下才能推定。所以，单凭一方口供不能作为推定的充分理由，还需要查证可能取得的其他旁证或间接证据。这些证据越多，可信度越高，那么，以此推定对方行贿或受贿的结论也就越真实。

四是其推定结论的可反驳性。从国外立法例看，贿赂推定一般规定在单行的反贪污贿赂法中，实施贿赂推定制度的几乎所有国家均认为除能够提出反证外，将推定贿赂犯罪行为成立。因此，贿赂推定在证据法上的主要意义，在于举证责任转移，犯罪嫌疑人如主张贿赂犯罪不成立，必须拿出证据予以反驳。反驳既包括对推定前提的质疑，也包括提出新的事实与推定的结论对抗。这即是说，在贿赂推定的适用过程中，如果没有反驳或反驳不成立，那么推定所得出的结论就可以直接认定。但是犯罪嫌疑人、被告人的辩护权是不能被剥夺的，从这个角度而言，贿赂推定是具有可反驳性的。

目前我国在立法和司法实践上均未承认贿赂推定。长期以来，我国在证明标准上过多地强调客观的绝对真实，对事实的认定过分追求理想化，而对推定的运用采取一种相对排斥、轻视的态度①。目前在我国，犯罪嫌疑人为逃避法律制裁，以各种貌似合法的形式进行贿赂已成为常见的作案手法，同时也给对此类案件的查处带来了困难。“期权”受贿行为，即是如此。在司法实践中，“期权”受贿行为通常是职务犯罪嫌疑人与请托人“一对一”单独进行的交易行为。由于没有其他旁证，案发后一人肯定贿赂存在而另一人否认的情况屡见不鲜。况且，这种受贿行为又区别于传统的一手交钱、一手办事的即时交易行为，从职务犯罪嫌疑人利用职务上的便利为请托人谋取利益，到其收取请托人兑现给他的好处，两者之间有一个几年甚至十几年的时间差，相关的其他证据缺失严重，再加之职务犯罪嫌疑人与请托人当初所达成的约定只是彼此心领神会的“君子协定”，一旦案发，只要其中一人矢口否认，就会使对案件的查处陷入困局，往往因证据不足而使犯罪嫌疑人逍遥法外，使司法公正受到极大挑战。

为了破解这一困局，应当借鉴国外反贪污贿赂的成功经验，确立并运用贿

① 诸葛阳：《事后受财应构成受贿罪》，四川刑事律师网 2009 年 4 月 11 日。

赂推定法则，通过举证责任的倒置、移转，先由被告人承担对特定问题（即其收受的财物的合法性）的举证责任。如若被告人未能履行这种责任，则推定非法收受他人财物可以成立，亦即其所收受的财物为贿赂，从而推定贿赂犯罪成立。

司法实践中，尽管侦查机关收集和提供给公诉机关的往往是间接证据，但也为公诉机关运用推定审查认定案件事实和证据提供了必要的空间。只要推定的规则和程序是合乎公理、法理的，那么由此做出的结论就能最大限度地接近案件事实真相，具有充足的说明力，从而能够最大限度地确保司法公正。与此同时，这种推定也并非就意味着被告人辩解和其辩护人依法进行辩护的权利的丧失。因为，在除了不可推翻推定的极少例外情况下，只要被告人及其辩护人辩护有理，贿赂推定是能够被反驳的，且被推定的贿赂行为还需要经过法院合议庭质证、认证等诉讼程序的论证和检验。

在此，建议对《中华人民共和国刑事诉讼法》做出修改，将贿赂推定制度以法律的形式确定下来。为使我国法律规定与国际推定及举证责任倒置原则相衔接，可借鉴《公约》第二十八条之规定，明确规定推定在贿赂犯罪中的适用，即规定确立此一犯罪所需具备的明知、故意或者目的等要素时，可以根据客观实际情况予以推定。具体而言，可从下述两个方面对受贿犯罪中推定的适用做出规定：(1)只要查明犯罪嫌疑人财产或者支出明显超过合法收入且差额巨大时，证明责任就转移至犯罪嫌疑人身上，犯罪嫌疑人必须证明差额部分来源的合法性；如果本人不能说明其来源合法的，差额部分即可推定为非法财产，巨额财产来源不明罪成立。(2)适度扩大推定和举证责任倒置的适用范围。如规定：受贿犯罪中的明知、故意或者目的等主观要素，除非本人能够证明不存在这些主观过错，推定为具有明知、故意和非法占有、为他人谋取利益之目的；国家工作人员的特定关系人为前者非法收受他人不正当好处的已查证属实，只要其本人不能证明其不知情，推定为明知。这既是打击贿赂犯罪和追回资产的现实需要，也是我国刑事司法与国际接轨的必然要求。

（原载《中州学刊》2010 年第 4 期）

关于"期权"受贿立法入罪的若干思考

作为近年来滋生出来的一种特殊受贿犯罪,"期权"受贿是一种严重侵犯国家工作人员的职务廉洁性、危害国家或者公民利益、损害党和国家公信力的行为,具有很强的隐蔽性和欺骗性。惩治和预防"期权"受贿,重在创设和完善有效规制"期权"受贿行为的刑事处罚机制。要抓紧研究制定惩治"期权"受贿犯罪的专门法律条款,增设"期权"受贿罪,把"期权"受贿行为纳入刑法的调整范围,尽快使之从立法上实现入罪化。

一、"期权"受贿入罪的必要性分析

从"期权"受贿的内涵和基本特征看,这种特殊受贿犯罪在本质上也是一种权钱交易行为,但是又与传统意义上的权钱交易行为有很大不同,其最根本的区别在于,"期权"受贿不是过去常见的那种"现权"与"现利"之间的即时交易,而是一种"现权"与"期利"之间的错时交易,即国家工作人员利用职务上的方便为请托人谋取利益,但是并不要求即时得到回报,而是与请托人事先达成约定,在该国家工作人员离开一定职位(退休、退职、辞职)以后再予以兑付。这是"期权"受贿最本质的特征。

"期权"受贿犯罪主体之所以采取这样一种特殊受贿形式,是有其深刻的社会历史背景的。近年来,我国反腐败的力度在不断加大,从而使一些腐败分子逐渐感到了在权力寻租中前所未有的压力和风险。他们既不甘心放弃权力寻租,又担心在权力寻租中东窗事发,于是便绞尽脑汁不断研究和"创新"权钱交易的策略与手法,力图探寻更加隐秘、能够有效规避法律制裁风险的受贿方式。于是,"期权"受贿这种新型受贿形式便应运而生了。

“期权”受贿这种特殊受贿形式之所以具有较高的安全系数，是由其自身的本质特点所决定的。权力天然地具有扩张和寻租的本性。诚如19世纪英国著名历史学家阿克顿勋爵所说：“权力，不管它是宗教的还是世俗的，都是一种堕落的、无耻的和腐败的力量。”①从权力扩张和寻租的一般规律看，通常具有空间和时间两个维度。权力超越法定边界的扩张和寻租，即为权力在空间上的扩张和寻租。权力的扩张和寻租通常会产生两大后果：一是侵害国家或者社会法益，二是谋得个人私利。这两种后果既可同时发生，亦可异时发生。“期权”受贿即属权力在时间维度上的扩张和寻租，其要害就是企图通过延展权力寻租后果发生的时序，为行为人和请托人之间的权钱交易加上层层掩人耳目的遮蔽，这种寻租和扩张模式具有相当的隐蔽性和欺骗性。行为人利用扩张和寻租后果发生的时序延展性，故意使损害国家或者社会法益的后果发生在前，谋得个人私利后果发生在后，打一个时间差，模糊或者掩盖两种后果发生之间的相互关联性和因果关系，借以增加甄别和查办的难度，达到规避风险、逃避打击的目的。

“期权”受贿行为较强的隐蔽性和欺骗性，使得其社会危害性也更大。由于行为人自恃这种寻租和扩张模式安全系数大，因而往往尽可能地把手中权力的运用空间发挥到极致，为请托人谋取尽可能大的利益，以便将自己手中的权力转化为尽可能大的资本，为自己争得尽可能大的期权收益。这种特殊受贿形式以国家和社会法益为其主要侵害客体，往往会造成巨额的国有资产流失，严重损害社会公共利益。不仅如此，它还在一定程度上扰乱正常的社会经济秩序，破坏社会分配领域的公平与公正，进而导致社会心理的结构性失衡。在目前我国社会处在矛盾凸显期的情势下，其社会危害性不可低估。

刑事古典学派创始人切萨雷·贝卡利亚在论及犯罪的衡量标准时指出：“什么是衡量犯罪的真正尺度？即犯罪对社会的危害。”②这就是说，刑罚的轻重应当根据犯罪的社会危害性之严重程度来确定。因此，对一种犯罪做出的刑事处罚是否适当，必须要用犯罪的社会危害性来作为衡量标准。《中华人民共和国刑法》（以下简称“我国《刑法》”）第五条也明确规定：“对犯罪分子量刑的

---

① ［英］阿克顿著：《自由与权力——阿克顿勋爵论说文集》，北京：商务印书馆，2001年，第342页。

② ［意］贝卡利亚：《论犯罪与刑法》，北京：中国方正出版社，2004年，第19页。

轻重，应当与其所犯罪行和承担的刑事责任相适应。”同样，我们是否将一种犯罪行为入罪化，最重要的是看该行为是否具有严重的社会危害性。我国著名刑法学家赵秉志教授指出：“任何犯罪的成立，都必须以侵害或威胁刑法所保护的法益为前提，不具有法益侵害性或威胁的行为是不能被认定为犯罪的。”①所谓社会危害性，就是危害社会的特性，是指某一具体行为对刑法所保护的社会关系的侵犯性，即我国《刑法》第十三条所列举的对国家利益、公共利益、集体利益以及公民合法权益的侵犯性。

恩格斯曾经指出：“蔑视社会秩序的最明显最极端的表现就是犯罪。”②以“蔑视社会秩序”的行为是否已经达到“最明显”“最极端”的程度来揭示和概括犯罪，指的就是行为的社会危害性严重。这即是说，社会危害性是犯罪的最本质特征。换句话说，犯罪的本质就是行为具有应当追究刑事责任程度的社会危害性。行为人的行为只要对刑法所保护的社会关系构成严重的侵害，达到了犯罪的程度，就应当受到刑事法律的严厉制裁，否则就是对犯罪行为的庇护和纵容。

“期权”受贿是一种新型的职务犯罪。行为人以更加隐蔽的形式与请托人进行权钱交易，并且自恃其交易行为具有很强的隐蔽性而愈加肆无忌惮、丧心病狂，因此一般受贿数额特别巨大，给国家和社会造成的经济损失也特别巨大。譬如，上海市房屋土地资源管理局原副局长殷国元“在任职时利用职权‘无形’投入，退休后狂收‘期权’，受贿最多的一笔竟达 1300 多万元，一天之内可以轻轻松松地收进 7 套房子……”③有的“期权”受贿行为人原任领导职务级别比较高，有的一个此类大案可能涉及一批高官。2010 年 7 月，紫金矿业集团位于福建省上杭县的紫金山铜矿湿法厂先后两次发生重大水污染事故，造成直接经济损失高达 3187.71 万元。“这起事故引起社会高度关注，而媒体披露的一些细节也颇耐人寻味：上杭县政界多位退休领导干部，被紫金矿业委以闲职后，年薪十几万元到几十万元不等。比如紫金矿业监事会主席林水清此前为上杭县县委常委、统战部部长；监事林新喜曾任上杭县纪委副书记、常委……”④有媒体严

---

① 赵秉志等：《醉驾入罪的法理思考》，《检察日报》2011 年 5 月 17 日。

② 《马克思恩格斯全集》第 2 卷，北京：人民出版社，1957 年，第 416 页。

③ 林中明等：《三年前，检察官就盯上了》，《检察日报》2009 年 3 月 19 日。

④ 李松：《权力期权化现象显现，多位干部退休挂职紫金矿业》，《瞭望新闻周刊》2010 年第 45 期。

辞诘问:“紫金矿业聚集了如此之多的退休高官,这里到底有没有‘事先受贿’‘事后受贿’以及违反官员离职从业禁止等诸多‘腐败期权’的问题呢？紫金矿业在发生渗漏事故 9 天后才向公众披露,这一行为与权力有无关系？与‘腐败期权’有无关系？看来有关部门该好好查查了！”①

刑法是关于犯罪与刑罚的法律规范,它是保护国家、社会、个人法益的重要法律屏障和最后一道防线。事实清楚地表明,“期权”受贿这种新型受贿行为严重侵害国家法益或者社会法益,危害社会公平正义,影响党和政府形象,社会影响十分恶劣,是一种严重危害社会的犯罪行为。如果说受贿是危害性严重的社会“毒瘤”的话,那么“期权”受贿就是寄生在社会肌体上的一颗新“毒瘤”。既然“期权”受贿具有严重的社会危害性,那么此类行为就“已经超出了非刑法的法律规范所能调整的范围,用其他法律规范的制裁方法已经无能为力”②。因此,及时地将严重危害社会的“期权”受贿犯罪行为纳入刑法调整的范围中,就是十分必要的。

二、“期权”受贿入罪化的法理分析

我国《刑法》第三百八十五条规定:“国家工作人员利用职务上的便利,索取他人财物的,或者非法收受他人财物,为他人谋取利益的,是受贿罪。”这是对一般受贿罪做出的法律规定。为惩治新型受贿犯罪行为,1997 年 3 月 14 日第八届全国人民代表大会第五次会议修订的《刑法》第三百八十八条增加了关于“斡旋受贿罪”的规定。2009 年 2 月 28 日第十一届全国人大常务委员会第七次会议通过的《中华人民共和国刑法修正案(七)》在原《刑法》第三百八十八条后增加一条作为第三百八十八条之一,规定了“利用影响力受贿罪”。这两次重大修订,都进一步完善了我国《刑法》关于受贿罪的罪名体系。既然如此,为什么笔者还要主张增设“期权受贿罪”这一新罪名呢？原因就是“期权”受贿行为既区别于一般受贿行为,也与斡旋受贿、利用影响力受贿有明显不同。这就需要对

① 杨涛:《紫金矿业事件中应深挖“腐败期权”》,《中国青年报》2010 年 7 月 20 日。

② 张明楷:《犯罪论原理》,武汉:武汉大学出版社,1991 年,第 60 页。

“期权”受贿罪与受贿类他罪在构成要件方面的相异之处做出分析。

1.“期权”受贿罪的客体要件

如前所述,“期权”受贿行为人为有效规避风险、逃避打击,在利用职务上的便利为请托人谋取利益之前或者之时就与请托人约定,当时并不同其进行即时的权钱交易,行为人在职时先利用职务上的便利为请托人谋取利益,请托人在其离开一定职务以后再行兑付先前本应给予他的财物。这样,“期权”受贿行为就在客体要件方面呈现出了有别于受贿类他罪的特点。

无论是普通受贿行为,还是斡旋受贿行为、利用影响力受贿行为,它们侵害的客体十分明确:国家工作人员职务行为的廉洁性或不可收买性。在这些受贿行为中,利用职务上的便利为请托人谋取利益与索取或者收受请托人的财物二者在时空上是同步或者几乎同步进行的,二者之间的内在联系和因果关系一目了然,因此它们侵害的客体也就十分明确。然而,与这些受贿类他罪相比,“期权”受贿则表现出很大的不同。由于行为人利用职务上的便利为请托人谋取利益与其索取或者收受请托人的财物,被人为地分隔为在职之时和离职以后两个阶段进行,而且二者相隔的时间一般都比较长,少则几年,多者十几年。这样,二者之间的内在联系和因果关系就很难看得清楚。也就是说,尽管行为人在职时利用职务上的便利为请托人谋取了利益,但是由于其当时并没有索取或者收受请托人的财物,使其行为表面上看来并没有侵犯国家工作人员职务行为的不可收买性,从而给人以该种行为不符合受贿罪客体要件的假象。

2.“期权”受贿罪的客观要件

与我国《刑法》第三百八十五条、第三百八十八条第一款和第二款对受贿罪、斡旋受贿罪、利用影响力受贿罪做出的规定相比较,“期权”受贿罪在客观要件方面具有相异于前三种受贿个罪的不同特点。

(1)从行为方式上看,“期权”受贿罪在客观方面与普通受贿罪、斡旋受贿罪、利用影响力受贿罪均存在一定差异。

与受贿罪的相异之处。和普通受贿罪一样,“期权”受贿罪在客观方面同样也表现为利用职务上的便利,但是前者利用职务上的便利有两种情况,或者利用本人职务上主管、负责、承办某项公共事务的职权,或者利用职务上有隶属、制约关系的其他国家工作人员的职权,而后者则必须是行为人利用自己职务上的便利。

与斡旋受贿罪的相异之处。斡旋受贿罪在客观方面表现为行为人利用自己的职权或者地位形成的便利条件,通过其他国家工作人员的职务行为来进行。行为人与被利用的国家工作人员之间虽然没有隶属、制约关系,但是行为人利用了本人职权或者地位产生的影响和工作联系。这和“期权”受贿罪在客观方面的表现,即行为人利用自己职务上的便利有所不同。

与利用影响力受贿罪的相异之处。利用影响力受贿罪在行为方式上也表现出两种情况:一是行为人利用其与国家工作人员的特殊关系,对国家工作人员施加影响,促使其利用职务上的便利为请托人谋取不正当利益,从而索取或者收受请托人的财物;二是行为人利用国家工作人员的职权或者地位形成的便利条件,通过其他国家工作人员职务上的行为,为请托人谋取不正当利益,索取或者收受请托人的财物。这同“期权”受贿罪在行为方式上的表现差异更为明显。

(2)从对“谋利”的要求上看,“期权”受贿罪在客观方面与受贿罪基本相同,而与斡旋受贿罪、利用影响力受贿罪则存在明显差异。

同普通受贿罪基本类似,“期权”受贿罪在对“谋利”的要求上有两种方式:一是索取他人财物,即行为人主动索要,请托人则为被迫给予财物;二是收受他人财物,即行为人被动收受财物。二者的不同之处在于:普通受贿罪的行为人无论是索取还是收受请托人的财物之前,均未就其离职以后获取好处的形式或者数额等与请托人进行约定,而“期权”受贿罪的行为人则与请托人进行了具体的约定。

就对“谋利”的要求而言,斡旋受贿罪、利用影响力受贿罪都要求必须是为请托人谋取利益,且必须是不正当利益。根据 2008 年 11 月 20 日最高人民法院、最高人民检察院的相关司法解释,所谓谋取不正当利益,主要有以下两种情形:①行贿人谋取违反法律、法规、规章或者政策规定的利益,或者要求对方违反法律、法规、规章、政策、行业规范的规定提供帮助或者提供方便条件;②在招标、政府采购等商业活动中,违反公平原则,给予相关人员谋取竞争优势。如果行为人为请托人谋取的是正当利益,则不成立斡旋受贿罪和利用影响力受贿罪。“期权”受贿罪当然也必须是为请托人谋取利益,但是其为请托人所谋取的利益,既可以是正当利益,也可以是不正当利益,即为他人谋取的利益是否正当并不影响该罪的成立,并且行为人为他人谋取的利益是否实现亦不影响该罪的成立。

3.“期权”受贿罪的主体要件

依照我国《刑法》第三百八十五条和第三百八十八条第一款之规定，普通受贿罪与斡旋受贿罪的主体都是特殊主体，即国家工作人员。依照我国《刑法》第九十三条之规定，国家工作人员是指国家机关中从事公务的人员。国有公司、企事业单位、人民团体中从事公务的人员和国家机关、国有公司、企事业单位委派到非国有公司、企事业单位、社会团体从事公务的人员，以及其他依照法律从事公务的人员，以国家工作人员论。不具备上述身份的人，即非国家工作人员，不能独立成为普通受贿罪与斡旋受贿罪的主体，但是可以成为普通受贿罪的共犯或者构成其他单独的罪名。

与普通受贿罪、斡旋受贿罪一样，“期权”受贿罪的主体也必须是国家工作人员，这也是构成“期权”受贿罪的必要条件之一。但是，“期权”受贿罪的主体与受贿罪、斡旋受贿罪的主体又有所区别，其主体并不简单地是国家工作人员或者非国家工作人员，而是曾经担任国家工作人员、曾经具有国家工作人员身份的人。也就是说，行为人的受贿行为是跨越其担任国家工作人员期间与离开一定职位以后两个不同的时段。在这里，整个受贿过程中行为人的身份前后是有所变化的，是在担任国家工作人员之时实施其行为的一部分，离开公职以后再实施其行为的另外一部分。因此，“期权”受贿罪的主体表面上是曾经担任国家工作人员或其他从事公务活动的人，事实上必须同时具备其在职期间或从事公务期间为他人谋取了利益的先决条件。“期权”受贿罪的主体故意将收受财物等行为拖延至其离开公职以后，目的在于给人造成此时自己已经不再是国家工作人员而是非国家工作人员的假象，以掩盖自己事实上的钱权交易的关键性行为，即钱权交易协议的达成等都是在担任国家工作人员期间实施的。

由此可见，“期权”受贿罪主体的特殊性，又表现在行为人以非国家工作人员的表象来掩盖国家工作人员的本质这个关键点上。虽然行为人在收受请托人兑付的好处时已经离开了曾经担任的一定职务，已经不再具有曾经具有的国家工作人员的身份而成为非国家工作人员，但是，由于行为人与请托人双方事前曾经就行为人离职以后从请托人那里收受财物的事宜进行了约定，所以，行为人实际收受请托人好处的行为与其在职时利用职务上的便利为请托人谋取利益的职务行为之间存在着密切的意思联系，符合受贿类犯罪“权钱交易”的本质特征。换句话说，在有“事先约定”的前提下，行为人主观上有利用职务上的便利索取或者收受请托人好处并为请托人谋取利益的故意，客观上有实际收受请托人给予的好处的行为，尽管其索取或者收受请托人好处的行为发生在离职以后，但其事后受贿的根本特征并没有得到任何改变。对于此类受贿行为以“期权”受贿罪追究行为人的刑事责任，符合我国《刑法》关于主客观相统一的原则和打击受贿犯罪的立法本意。

利用影响力受贿罪的主体与受贿罪、斡旋受贿罪、“期权”受贿罪的主体都不相同。从法条的表述来看，利用影响力受贿罪的主体是“近亲属”“关系密切的人”。根据《中华人民共和国刑事诉讼法》第八十二条之规定，所谓“近亲属”，是指夫、妻、父、母、子、女、同胞兄弟姊妹。“关系密切的人”这一概念所涵盖的范围要大于“特定关系人”，应当既包括与在职或离职的国家工作人员之间有血缘、亲属关系的人，又包括与其有情夫(情妇)关系的人，还包括与其有同学、同事、朋友、战友关系的人。这些人中，有的其本身可能就是国家工作人员，也可能是非国家工作人员。这同“期权”受贿罪的主体有很大的差异。

4.“期权”受贿罪的主观要件

“期权”受贿罪的主观方面表现为直接故意。从犯罪构成要件上分析，行为人主观上有利用职务上的便利为请托人谋取利益的意图，这在与请托人约定贿赂时就已十分明显。这种新型受贿犯罪的直接故意具体包括以下几个方面的内容：一是对利用职务上的便利的明知，即明知“约定”事后或职后收受的贿赂是利用职务便利实施的，是以自己所担任的职务为条件的；二是对索取或者所收受财物的性质的明知，即明知事后或职后所索取或者收受的财物属于非法获取；三是为他人谋取利益的明知；四是对受贿行为损害其职务行为廉洁性的明知，即行为人明知其行为的违法性质和危害后果。

这里需要着重强调的是，“期权”受贿行为中的“事先约定”，是行为人主观故意的重要内容和体现，是认定行为人犯“期权”受贿罪的关键。行为人在职时利用职务上的便利为请托人谋取利益，与请托人约定事后收受其财物，其主观上“以权换钱”的受贿故意昭然若揭。认定“期权”受贿行为中的主观故意，“事先约定”是必备要件，否则很容易陷入客观归罪的境地。如果国家工作人员在职期间利用职务上的便利为请托人谋取了利益，但是并没有与请托人约定在其离职后收受财物，即便是行为人离职以后收受了原请托人的财物，也无法证明其主观上有收受请托人财物的故意，其行为就不具备“期权”受贿罪的主观方面，也就不能据此认定行为人构成“期权”受贿罪。笔者认为，事先有明确的约定不仅是“期权”受贿的构成要件，而且是“期权”受贿本质特征在构成上的反映。这是因为：

其一，从“期权”受贿的本质来看，其实就是以钱权交易的时间差来掩盖钱权交易行为的存在。由于在行为人“索取或者收受请托人的财物”与其“利用职务上的便利为请托人谋取利益”之间存在着较长的时间间隔和前后主体身份上的变化，假若他（她）事先没有与请托人就钱权交易事宜进行约定，那么双方进行交易的对价关系就无法确定，也就从根本上否定了受贿罪的构成。只有行为人与请托人进行了钱权交易的事先约定，“索取或者收受请托人的财物”与“利用职务上的便利为请托人谋取利益”才存在彼此之间的对应关系。

其二，“期权”受贿与一般事后受财型职务犯罪之间的最大区别，就在于行为人在利用职务上的便利为请托人谋取利益时，是否就贿赂的标的物及其数量和事后双方交接的时间、方式等事项，与请托人进行约定。而且，不论国家工作人员在约定的形成过程中是否处于主动，也不论其约定的事项简繁、内容是否详尽，均不影响“期权”受贿罪的成立。这也即是说，只要行为人与请托人双方未就上述诸多事项做出约定，就不构成“期权”受贿罪，尽管该行为可能属于其他类型的受贿犯罪行为。因为事前是否就贿赂进行约定决定了行为人是否具有受贿的故意，如果没有“事先约定”的限制要件，很有可能造成客观归罪，将离职后不再具有国家工作人员身份的人收受他人财物的行为一概作为受贿罪追究。例如，在某市行政机关任职的俞某与在某高校任教的李某是远房亲戚，两人友情深厚、过往甚密。俞某在职时曾为李某的女儿上学、就业等事情帮过忙，退休一年多后患病住院，李某曾多次到医院探视俞某，并为其垫付住院费、治疗费计9000元，送高档营养品等价值约6000余元。从这个案例看，俞某收受李某所送钱财的行为，并不构成“期权”受贿罪。主要理由有二：一是俞某为李某帮忙时并未与李某就收受贿赂事宜有任何约定；二是俞某为李某帮忙的动机不是贪图其财物，而是基于他与李某深厚的友情关系。如果无视这两种客观情况，认定俞某的行为构成“期权”受贿，就将陷于客观归罪。

其三，从主观方面来看，受贿罪故意的内容，除了有收受财物的故意，还包括明知自己收受的财物是本人利用职务上的便利为请托人谋取利益的不正当报酬而予以收受。在离退休后收受请托人财物的行为，唯一能够体现“受贿故意”的，就是“事先约定”。如果事先没有约定，行为人主观上不存在“受贿故意”，就不具备受贿罪的构成要件。

综上所述，“期权”受贿行为与普通受贿行为、斡旋受贿行为、利用影响力受贿行为相比，无论是在犯罪客体、客观方面，还是在犯罪主体、主观方面，均表现出一定的差异，有些方面的差异还相当明显。这就愈加凸显了将“期权”受贿行为入罪的正当性和现实必要性。也就是说，由于“期权”受贿行为与其他受贿行为在犯罪构成要件方面存在着明显的差异，其他受贿行为的犯罪构成要件都不能适用于“期权”受贿行为，从而难以对其进行规制。如果不审时度势地及时将“期权”受贿行为入罪，就会使犯有“期权”受贿罪的行为人因适用法律的缺失而逃避刑事责任，逍遥于法网之外。

三、“期权”受贿入罪的可行性分析

笔者认为，将“期权”受贿入罪不仅在客观上和法理上具有足够的正当性和必要性，同时也具有良好的法律规制基础和民意基础。

1.“期权”受贿入罪的法律规制基础

进入21世纪以来，为预防和惩治“期权”受贿行为，司法机关多次做出相关的司法解释，最高立法机关也从规范公职人员行为、促使其勤政廉政的角度和层面进行了立法。

2000年7月21日最高人民法院在《关于国家工作人员利用职务上的便利为他人谋取利益离退休后收受财物行为如何处理问题的批复》中明确规定：“国家工作人员利用职务上的便利为请托人谋取利益，并与请托人事先约定，在其离退休后收受请托人财物，构成犯罪的，以受贿罪定罪处罚。”

2003年11月13日最高人民法院公布并实施的《全国法院审理经济犯罪案件工作座谈会纪要》在第三部分关于受贿罪（四）中明确规定：“离职国家工作人员收受财物行为的处理参照最高人民法院《关于国家工作人员利用职务上的便利为他人谋取利益离退休后收受财物行为如何处理问题的批复》规定的精神，国家工作人员利用职务上的便利为请托人谋取利益，并与请托人事先约定，在其离职后收受请托人财物，构成犯罪的，以受贿罪定罪处罚。”

2007年7月8日最高人民法院、最高人民检察院联合发布了《关于办理受贿刑事案件适用法律若干问题的意见》,在第十项"关于在职时为请托人谋利,离职后收受财物问题"中再次明确规定:"国家工作人员利用职务上的便利为请托人谋取利益之前或者之后,约定在其离职后收受请托人财物,并在离职后收受的,以受贿论处。"

司法解释是基于立法意图对法律条文所做出的阐明,具有法律属性和法律效力。我国最高司法机关就"期权"受贿问题做出的上述司法解释,实现了"期权"受贿的司法入罪化,为国家工作人员在职期间利用职权为他人谋取利益、离职后收受财物的行为如何定性提供了法律依据,在司法实践中发挥了积极的作用,同时也为"期权"受贿的立法入罪化提供了一定的法律规制基础。但是,就目前情况而言,我国在"期权"受贿行为入罪方面还仅仅停留在司法入罪化的层面,尚未上升至立法入罪化的层面,不足以对"期权"受贿犯罪行为人形成应有的强有力的震慑,难以达到令人满意的以儆效尤之效。

在我国,入罪化通常采取司法入罪化和立法入罪化两种形式。司法入罪化具有两层含义:一是利用扩大解释的方法,对刑法做出实质解释,以增加法定罪名的包容性;二是把新的违法行为纳入刑法的视野,即纳入刑法条文的文意射程之内。目前我国最高司法机关就"期权"受贿问题做出的司法解释,并非是对刑法做出的实质解释,因为"期权"受贿行为迄今为止还尚未被纳入刑法典之中,也就是说目前我国刑法典中尚无有关"期权"受贿罪的明确的规定,尚不具备对刑法做出实质解释的文本基础。因此,我国现有的司法解释属于后一层含义上的司法入罪化。

为了更加有效地预防和惩治"期权"受贿犯罪,应当在司法入罪化的基础上,凭借已有的法律规制基础,进一步使之立法入罪化,即通过制定新的刑事法律规范,将原本未纳入犯罪的违法行为纳入刑法的规制之内,使之成为刑法处罚的对象。

2."期权"受贿入罪的民意基础

包括"期权"受贿在内的各种腐败现象,是造成社会不公的深刻原因,是反腐倡廉建设中人民群众反映强烈的突出问题。当前人民群众对我们反腐败工作的满意度还不够高,还有这样那样的意见。这些意见归结到一点,就是我们对腐败分子下手不是太狠了,而是太软了;我们的刑罚手段用得还很不到位,而不是用得太过了。因此,将“期权”受贿立法入罪化,顺应了人民群众惩治腐败的意志和呼声,具有良好的民意基础。

近年以来,把“期权”受贿行为纳入刑法的规制之内、将其立法入罪化的呼声在学界和司法实务界渐起,一些专家学者和司法实务工作者就此发表了许多很有见地的意见。譬如,北京大学法学院梁根林教授指出:国家工作人员在任职期间利用职务上的便利为他人谋取利益,而在离任后索取或者非法收受他人财物的,可以认定为受贿罪。他认为,通过适用解释我国《刑法》第三百八十五条的路径,对这种公权力不法交易期权化的行为予以刑法规制,并非遏制此类腐败现象的最佳方式。通过对现行法律的扩张解释,固然可以尽可能严密刑事法网,严格刑事责任,防止狡猾的犯罪分子逃脱刑事追究,但司法解释的权威性、明确性以及说服力往往会受到人们的质疑。因此,他建议:“为了给惩治公权力不法交易期权化提供更为明确而充分的法律根据,有必要修改完善现行的受贿罪的罪刑规范体系,独立设置‘事后受贿罪’的犯罪构成以及与此相对应的‘事前受贿罪’的犯罪构成。”①江苏省海安县纪委常委韩雪峰也强烈呼吁加快推进防治期权式腐败立法进程。他强调说:“防治期权式腐败,关键在加强立法工作。应根据新形势下的权钱交易新特点,抓紧研究制定反‘期权’腐败的专门法律条款,修订和完善刑法、刑事诉讼法等相关法律制度。”②

应当说,专家学者和司法实务工作者的意见,是民意在学界和司法实务界的反映和折射,在一定程度上代表和体现了人民群众的意志与期待,从另一方面印证了“期权”受贿行为入罪化的必要性与可行性。我们应当顺应人民群众的意志和期待,尽快使“期权”受贿立法入罪化,以便为惩治和预防“期权”受贿犯罪提供更加有力的法律武器。

(原载《学习论坛》2014 年第 8 期)

---

① 梁根林:《不妨增设罪名惩治腐败期权化》,清风网 2011 年 3 月 22 日。

② 韩雪峰:《惩治新形势下的权钱交易——期权式腐败的思考》,海安普法网 2007 年 11 月 11 日。

权力制约监督篇

论权力运行的原则、程序及其控制

加强对权力运行的制约和监督，核心是解决权力运行的体制和机制问题。在依法执政的历史语境下，要切实把权力置于有效的制约和监督之下，确保权力的正确行使和规范运行，必须按照社会主义民主宪政的要求，推进权力运行的法治化进程，以法律的形式确认权力运行的原则和程序，并依法对权力运行实施有效控制。

一、权力运作的原则及要求

从当代权力运作的一般规律看，任何权力运作都必须遵循一定的原则。离开这些原则，就失去了规范和秩序。我们要依法执政，建立结构合理、配置科学、程序严密、制约有效的权力运行机制，保证权力的规范运行，必须在正确认识和深刻把握执政规律的基础上，依法确立指导和规范权力运作的原则。

任何权力行为主体，都始终面临着滥用权力的诱惑，面临着逾越正义与道德界限的诱惑①。这就要求行为主体对权力的运作，必须受到严格的约束与规制。没有对权力的规约，必然导致权力腐败。而要有效地规约行为主体的运作行为，首先必须确立权力运作的基本原则。

按照依法执政的要求，权力运作应遵循以下原则。

一是民主原则。这一原则的内涵和基本要求是：坚持为人民执政、靠人民执政的执政理念，充分支持人民当家做主，依照人民的意志行使权力，切实保障

---

① ［美］埃德加·博登海默：《法理学——法律哲学及其方法》，北京：华夏出版社，1987 年，第 347 页。

人民的民主权利。

确立这一原则,是由权力的来源和党的执政宗旨所决定的。党的执政地位是人民选择的结果,党和国家的权力来源于人民。从现代民主政治理念看,共产党执政是在党和人民之间达成了一种权力委托关系。人民是权力的最终所有者,党受人民委托并代表人民行使权力。党和人民之间的这种权力授受关系,决定了党执政就是领导和支持人民当家做主,保障人民依法享有各项民主权利。人民当家做主是社会主义民主政治的本质要求。权力运作必须以实现和保障人民的民主权利为目的,同时又以人民民主权利来保障其规范运作。只有充分实现和保障人民民主权利,权力运作才符合执政为民的执政宗旨;只有以人民民主权利作为权力规范运作的保证,权力运行才符合靠人民执政的执政理念。

党和人民之间的这种权力授受关系,本质上要求必须依照人民的意志来行使权力,对人民承担起相应的责任。人民意志是党执政合法性的基础。背离人民的意志,就会背离权力运作的初衷,就将削弱乃至动摇党的执政地位。只有切实加强对权力运行的制约和监督,有效地遏制权力腐败,我们党才能始终得到最广大人民的拥护和支持,不断提高执政能力,巩固执政地位,永远立于不败之地。

二是法治原则。这一原则的内涵和基本要求是:按照依法执政的要求治国理政,充分尊重宪法和法律的权威,用宪法和法律规范权力运作,实现权力运作的制度化、法治化、程序化,支持和保障人民依法对权力运作实施监督。

现代法治的核心在于确立宪法和法律的权威。宪法是国家根本大法,具有最高的法律效力,是党依法执政、依法运作权力的根本依据。权力行为主体必须尊重、遵守、服从宪法和法律,在宪法和法律范围内活动。宪法和法律是人民意志的体现,服从宪法和法律就是服从人民意志。权力运作必须严格在宪法和法律框架内进行,严禁任何超越宪法和法律的权力运作行为。这种行为一旦发生,必须依法予以制止和纠正。

人民的授权以及权力的约束正是法治精髓之所在。没有对权力的规范和约束就没有法治。要保证党的执政宗旨和执政理念得到切实贯彻,必须以法律的形式对权力运作加以规范和约束。要依照法定程序,对权力的赋予、行使与剥夺做出法律规范,明确规定权力运作的内容、范围、程序、限度和责任以及对不当运作行为的审查、惩戒等，以保证权力运作有法可依、有规可循。

人民是对权力运作实施监督的主体。必须依法保障人民群众对权力运作实施监督的权利。要在确保党和国家机密安全的前提下，进一步实行党务公开、政务公开，让人民对权力运作享有更多的知情权、参与权、表达权、监督权。

三是制约原则。这一原则的内涵和基本要求是：以权利制约为基础，以权力制约为核心，以法律制约为重点，权力制约与权利约束、道德约束、法律约束相结合，通过制度创新和制度安排，努力营造使权力行为主体不想越轨、不能越轨、不敢越轨的权力运行环境，有效地防止和遏制权力腐败。

权利是一定社会中人的规范性行为的自由度，体现着人的自主性和主体地位。任何对权力的滥用都势必对权利构成侵害。权利在防止这种侵害的同时，也对权力越轨和权力腐败起到遏制作用。在当代中国，公民权利是制约权力的重要力量。我们党要跳出“其兴也勃焉，其亡也忽焉”的周期率，必须充分发挥权利对权力的规制作用，以权利制约权力。要依法确认和保障公民对权力运作的知情权和监督权，鼓励和支持公民对其实施监督。

制约和监督权力运作，民主和法治不可分割、不可偏废。要在充分发挥公民权利作用的同时，强化对权力运作的法律监督，用法律制约权力运作，制裁各种越轨运作和滥用权力的行为。要健全和完善权力运作的法律制度体系，使整个权力运作过程都有法可依，使权力运行的每个环节都受到法律的制约。要建立健全法律监督制度体系，形成制约权力运作、防止权力腐败的长效机制。

权利和法律是制约权力运作的有效手段。但是法律和权利作用的发挥程度，取决于权力结构构成的合理程度。只有当权力结构构成合理，所有权和实施权的监控关系存在，法律和权利的决定作用才能真正发挥①。要以法治理念的分权制约代替传统观念的集权制约，合理划分与配置权力，以权力制约权力。以权力制约权力的基础和核心是分权，即在权力运作系统内部合理配置权力资源，使不同权力行为主体之间形成相互制约、相互制衡的关系。以权力制约权力，关键是要建立结构合理、配置科学、程序严密、制约有效的权力运行机制，从决策和执行环节上加强对权力的监督，保证把人民赋予的权力真正用来为人民谋利益。

---

① 志光：《怎样理解和实现“以权力制约权力”》，《党政干部学刊》2001年第4期。

防止和遏制权力腐败，既要靠法治，也要靠德治。道德具有教化功能，是制约权力运作的一种强大力量。要保证权力规范运行，必须强化对权力行为主体的道德教化，以道德制约权力。要通过各种途径和手段，将党和社会对权力运作的道德要求内化为权力行为主体的素质与信念，增强其道德自律能力，使其能够自觉地以内在的道德力量抵御外在的不良诱惑。

四是责任原则。这一原则的内涵和基本要求是：正确认识和处理权力与责任的关系，建立和完善有权即有责、用权必负责、责权相统一的制度和机制，以责任规范和制约权力。

任何一种权力都内含着相应的责任，都不可能脱离责任而单独存在。从法理学的视角看，权力和责任是一对范畴，二者相伴而生、相互联系，不可分割。权力是履行责任的手段，责任是权力运作的内在规定。享有什么样的权力，就应承担相应的责任。权力无法脱离责任而单独存在，否则这种权力就是非法的、不合理的。不肯或不敢承担应有责任者，便没有运作权力的资格。没有责任的权力只能导致腐败。

责任对权力具有明示作用，即责任包含对权力的性质、行使范围的明确规定，因而责任在客观上对权力起到某种确认和保护作用。如果权力没有责任规则或者越出责任规则之外，就会影响社会公众对权力的信任。同时，责任又是对权力的一种控制和约束。权力运作必须由责任为其规定具体的边界。只要越出这个边界，就将被责任所制约和控制，从而有效地防止权力的非法扩张。只有明确行为主体在行使权力时所承担的责任，该行为主体才不敢懈怠，不敢恣意妄为。

权力与责任必须是对等的。既不存在无责任的权力，也不存在无权力的责任。权力与责任之间是一种正比例关系：权力越大，责任越重；权力越小，责任越轻。权力行使者所承担责任之大小，须同其所行使的权力相匹配、相均衡。权力大于责任会导致行政权力的滥用，反之，责任大于权力则会影响行政职责的履行①。

发挥责任对权力的制约作用，必须建立起科学、完备的责任制度。要在授予行为主体一定权力时，严格按照权责对等原则明确其相应的责任。要通过法

① 陈党：《行政公务人员的法律责任及问责原则》，《理论与改革》2006 年第 2 期。

定程序,使责任制度化、程序化、明晰化。依法对权力行为主体履行责任的情况实施监督与审察,及时追究违法行使权力者的责任。

二、权力运作程序及要求

权力运作程序是权力运作过程中所遵循的法定方式、步骤、顺序及时限的总和,体现权力运作的规律。任何公权力都必须按照一定的程序来运作。权力运作规律表明,权力运作的程序化程度,决定权力效能的发挥。权力运作程序越规范,权力运作的透明度就越高,权力效能的发挥就越大。

程序是权力规范运作的重要保障。任何权力运作都不能脱离一定的方式、步骤和时限构成的时空范围。没有权力运作程序,就不会有权力的规范有序运作。按既定程序运作,是权力运作必须遵循的一个重要原则。程序原则要求权力运作是一个规范有序的过程。权力运作若要追求规范有序的结果,首先必须保证权力运作过程的规范有序。权力运作过程混乱无序,必然导致权力越轨和权力滥用。

程序是权力实现社会公正的重要工具。社会公正是权力运作追求的价值目标。这一价值目标的实现有赖于权力的规范运行,有赖于公正合理的权力运作程序作为保证。公正合理的程序不仅是实体正确的重要保障,而且能够有效地规范权力行使者的施权行为。程序与实体是相辅相成的统一体。没有无程序的实体,也没有无实体的程序。程序公正是实现实体公正的前提,完备的权力运作程序可以弥补权力运作实体的不足。

程序是制约权力运作的有效机制。程序对权力运作的时间、空间和方式、步骤做出界定,构成权力运作的基本规则。这些规则是权力运作必须遵循而不能背离的刚性约束,构成对权力运作的直接限制。程序既是为保障权力正常运行所修筑的通道,又是为防止权力失控而设置的藩篱。程序缺失或者程序失灵,都势必导致权力行使的随意性。无论是以权力制约权力、以权利制约权力,还是以责任制约权力,要充分发挥其功能,都必须由公正合理的权力运行程序来作为保证。

程序是提高权力运作效率的制度保证。权力运作既要保证其价值目标的实现,又要尽可能地提高运行效率,降低运行成本。程序与效率是相辅相成的。权力必定在一定的空间和时间内运行。空间保障着权力运作的内容,时间保障着权力运作的效率。权力运作程序包含着对权力运作的时限要求。权力运作时限是权力运作效率的生命。没有时限就没有效率。要保证权力运作效率,就必须从程序上对权力运作提出时限要求,做出合理的时限安排。

现实生活中的一些权力越轨和权力腐败现象之所以得以发生,主要缘于以下几个因素:

一是权力运行不够规范,程序不够严密。重实体、轻程序,这是我国长期以来的文化传统,也是权力运作的一个重要特征。对权力运作程序的意义和作用重视不够,势必造成权力运作缺乏严密的程序性规定,导致程序性资源缺失。一方面是现有的程序规定比较零散,缺乏严密性和统一性;另一方面是现有的程序规定还不够完善,有些程序规定尚不够严谨。缺乏程序支持的权力运作规定只具有象征意义,难以获得实质性的和制度层面上的实际效果。这些情形的存在,不仅使权力运作的规范性降低,行为主体的自由裁量权过大,而且使权力行为的合法性以及绩效评估都缺乏准确的依据,具体权力行为无据可循或流于随意,从而为权力越轨和权力腐败留下了漏洞。

二是权力运作程序缺乏应有的权威和刚性。在许多情形下,权力并非缺乏运行程序,而是未被权力行为主体所遵循。出现此类现象的一个重要原因,就在于权力运作程序的法治化程度不足,且缺乏应有的权威和刚性。权力行为主体即便是超越或擅自变更、随意简化、恶意颠倒了运行程序,往往也只承担一定的政治责任,而难以受到法律追究。与非法获取的巨大利益相比,其所承担的政治责任是微乎其微的。因此,一些行为主体便无视权力运行程序的存在,肆无忌惮地滥用权力。

三是权力运作程序缺乏必要的透明度。传统的权力本位意识,至今尚在一定程度上支配着权力运作行为。在一些权力行为主体的思维架构内,权力是至高无上的,其运作程序是为权力服务的,程序必须服从权力的需要。在这种思维架构下,一些权力行为主体为了逃避社会公众监督,搞暗箱操作,故意将权力运作过程神秘化,遮蔽权力运作程序,从而在一定程度或事实上剥夺了社会公众对权力运作的知情权和监督权,使之对自己超越程序、滥用权力的行为无从察觉、无从监督。

规范、严密的运作程序是权力规范运作的重要保障。要保证权力运行程序的规范化和严密性，必须对权力运行程序的各个环节进行合理设定，制定相应规则。尤其要使各个权力运行环节在时间上相互衔接，在功能上相互协同。权力运行的步骤分解要适当，方式选择须科学，次序衔接应严密，时限规定当合理。程序规定应客观反映实体内容的要求，各个环节及其内容必须明确、具体、严密，具有可操作性。

权力运作程序法治化是彰显权力运作程序刚性的有效途径。只有实现权力运作程序的法治化，才能确保其应有的正义和威严，对权力行为主体的行为选择形成震慑。要按照程序正义和程序法定原则的要求，积极推进权力运作程序的法治化进程，把权力运作程序变成法定程序。权力的赋予、行使与剥夺等，均应由法律法规做出明确规定。权力行为主体必须依照法定程序行使权力。要建立健全权力运作责任及过度、过失惩戒制度，对超越法定程序滥用权力且造成一定后果者，应视情节轻重依法追究其法律责任。

程序公开是实现程序公正的客观要求。大量事实表明，权力运作过程越不透明，规范约束越少，自由裁量权越大，越容易诱发权力腐败行为。权力运作程序的公开与透明，可以有效防止暗箱操作带来的消极后果。要建立和完善权力运作程序公开机制，不断提升权力运作过程的透明度，使之由以往的暗箱操作变成阳光操作。要依法保障普通党员和社会公众对权力运作过程的知情权和监督权，对故意隐瞒权力运作程序、搞暗箱操作者，要有刚性的惩处手段和措施。

三、权力运行控制及要求

权力具有天然的扩张性和变异性。如何防止和遏制权力腐败，是一个世界性的难题。解决这一难题，需要建立一种控制权力的法治框架，以保证权力的有序运作，规避和化解权力运作失控或权力异化的风险。

对权力运行实施有效控制，是保障公民权利的客观要求。权力与权利是现代法治社会的两个轴心①。权利与权力是辩证统一的关系,二者既此消彼长,又相依共生。权力具有很强的扩张性和变异性,原本保障权利的权力很容易异化为侵害权利的权力。要保障公民权利不受侵害,客观上就要求对权力运行过程实施有效控制。

对权力运行实施有效控制,是巩固党的执政地位的现实要求。权力扩张和变异,势必侵害公民权利,间离党和人民的关系,削弱和动摇党执政的合法性基础。一个政党要长期执政,必须不断提升人民对自己的认同和支持程度,夯实党执政的合法性基础。而要做到这一点,就必须对权力运作实施有效控制,从根本上防止权力腐败。

对权力运行实施有效控制,是发展社会主义宪政的内在要求。宪政的基本含义,就是依照宪法和法律行使权力。它所追求的核心价值,就是以法治手段限制权力,保障公民权利。约束公权力,保护公民权利,是社会主义政治的核心问题②。发展社会主义政治,客观上就要求权力运行必须在法治框架内进行,任何超越法治框架的权力运作都是非法的、无效的。运用法治手段控制权力运行,有助于推进社会主义政治的发展进程。

在现代法治语境下,控制权力运行须经由下述路径。

一是法律控制。作为权力运行的一种控制形式,法律控制具有其特殊的控制效力③。所谓法律控制,就是以法律的强制性将权力运行控制在法律允许的范围内,以建立和维护正常的权力运行秩序。法律控制遵循的根本原则是法律至上。它意味着:只有法律明文规定或允许的,才可以作为;任何权力运行都不得超越法定范围,一旦逾越,权力控制机制就将迫使其向法律就范。

以法律控制权力运行,首先必须建立和完善规范权力运行法律法规体系。要以明确的法律规范,确认权力运行的职能、边界、范围与运行程序,以充分体现其规范性和可操作性。法定权力运行程序和规则,是权力行为主体运行权力的法定依据,不得随意违反、减免和更改。任何权力运行行为,都必须有充分的法律依据。任何缺乏法律依据的权力运行行为都是无效行为。

---

① 侯宗宾:《权力与权利》,《人民日报》2003 年 1 月 22 日。
② 范亚峰:《英国宪政的自由精神的生长》,法学时评网 2002 年 11 月 7 日。
③ 杨解君:《当代中国行政法(学)的两大主题》,《中国法学》1997 年第 5 期。

自由裁量权是权力行为主体在特定情况下对权力运作范围、方式、时限等的选择权。由于权力运作受权力行为主体主观意志的支配,因而容易被滥用。控制权力运作,关键在控制自由裁量权。要通过法定程序对自由裁量权做出具体界定,明确自由裁量权的行使规则。要依法规范自由裁量权的行使程序。权力行为主体当在法律规定的范围和幅度内,据此做出或不做出具体运作行为。

根据权责对等原则,在明确规定行为主体运作权力的职能、范围和程序的同时,亦须规定其所应承担的责任。要在相关法律、法规、规章中明确权力违法运作行为的种类,规定其所应负的法律责任,建立相应的过错追究和责任承担机制。

二是道德控制。道德控制是借助于社会舆论、内心信念、传统习惯所产生的力量,通过内化的道德理想、价值取向或意识形态,来引导和约束权力行为主体的思想和行为。在权力控制系统的各种调控方式中,道德控制对权力运作具有特殊的调控作用。

权力运作控制,既依赖于法律规范约束,亦依赖于道德规范约束。法律控制属于社会控制机制的硬控制层面,道德控制则属于社会控制机制的软控制层面。道德控制主要通过教化、修养并借助于社会舆论机制,将权力道德内化为权力行为主体的行为准则。在权力运作控制中,德治具有法治所无法比拟的特有功能,二者须在互补中才能发挥出最佳效能。

在道德控制层面上,强化对权力行为主体的道德教化非常重要。这是提升权力行为主体道德素质、增强其抵御私欲膨胀能力的重要途径。要通过道德教化,将权力运行的规则和道德要求内化为良知自律的理性自觉。对于权力行为主体而言,树立正确的权力观尤为重要。它决定着权力行为主体运作权力的价值取向与行为选择。缺失正确的权力观,极易陷入价值选择的迷茫和失范。

以道德控制权力,必须着力提升权力行为主体对权力道德的认知水平。道德认知是促使权力道德信念形成的基础,对权力行为主体的道德实践起着指导作用。要从提升道德评价水平做起,不断增强权力行为主体对权力运作过程是与非、善与恶的分析判断能力。要着力提升权力道德境界,增强践履权力道德规范的自觉性,不断强化权力运作的道德正当性基础。

以道德控制权力运行,必须坚持道德他律与道德自律并重。权力运作道德的实现和维系,是一个道德他律与道德自律相结合的过程。道德他律是实现道德自律的手段,道德自律是道德他律的目的。外在的道德规范是权力行为主体道德自律的重要条件,内心价值选择是权力行为主体道德养成的基础和关键。权力行为主体要筑牢拒腐防变的道德防线,必须接受道德外在的教化与约束,自觉遵守权力道德规范。

三是制度与机制控制。法律与道德都不是万能的。控制权力运作,还要积极构建并不断创新权力运作的相关制度和机制,强化制度与机制控制。这是治理权力失范、防止权力腐败的治本之策。

对权力运作进行控制和制约,属于制度建设范畴。要有效控制权力运作,必须切实加强制度建设,形成一套结构合理、配置科学、程序严密、制约有效的权力运行机制,保证权力运作的规范性,防止设权失当、授权失误和用权失范等现象的发生。

以制度和机制控制权力运作,基础是明晰权力边界。在现代法治社会,权力运作应有明晰的边界。权力边界混沌、模糊,必然导致权力越界运行,诱发权力滥用与权力腐败。要明确界定各级权力行为主体的职权范围和行权边界,并使之法律化、制度化。权力边界的明晰及其运作监督,有赖于制度的刚性约束。权力行为主体必须严格按照法定的权力边界和职权范围运作权力,越界行使权力并对公民权利构成侵害者,必须承担相应的法律责任。

以制度和机制控制权力运行,核心是构建分权与制衡的权力结构。任何权力都需要制衡,失缺制衡的权力是无法想象的。权力制衡的前提是合理分权。解决权力过分集中问题,必然要实现权力的适度分解和互相制衡。权力分解与制衡,是控制权力运作的制度安排。要从权力的科学配置和有效制衡上,整合和创新权力结构体系,构建纵横交错的权力制衡网络,形成权力之间的互控机制,使权力行为主体既各司其职、各负其责,又相互牵制。

以制度和机制控制权力运行,关键在推进制度创新和机制创新。当前所采取的惩处措施不可谓不严厉,但权力腐败现象为何屡见不鲜?根本在于权力配置、权力运作和决策流程的制度与机制存在缺陷。要着力构建和完善制约权力运作的制度体系与监控机制,为从源头上预防和治理权力腐败奠定坚实基础。

(原载《中共福建省委党校学报》2009年第6期)

新中国的权力制约和监督:历史嬗变与经验启示

加强对权力的制约和监督,是反对腐败的治本之策。新中国成立60多年来,中国共产党一直重视对权力的制约和监督,并在不同历史时期进行了艰辛的实践和探索。随着历史的不断变迁,特别是随着改革开放30多年来探索与实践的不断深化,权力制约和监督的内涵、方式和机制等也发生了重大变化。这些重大变化不仅推动反腐倡廉建设不断得到加强,取得明显成效,同时也积累了诸多弥足珍贵的历史经验。

一、权力制约和监督的历史嬗变

从党的十一届三中全会开始,中国共产党制约和监督权力的探索和实践进入了一个重要转型期。随着自身所处历史方位的深刻变化,党对权力的制约和监督在理念、方式和模式等方面均发生了重大的历史性转变。

1.从以领导干部为对象到以权力为核心的转变

新中国成立初期,党的制约和监督主要是针对领导干部而不是针对权力运行的。从1950年的整风运动,到1951年至1954年的整党运动,当时制定的方针和采取的措施都是针对领导干部个人或其群体的,几乎没有直接针对权力运行的。考察这种做法的来源,应当说是从民主革命时期的做法因袭而来的。

民主革命时期,党还未在全国执政。但是不在全国执政并不意味着党及其领导干部没有被权力腐蚀的危险,并不意味着党及其领导干部不面临执政的考验。

历史经验表明,权力具有很强的诱惑性和腐蚀性。只要掌握有权力,就存在腐败的可能。权力如果失去制约和监督,就必然导致腐败。在局部区域执政情况下，尽管可供支配和行使的权力不如在全国执政条件下的范围那么广、力度那么大，但是毕竟掌握有一定的权力。所以，即便是在局部区域执政的情况下，同样存在被权力腐蚀的危险，同样面临如何制约和监督权力这一历史性课题。

为了防止权力腐败，防止因此而导致来之不易的局部执政权的丧失，党在局部区域执政伊始就高度重视对权力的制约和监督，并在十分艰难困苦的历史条件下对此进行了探索，取得了明显的成效和宝贵的实践经验。

应当说，新民主主义革命时期的这种实践和探索，是党在制约和监督权力方面的实践和探索的先声。说其是先声，主要是指它是党制约和监督权力整个实践与探索的初始阶段，因而具有一定的历史局限性，还存在需要改进和完善的地方。其中很重要的一个历史局限性，就是把制约和监督的主要注意力放在了领导干部身上，而不是把权力作为制约和监督的重点和着力点。

大量事实反复证明，预防和治理腐败，核心在加强对权力的制约和监督。腐败在本质上是权力的腐败。权力腐败是最大的腐败。加强对领导干部的制约和监督对预防和治理腐败固然重要，但制约和监督权力运行更带有根本性。领导干部只是权力运作行为的主体，是权力的人格化，而并非权力本身。只有切实加强对权力的制约和监督，才能有效地防止权力变异和被滥用。

由于党在新民主主义革命时期的制约和监督实践与探索是在局部区域执政的历史条件下进行的，尚处于这一实践与探索的初始阶段，因而对其客观规律需要一个逐步认识的过程。在这种情况下，人们通常把行使权力的领导干部作为制约和监督的客体或对象，而在一定程度上忽略了对权力本身的制约和监督。对制约和监督的客体与对象界定不准或者错位，势必在一定程度上影响制约和监督的实际效果。

新中国成立初期，尽管党已由在局部区域执政的党转变为在全国执政的党，但是因其对制约和监督的规律性认识仍停留在革命战争年代，因此以领导干部为制约和监督的重点的做法得到继续沿用，并对党执政以后相当长一个历史时期内的制约和监督权力运行实践和探索产生了深刻的影响。

党的八大及此后的一个时期内，党在实践和探索中曾明确提出要对国家工作人员手中的权力加以限制的思想主张。这一思想主张的提出，使党在思想认识上几近跳出了民主革命时期的窠臼，适应党的历史方位发生的新转变，把制约和监督的重点由掌握一定权力的领导干部身上转移到权力本身上来。然而,令人惋惜的是,这一进程随后被愈演愈烈的“左”倾错误所打断。

党的十一届三中全会后,党的实践和探索得以在正确轨道上继续向前推进,直至最终实现从主要制约和监督领导干部到以制约和监督权力为核心的历史性转变。

从主要制约和监督领导干部到以制约和监督权力为核心,这一转变具有深远的历史意义。这一转变,是从以制约和监督权力主体为主到以制约和监督权力运行本身为主的转变,即从间接制约和监督权力到直接制约和监督权力的转变,同时也是从高成本、低效率的制约和监督到低成本、高效率的制约和监督的转变。这一转变的实现,标志着中国共产党在惩治和预防腐败方面找到了治本的办法,同时也标志着党对权力制约和监督规律的认识达到了一种新境界,把党风廉政建设和反腐败斗争推进到了一个新阶段。

2.从主要依靠运动到更加注重制度建设的转变

以什么样的方式制约和监督权力,是中国共产党在全国执政以后亟待回答的一个重要问题。应当说,党对这一问题的回答,是经历过曲折和有着深刻的历史教训的。其中最深刻的教训,就是沿用民主革命时期的做法,继续以急风暴雨式的大规模群众性政治运动作为制约和监督权力主体的主要方式。

在整个新民主主义革命时期,对少数贪腐分子的惩治,都是以急风暴雨式的大规模群众性政治运动的方式进行的。由于当时中国共产党只是在局部区域内执政,而在全国范围内尚处在“在野党”的地位,因而她在角色定位上具有“革命党”的典型特征。作为一个“革命党”,她与代表大地主大资产阶级利益的国民党政权之间是一种势不两立的阶级对抗关系。又由于国民党实行的是不给人民以任何民主权利的独裁统治,这就决定了中国的革命必然是武装的革命反对武装的反革命,只能通过一个阶级推翻另一个阶级的暴烈的行动来进行。

中国共产党角色的历史定位和党领导的中国革命的历史特点,不能不对党的工作产生深刻影响。加之当时在探索中又是以权力主体而不是权力本身作为制约和监督的客体或对象的,所以很容易把完成党的中心任务的方式和手段照搬到制约和监督的实践中来,以急风暴雨式的大规模群众性政治运动的方式来强化对权力主体的制约和监督。尽管这种方式确能在短时间内对腐败分子形成震慑作用,收到明显的效果,但往往容易把制约和监督实践纳入阶级斗争的轨道,采用激烈的阶级斗争方式来对待和处理有贪腐行为的干部,哪怕其行为情节十分轻微。这种斗争方式的一个致命弱点,就是容易混淆两类不同性质的矛盾,造成冤假错案。然而,这在当时极端残酷的革命战争年代,也是不得已而为之。

新中国成立初期,尽管中国共产党已经在全国范围内执掌政权,由于党对自己所处的历史方位并不是完全清醒的,加之党在理念上是以领导干部作为制约和监督的主要对象的,因此,继续以急风暴雨式的大规模群众性政治运动的方式来强化对权力主体的制约和监督,就成为历史的必然。

党的八大前后,党曾经认真研究和探讨过党所处历史方位的深刻变化,并在此基础上开始思考从革命党到执政党的角色转换问题,取得了一些重要成果。具体到权力制约和监督方面,党取得的最重要成果,就是强调要改变以往主要依靠群众性政治运动的传统做法,着重从思想教育和制度建设两个方面加强对权力主体的制约和监督。这是中国共产党首次提出制约和监督权力的方式转换问题,并在实践中致力于正确地回答这一问题。

但从 1957 年反右开始,“左”倾错误日渐泛滥开来,并逐步在党内占据主导地位,致使党转换制约和监督权力方式的实践和探索被中断,在理念上重新回到了民主革命时期革命党的思维定式,在实践上重蹈了革命战争年代大规模群众性政治运动的老路。于是,对权力主体的制约和监督重新被纳入阶级斗争的轨道,非但未能强化对权力主体的制约和监督,反而带来了一系列严重后果。历史实践证明,在党的历史方位已经发生重大变化的新的历史条件下,继续采用大规模群众性政治运动的方式来制约和监督权力主体,不是一种明智、正确的路径选择。

党的十一届三中全会后,党断然停止在党和国家政治生活中搞群众性的政治运动,强调搞运动不能从根本上解决官僚主义、干部腐败等社会问题,并指出,这些问题都有其复杂的思想根源、体制根源和社会原因,不能指望一两次运动就能解决,而要遵循法制原则,重视经常性的制度建设。由此,党制约和监督权力的方式开始发生历史性的转变,走出了一条不搞政治运动而靠改革和制度建设的新路。

从主要依靠运动制约和监督权力主体到主要依靠制度制约和监督权力的

转变,是一次具有里程碑意义的重大转变。这一转变是制约和监督权力方式的根本性转变,它使党领导和推动下的权力制约和监督逐步由人治走向法治,由无序走向规范。这一转变的实现,标志着中国共产党开始找到一条有效制约和监督权力的正确道路,并使对权力的制约和监督有了科学化的制度保障。

3.从以惩戒震慑为主到惩防并举、注重预防的转变

采取什么样的模式来强化对权力的制约和监督,是中国共产党在全国执政以后亟待回答的又一个重要问题。党对这一问题的回答,同样也经历了一些曲折。其中最主要的曲折,就是继续沿用民主革命时期的做法,长期立足于惩戒,主要依靠惩戒所产生的震慑力来强化对作为权力主体的领导干部的制约和监督。

新民主主义革命时期,为防止和清除贪污腐化现象,中国共产党注重和强调思想道德对领导干部潜移默化的影响作用,采取各种措施强化思想道德教育,以期使他们能够夯实廉洁自律的思想道德基础、筑牢拒腐防变的思想道德防线。与此同时,党更加注重和强调惩戒对领导干部震慑性的警示作用,一直以严厉的惩戒措施保持对贪腐分子的高压态势,以期对领导干部形成惩一儆百的震慑作用,使他们引为鉴戒,不敢重蹈贪腐分子的覆辙。

从中华苏维埃共和国颁布的明文规定“贪污公款在五百元以上者,处以死刑”的训令,到中央苏区在红都瑞金打响惩治腐败的第一枪,从中共陕甘宁边区中央局提出共产党员有犯法者从重治罪,到毛泽东同志要求一切共产党员、红军指战员、革命分子都要以黄克功为前车之鉴,所有这些,都是党上述制权治贪模式选择的体现和明证。

新中国成立初期,由于阶级斗争仍然是当时社会的主要矛盾,因此,在已经执掌全国政权的情况下,党继续把腐败问题同阶级斗争联系在一起,继续用阶级斗争的观点和方法来看待和处理腐败问题,以惩戒作为制约和监督权力主体的主要手段。尽管当时党也一再强调思想教育的作用,但始终是以惩戒作为主要手段的,并对犯有贪腐罪行者施以重刑。1951 年 12 月,中共中央在关于反贪污、反浪费、反官僚主义斗争的电报中指出,“贪污分子、浪费分子和官僚主义分子当然大多数不是反革命分子(可能有一部分人是反革命分子),他们的罪名是贪污浪费和官僚主义,但这个问题现在已极严重,必须看作同镇压反革命斗争一样的重要,一样的发动群众大张旗鼓去进行斗争,一样的用死刑和徒刑等对待他们”，并做出这样一种估计：“全国可能须要枪毙一万至几万贪污犯才能解决问题。”①刘青山、张子善正是在这种情况下被处以死刑的。邓小平同志曾评价说：“一九五二年杀了两个人，一个刘青山，一个张子善，起了很大的作用。”②邓小平同志这里所说的“作用”，无疑是指由惩戒所产生的震慑和警示作用。

如果说在阶级斗争仍然是社会主要矛盾的新中国成立初期采用上述模式来强化对权力主体的制约和监督尚有一定的合理性，那么，在社会主义制度已经建立起来以后继续这样做、长期这样做，就势必会出问题。

1956年党的八大首次提出加强党的制度建设问题，试图通过贯彻执行民主集中制、探索建立代表大会常任制、建立党内监督制度等找到治本的办法，从源头上预防权力腐败，并以此来强化对权力主体的制约和监督。但是这一努力很快就被“左”倾错误所打断，“以阶级斗争为纲”愈益成为支配和贯穿制约和监督权力主体的政治理念。“文化大革命”期间，更是提出“重点是整党内那些走资本主义道路的当权派”。一个“整”字和一个“重点”的表述，凸显了“惩戒”在当时制约和监督权力主体中的地位和作用。

党的十一届三中全会后，中国共产党在探索执政规律和反腐倡廉工作规律的基础上，不断加深从源头上预防和治理腐败重要性的认识，逐步形成了一手抓惩治一手抓预防的思路，并由此把制约和监督权力提上了重要议事日程。特别是党的十六大以来，以胡锦涛同志为总书记的党中央进一步确立标本兼治、综合治理、惩防并举、注重预防的方针，在坚决惩治腐败的同时，更加注重治本，更加注重预防，更加注重制度建设，从教育、制度、监督三个方面入手，着力构建惩治和预防腐败体系，不断拓展从源头上防治腐败的工作领域，取得了明显成效。

从以惩戒震慑为主到惩防并举、注重预防的转变，是党在制约和监督权力的模式上实现的一次重要历史性转变。这一转变终结了过去重惩戒轻预防、治标不治本的传统做法，把制约和监督权力的重点由事后惩戒转移到了事前防范上来，以教育、制度、监督并重替代了惩戒震慑式的精神强制，从而使权力制约和监督模式发生了一次重大转型。这次转型，实现了对权力主体的制约和监督

---

① 《建国以来毛泽东文稿》第二册，北京：人民出版社，1988年，第549页。

② 《邓小平文选》第3卷，北京：人民出版社，1993年，第153页。

与对权力主体的教育和帮助的有机结合。它郑重地向世人宣示：中国共产党对权力主体的制约和监督并不是冷酷无情的，而是充满人性和彰显人文关怀的。

二、权力制约和监督的经验与启示

在60多年的艰辛探索实践中，中国共产党在制约和监督权力运行方面积累了弥足珍贵的历史经验。概括起来，这些经验主要是：

1.必须要有正确的政治路线作为保证

权力制约和监督能否顺利进行，首先取决于党的政治路线正确与否。这是因为，权力制约和监督是为党的政治路线服务的，必须依据党的政治路线提出的要求来进行。党的政治路线正确，就能以正确的东西克服错误的东西，保证权力制约和监督的正确方向，否则就会出现重大失误或偏差，遭受严重挫折。

新中国成立60多年来，党对权力的制约和监督大致分为三种情况：第一种情况是，党的政治路线正确，权力制约和监督收到良好效果；即使发生某些偏差，也能及时得到纠正，如新中国成立初期。第二种情况是，党的政治路线正确，但是未能得到贯彻和坚持，权力制约和监督出现重大偏差或失误，如1957年春至1958年夏的整风运动。第三种情况是，党的政治路线出现了严重错误，权力制约和监督出现重大失误和挫折，如十年“文化大革命”。

阶级分析的观点和方法，是马克思主义分析特定社会历史现象的重要观点和方法。但是在社会主义条件下，不能把阶级斗争的观点运用来指导权力制约和监督，不能用对待阶级敌人的办法来对待犯错误的领导干部。这是历史留给我们的一条重要历史经验。从20世纪50年代末开始，我们的权力制约和监督实践和探索之所以走上弯路、发生曲折，根本在于偏离了实事求是的马克思主义思想路线，长期坚持“以阶级斗争为纲”的错误指导方针，长期用阶级斗争的观点和方法来观察和处理领导干部中出现的问题，并以此作为制约和监督权力主体的主要手段；改革开放以来，我们之所以能在权力制约和监督实践中取得显著成就，根本在于恢复和发展了实事求是的马克思主义思想路线，摒弃了以阶级斗争为纲的错误指导方针，摒弃了长期用阶级斗争的方式来解决权力主体违规施权问题的“左”的做法。可以这样说，没有这一历史性转变，就不可能有改革开放以来特别是党的十六大以来，党在制约和监督权力方面取得的显著成就。

客观地说，社会主义初级阶段的反腐败斗争，同一定范围内存在的阶级斗争有着内在的联系，包含有阶级斗争的内容和成分。但是，反腐败斗争与阶级斗争毕竟不是一回事，不能把二者简单地等同起来，不能在任何时期都不加区别地同等看待。无论从内涵还是从外延上讲，反腐败斗争所涉及的矛盾和问题，要比一定范围存在的阶级斗争复杂得多、广泛得多，其中固然包含有对抗性的敌我矛盾，但更多的是非对抗性的人民内部矛盾。因此，在人民当家做主的社会主义社会，腐败问题应当在民主和法治的框架下逐步加以解决，决不能再采取"反右"或"文化大革命"那样一种阶级斗争方式。实践证明，在社会主义历史条件下，民主和法治是逐步解决腐败问题的根本方法。只有在民主和法治的框架下，对权力的制约和监督才能不断得到加强，才能更加有力和有效。

2.必须坚持党的领导，把贯彻党的群众路线同加强和改善党的领导结合起来

坚持一切为了群众、一切依靠群众和从群众中来、到群众中去的群众路线，是党的优良传统和政治优势。历史和现实都表明，无论什么时候、做任何事情，都要坚持党的群众路线，都要紧紧依靠人民群众。这是党始终立于不败之地的根本保证。

人民群众是制约和监督权力的主体。制约和监督权力，同样必须紧紧依靠人民群众。但是依靠人民群众，并不等同于一定要搞群众运动。党的十一届三中全会前，党制约和监督权力总是习惯于搞群众运动，并长期将其纳入"以阶级斗争为纲"的轨道，这种做法曾使我们付出了沉重代价。腐败现象的出现和存在是有着复杂的思想、社会、体制根源的，解决这些复杂的社会问题需要一个长期的历史过程，不能指望搞几次运动就能奏效。

应当指出，作为一种非制度化的民主形式，群众运动并不具有天然的合理性。它只在一定的历史阶段内和正确的理论、方针指导下，才会是合理的。实践表明，在社会主义历史条件下，"用大搞群众运动的办法，而不是用透彻说理、从容讨论的办法，去解决群众性的思想教育问题，而不是用扎扎实实、稳步前进的办法，去解决现行制度的改革和新制度的建立问题，从来都是不成功的”①。这种做法之所以不能成功，其中的一个最重要原因，就是容易削弱以至摆脱党的领导。党是权力制约和监督的领导核心。只有坚持和改善党的领导，才能保证权力制约和监督的正确方向，保证权力制约和监督的有序进行。

同时还必须着重指出的是，不搞群众运动，并不意味着不依靠群众，不走群众路线。恰恰相反，必须在坚持和改善党的领导的同时，稳步发展党内民主和社会民主，引导人民群众有序参与，切实保障人民群众的知情权、参与权、表达权、监督权，着力解决损害群众利益的问题和群众反映强烈的突出问题，把群众参与制约和监督权力的积极性引导好、保护好、发挥好，并使二者有机地结合起来。

3.必须坚持党的基本路线，把对权力的制约和监督置于党和国家工作大局中来进行

党的建设历来是与党的历史任务，与党为实现这些任务而确立的基本路线联系在一起的。加强对权力的制约和监督、防治以权谋私等权力腐败，是党的建设的重要组成部分，必须同整个党的建设一样，始终围绕党的中心任务来进行，时刻不能离开党的基本路线。

改革开放以前党在权力制约和监督方面发生失误和挫折的重要原因之一，就是未能在实践中把党的八大确定的正确路线很好地坚持下去，把制约和监督权力主体与搞阶级斗争联系起来、等同起来，用“大民主”式的群众性政治运动来推动，严重地冲击了经济建设，影响了国家的现代化进程；而改革开放以来我们之所以能在这方面取得显著成绩，就是彻底纠正了过去的“左”倾错误，端正并始终贯彻执行了党的正确路线。

党的十一届三中全会开启了改革开放历史新时期。在改革开放波澜壮阔的创新实践过程中，形成了被邓小平同志称为“中国的发展路线”的党在社会主义初级阶段的基本路线。实践充分证明，这条以“一个中心、两个基本点”为主要内容的基本路线是兴国、立国、强国的重大法宝，是党和国家的生命线、人民群众的幸福线，同时也是制约和监督权力的出发点和落脚点。

制约和监督权力与改革开放和经济社会发展是相辅相成的。它必须服从

---

① 《邓小平文选》第2卷，北京：人民出版社，1993年，第336页。

和服务于经济建设，时刻不能偏离这个中心；必须融入改革开放和经济建设之中，决不能游离其外。要围绕中心、服务大局，把对权力的制约和监督放到党和国家工作大局中去谋划、去部署，使之贯穿于改革开放和现代化建设的全过程，确保人民赋予的权力始终用来为人民谋利益，为促进科学发展、社会和谐创造良好环境，提供有力保证。

4.必须坚持惩防并举、注重预防方针，运用多种手段综合强化权力制约

中国自古就有“治乱世用重典”、以严刑厉法威慑阻遏犯罪的治世主张。新中国60多年的实践证明，单纯用惩戒权力主体的办法，单靠刑罚惩治所产生的威慑，是不足以根本解决腐败问题的，而且容易重蹈过去惩戒主义的错误；要有效遏制和治理腐败，必须在依法惩治腐败分子的同时，坚持惩防并举、注重预防方针，把治本和预防放在更加重要的位置上来。

对罪行严重的腐败分子处以重刑，是有力威慑犯罪的一种惩罚手段和措施。它通过剥夺腐败分子的权利、财产、人身自由乃至生命，使有滥用权力倾向者心灵上受到强烈震撼，产生极度恐惧的心理反应，形成巨大的心理压力，使其出于对刑罚的恐惧而不敢滥用权力。应当说，有滥用权力倾向者对严刑厉法的恐惧，是对权力主体行为构成有效制约的一种重要力量，它迫使有这种倾向的权力主体在“贪腐之乐”与“刑罚之苦”之间进行权衡，促使其自我矫正滥用权力心理，不敢把贪腐动机变成犯罪行为。

然而，单靠刑罚的威慑力并不能根本解决权力制约问题。马克思曾经指出，一般说来，刑罚应是一种感化或恫吓的手段，但是国家并没有利用惩罚一个人来感化或恫吓其他人的权利。况且，“利用刑罚来感化或恫吓世界就从来没有成功过”①。大量事实一再表明，希冀通过刑罚所产生的恫吓效应来根本解决权力制约问题不仅在理论上讲不通，而且在实践中也是行不通的。滥用权力犯罪源于社会结构中的诸多矛盾，是多种致罪因素共同作用的结果。因此，治理这一犯罪现象仅靠作为外部心理威慑力量的刑罚显然是不行的。要科学有效地防治滥用权力，必须打破制约和监督权力就是查处和惩戒干部的传统思维定式，按照改革创新、惩防并举、统筹推进、重在建设的基本要求，做到治标和治本、惩治和预防两手抓、两手都要硬，以改革精神推进制度建设，以创新思路寻

① 《马克思恩格斯全集》第8卷，北京：人民出版社，1961年，第578页。

求治本办法，惩治于已然，防患于未然，既坚决查处违纪违法案件、依法严惩腐败分子，又加大预防工作力度、不断铲除腐败滋生的土壤，努力把腐败现象减少到最低程度。

5.必须坚持以人为本，切实维护人民群众根本利益和党员干部合法权益

以人为本是党的性质和宗旨的集中体现，也是权力制约和监督的基本要求。党的十一届三中全会以前对权力的制约和监督之所以未能取得预期效果，其中的一个重要原因，就是没有做到以人为本，在一些时候和一定情况下不尊重甚至侵害了党员干部的合法权益。改革开放30多年来权力制约和监督之所以能够取得显著成绩，其中的一个重要原因，就是较好地做到了以人为本。

党的十六大以来，在科学发展观的指引下，党在制约和监督权力中更加自觉地做到了以人为本。这些年来，党积极回应社会关切，坚决纠正损害群众利益的不正之风，切实解决群众反映强烈的问题；加强党内民主建设，推进党务公开，尊重党员主体地位，保障党员民主权利；把教育、保护、挽救干部作为惩处的出发点和落脚点，正确处理严肃执纪与宽严相济、区别对待的关系，坚持以事实为依据，以法纪为准绳，准确、恰当地处理违纪行为，做到惩治腐败与保护党员干部的合法权益并重，既查清问题、依法惩治腐败，又注重澄清是非，教育和保护干部，既着眼于教育和挽救，注重人文关怀，又注意防止失之于宽、失之于软。

历史经验告诉我们，以人为本是权力制约和监督必须始终坚持的核心理念。坚持以人为本加强对权力的制约和监督，与党的根本宗旨和立党为公、执政为民的本质要求是完全一致的。只有始终坚持相信人民、依靠人民、为了人民，教育、帮助和督促广大干部做到权为民所用、情为民所系、利为民所谋，对权力的制约和监督才会富有成效。以人为本也是权力制约和监督的重要价值取向。制约和监督权力，目的是遏制腐败、保护干部。只有把加强对领导干部的制约和监督同信任干部、保护干部、激励干部有机地结合起来，才能在保证领导干部廉洁从政的同时，充分调动他们干事创业的积极性、主动性和创造性。

6.必须着力推进制度建设和制度创新，建立健全制约和监督权力的有效机制

制度更带有根本性、全局性、稳定性和长期性。加强制度建设，形成完善有效的体制机制，是强化对权力的制约和监督的根本途径。改革开放以前，权力制约和监督之所以未能取得预期效果，其中的重要原因之一，就是注重从思想道德上加强对人的教育和“改造”，而忽视从制度上强化对权力的规制和约束。在“左”倾错误方针指导下，对人的教育和“改造”往往被纳入人治的轨道，甚至被纳入无休止的政治运动。实践证明，这种做法往往带有很大的随意性，很容易随领导人或他们的看法和注意力的改变而改变。只有做出规范的刚性制度安排，把权力运行纳入法制轨道，才能保证权力制约和监督的稳定性、连续性和有效性。

从新中国60多年权力制约和监督的实践看，制度和机制不完善、不健全，往往是权力失控、决策失误、行为失范的深层原因。一些领导干部之所以走上腐败歧途，既有自我要求不严的因素，也有组织上疏于教育和管理的问题，更与体制机制制度不健全、不完善密切相关。特别是在经济转轨、社会转型的关键时期，缺失制度和机制的有效约束，必然导致腐败现象的易发多发。因此，要强化对权力的制约和监督，加强廉政教育、建设廉政文化、加大惩治力度固然重要，但制度建设更带有根本性。要把反腐倡廉教育同权力制约和监督制度建设有机地结合起来，既通过教育引导使人自觉从善，又通过制度约束使人不能为恶；既通过思想道德建设提高恪守制度的自觉性，又通过制度建设增强思想道德建设的有效性。这是加强权力制约和监督的战略思路，必须长期坚持。

改革创新是完善权力制约和监督制度、推进权力制约和监督科学化的强大动力。要抓住正确行使权力这个关键，针对权力失控、监督不力等制度和机制缺陷，着力推进制度和机制创新，并通过深化改革和用制度巩固改革成果，逐步解决权力制约和监督中的深层次问题。当前要加快推进重点领域和关键环节改革，把对权力的制约和监督寓于各项重要改革措施之中。要重点推进干部人事、行政审批、财税、投资、政府采购、国有企业改革和现代市场体系建设方面的改革，把推进一批改革措施同建立权力制约和监督制度紧密地结合起来，着力从制度上规范权力在上述重点领域和关键环节的运行，不断提高权力制约和监督制度的科学化水平，真正做到用制度管权、按制度办事、靠制度管人。

（原载《中共福建省委党校学报》2011年第3期）

论构建中国特色社会主义权力制约机制

加强对权力运行的制约,构建中国特色社会主义权力制约机制,是预防腐败的治本之策,是加强党的执政能力建设、增强党执政合法性的客观要求,是发展社会主义民主政治、建设社会主义政治文明的必由之路。要在汲取和借鉴人类政治文明有益成果的基础上,以改革创新的精神加强对权力运行的制约,探索建立中国特色社会主义权力制约机制,以保证把人民赋予的权力真正用来为人民谋利益,从源头上预防和解决腐败问题。

一、构建中国特色社会主义权力制约机制的重要性和必要性

在党的十七大报告中,胡锦涛同志从推进中国特色社会主义民主政治建设和反腐倡廉建设的高度,郑重地提出了权力制约问题。在这样一个重要历史时期提出这样的问题,既体现了我们党对中国特色社会主义民主政治建设和反腐倡廉建设规律的新认识,体现了我国政治体制改革的新指向,同时也凸显了加强对权力运行的制约、构建中国特色社会主义权力制约机制的极端重要性。

首先,加强对权力运行的制约,构建中国特色社会主义权力制约机制,是防止权力滥用和权力腐败的治本之策。现实生活中,一些腐败现象不仅在一定程度上反复出现,而且在一定程度上还具有相当的普遍性。反复出现的问题要从规律上找原因,普遍出现的问题要从制度上找原因。历史和现实都表明,不受制约的权力必然导致腐败。现在一些地方和领域腐败现象屡禁不止,其中的一个重要原因,就是缺乏对权力运行的有效制约。防止权力滥用和权力腐败,根本在加强制度建设,推进制度和机制创新。而推进制度创新和机制创新的核心,是完善权力制约机制。这是防止权力滥用和权力腐败的治本之策。

其次,加强对权力运行的制约,构建中国特色社会主义权力制约机制,是加强党的执政能力建设、增强党执政合法性的客观要求。执政能力建设是我们党执政以后的一项根本建设。执政的实质就是掌权。加强党的执政能力建设,就是要解决为谁掌权、靠谁掌权、怎样掌权等一系列重大问题,提高党解决这些问题的能力。加强对权力运行的制约,保证把人民赋予的权力切实用来为人民谋利益,始终是我们党执政所面临的一个重大课题。能否解决好这个重大课题,直接关系到党风廉政建设和反腐败斗争的成效,关系到坚持和巩固党的执政地位。如果说惩治和预防腐败是党执政能力的重要体现,那么完善权力制约则是党执政能力的重要标志。权力腐败严重损害公众利益,损害党的形象和公信力,间离党和人民群众的血肉联系,削弱乃至瓦解党执政的合法性基础。加强党的执政能力建设,巩固党的执政地位,必须建立和完善权力制约机制,有效防止对权力的滥用,保证人民赋予的权力始终用来为人民谋利益。

最后,加强对权力运行的制约,构建中国特色社会主义权力制约机制,是发展社会主义民主政治、建设社会主义政治文明的必由之路。政治文明是一个国家或社会政治生活的进步状态和在政治发展中取得的成果。在制度层面上,它主要表现在民主政治的制度化、规范化、程序化,其核心是对公共权力进行配置、整合和有效控制的机制以及确保这一机制有效运作的相关规程。从人类政治文明发展进程看,权力制约机制的建立和完善,是人类政治文明发展的一个重要标志。权力的滥用是政治文明的大敌。如果权力失去制约而被滥用,必然使政治文明遭到破坏。党的十七大报告强调,发展社会主义民主政治,建设社会主义政治文明,必须扩大人民民主,保证人民当家做主。从权力制约的角度看,所谓民主,就是要使人民成为权力的主人,既让人民充分享受到民主权利,又使权力在人民的制约监督下运行。加强对权力运行的制约,是社会主义民主政治题中应有之义,是人民当家做主的重要制度保证。

二、构建中国特色社会主义权力制约机制应当遵循的原则

构建中国特色社会主义权力制约机制,保证权力的规范运行,必须遵循正确的原则。只有这样,才能建立起结构合理、配置科学、程序严密、制约有效的

权力制约机制。在构建中国特色社会主义权力制约机制过程中,应当遵循以下几个重要原则。

一是民主正义原则。民主最基本的要义是人民主权与民选政府。在民主政体下,任何一个政权都是人民选择的结果,人民是其权力的唯一来源。权力来源于人民,它应当被用来为人民谋取利益。而要保证权力不被滥用,就必须将权力置于人民的规制之下。人民是制约权力的主体力量,发展人民民主是加强对权力的制约的根本路经。从某种意义上说,民主的实质就是制约公共权力。"民主主要表现为一种自下而上运行的权力。它是在政治管理系统中处于被管理地位的多数人对处于管理地位的少数人的制约。"①构建中国特色社会主义权力制约机制,核心在建立和完善民主机制,使人民能够通过这一机制对权力实施有效的制约。权力制约的民主诉求总是与权力制约的正义诉求联系在一起的。对权力的任何滥用,都是对社会正义的践踏。社会正义是社会主义民主政治的核心价值。强化权力制约,必须始终以维护和实现社会正义作为其核心价值目标。构建中国特色社会主义权力制约机制,既要体现权力制约的民主诉求,又要体现权力制约的正义诉求,凸显社会主义民主政治的核心价值,以实现公共权力的平等分配及其运行的有序、公正。

二是合法法治原则。权力制约的一个基本价值维度,就是保证公共权力在合法和法治的轨道上运行。对于公共权力及其执掌者而言,合法性是要求社会公众能够承认和接受其统治、治理,使其权力具有尊严。合法性既是权力制度体系的价值取向,也是权力制约的价值追求。权力制约不仅有其合法性要求,同时又有其法治性要求。只有在法治的状态下,才能使权力得到有效规制,保证其规范运行和正确行使而不至被滥用。从本源意义上说,所谓的法治,就是要防止公共权力的滥用,保障人民当家做主。在法治条件下,政府的权力是有限的,它的权力只来源于人民以及法律的授权和委托,并且只能在法律规定的范围内规范行使,否则即为无效或非法。法治化的权力制约是一种刚性的制度约束,因而这样的权力制约更为有效。构建中国特色社会主义权力制约机制,既要通过一定的权力制度体系来实现和维系权力制约的合法性,又要着力推进相关制度体系的法治化。

---

① 李景鹏:《论权力分析在政治学研究中的地位》,《天津社会科学》1996 年第 3 期。

三是立足国情原则。世界是丰富多彩的。在这个世界上,没有也不可能有一种具有普世价值的、放之四海而皆准的权力制约模式。作为制约权力的制度安排,西方的多党制、议会制和“三权分立”制度并不适合中国的国情,既没有其在中国赖以存在的历史文化传统,也没有其在中国发挥作用的政治和社会基础。如果不顾中国的国情和历史文化传统,盲目照搬西方的政治制度和政党制度,必然给国家和人民带来巨大灾难。实践表明,西方的多党制、议会制和“三权分立”并非是解决权力制约问题的最佳模式,它们没有也难以解决西方社会存在的腐败问题。其实,对于中国人民来说,符合本国国情的权力制约模式才是好的权力制约模式。构建中国特色社会主义权力制约机制,需要借鉴人类政治文明有益成果,但必须坚持从我国的基本国情出发,坚持中国特色社会主义政治发展道路,坚持人民代表大会制度和共产党领导的多党合作和政治协商制度,绝不能照搬西方式的多党制、议会制和“三权分立”制度。要特别注重并且善于总结我们自己的实践经验,构建起植根于中国自己土壤里、具有更多中国元素的权力制约机制。

四是分工制约原则。为反对独裁专制,加强权力制约,近现代欧美西方国家普遍实行了分权制衡的宪政原则。由本国的具体国情所决定,中国不能实行分权制衡原则,而是应当实行分工制约原则。分工制约与分权制衡是有着严格的区别的。二者的区别主要体现在社会主义政体和资本主义政体的原则界限上。分工制约的基本要义是“分工负责、互相配合、互相制约”,而分权制衡的核心要义则是“权力分立、互相独立、相互制衡”。在政体意义上,分权是立法、行政和司法之间在组织和责任上的绝对划分。尽管这样做能够有效地防止权力过分集中,但却往往出现以不同党派和利益集团为背景的各权力主体之间的彼此掣肘、互相拆台,导致议而不决、决而不行、效率低下。而分工则是各种国家职能在组织和责任上的相对划分。在以人民代表大会为基础和核心构建起来的权力制约框架体系下,各国家机关之间虽然分工不同、职责不同,但目标是完全一致的,既在各自职权范围内独立负责地开展工作,同时又彼此之间密切配合,从制度上避免了“三权分立”政体下各权力主体之间唱对台戏、搞内耗等情况的出现,因此它的治国效率总体而言高于“三权分立”政体,“干一件事情,一下决心,一做出决议,就立即执行,不受牵扯”,“这方面是我们的优势,我们要保持这个优势”①。

三、构建中国特色社会主义权力制约机制须着力解决好的几个问题

经过这些年的不懈努力，权力制约机制已在我国初步建立起来，并在预防和治理腐败中发挥了较好的作用，初步遏制了一些腐败现象的高发势头。但是，我们的权力制约机制还存在一些不健全不完善的地方。对权力运行制约不力，仍是一些腐败现象高发频发的重要原因之一。2007 年 1 月，胡锦涛同志在中央纪委第七次全体会议上指出：“要抓住正确行使权力这个关键，建立健全结构合理、配置科学、程序严密、制约有效的权力运行机制。”②这段重要论述，既对构建中国特色社会主义权力制约机制提出了新的要求，同时也为其指明了方向。以笔者浅见，当前构建中国特色社会主义权力制约机制，应着力解决好以下几个问题。

一是人大对“一府两院”的制约监督问题。人民代表大会是我国的国家权力机关，依法享有对国家行政机关、审判机关、检察机关的监督权。人民代表大会及其常务委员会的监督，是我国权力制约监督机制体系中最高层次、最有法律效力的监督。人大对“一府两院”的监督的实质，就是要从制度上确保宪法和法律得到正确实施，确保行政权和司法权得到正确行使。构建中国特色社会主义权力制约机制，首先就要切实解决好人大对“一府两院”的制约监督问题，完善相关的制约监督机制。解决好这一问题，最根本的是要把坚持党的领导、人民当家做主和依法治国三者有机统一起来，正确处理好加强人大监督与坚持党的领导、与支持“一府两院”依法行使职权的关系。要以依法行政、公正司法为主要内容，进一步健全监督机制、完善监督制度，增强人大对行政机关、审判机关、检察机关工作监督的针对性和实效性，支持和督促他们严格按照法定的权限和程序办事，保证他们把人民赋予的权力真正用来为人民谋取利益。要紧紧

---

① 《邓小平文选》第 3 卷，北京：人民出版社，1993 年，第 240 页。

② 胡锦涛在中央纪委第七次全体会议上的讲话(新闻稿)2007 年 1 月 9 日，《人民日报》2007 年 1 月 10 日。

围绕党和国家的工作大局，紧紧围绕改革发展稳定中的热点难点问题，紧紧围绕关系群众切身利益的问题，改进和加强人大监督工作。要坚持民主集中制原则，依照法定程序集体行使职权，集体决定问题。要扩大和改进人民群众通过人大有序参与管理国家事务的渠道和方式，完善以人大代表为主渠道的民意表达和整合机制，保障人大代表依法行使职权，推进人大工作的公开性和透明度。

二是多党合作与政治协商制度框架下的党际制约问题。党际制约是指各参政党对执政党行使权力的制约。这种制约集中地体现在共产党领导的多党合作和政治协商这一制度化形式中。中国的多党合作和政治协商必须由共产党领导，共产党对权力的行使应由各民主党派制约监督。这就是权力制约机制在社会主义党际关系上的鲜明中国特色。参政党的民主监督是中国特色社会主义权力制约监督机制的重要组成部分，建立参政党民主监督的长效机制是构建中国特色社会主义权力制约机制的内在要求。要进一步完善政治协商制度，依法保证政协制约监督渠道的畅通，落实政协章程和相关规定，完善制约监督程序，充分发挥民主党派参政议政和民主监督作用，有效发挥人民政治协商的制约监督功能。应把政治协商纳入决策程序，支持政协运用专题调研、委员视察、提案等形式对国家宪法和法律法规的实施、重大方针政策的贯彻执行、国家机关工作人员履行职责和廉政情况等进行制约监督。要进一步规范执政党同各参政党协商的内容和程序，使政治协商进一步制度化。要在坚持既有架构的前提下合理安排权力结构，把参政党参政议政与制约监督的范围、方式、内容、步骤等方面用制度与法律方式固定下来，以便为民主党派发挥参政议政与制约监督功能提供组织和法律保障。各级中共党委应从提高执政能力的高度，真诚接受各民主党派的制约监督；在坚持四项基本原则的前提下，切实保障民主党派实施制约监督的正当权利。

三是执政党内部的权力制约问题。在当代中国，加强对权力运行的制约，核心是加强执政党内部的权力制约。构建中国特色社会主义权力制约机制，必须着力完善执政党内部的权力制约机制，大力发展党内民主。发展党内民主的实质含义，是充分实现和保障党员参与党内事务、监督制约党内权力的民主权利。要认真落实党章及党员权利保障条例等党内规章赋予党员的知情权、参与权、选举权、监督权等民主权利，使党员在党内生活中真正发挥主体作用；牢固树立党员主体意识，健全党员权利保障机制，发挥党员在党内事务中的参与、管理、监督作用;推进党务公开,创新党务公开形式,拓宽党员参与党内事务渠道,探索和丰富党员发挥作用的途径和方式。要按照党的十七大的决策部署,进一步完善党的代表大会制度,实行党的代表大会代表任期制,选择一些县(市、区)试行党代表大会常任制;完善党的地方各级全委会、常委会工作机制,发挥全委会对重大问题的决策作用;严格实行民主集中制,健全集体领导与个人分工负责相结合的制度,反对和防止个人或少数人专断;完善全委会、常委会的工作规则,推行地方党委讨论决定重要问题和任用重要干部票决制。要加强对贯彻执行党的路线方针政策情况、执行民主集中制情况、领导班子和领导干部党风廉政建设情况、选拔任用干部情况的巡察,进一步加大对党政领导干部问责的力度。

四是行政机关内部的权力结构和权力配置问题。权力结构是指权力的组织体系、权力的配置与各种不同权力之间的相互关系。合理的权力结构要求对各权力主体进行合理的分解与整合,使之处于相互平衡的和谐状态,以避免权力过分集中;要求科学界定各权力主体的职能和作用范围,清晰权力边界,既彼此独立,各司其职,又相互支持,密切配合,减少权力的摩擦成本,控制权力越界行为。大量事实表明,权力内部的相互制约是最根本和最有效的制约。只有在对权力进行分解和合理配置的基础上,形成不同性质的权力既相互制约、相互把关,又分工负责、相互协调的权力体系,以权力来制约权力,才能更有效地规范权力运行、防止权力滥用。当前我们应当重点加以考量的,是按照决策权、执行权、监督权适度分离的原则,整合相关职能及其机构,科学分配权力,合理设置权力层级。要通过改革,使决策机关只有决策权而无执行权,执行机关只有执行权而无决策权,监督机构单独设置而在职能上不同决策机关和执行机关重叠交叉。要着力健全各部门、各系统内部权力的合理配置,严格划分不同权力的使用边界,加强对权力使用的规范和限制,形成部门内部的权力制约与协调机制。与此同时,还要进一步健全组织法制和程序规则,以法律和规章的形式把不同权力的行使确定下来,将其纳入法制化、程序化轨道,保证分工明确、各司其职、各负其责,按照法定权限和程序行使权力、履行职责。

五是权力制约机制的内在本质要求问题。权力制约机制之所以能够发挥限制与约束权力的功能,是由其内在本质要求决定的。健全和完善权力制约机制,必须充分尊重和始终遵循其内在本质要求。从权力制约机制形成和运行的一般规律看，构建中国特色社会主义权力制约机制，至少应当遵循以下几点本质要求：第一，权力制约主体活动的独立性。亦即权力制约主体依法独立行使制约权，不受其他任何机关、组织和个人的干涉。如果权力制约主体活动的独立性没有切实保证，其他机关、组织或个人可以随意干涉，那么它就不可能对被制约对象形成有效的监督。第二，被制约对象活动的公开性。亦即推行党务公开、政务公开、厂务公开、村务公开等，使被制约对象手中的权力在阳光下透明运行。如果不是这样，而是搞暗箱操作，就等于剥夺了权力制约主体的知情权、参与权、监督权，制约权力就成了一句空话。第三，权力制约关系的对等性。亦即对权力的赋予与对权力制约的赋予对应、对等。权力制约主体只有享有与被制约对象平等的地位，才能对其施权行为形成制约。如果权力制约主体依附于被制约对象，那么就不可能有效防止权力失控、决策失误、行为失范。第四，权力制约手段的强制性。权力制约主体的制约活动要有党纪国法的强制力量作为保证。权力制约如果离开了党纪国法这样的强制力量，就会变得软弱无力。只有以这样的强制力量为手段，才能迫使被制约对象无论意愿如何都接受制约主体的约束。第五，权力制约主体的协调性。亦即各类制约主体在权力制约过程中彼此之间是相互协调、密切配合而不是相互推诿、彼此掣肘。在我国，各权力制约主体分工虽然有所不同，但他们的根本目标却是一致的。权力制约目标能否顺利实现，不仅取决于权力制约主体各自运作的状况，同时还取决于彼此间协调配合的情况。只有各权力制约主体间能够做到功能上互补、结构上互动，才能有效提高权力制约系统的整体效能。

（原载《中州学刊》2009 年第 5 期）

地方政府权力扩张和失范及其治理路径选择

当前,我国正处在由传统社会向现代社会转型的重要历史时期。这一时期,是公权力最易扩张和被滥用的时期。如何制约公权力特别是一些地方政府的行政权,防止权力滥用和腐败,保障公民权利不受侵犯,成为当下不容忽视和亟待解决的一个重要问题。要有效地防止地方政府权力扩张和滥用,根本在于加快推进对地方政府权力制约的法治化。加快推进这一法治化进程,对于加强对地方政府权力的制约,规范政府行政行为,防止公权力的扩张和滥用,维护社会公平,构建社会主义和谐社会,都具有十分重要的意义。

一、地方政府行政权扩张和失范原因分析

转型期的中国社会是一个色彩斑斓的社会:既有令人喜悦不尽的经济发展成就,亦有让人焦虑的矛盾丛生与积累。这个色彩斑斓的社会的许多喜悦和焦虑,都与行政权特别是地方政府行政权的膨胀和扩张有着密切的关联。

行政权是国家权力的一个重要组成部分,属于公权力的范畴。近年来,这种公权力在一些地方呈现出恶性膨胀和无序扩张的趋势。公权力的过度膨胀和肆意扩张,势必会对公民的私权利构成侵害,带来一系列严重的后果。

一个时期以来,个别地方兴起了一场以侵占农民宅基地和强拆民房为主要标志的轰轰烈烈的拆村运动。在这场拆村运动中,一些地方政府利用和曲解城乡建设用地增减挂钩政策,将其作为以地生财的新途径,竟违背农民意愿,突击强拆农民住宅、征用农民宅基地,将大批农民赶上高楼。更有甚者,有的地方居然让农民到指定地区自建住房或购买商品房,但由于拆迁安置补贴根本不够买

房、建房的，寒冬里很多农民露宿村头，甚至住进了猪圈①。这是公权力对私权利的公然践踏。有评论指出："这种几乎没有底线的强拆，其直接推动因素无疑在于某些基层公权的肆意妄为。"②近年来在一些地方，暴力拆迁、暴力执法、暴力维稳等现象也屡见不鲜。2009 年 3 月，24 岁青年王帅在通过网络在线信访多次向有关部门反映当地政府违法征地问题未果的情况下，在网上发了一个帖子进行举报、批评，却遭当地公安机关的跨省追捕，并以"诽谤"的罪名被看守所关押了 8 天，直到其家人答应当地政府要求，砍掉自家地里的果树，他才被以取保候审的名义获释③。这种"公权暴力"，是公权力恣意扩张和非法滥用的极端表现。

公权力的过度膨胀和恣意扩张，容易导致权力滥用和权力腐败，使一些地方腐败现象易发多发，政府官员接二连三"落马"；容易损及政府的威信和形象，致使政府公信力缺失或下降；容易使地方政府权力坐大，形成尾大不掉之势，影响中央政令畅通；容易造成政府与民众的对立，激化社会矛盾，引发突发性群体事件。近年来，以阜阳为中心的皖北地区先后有 18 名现任和原任县委书记因腐败被查处；④公共事件在一些地方一旦发生，"不明真相的群众"宁可相信流言，也不相信政府；中央调控楼市新政受到一些地方政府的冷遇，有的地方政府公然抵制中央新政，继续充当高房价背后的推手；邓玉娇式的自卫性抗争、唐福珍式的自残性维权、杨佳式的报复性攻击，以及贵州瓮安事件、云南孟连事件的发生……所有这些，都是公权力过度膨胀、涉嫌侵害私权利导致的后果。

当今中国地方政府权力的膨胀和扩张，是有着深刻的历史背景和现实基础的。20 世纪 30 年代席卷资本主义世界的严重经济危机，暴露了完全自由市场自身无法克服的缺陷和市场机制自发调节的局限。英国经济学家凯恩斯把经济危机归结于市场失灵，特别是经济自由化导致的结果，主张实行国家对经济的干预和调节，以政府行政之手弥补市场缺陷、矫正市场失灵。他的主张得到

---

① 中广：《江苏龙集镇村民住宅被强拆　寒冬无奈只能住猪圈》，中国新闻网 2010 年 12 月 10 日。

② 王艳明：《江苏一镇强拆逼村民住猪圈　政绩崇拜致公权滥用》，《南方都市报》2010 年 12 月 13 日。

③ 王俊秀等：《一篇帖子换来被囚八日》，《中国青年报》2009 年 4 月 8 日。

④ 《安徽北部 18 位县委书记落马　原因多为买官卖官》，《中国青年报》2007 年 12 月 10 日。

许多西方国家的认可。从此,政府干预主义开始在西方理论界和决策层占据主导地位,行政权力也随之开始了其不断扩张的历程。

历史上缺乏民主法治传统,“官本位”“权本位”意识至今仍根深蒂固的中国,天然地容易接受凯恩斯的理论和政策主张。党的十一届三中全会以来的中国改革和发展,都是由政府主导和推动的,中国的市场经济更是由政府主导的市场经济。30多年来中国经济的高速增长,靠的是强势政府能够“集中力量办大事”的体制优势,靠的是政府的强大资源动员能力和对市场乃至生产成本的有效行政管制。所谓的“中国模式”,实际上就是强势政府主导和驱动的发展模式。因此,中国政府干预经济的程度和规模在世界上是数得着的。2008年为应对世界金融危机,中国政府出台实施了4万亿的一揽子经济刺激计划,采取了更加积极的财政政策和宽松的货币政策,成为全球干预经济最积极、最彻底的政府。美国经济学家斯蒂格利茨曾经评论说:“中国是最大的凯恩斯主义国家或者说是最主要的国家”①,是“凯恩斯经济学最好的学生,既学习市场经济,也学习政府所起的作用”②。对于这一点,至少学界是有人认同的。中国著名经济学家张维迎在一次经济学家年度论坛上曾经坦言,我们的确受到了“凯恩斯理论的影响”③。国际著名中国问题专家郑永年博士则愈加深刻地分析道:“在西方,政府从属于市场。尽管从总体上看,政府的经济功能在不断强化,但政府毕竟还是市场的一部分……但在中国,市场从属于政府。尽管改革开放以来,市场的空间在扩大,其功能也在不断强化,但市场还是政府的一部分。在很大程度上,市场只是政府实现其经济社会目标(或者政治工程)的一种工具。”从这个角度来看,“中国政府对经济的干预远远超越了凯恩斯主义”④。

政府市场干预成为国家发展模式的核心,地方政府权力的膨胀和扩张也就难以避免。市场经济是一种分权的经济。计划经济体制下形成的政府权力是自上而下、高度集中的结构。中国要成功实现经济转型,发挥市场在资源配置中的基础性作用,核心问题是“放权”,即中央政府向地方政府放权,政府向市场

---

① [美]约瑟夫·斯蒂格利茨:《中国是个凯恩斯主义国家》,《财经国家周刊》2010年第8期。

② 余东晖:《诺贝尔经济学奖得主:中国是凯恩斯最好学生》,《侨报》2010年1月21日。

③ 张维迎:《中国经济不能再任由凯恩斯主义忽悠了》,《经济观察报》2010年11月28日。

④ 郑永年:《中国是世界最富有国家,典型的经济国家主义》,中国经济网2011年7月19日。

经济市场主体放权。这是由中国深化改革的内在逻辑所决定的。就目前情况而言，尽管政府向市场经济市场主体放权这方面做得还不够，但中央政府向地方政府放权这方面还是迈出了很大的步伐，传统的计划经济体制时代的高度集权已经被成功地分解了，已经初步形成了“中央政府小，而地方政府大”①的基本格局。

中国地方政府权力的膨胀和扩张，同时还是由地方政府权力缺失有效制约的状况决定的。权力本身天然地具有扩张的本性。18 世纪法国著名启蒙思想家、法学家孟德斯鸠说过：“任何拥有权力的人，都易滥用权力，这是万古不易的一条经验。有权力的人们使用权力一直到遇有界限的地方才休止。”②公权力过度膨胀和扩张，极容易导致权力失控、行为失范，使公民的私权利受到不法侵害。这就要求通过加强对公权力的制约，把我们无意中放出来的这个“魔鬼”重新放进“魔瓶”里。然而，当下中国一些地方制约政府权力的状况并不令人乐观：权力过分集中、一权独大的权力结构没有得到明显改善，权力制约机构及其职能弱化、虚化的情况相当严重，公众与政府间信息不对称、公民的知情权和监督权缺失保障的状况令人担忧，政府权力越位、错位、缺位和“一把手”权力过分集中的现象相当普遍，政府“公司化”、官员商人化、权力金钱化问题不容忽视。这是一些地方政府公信力严重缺失的原因所在，也是一些地方公权腐败得以滋生和蔓延的政治生态。温家宝曾指出：“我们要健全对政府权力的制约和监督机制，保证人民赋予的权力真正为人民谋福利。中国曾经是封建主义影响很深的国家，新中国成立后曾经历十年‘文革’的浩劫，在开放的环境下又出现一些新的情况和问题。发扬民主，健全法制，加强对权力的有效监督，仍然是一项长期而艰巨的任务。”③温总理的这一重要论述，是对地方政府权力膨胀和扩张根源以及遏制权力膨胀和扩张任务艰巨性的深刻阐明。

---

① 刘尚希：《我国财政分权要走自己的路》，《中国经济导报》2009 年 9 月 28 日。

② ［法］孟德斯鸠：《论法的精神》上册，张雁琛译，北京：商务印书馆，1961 年，第 154 页。

③ 温家宝：《未来中国的走向——在英国皇家学会的演讲》，《人民日报》2011 年 6 月 28 日。

二、“制度下腐败”怪象与地方政府权力制约法治化

遏制权力腐败是人类社会共同的课题，因为人类始终面临这样的选择：“赋予治理国家的人以巨大的权力是必要的，但是也是危险的。”①面临这一课题，人们唯一正确的选择是：通过制定规则和制度来约束和规范权力。缺失这样的规则和制度，或者规则和制度不健全、不完善，势必影响制约权力的实际效果。

从目前我国的实际情况看，当下一些地方之所以出现上述种种滥用公权力、侵害公民私权利的腐败现象，并非是缺失约束权力行使的制度，而是这些制度对地方政府权力的制约尚缺乏足够的有效性。这里面，既有制度执行不力的问题，亦有制度本身不科学、不规范、不严密的问题，更有制度法治化程度低下、刚性严重不足的问题。大量事实告诉我们，要有效防止公权力的滥用，不仅应把地方政府对权力的行使纳入法治轨道，同时还要把对地方政府权力的制约纳入法治轨道，推进其法治化进程。

所谓地方政府权力制约法治化，是指在依法治国、建设社会主义法治国家的总体框架下，根据本地区实际情况，就依法限制地方政府权力、保护公民权利所做出的具体制度安排。它是国家法治原则和基本法治制度在地方政府权力制约中的具体化，同时也是法治制度在地方政府权力制约中的实践创新。

法治是指以民主为前提和基础，以严格依法办事为核心，以制约权力为关键的社会管理机制、社会活动方式和社会秩序状态。从概念要素上说，法治不仅包含民主理念、民主过程和普遍守法、良法之治在内，更包括了限制公权力这一核心内涵。限制公权力、尊重和保障私权利，是法治的第一要义。规制和约束公权力，是现代法治的题中应有之意。法治社会制定法律，目的是要保障公民私权利。所有法治国家，无不对公权力施以规制和约束；所有法治社会，私权利都会得到有力保障。依法行政之法须是保障公民私权利之良法，而非限制公民私权利之恶法。与处于强势的公权力相比，私权利总是处于弱势。要切实保

---

① [美]詹姆斯·M.伯恩斯等：《美国式民主》，北京：中国社会科学出版社，1993年，第189页。

障私权利,就必须对公权力施以有效制约。唯有如此,才能使私权利免遭公权力的侵犯。

依法行政、建设法治政府,不仅要有效规制和约束公权力的行使,而且还要着力推进权力制约本身的法治化。限制公权力是现代法治发展的重要手段,也是依法行政、建设法治政府的重要内涵。法治不仅意味着政府要严格依法行政,还意味着要把对政府公权力的制约同时也纳入法治的轨道。对政府公权力的制约,也不是没有规则可循的无序的随意之举,它同公权力的行使一样也要严格依法行事,也要以法律为依据,受法律的规范和约束,亦即人们通常所说的“依法治权”。依法治权是依法行政的核心和关键,是实现行政法治的重要路径。只有依法治权,才能保证依法行政,实现行政法治。

目前在对政府公权力的制约问题上,不少人在思想上存在一种认识误区,亦即只要论及权力腐败和权力制约,动辄谈制度,言必称制度。在他们看来,制度似乎是包治百病的灵丹妙药,只要有了制度,就什么问题都能解决了。其实,这是一种误解,是患上了一种“制度崇拜症”。的确,在制约政府公权力、防治权力腐败方面,制度发挥着至关重要的作用。加强制度建设,建立健全权力运行的制约机制,是解决导致腐败滋生的深层次问题,从源头上防治腐败的治本之策。

然而需要指出的是,尽管制度十分重要,但它并不是万能的。新制度经济学代表人物道格拉斯·C. 诺斯曾为制度下过一个定义:“制度是一个社会的游戏规则,或更规范地说,它们是为决定人们的相互关系而人为设定的一些制约。”①依笔者之见,作为一种游戏规则,制度并非是一种单纯的技术性规范,它既包括制度规范的制定,亦包括制度规范的施行。制度规范一经制定,是要贯彻实施的。但是制度规范的制定和它的贯彻实施,是两个不同的概念。一种制度规范制定出来了,并非一定能够得到很好的贯彻,并非一定能够对政府公权力形成有效的制约。制度规范是有约束力的,但是如果以为有了制度规范,就能够遏制乃至杜绝对公权力的滥用,那只是一种良好的愿望。

当下中国重视和强调制度反腐。为了强化对公权力的制约,各地都出台了

① [美]道格拉斯·C. 诺斯:《制度、制度变迁与经济绩效》,上海:生活·读书·新知三联书店,1994 年,第 3 页。

一些制度,做了相应的制度安排,有的还经过法定程序将其上升成为地方性法规。但是,有了制度规范和地方性法规,并非就意味着解决了权力制约问题,就能够防止权力的滥用和失范。从各地的现实情况看,在制度建设不断取得进展的同时,出现了一种令人尴尬的局面,亦即“制度下的腐败”:制约权力的制度愈益增多,然而滥用权力的腐败案件却有增无减;新的制度规范不断出台,权力腐败案件依然多发频发。有些制度不能说制定得不好,但在实际执行过程中却往往被打了折扣,有的甚至成了连麻雀都难以吓住的“稻草人”,以至于胡锦涛同志在中央纪委十七届五次全会上不得不专门强调制度执行力问题。

制度执行效果不甚理想,原因可能是多方面的,既有制度本身不健全、不完善的问题,亦有缺失制度执行保障机制的问题,但从根本上说,是制度尚未法治化的问题。加强对地方政府公权力的制约,有效防止公权力的滥用和施权行为的失范,不仅要靠制度、靠法制,更要靠法治。

制约政府公权力的制度取向,是当下中国构建公平公正社会的迫切要求。法治表现为制度规范,但是并不简单地就是制度规范,其中不可或缺地包含着法律至上、善法之治等法律信仰在内的人文精神。“法律必须被信仰,否则将形同虚设。”①法律信仰是法治的精神要件,是法治的内在构成要素之一。缺失这一精神要件和构成要素,即便有成套的法律规范,也不可能实现真正意义上的法治。正如有位学者所言:“一个社会如果没有了社会公众对法律的信仰和尊重,那么就是再多、再完善的法律制度也无法促成一个国家法治精神的形成,那么要建成法治社会和合理、公正的法治秩序也只能是一种空想。”②

由于受到历史文化传统等多方面因素的影响,目前我国还尚未在社会层面上形成现代法治国家所应有的成熟的法律信仰心理,这是我国法治不健全、不完善的一个深层原因。也正是因为如此,对政府公权力施以制约的法治化程度还相当低下,远不能适应预防和治理权力滥用与失范的要求。这也正是目前在一些地方虽然有制度规范,但是权力滥用和失范现象仍然易发频发的一个重要根源所在。

---

① [美]哈罗德·伯尔曼:《法律与宗教》,上海:生活·读书·新知三联书店,1991 年,第 28 页。

② 王秀鹏:《论法律信仰的培养》,《桂海论丛》2008 年第 5 期。

作为一种基本价值维度,权力制约须在法治轨道上运行。从本源意义上说,所谓法治就是要防止公共权力的滥用,保障人民当家做主。法治化的权力制约是一种刚性的制度约束,唯有这样的权力制约才更为有效。推进地方政府权力制约的法治化,既要通过一定的权力制度体系来实现和维系权力制约的合法性,又要着力推进相关制度体系的法治化。

三、推进地方政府权力制约法治化的路径选择

推进地方政府权力制约法治化,是破解当下一些地方制约权力的新的制度规范不断出台,而侵犯私权利的权力腐败案件却多发频发这一困局的关键所在,同时也是增强制度规范刚性、提升制度规范执行效果的重要保障。要以改革创新的精神加快推进地方政府权力制约的法治化,确保地方政府权力的正确行使。

1.要积极培育社会主义法治精神

推进地方政府权力制约法治化,培育全社会特别是地方各级领导干部和执法人员的法治精神是前提。法治精神是与人治精神相对立的先进、科学、文明的法治价值观,它涵盖了善治精神、民主精神、人本精神、公正精神、和谐精神等内涵,主要体现为信仰法律、遵从法律、维护法律的观念和习惯。法治精神是法治的灵魂。如果缺失法治精神,缺失对法律的信仰和严格遵行的自觉,再好的法律、再完备的法律体系都将沦为“法律花瓶”,徒具观赏价值而无任何实际意义。

法国社会学家克洛德·德尔马说过:“实现政治自由的最大危险不在于宪法的不完备或者法律有缺陷,而在于公民的漠不关心。”①同样,实现法律最大的危险不在于法律的不完备,而在于人们对法律的漠视。不解决人们对法律的信仰问题,不改变人们对法律的冷漠态度,任何良善的法律都会成为人们漠不关心的牺牲品。

一个地方政府要成为法治政府,推进培育法治精神这一基础性工程很重

① [法]克洛德·德尔马:《欧洲文明》,上海:上海人民出版社,1988 年,第 121 页。

要。要通过推进这一基础性工程,着力提高人们对法治价值理念的理解和认同度,大力营造以现代法治精神为核心的法治文化氛围。

守天下之法者吏也;吏不良,则有法而莫守。地方各级领导干部是地方政府权力的行使者,地方行政执法机关及其工作人员则是地方政府执法权的行使者,应把他们作为法治精神教育的重点,着力提高他们的法治观念,消除传统的人治观念和特权思想对他们的影响,引导他们学习法律、尊重法律、敬畏法律、信仰法律,牢固树立法律至上意识,树立法律面前人人平等、制度面前没有特权、制度约束没有例外的意识,懂得法治乃规则之治,它只承认法律规范的至上权威,并明晰法治在法律与权力的关系上奉行两条基本法则“不允许存在游离于法律以外的任何权力;不容许存在高于法律之上的任何权威”,从而对法治精神有深刻的理解和高度的认同,自觉秉持“行政要依法、有权必有责、用权受监督、侵权要赔偿、违法受追究”的基本理念,真正把法治精神和法治理念内化于心、外践于行,做到言必讲法、行必守法,尊重、服从和维护宪法、法律的权威。

2.要确保地方政府行政权力依法规范运行

推进地方政府权力制约法治化,促使地方政府权力依法规范运行是基础。地方政府系统的权力滥用行为,多发生在行政审批、执法监督、政府采购等公共资源和行政权力的运行过程中。究其深层次原因,主要是行政权力运行不规范。要从根本上解决地方政府滥用行政权力的问题,必须加快建立结构合理、配置科学、程序严密、制约有效的行政权力运行机制。

一是要以明确的法律规范确认权力行为主体行使权力的法理基础。权力主体的施权行为,必须要有充分的法律依据。任何缺乏法律依据的权力运作行为,都是非法的和无效的。根据权责对等原则,应在相关法律法规和规章中明确权力行为主体违法行使权力行为的种类,规定其应承担的法律责任。

二是要明晰权力运行的边界。这是权力规范运行的基本前提。在现代法治社会,权力运行须有明晰的边界。权力边界混沌、模糊,必然导致权力越界运行。要明确界定权力主体的职权范围和行权边界,并使之法律化、制度化。权力边界的明晰及其运行监督,有赖于制度的刚性约束。权力主体必须严格按照法定的权力边界和职权范围运行权力,越界行使权力并对私权利构成侵害者,必须承担相应的法律责任。

三是要有科学、严密的权力运行程序。这是权力规范运行的重要保障。程序是制约权力运行的重要机制。程序构成权力运行的基本规则。这些规则是权力运行必须遵循而不能背离的刚性约束。美国最高法院大法官威廉·道格拉斯曾经说过:“正是程序决定了法治与恣意的人治之间的基本区别。”①程序缺失或者程序失灵,必然导致权力运行的随意性。要保证权力运行程序的规范化和严密性,必须对权力运行程序的各个环节进行合理设定。尤其要明确规定权力主体行使权力的方式、方法和步骤,使权力运行的各个环节在时间和空间上相互衔接,在功能上相互协同。为此,必须着力推进权力运行程序的法治化。这是彰显权力运行程序刚性与尊严的有效途径。

3.要积极构建依法制约地方政府权力的制度体系

推进地方政府权力制约法治化,构建依法制约地方政府权力的制度体系是根本。当下地方政府权力制约制度不健全和功能失灵,是导致其滥用公权侵犯私权现象发生的一个重要原因。要确保权力制约制度的健全与有效,唯一的路径就是推进其法治化。只有这样,才能有效克服人治语境下权力制约的主观随意性。

对政府权力制约制度进行法治化构建,即以纵向分权制约和正当程序约束为原则,将传统的权力制约制度纳入法治轨道,使其成为法治内在的构成部分,通过法治化的公法体系和与之相匹配的机制,对政府权力进行明确的法律界定和严格规制,以有效防止权力滥用现象的发生。

从权力制约模式上说,最高层次的制约机制是以法律制约权力,而从权力制约制度上讲,最有效的则是以权力制约权力。以权力制约权力,是指不同权力体系之间或同一权力体系内部不同权力之间的制约。作为一种权力制约机制,以权力制约权力是建立在权力制约理论基础上的。权力制约理论要求在各权力系统之间均衡地分配权力,使之既互相独立、分离,又互相对应、制衡,保持一种权力之间彼此相互牵制的均衡态势。

以权力制约权力,既要在地方政府系统内部适当分解决策权、执行权、监督权,使决策职能、执行职能、监督职能由不同部门相对独立行使,着力构建不同性质的权力既相互制约、相互把关,又分工负责、相互协调的权力结构,又要高

---

① [美]威廉·道格拉斯:《法治秩序的建构》,北京:中国政法大学出版社,1999年,第12页。

度重视地方国家权力机关对地方政府权力的制约,从制度上确保宪法和法律得到正确实施,确保行政权和司法权得到正确行使,确保公民、法人和其他组织的合法权益得到尊重和维护。与此同时,还要通过改革和探索,逐步实行司法独立,从制度上保证审判机关和检察机关依法独立公正地行使审判权和检察权,即做到像马克思所说的"法官除了法律就没有别的上司"①,法官除了向法律负责不向任何人负责,以加强司法权对行政权的制约。

司法审查是规制行政权力的一种有效机制。所谓司法审查,亦即司法裁判机关对行政执法活动的合法性所进行的审查。具体说来,就是司法裁判机关通过诉讼程序审查并纠正不法行政行为。在现代法治国家,司法审查无疑是规范行政权力的最关键和最核心的部件或要素。在美国著名宪法学者伯纳德·施瓦茨看来,司法审查已经成为"宪法机器中绝对必要的部件,抽掉这个特制的螺栓,这部机器就化为碎片"②。在着力构建法治国家的当代中国,设置司法审查权不仅是合理的,同时也是迫切需要的。应先从地方和基层做起,逐步建立适合我国国情的司法审查制度。

4.要着力构建法治化的地方政府权力制约机制

推进地方政府权力制约法治化,构建法治化的地方政府权力制约机制是保障。对地方政府权力施以制约有多种机制或模式。虽然这些机制或模式的具体运行方式不同,但是它们却有着共同的法治诉求。制约权力的权力,其本身也是一种权力,它和包括行政权在内的其他权力一样,自身也具有一种内在的异化机制,如果失去制约,同样也存在被滥用的风险。要使制约权不被滥用,同样需要把它们纳入法治化的轨道,以确保其依法行使和运行。与一般的权力行使相比较,制约权力的权力的行使具有独特的性质和特别的意义。权力制约是权力正当性的保障。如果制约权力的权力出现非法治化状态,其后果将是非常严重的,甚至比一般权力行使的非法治化更为严重。

要确保制约权不被滥用,构建法治化的权力制约机制至关重要。法治要求权力制约充分有效。权力制约机制建立起来后,随时有失灵或失效的可能。之所以如此,是由权力必须受规制和约束的性质与权力具有摆脱规制和约束的性

① 《马克思恩格斯全集》第1卷,北京:人民出版社,1956年,第76页。
② [美]伯纳德·施瓦茨:《美国法律史》,北京:中国政法大学出版社,1990年,第41页。

质之间的矛盾所决定的。一旦权力不受规制和约束的性质占了优势，权力制约机制就可能形同虚设。为了防止这种可能性的发生，一个根本路径，就是推进权力制约机制的法治化，使权力没有任何摆脱规制和约束的机会或可能。只有这样，才能从制度上保障权力制约机制的始终有效而不是被虚置。虚置的制约机制再健全、再完备终究还是虚置的，是不可能形成任何有效的权力制约的。

推进权力制约机制的法治化，应当按照权力制约自身的本质要求和运行规律，依法保障权力制约主体活动的独立性、权力制约对象施权行为的公开性、权力制约关系的对等性，以及制约手段的强制性。

依法保障权力制约主体活动的独立性，是权力制约特别是以权力制约权力首要的本质要求，它要求权力制约主体必须依法独立地行使制约权，而不受权力主体和来自其他任何方面的非法干涉。如果权力制约主体活动的独立性没有切实保证，其他机关、组织或个人可以随意干涉，那么它就不可能对被制约对象形成有效的制约，势必会蜕变成权力主体的应声虫，从而使权力制约机制陷于虚置。

依法保障权力制约对象施权行为的公开透明，是权力制约特别是以权力制约权力的又一本质要求，它要求在一定范围内依法将制约对象的施权行为过程及其结果公之于众，使其完全置于制约主体和权利主体的审视之下，严禁暗箱操作，否则亦会使权力制约机制因形同虚置而丧失其应有功能。

依法保障权力制约关系的对等性，是权力制约特别是以权力制约权力的内在要求，它要求依法赋予权力制约主体与制约对象相对等的地位和权力，以保证其对制约对象形成有效制约。否则，如果制约主体处于制约对象的附庸地位，没有与制约对象平等的地位和权力，那就不可能对其形成有效的制约。

依法保障权力制约主体制约手段的强制性，是权力制约特别是以权力制约权力的又一重要要求。制约手段的强制性，是保证制约主体制约权威的重要前提。制约主体的制约活动，必须要有法治的强制力量做保证，否则它将失去应有权威，也难以取得应有效果。因此，应当依法赋予权力制约主体以强制性的制约手段。

（原载《中共郑州市委党校学报》2012 年第 3 期）

构建干部监督长效机制的若干思考

加强干部监督，是从源头上预防和治理腐败的重要途径和有效措施，是健全党的执政体制的重要内容，对于保持党的先进性，提高党的执政能力，巩固党的执政地位具有重要意义。加强干部监督，防止和遏制腐败，必须坚持党要管党、从严治党方针，以改革统揽干部监督工作，着力加强干部监督制度体系建设，努力构建干部监督的长效机制。

一、目前干部监督中存在的主要问题及成因

党的十六大以来，各级党委积极推动干部监督制度体系建设，不断健全干部监督工作机制，普遍建立并实行了选拔任用民主推荐、任前公示、任前廉政谈话、述职述廉、重大事项报告、谈话诫勉、谈话和回复组织函询、用人失察失误责任追究、引咎辞职、经济责任审计、干部监督联席会议等项制度，不断健全选拔任用全程监督、重大事项集体决策、廉政民主评议、监督主体联手互动等工作机制，使干部监督逐步纳入更加规范的轨道。与此同时，各地还在干部监督工作实践中勇于创新，积极探索干部监督工作的新路径，创造了许多好的做法，积累了许多宝贵经验，进一步丰富了干部监督制度体系和监督工作机制的内容，从不同层面推动了干部监督工作的加强，提高了干部监督的效果。

在充分肯定以上成绩的同时也要清醒地看到，由于种种原因，干部监督的长效机制还尚未形成，制度体系建设还未达到预期效果，腐败现象易发多发的势头尚未得到有效遏制，一些大案要案仍时有发生，经济类案件涉案金额越来越大，利用干部人事权、司法权和行政审批权违纪违法案件突出，窝案串案明显增多，领导干部与配偶、子女串通进行腐败活动相当突出，反腐败斗争形势依然

比较严峻。经过多年实践,各级党委普遍制定了许多干部监督制度,有的还将制度规定贴到墙上,甚至汇编成册。但在实际工作中,这些监督制度并未落实到位。有些制度过于原则、缺乏具体的量化标准,形同摆设;有的相互脱节、彼此缺乏衔接和协调配合,形不成系统化的制度链条,产生不了综合效应;有的过于笼统、弹性空间大,牛栏关猫,很多腐败问题不仅没有遏制住,反而愈演愈烈。

与发展变化了的形势相比,一些制度规定明显滞后,缺乏时效性和预见性。其中的一个明显不足,就是存在重实体、轻程序,重结果、轻过程,对权力运行的程序和规范性问题重视不够的倾向。现有的制度性、程序性规定比较零散,缺乏严密性和统一性,而缺乏程序支持的权力运行规定只具有象征意义,难以获得实质性的和制度层面上的实际效果。这些情形的存在,不仅使权力运行的规范性降低,行为主体的自由裁量权过大,而且使权力行为的合法性及其绩效评估都缺乏准确的依据,具体权力运行行为无据可循或流于随意,从而为权力越轨和权力腐败留下了漏洞。

制度的生命力在于执行。要确保制度得到贯彻执行,必须强化制度规定的权威性和刚性约束。现在,我们有法规制度不够健全、不够完善的问题,但更值得注意的是已有的法规制度并没有得到严格执行。由于缺乏必要的刚性,一些制度规定不足以使人们对其产生畏惧感,形不成足够的威慑力与震撼力,因而造成有些制度规定没人去执行的局面。有些制度规定缺乏对全局的把握,制度与制度之间、制度与机制之间、机制与机制之间,缺乏系统性和配套性,缺乏有机的相互联系和彼此契合与衔接,有的甚至存在一定错位或相互矛盾现象,彼此之间形不成应有的合力与互动,甚至造成作用与功能的相互抵消。

以上这些问题的存在,有以下四个方面的深层原因:

一是对所监督的对象主体界定不够准确。现有的制度规定和工作机制多是针对领导干部个人的,而不是针对权力运行的。干部只是权力运行行为的主体,是权力的人格化,而并非权力本身。一个干部出问题,往往是出在权力运行上。权力具有天然的扩张性和变异性。权力腐败是最大的腐败。反对和预防腐败,加强对领导干部的监督和约束固然重要,但更重要的是对权力运行的制约和监督。监督的对象主体界定不准甚至错位,势必会影响干部监督的实际效果。对权力运行的制约和监督是干部监督的核心与关键。

二是党内民主和社会民主发展不够充分。各地普遍反映监督“一把手”难，难就难在“一把手”权力过大，权力过分集中。我国是一个经历过几千年封建专制统治的缺乏民主传统的国家，当前又处在并将长期处在社会主义初级阶段，党内民主和社会民主都尚待发展。由于缺乏民主传统，一些领导干部习惯于个人说了算。一些人更是故意将权力运行神秘化，搞“暗箱操作”，以便为违规行使权力、谋取非法利益留下空间，创造机会。

三是权力运行及对其监督的法治化程度还比较低。依法治国、依法执政，要求权力的行使和运作必须法治化。但迄今为止，我国尚没有一部关于权力运行的专门法律。这是造成目前对权力运行监督和制约刚性不足的一个重要原因。长期以来，我们主要是依靠党内的纪律和制度规定来规范干部的行为，而且还往往只注重对干部个人行为的监督和约束，很少涉及对权力运行的规范和制约，甚至有些制度规定和做法缺乏法律依据。法治化程度上的欠缺，使得对权力的赋予（获得）、设定、行使与剥夺，权力运行的规则、程序、条件、边界和时限，以及权力行为主体在运作权力时所承担的责任及其追究办法，都基本处于缺乏刚性法律规范的状态，不仅给腐败分子留下了滥用权力的空间和漏洞，同时也给有关机关查处滥用权力行为造成诸多困难：或者是法律依据不充分，或者是缺少查处、惩治的手段。

四是现行体制尚存在一些缺陷和弊端。我们长期以来实行的是“议行合一”的领导体制。一个权力行为主体既是决策者，又是执行者，势必造成权力过分集中，使得对其运行权力的制约和监督难以奏效。尽管我们党内设有专门的监督机构，但从本质上说，这种监督尚属同体监督，在实践中难以发挥应有的效能。金融、税务、工商、电信等部门是腐败案件高发的重点领域，理应成为干部监督的重点。但在现行管理体制下，这些部门均实行垂直管理。这种管理上的体制性障碍，造成在干部监督方面出现“管得着的看不见，看得见的管不着”的局面，致使这些部门成了干部监督的死角。

二、构建干部监督长效机制的核心与本质要求

加强制度体系建设，健全监督工作机制，是强化干部监督的重要保证。必

须通过制度体系建设的加强和工作机制的健全,形成干部监督的长效机制。而这种长效机制的核心和本质要求,是努力形成并不断强化对权力运行的制约和监督。对权力运行进行监督与制约,是现代民主政治的重要原则,也是社会主义宪政与法治的精髓。要对权力运行实行有效监督和制约,必须把握以下五个基本要求。

一是以道德制约权力。高尚的道德情操对权力运行具有特殊的制约作用。道德控制主要通过教化、修养并借助社会舆论机制,将权力道德内化为权力行为主体的行为准则。在道德制约层面上,强化对权力行为主体的道德教化非常重要,这是提升权力行为主体道德素质、增强抵御私欲膨胀能力的重要途径。要通过道德教化,将权力运行的规则和道德要求内化为良知自律的理性自觉。要借助社会舆论、内心观念的力量,通过内化的道德理想、价值取向或意识形态,来规范和约束权力行为主体对权力的运作。

二是以权利制约权力。任何权力的滥用都必然对公民权利构成侵害,权利在防止这种侵害的同时也对权力运行起到制约作用。在人民当家做主的社会主义中国,公民权利是制约权力的重要力量。因此,要落实公民权利,依法确认和切实保障公民对权力运行的参与权、知情权、监督权,鼓励和支持公民实施监督,为充分发挥权利对权力的制约作用创造良好的条件与环境。

三是以权力制约权力。目前导致腐败现象的一个重要原因,是权力过分集中。国际、国内的大量事实表明,绝对的权力必然导致绝对的腐败。要有效地强化干部监督和权力制约,必须切实解决权力过分集中问题。要遵循权力运行规律,对权力进行合理分解,实现权力资源的合理配置,建立起科学的权力结构,在不同的权力行为主体之间形成相互制约的关系。针对权力运行过程中存在的权力过分集中等突出问题,按照权力的不同性质和职能特点,应将决策权、执行权和监督权适当分开。

四是以法律制约权力。作为权力运行的一种控制形式,法律制约具有特殊的控制效力。法律对权力的制约作用建立在法律至上的原则之上。法律至上意味着:对于权力行为主体来说,只有法律明文规定或允许的,才可以作为,否则便不能作为。它同时还意味着:任何权力行为主体都不得凌驾于法律之上,其施权行为必须接受法律的检验,一旦逾越法律规范,权力制约机制就将迫使其向法律就范。要建立和维护正常的权力运行秩序,必须运用法律规范对权力运作实施必要的制约,以法律所特具的强制性将权力运行控制在法律允许的范围内。

五是以程序制约权力。科学、严密的权力运行程序,是权力规范运行的重要保障。权力运行过程混乱无序,必然导致权力越轨和行使失当。一些权力滥用现象之所以发生,由程序缺失而导致的权力运行过程混乱无序,往往是其重要原因。程序是制约权力运行的重要机制。程序构成权力运行的基本规则。这些规则是权力运行必须遵循而不能背离的刚性约束,构成对权力运行的直接制约。程序既是为保障权力正常运行所修筑的通道,又是为防止权力失控而设置的樊篱。要保证权力运行程序的规范化和严密性,必须对权力运行程序的各个环节进行合理设定,制定相应规则。尤其要明确规定权力行为主体行使权力的方式、方法和步骤,使权力运行的各个环节在时间和空间上相互衔接,在功能上相互协同。权力运行程序的法治化,是彰显权力运行程序刚性与尊严的有效途径。要按照程序正义和程序法定原则的要求,积极推进权力运行程序法治化进程,把权力运行程序变成国家意志,上升为国家法律。

三、建立干部监督长效机制的主要途径

建立干部监督的长效机制,要在准确把握其核心和本质要求的同时,根据客观形势的发展变化,与时俱进地推进干部监督制度创新,逐步建立起科学完备、衔接配套、制约有效的干部监督制度体系。要通过制度创新和科学的制度安排,努力营造使权力行为主体不想越轨、不能越轨、不敢越轨的权力运行环境,从而有效地防止和遏制权力腐败。

一是以强化权力运行制约机制为重点,按照层级性、前瞻性、实践性的要求,统筹规划干部监督制度体系建设。要立足当前、着眼长远,通盘考虑、统筹安排,重点突破、稳步推进,不断健全和完善干部监督制度体系。研究制定有关制度,要统筹兼顾,注意相互之间的衔接与配套,避免脱节或冲突。要根据客观实际的变化,适应形势发展的要求,对原有不完善、不切合新的形势要求的制度与机制,该废止的及时废止,该重新规范的重新进行规范,该注入新的内容的注入新的内容。对过于原则、笼统、抽象和难以执行到位的,要根据实际需要及时

制定和出台实施细则，增强其可操作性，以利于贯彻执行和落实到位。要认真解决好一些制度规定弹性过大的问题，最大限度地减少权力行为主体的自由裁量权。

二是通过法定程序把权力运行和权力监督纳入法治轨道，创设以法治为核心的权力运行模式，建立以法治为主导的权力制约机制。要积极推进规范权力运行的法律法规建设，建立健全法治化的权力制约机制。对宪法和法律已经规定的监督方式，要大胆运用，并在实践中逐步加以完善和发展。对经过实践检验确有实效的监督方式，应尽快通过法定程序将其法治化。应在认真梳理和甄别现有法律法规的基础上，尽快修改、完善相关法律或制定统一的监督法，将其规范起来，确立其法律地位。为此，应当做到以下几点：第一，要权力法定。权力的授予、行使与剥夺均由法律规定或授权，任何权力运行都不得逾越法律规定、授权的范围；同时也要注意不作为者的法律责任，实现法定权力和责任一致。第二，要依照法定程序办事。权力运行的程序和规则，应由法律法规加以规范，不能随意超越、减免或颠倒。应将分散的程序立法适时地提升为统一适用的程序法，以规范和公开权力运行过程。第三，要依法行政。依法规范执法行为，严格依法办事，保证权力不被滥用。第四，要加强法律监督。对滥用权力的认定标准和处罚办法等，应以法律形式予以明确规定，以便于依法监督和依法查处。监察、审计、财政等专项监督的职权和手段也要法治化，以切实解决监督不力、手段缺乏等问题。

三是积极稳妥地推进政治体制改革，逐步实现权力运行的民主化、科学化、公开化，为有效地制约和监督权力运行提供良好的体制环境与体制保障。以政治体制改革促进权力制约和干部监督长效机制的形成，必须重点研究解决好以下几个方面的问题：

其一，推进党内民主和人民民主的发展进程。要通过具体的制度设计和制度安排，将党内民主原则、党员民主权利以制度的形式确定下来，变成党内共同遵守的行为准则，以真正实现党内民主、保障党内民主。要以保障党员民主权利为基础，以完善党的代表大会和党的委员会制度为重点，从改革体制和机制入手，建立健全充分反映党员和党组织意愿的党内民主制度。积极探索建立党的代表大会常任制等发展党内民主的有效途径。按照集体领导、民主集中、个别酝酿、会议决定的原则，完善党委内部的议事和决策机制，进一步发挥党的委员会全体会议的作用。进一步深化干部制度改革,广泛采取民主推荐、民主评议、民主测评等多种形式,扩大干部选拔任用工作中的民主,扩大群众的民主参与。坚持和发展人民民主,是我们党执政为民的本质要求,也是加强对权力运行的制约和监督的根本途径。要坚持以党内民主推进人民民主,健全民主制度,丰富民主形式,扩大公民有序的政治参与,保证人民依法行使自己的民主权利。应按照党总揽全局、协调各方的原则,规范党委与人大、政府、政协以及人民团体的关系,支持和保证各方监督职能的充分发挥。不断完善民主决策程序,进一步规范政务公开,自觉接受全社会监督。

其二,加强对权力运行的制约和监督。党内不允许有不受制约的权力,也不允许有不受监督的特殊党员。要强化制约,合理分解权力,科学配置权力,不同性质的权力由不同部门、单位、个人行使,形成科学的权力结构和运行机制。要强化监督,着力改进对领导干部特别是一把手行使权力的监督,加强领导班子内部监督,加强行政监察、审计监督、巡视监督。要强化公开,推行地方各级政府及其工作部门权力清单制度,依法公开权力运行流程,让权力在阳光下运行,让广大干部群众在公开中监督,保证权力正确行使。

其三,改革党内纪律检查的体制架构。现行的纪律检查双重领导体制,尚不能完全适应强化权力运作制约和监督的要求,不利于纪律检查机关相对独立地开展工作。目前,根据党中央的决定,中央纪律检查机关已对派驻机构实行统一管理,将派驻机构由中纪委和驻在部门双重领导改由中纪委直接领导。这是党中央为改革和完善纪律检查体制做出的重大决策,是加强党内监督的一项重大举措。应当通过试点继续推进这项改革,逐步完善地方纪律检查管理体制。

其四,要切实抓好各项监督制度的贯彻落实。制度的执行比制度的建立更为重要。要建立和完善各项监督制度落实责任制,从组织措施、考核措施、评价措施、激励措施等方面促进各项制度的贯彻落实。凡在有关监督制度执行中,不按原则和程序履行职责而出现问题的,要追究执行人、分管负责人和主要负责人的责任。要把监督制度的执行情况列入干部工作目标考核,强化制度监督的权威性、严肃性和有效性,做到有制必依,循制必严,违制必究。

(原载《中州学刊》2005 年第 5 期)

关于健全和完善权力运行监控机制的几点思考
——以河南省为例

建立健全权力运行监控机制，是党的十七大提出的推进反腐倡廉建设、保证权力正确行使的战略举措，是中共中央颁布的《建立健全惩治和预防腐败体系2008—2012年工作规划》(以下简称《工作规划》)和中共河南省委印发的《河南省建立健全惩治和预防腐败体系2008—2012年实施办法》(以下简称《实施办法》)确定的建立健全惩治和预防腐败体系的重要工作目标之一，是河南深入推进和全面加强反腐倡廉建设的重大创新。近年来，河南各地从规范权力、提高行政效能入手，着力构建权力运行监控机制，不断探索从源头上防治腐败的有效途径，为经济社会又好又快发展提供了有力保证。坚持深化改革和创新体制，加快推进权力运行监控机制建设，进一步规范权力运行，对于健全和完善河南特色惩治和预防腐败体系，加强全省反腐倡廉建设，加快中原经济区建设，促进中原崛起、河南振兴具有重要意义。

一、河南探索建立权力运行监控机制取得重大进展

为保障科学发展观的全面贯彻落实，以胡锦涛同志为总书记的党中央高度重视规范权力运行的制度建设。党的十七大明确提出，要坚持深化改革和创新体制，形成拒腐防变教育长效机制、反腐倡廉制度体系和权力运行监控机制。中共中央《工作规划》进一步提出要求：到2012年基本形成权力运行监控机制。

河南省坚决贯彻中央的决策和部署，切实把建立健全权力运行监控机制作为推进本省反腐倡廉制度体系建设的一项战略举措来抓，先后出台了《实施〈中华人民共和国各级人民代表大会常务委员会监督法〉办法》《行政效能监察办

法》《规范干部任免程序实施办法》《厅级非领导职务设置与管理实施办法》《科学规范和有效监督县委书记用人行为暂行办法》《关于加强市县政府依法行政决定的实施意见》《关于进一步加强县委书记队伍建设的实施意见》《关于规范行政处罚裁量权的若干意见》《关于进一步规范招标投标活动的意见》《关于加强强农惠农政策和资金落实情况监督管理的意见》《关于全面推行村务监督委员会制度的意见》等规范性制度。此外,河南还建立了党内情况通报、重大决策征求意见和重大事项社会公示、听证等制度,全面实行领导干部个人有关事项报告、民主生活会、述职述廉、民主评议、廉政谈话、诫勉谈话等制度,积极推行干部廉政档案和勤廉公示制度。经过近几年的努力,有效监控权力运行的制度体系基本框架在河南已经初步建立起来。

与此同时,河南各地各部门按照中央和省委提出的要求,在推进权力运行监控机制建设、强化对权力运行的制约和监督方面也做了一些有益的探索和尝试,取得了良好效果,既为经济社会发展提供了有力保证,也为深化权力运行监控机制建设、进一步健全和完善权力运行监控机制奠定了坚实的基础,积累了宝贵的经验。

为推进权力运行监控机制建设,一些省辖市也建立了相应的制度和机制。围绕科学发展的新形势和反腐倡廉建设的新要求,洛阳市制定了《关于对县处级党政领导干部实施监督管理的暂行规定》,印发了《关于实施“三重一大”事项集体决策制度的若干意见》。针对县(市、区)党政正职监督管理方面存在的薄弱环节,新乡市制定了《关于加强对县(市、区)党政正职监督管理的暂行办法》。为加强对权力运行的规范化管理,建立健全各项管理制度,确保权力运行规范高效运行,新乡市还制定了《行政权力运行监督管理办法(试行)》。为防止和纠正用人上的不正之风,鹤壁市制定了《关于规范和监督县区委书记用人行为的若干规定(试行)》和《鹤壁市副县级领导干部选拔任用提名办法(试行)》。为创新行政权力运行方式,提高政府依法行政效能,从源头上治理不正之风和预防腐败,安阳市下发了《关于构建阳光施政机制加快推进服务型政府建设的意见》,等等。所有这些,都是省辖市在构建监控权力运行制度体系方面进行的宝贵探索,为有效制约和监督权力运行提供了制度保证。

在具体工作实践中,河南各地根据中央的总体思路,结合本地实际,探索构建监控权力运行机制、有效制约和监督权力运行的具体路径或模式,引起了全国各地乃至中央高层的关注。邓州市在实践中创造的“四议两公开工作法”，既是我们党领导的村级民主自治机制的有效实践形式，同时也是发展农村基层民主、制约和监督农村基层权力运行的有效机制。这个“工作法”目前已在全国范围内加以推广，并在新的实践中继续得到深化拓展、规范提高。近年来，商城县坚持以规范县委权力行使为着力点，以公开透明为基本要求，以制度创新为抓手，以监督制约为保障，稳步推进党务公开和县委权力公开透明运行试点工作，探索出一套完整规范的党务公开工作模式——“65458”党务公开法，其经验和做法得到了中央有关部门的认可。2011 年 3 月 4 日，该县被中央党务公开领导小组确定为“中央党的地方组织党务公开联系点”。焦作市在市直单位探索构建岗位权力风险防控机制，形成了以岗位“六知道”和防控“六办法”为主要内容的“焦作模式”（简称“6+6 模式”）。① 这一模式，体现了个人防控和组织防控的密切结合，实现了对岗位权力的有效制约和监督。

二、提高对健全和完善权力运行监控机制重要性的认识

尽管河南在权力监控网络体系和监控制度建设方面取得了重大进展，但是从总体上看，这项工作与中央的要求、科学发展的需要、人民群众的期望还有不小的差距。具体而言，目前全省的权力运行监控机制尚处于初步形成阶段，还存在监控方式比较单一、监控手段不够得力、监控系统不够协调、监控制度不够严密等问题，还存在不少亟待健全和完善的地方。全省各级各部门要从提高党的执政能力，加快中原经济区建设，促进中原崛起、河南振兴的高度，充分认识规范权力运行制度建设的重要性和紧迫性，进一步增强健全和完善权力监控机制的责任感、使命感，以更加务实的态度、更加有力的举措、更加扎实的作风，为健全和完善权力监控机制、胜利完成《实施办法》确定的工作目标而不懈努力。

首先，健全和完善权力监控机制是建立健全惩治和预防腐败体系、深入开

① 岗位“六知道”，即知道岗位职权、业务流程、风险点、“一对一”的防控措施、考核奖惩机制和行使权力的法律政策依据；“防控六办法”，即分权防控、程序防控、公开防控、责任防控、科技防控、道德防控。

展党风廉政建设和反腐败斗争的客观要求。从历史与逻辑相统一的视角看,权力与腐败之间是一种因果关系,腐败本质上是权力的滥用,即权力的腐败。权力之所以会被滥用而滋生腐败,在很多情况下是因为缺失有效的制约和监督,是由权力运行不规范造成的。要有效地惩治和预防腐败,必须着力加强以完善惩治和预防腐败体系为重点的反腐倡廉建设,特别是反腐倡廉制度体系建设。加强反腐倡廉制度体系建设,核心是建立健全权力运行监控机制,加强对权力的制约和监督。历史经验表明,预防和治理权力腐败,建立和完善反腐倡廉教育制度和惩治制度是十分重要和必要的,但是建立健全权力运行监控机制、加强对权力的制约和监督更带有根本性,这是反腐倡廉制度体系建设的重中之重。党的十七大以来,以胡锦涛同志为总书记的党中央反复强调,要深入贯彻落实科学发展观,坚持标本兼治、综合治理、惩防并举、注重预防的方针,以完善惩治和预防腐败体系为重点,强化权力制约和监督,深化改革和创新体制,拓展从源头上防治腐败工作领域,努力形成拒腐防变教育长效机制、反腐倡廉制度体系、权力运行监控机制,切实提高反腐倡廉建设成效。我们要在建立健全权力运行监控机制的基础上,进一步健全和完善这一机制,并以此来不断提升反腐倡廉建设的科学化水平。

其次,健全和完善权力运行监控机制是推进服务型政府建设、优化经济社会发展环境的客观要求。近年来,为深入贯彻落实科学发展观,加强政府自身建设,优化经济发展环境,促进经济社会又好又快发展,河南以"转变政府职能,转变工作作风,提高行政效能,提高公务员素质"即"两转两提"为重点,持续推进服务型政府建设,取得了阶段性成效。但是从总体上看,"两转两提"工作中还存在不尽如人意之处,突出表现在宗旨意识强化不够、思想观念更新不够、职能转变不够、工作作风转变不够等方面。深入开展"两转两提",加快推进服务型政府建设,客观上要求健全和完善权力运行监控机制,加强对权力的制约和监督。建设服务型政府,核心问题是规范和制约政府权力。目前河南行政管理系统中存在的不少突出问题,特别是政府职能"越位""缺位""错位",一些政府机关及其公务人员不作为、慢作为、乱作为、损害群众利益等表现,都同行政权力运行监控机制不健全、不完善,对行政权力运行的制约和监督不到位密切相关。我们要继续推进服务型政府建设,进一步优化河南经济社会发展环境,就必须进一步健全和完善行政权力运行监控机制,不断提高行政权力运行的规范化、程序化水平，切实加强对行政权力运行的制约和监督。

最后，健全和完善权力监控机制是深入贯彻落实科学发展观、加快推进中原经济区建设的客观要求。健全和完善权力监控机制体现了科学发展观的内在要求，是促进河南经济社会发展的客观需要。2010年河南全年生产总值首次突破两万亿元，达到22900亿元。站在全省经济社会发展新的起点上，面对破解“四道难题”和加快发展、转型升级的艰巨任务，河南省委、省政府审时度势地做出了建设中原经济区、加快中原崛起河南振兴的战略决策。建设中原经济区不仅是河南发展的总体战略，更是全国区域协调发展的国之方略，其核心就是要走一条不以牺牲农业和粮食、生态和环境为代价的“三化”协调科学发展的路子。建设中原经济区关键在实，关键在做。推进中原经济区建设，迫切要求我们加快转变领导方式、改进领导作风，迫切要求我们规范权力运行、保证权力正确行使。权力运行监控机制不健全、不完善，势必会给权力滥用留下制度和机制上的漏洞，导致权力腐败现象的发生，从而影响河南科学发展和中原经济区建设。只有使我们的权力运行监控机制健全和完善起来，才能确保权力运行规范有序，为河南科学发展和中原经济区建设提供有力保障。

三、健全和完善权力运行监控机制应着力把握的重点环节

从目前情况看，健全和完善河南权力运行监控机制，应着力在以下三个方面下功夫：

一是构建权力运行前的廉政风险评估和防范机制。建立权力运行廉政风险评估和防范机制，就是围绕权力运行前、运行中和运行后的三个阶段，通过收集、汇总、分析廉情信息，了解掌握全省党风廉政建设状况和各级领导干部廉洁从政情况，对其进行廉政风险评估，并有针对性地建立起多层次、全覆盖的风险防范机制和监控网络。凡属重大决策事项、重要干部任免、重大项目投资决策、大额资金使用，事前都要进行廉政风险评估。权力运行前，要对权力行使过程中可能发生滥用权力情况的重点领域和关键环节进行廉政风险评估，根据权力的大小和重要程度、行使的频率、失控滥用情况发生的概率及其所产生的风险危害程度等科学设定廉政风险等级，发现苗头性、倾向性问题及时进行预警。

要针对查找出的廉政风险，强化监管措施，制定不同等级的廉政风险监控措施，健全预警防范机制，重点防范高等级的廉政风险，提高廉政风险管理的针对性和有效性。要对高风险等级的廉政风险实施项目管理，编制单独的项目管理目录，纳入重要管理目标，研究制定具体管理措施，对其实行全过程、全方位的重点防控。对属于权力过于集中的，进行合理分解和科学配置，建立有效制衡机制；对属于自由裁量权过大的，细化裁量标准，规范行政程序，实现有效分解和控制；对属于制度缺失或不完善的和传统手段难以有效监控的，积极运用现代科技和管理手段，建立健全相关制度并抓好落实。

二是构建权力运行中的公开透明和内部控制机制。要有效地预防和治理腐败，必须加强对权力运行的制约和监督。历史的经验一再证明，权力一旦失去制约和监督，必将导致权力腐败。历史的经验还证明，阳光是最好的防腐剂，公开可以补救制度的缺陷。要有效防止权力腐败变质，必须着力推进权力公开透明运行，确保权力阳光操作。在当前法律制度不够健全、权力结构不够合理的情况下，更需要着力扩大党务公开、政务公开、办事公开的范围，进一步提升公开的质量。要在厘清权力、编制权力运行流程图、科学评估廉政风险的基础上，着力强化权力公开透明运行。要进一步优化权力运行流程。按照运行有程序、程序有控制、控制有标准的要求，对每项权力运行流程进行优化再造，逐项编制权力运行流程图，使其步骤更加清晰、程序更加简约、监控更加便捷。进一步强化权力运行动态公开，把“动态公开”作为推进权力公开透明运行的核心内容，通过及时、有效的公开，使权力运行的每一环节和过程都向社会公众公开，不仅公开权力运行的结果，而且公开权力运行的过程；不仅公开权力运行的程序，而且公开权力运行的内容，让权力运行全过程、全方位地接受“阳光”的检视。要从人民群众最关心、反映最强烈的问题入手，把涉及人民群众切身利益的问题作为权力运行公开的重点内容。要大力开展行政审批阳光服务、公共资源阳光交易、选人用人阳光操作、财政资金阳光使用、国有资产阳光运营、执法司法阳光公开。要依法公开各类事项，细化公开内容，明确公开时限，坚决纠正避实就虚、避重就轻、回避要害问题的做法。要健全民主制度，丰富民主形式，拓宽民主渠道，依法实行民主选举、民主决策、民主管理、民主监督，保障人民的知情权、参与权、表达权、监督权。要不断创新动态公开的载体、途径和形式，大力推进电子政务建设，实行网上公开、网上审批、网上监督。

三是构建权力运行后的评议考核和责任追究机制。加强对权力运行情况的评议考核，是权力运行监控机制建设的重要环节和有效保障。就现阶段河南的具体情况而言，从减轻基层负担、节省运作成本的角度考虑，目前尚不宜对权力运行监控机制建设情况进行专项评议考核，而应将其纳入党风廉政建设责任制考核、惩治和预防腐败体系建设考核、领导班子年度考核、机关效能建设考核、机关目标责任制考核、民主评议考核、行政执法责任制考核等项考核之中，作为这些工作考核的一项重要内容。要重点考核领导干部及国家工作人员行使权力的情况和权力运行监控机制建设有关工作的落实情况。譬如，是否严格按照要求因岗制宜地对廉政风险点进行了细致排查，是否制定了有效的防范措施，是否有效规范了权力运行，是否充分保障了人民群众的知情权、参与权、表达权和监督权，是否真正做到了权力运行的公开透明，等等。要按照严格要求、实事求是、权责一致、惩教结合的原则要求，健全和完善问责制度，强化责任追究，对权力运行过程中出现的违规、违纪、违法问题坚决严肃查处。要进一步扩大考核民主，强化党内外干部群众的参与和监督，公开考核内容、考核程序、考核方法、考核结果，增强考核工作透明度，加大群众满意度在考核评价中的分量。要注重和强化考核结果运用，把考核结果作为领导班子建设和领导干部选拔任用、培养教育、管理监督、激励约束的重要依据。

四、健全和完善权力运行监控机制的几点建议

建立健全权力运行监控机制，是推进惩治和预防腐败体系建设的一项关键性控制工程，必须按照科学发展观的要求，以改革创新的精神来加以推进。在推进过程中，需要着重把握好以下几个问题。

一是要抓住完善公共资源配置、公共资产交易、公共产品生产领域市场运行机制这个重点。公共资源与公共资产、公共产品都具有公共属性。积极探索在公共资源配置、公共资产交易、公共产品生产领域引入市场机制，用市场的办法提高资源利用率，确保公权力正确行使和不被滥用，对于扩大预防腐败工作领域，有效防止腐败，促进社会公平，具有十分重要的意义。(1)完善公共资源配置领域市场运行机制。加大市场配置资源的力度，把市场竞争机制引入公共

资金使用、公共产品生产等领域,实现资源的有效配置。①健全法律法规体系,对公共资源市场化配置的范围、形式和程序做出明确规定。②继续推进一批重点领域的体制改革,深化行政审批制度、财政和资产管理体制、垄断行业等领域的改革,健全政府采购制度和招投标制度,加快公共资源市场化服务的中介机构改革。③创新公共资源配置方式,根据公共资源的不同形态,依法采取公开招标、拍卖、挂牌等公平竞争方式进行配置和交易,解决公共资源配置上容易产生的效率缺失和社会公平缺失问题。④建立全社会、全方位和全过程的监督机制,建立健全听证制度和信息公开制度。加强信息公布和公开,进一步发挥各级人大、政协及民主党派的监督职能,加强审计监督、工商监督等。(2)完善公共资产交易领域市场运行机制。大力推进要素市场体系建设,深化土地、投资、金融、证券等体制机制改革,促进生产要素的合理流动和公平竞争。关键是进一步扩大产权交易制度的覆盖面,扩展国有资产进场交易的范围,提高国有资产利用率,消除制度的防治腐败盲区。进一步完善产权交易制度的支撑体系,加强产权交易市场中介机构监管,规范资产评估、财务审计、出具法律意见书和代理产权交易等中介服务。进一步健全产权交易制度实施平台,推进产权交易市场整合,促进产权交易市场相对集中,统一各地产权交易规则,促进要素资源的跨区域流动和优化配置。进一步明确产权交易市场的监管主体,强化监管责任。完善招投标机制,加强全过程监督,坚决制止招、投标活动中的违法违规行为。(3)完善公共产品生产领域市场运行机制。遏制与预防公共部门权力腐败,规范公共财政活动,推进公共财政活动法制化。进行体制和制度创新,改善政府与市场关系,健全企事业单位中的人事权、处罚权和审批权设置和行使,从体制和制度上堵住权力寻租的途径。公共产品的生产要引入市场竞争机制,营造公平竞争的市场环境。加快部门预算改革,加强预算外资金管理的法制建设。加强立法工作,建立一套有效的机制,用科学机制规范和管理公共部门行为。不断完善公共部门行政执法的全程监督机制,建立统一有效的行政执法行为的事前、事中、事后监督机制。

二是要着眼于解决实际问题,为推动科学发展、促进社会和谐提供有力保障。能不能有效解决反腐倡廉建设中遇到的实际问题,是检验权力运行监控机制建设成败得失的重要标准。要坚持通过健全和完善权力运行监控机制解决实际问题,在解决实际问题的过程中健全和完善权力运行监控机制。(1)紧紧围绕推动中央重大决策部署的贯彻落实监控权力运行。要以促进科学发展和加快转变经济发展方式为重点,加强对党的十七届五中全会精神和“十二五”规划纲要贯彻落实情况的监督检查;以严肃换届纪律、确保换届风清气正为重点,加强对换届工作和选人用人情况的监督检查;以解决损害群众切身利益突出问题为重点,加强对贯彻“以人为本、执政为民”要求开展作风建设情况的监督检查。(2)紧紧围绕全省中心工作监控权力运行。监控权力运行要站位全局、服务大局,最根本的就是要紧紧围绕发展和建设中原经济区开展权力运行监控工作,为经济社会发展和中原经济区建设营造一个好的环境、好的氛围和一种好的风气。要把保障经济社会持续较快发展、推动中原经济区建设作为实施权力运行监控的重要目标,着力加强对省委重大决策部署贯彻执行情况的监督检查,及时解决影响和干扰科学发展的突出问题。(3)紧紧围绕人民群众反映强烈的问题监控权力运行。对涉及食品药品安全、环境保护、征地拆迁、教育收费、医药购销和专项资金管理等问题中的权力运行情况进行重点监控,对危害人民群众生命和健康的重大典型案件加大问责追究力度,确保人民群众的利益不受损害。要对服务大局的中心任务实施监控,并在实施监控过程中注意发现监控机制不得力不适应的地方,并有针对性地及时加以健全和完善。

三是要推行“制度+科技”监控模式,加快权力运行网络监控机制建设。“制度+科技”是近年来一些地方探索实行的一种权力运行监控模式。这种监控模式,以科学的制度机制为依托,以先进的信息技术和网络技术为手段,对权力运行实施监控,确保权力始终在阳光下公开透明运行。2011 年 1 月召开的十七届中央纪委第五次全体会议明确提出,要积极推广“制度+科技”等经验。“制度+科技”模式的最大特点和优势,就是以高科技为支撑,通过权力运行监控网络平台,对权力运行实施适时、动态、全程监控。建立权力运行监控网络平台及其运行机制,是权力运行监控机制建设的进一步深化。由于权力事项繁多、程序各异、风险点分布广泛,单靠传统的权力监控手段是不够的。要对其运行实施有效监控,必须借助现代科技手段。目前,“制度+科技”的权力运行监控模式已被河南不少地方所采用,但是各地发展不平衡,权力运行监控平台和运行机制建设也有待进一步加强。要围绕工程建设、房地产开发、土地管理和矿产资源开发、专项资金使用等腐败问题易发多发的重点领域和关键环节,以建设网络监控平台为基础,打造网上监控平台,把监督寓于科技手段之中,促进制度约束和“流程监督”相结合。要从环节设计、领域延伸、实现路径等方面，整体推进权力运行监控网络建设，尽快形成完整的权力运行监控系统或链条。要在对梳理和评估重要权力运行监控机制的前提下，建立科学、完整的监控机制数据库。同时，还应建立健全网络系统运行管理情况定期会审、制度建设与科技手段融合绩效评估、定期查证等配套制度，促进制度与科技的深度融合和相互促进。

（原载《中共郑州市委党校学报》2011年第6期）

论邓小平分权制约思想及其当代实践价值

权力制约和监督是现代民主政治的核心问题之一。大量事实一再表明,绝对的权力必然导致绝对的腐败。加强对权力的制约,是防止集权专制和权力腐败的关键环节和重要保障。如何加强对权力的制约,始终是世界各国面对的一个重大理论和实践问题。在深入研究共产党执政规律特别是深刻反思历史经验教训的基础上,邓小平同志比较系统地论述了分权制约的重要性和必要性,阐明了一系列重要思想和观点,做出了一系列重要论断,丰富和发展了马克思主义权力制约思想,对于当前我们加强反腐倡廉建设,推进政治体制改革,发展社会主义民主政治,具有重大的理论价值和现实指导意义。

一、邓小平提出分权制约思想的时代背景和历史条件

邓小平同志关于分权制约的思想,是中国共产党在全国执政以后特别是在改革开放新时期提出并集中阐发的。恩格斯曾经说过:“每一个时代的理论思维,从而我们时代的理论思维,都是一种历史的产物,它在不同的时代具有完全不同的形式,同时具有完全不同的内容。”①作为一种具有独特形式和内容的思想理论,邓小平同志分权制约思想也是一种历史的产物,这一重要思想的提出和形成不是偶然的,而是在经历了一系列挫折,特别是“文化大革命”之后顺应改革开放的时代要求孕育产生的,是深刻认识共产党执政规律特别是权力配置及其运行规律、科学总结历史经验取得的思想成果。

中国政治体制的雏形是在新民主主义革命时期解放区的战争体制襁褓中

① 《马克思恩格斯选集》第4卷,北京:人民出版社,1995年,第284页。

形成的，新中国成立后又照搬了高度集权的苏联模式。这种高度集权的政治体制的弊端，在此后的社会主义革命和建设实践中明显暴露出来。鉴于这种情况，我们党提出要"以苏为鉴"，开始探索自己的发展道路，取得了一些积极成果。然而令人遗憾的是，由于"左"的思想倾向的影响，我们非但没有跳出高度集权的苏联模式，而且在后来还日渐误入歧途，酿成了"大跃进"以及"文化大革命"那样全局性的严重错误。正如邓小平同志所指出的："坦率地说，我们过去照搬苏联搞社会主义的模式，带来很多问题。我们很早就发现了，但没有解决好。"①

党的十一届三中全会全面纠正了"文化大革命"及其以前的错误，做出了把党和国家的工作重点转移到社会主义现代化建设上来的战略决策。随着党和国家工作重点的转移，僵化的高度集权的政治体制弊端进一步凸显出来，成为改革开放和社会主义现代化建设的障碍。

邓小平同志敏锐地洞察到了政治体制的弊端，并以无产阶级革命家的远见卓识和伟大气魄，鲜明地提出了政治体制改革的任务。1980 年 8 月，他在中央政治局扩大会议上发表了题为《党和国家领导制度的改革》的长篇讲话，系统地论述了政治体制改革问题。

在这一重要历史文献中，邓小平同志深刻剖析了我国政治体制存在的主要弊端，指出："从党和国家的领导制度、干部制度方面来说，主要的弊端就是官僚主义现象，权力过分集中的现象，家长制现象，干部领导职务终身制现象和形形色色的特权现象。"②他重点分析了官僚主义和权力过分集中这两种现象。在列举了官僚主义现象的种种表现之后，邓小平同志尖锐地指出，官僚主义现象是我们党和国家政治生活中广泛存在的一个大问题，无论在我们的内部事务中或是在国际交往中，都已达到令人无法容忍的地步。

邓小平同志用十分朴素的语言，透辟地分析了权力过分集中的内涵、表现、弊端、根源和危害，并且深刻地揭示了权力过分集中与其他各种弊端之间的相互联系，认识到官僚主义、家长制和终身制都直接、间接地与权力过分集中有关，都是由权力过分集中所派生出来的表象，它们反过来又进一步强化了权力

① 《邓小平文选》第 3 卷，北京：人民出版社，1993 年，第 261 页。
② 《邓小平文选》第 2 卷，北京：人民出版社，1994 年，第 327 页。

过分集中的体制。同时，权力过分集中这一弊端也是导致“文化大革命”最重要的制度根源。

邓小平同志首先精辟地论述了权力过分集中的本质内涵，并且简要地概括了这一现象的具体表现形式。他指出：“权力过分集中的现象，就是在加强党的一元化领导的口号下，不适当地、不加分析地把一切权力集中于党委，党委的权力又往往集中于几个书记，特别是集中于第一书记，什么事都要第一书记挂帅、拍板。党的一元化领导，往往因此而变成了个人领导。”①他说，不少地方和单位都有家长式的人物，他们的权力不受限制，别人都要唯命是从，甚至形成对他们的人身依附关系。他还说，权力过分集中于个人或少数人手里，多数办事的人无权决定，少数有权的人负担过重，必然造成官僚主义，必然要犯各种错误，必然要损害各级党和政府的民主生活、集体领导、民主集中制、个人分工负责制等。

邓小平同志深刻分析了权力过分集中现象的社会历史根源，指出：这种现象同我国历史上封建专制主义的影响有关，也同共产国际时期实行的各国党的工作中领导者个人高度集权的传统有关。“我们历史上多次过分强调党的集中统一，过分强调反对分散主义、闹独立性，很少强调必要的分权和自主权，很少反对个人过分集权。”②邓小平同志分析说，产生权力过分集中现象既有思想认识上的原因，更有体制和具体制度上的原因。他强调指出：“我们过去发生的各种错误，固然与某些领导人的思想、作风有关，但是组织制度、工作制度方面的问题更重要。这些方面的制度好可以使坏人无法任意横行，制度不好可以使好人无法充分做好事，甚至会走向反面。”这“不是说个人没有责任，而是说领导制度、组织制度问题更带有根本性、全局性、稳定性和长期性”③。

邓小平同志尖锐地指出了权力过分集中带来的严重后果，论证了加快政治体制改革、解决权力过分集中问题的重要性和紧迫性。他鲜明地提出，权力过分集中必然破坏民主集中制度，使党和国家民主生活出现不正常情况，导致一言堂、个人决定重大问题、个人凌驾于组织之上一类家长制现象，导致特权腐败

---

① 《邓小平文选》第2卷，北京：人民出版社，1994年，第328~329页。

② 《邓小平文选》第2卷，北京：人民出版社，1994年，第329页。

③ 《邓小平文选》第2卷，北京：人民出版社，1994年，第333页。

现象。他尖锐地指出:"自从实行对外开放和对内搞活经济两个方面的政策以来,不过一两年时间,就有相当多的干部被腐蚀了……这股风来得很猛。如果我们党不严重注意,不坚决刹住这股风,那么,我们的党和国家确实要发生会不会'改变面貌'的问题。这不是危言耸听。"①他由此振聋发聩地说:"权力过分集中,越来越不能适应社会主义事业的发展。对这个问题长期没有足够的认识,成为发生'文化大革命'的一个重要原因,使我们付出了沉重的代价。现在再也不能不解决了。"②邓小平同志告诫说,如果不坚决改革现行制度中的弊端,过去出现过的一些严重问题今后还有可能重新出现。因此,他把解决权力过分集中问题置于关系党和国家是否改变颜色的战略高度,提请全党同志务必高度重视这个问题,切实解决好这个问题。于是,分权制约就被作为解决权力过分集中问题的核心任务提了出来。

二、邓小平分权制约思想的主要内容

权力过分集中容易形成绝对权力,使权力失去控制和约束,从而导致权力滥用和腐败。英国历史学家阿克顿曾经指出:"权力导致腐败,绝对的权力导致绝对的腐败。"③为了解决权力过分集中问题,邓小平同志运用马克思主义的立场、观点和方法,系统地阐明了自己的分权制约思想。邓小平同志分权制约思想内涵非常丰富,概括起来,主要有以下几个方面的内容。

1.关于执政党的权力必须受到制约的思想

历史经验一再证明,失去制约和监督的权力是最危险的权力。孟德斯鸠认为:"一切有权力的人都容易滥用权力,这是万古不易的一条经验。"④防止权力滥用和腐败,就要加强对权力的制约和监督。对此,邓小平同志有着清醒的认识。在他看来,执政党的地位决定了我们党必须接受监督。他强调指出,在取得执政地位以后,我们党大量的干部居于领导岗位,很容易使我们的一些干部

① 《邓小平文选》第2卷,北京:人民出版社,1994年,第402~403页。
② 《邓小平文选》第2卷,北京:人民出版社,1994年,第329页。
③ [英]阿克顿:《自由与权力》,侯健等译,北京:商务印书馆,2001年,第342页。
④ [法]孟德斯鸠:《论法的精神》上册,张雁深译,北京:商务印书馆,1997年,第154页。

沾染上主观主义、官僚主义和宗派主义的习气，滋长骄傲自满的情绪，滥用党的威信和人民赋予的权力。他还说，作为在全国拥有很高威信的执政党，我们党最有资格犯大错误，犯了错误影响也最大，因此要执好政就必须受监督，党要受监督，党员要受监督，否则"就一定要脱离群众，犯大错误"①。他批评一些干部对接受群众监督想不通，"总觉得：不受监督，自己下命令舒服，独断专行比较方便"。正因为如此，"看起来监督就更加重要了，不搞群众监督就更危险了"。②他告诫全党："我们拿到这个权以后，就要谨慎。不要以为有了权就好办事，有了权就可以为所欲为，那样就非弄坏事情不可。"③执政党的权力必须受到制约、监督这一重要思想的提出，为邓小平分权制约思想的提出提供了重要的理论前提。

2.关于权力不宜过分集中的思想

在深刻总结"文化大革命"及其以前所犯错误的历史教训的基础上，邓小平同志鲜明地提出了"权力不宜过分集中"④的重要论断。他指出，我们党之所以犯错误，特别是犯"文化大革命"那样全局性的错误，最根本的原因，就是民主集中制受到了破坏，使党内存在权力过分集中的官僚主义。在这种官僚主义盛行的情况下，"许多重大问题往往是一两个人说了算，别人只能奉命行事"⑤。邓小平同志从三个层面深刻揭露了权力过分集中的主要表现：一是在横向关系上，行政、经济、文化组织和群众团体等非党组织的权力过分集中于党委领导机关；二是在纵向关系上，地方、基层和下级组织的权力过分集中于上级组织和中央领导机关；三是在个人与组织的关系上，各类各级组织的权力过分集中于领导者个人。在邓小平同志看来，权力过分集中是与党内民主和社会主义民主与法制的客观要求相违背的，它"妨碍社会主义民主制度和党的民主集中制的实行，妨碍社会主义建设的发展，妨碍集体智慧的发挥，容易造成个人专断，破坏集体领导，也是在新的条件下产生官僚主义的一个重要原因"⑥。只有坚决克

---

① 《邓小平文选》第1卷，北京：人民出版社，1994年，第270页。
② 《邓小平文选》第1卷，北京：人民出版社，1994年，第271页。
③ 《邓小平文选》第1卷，北京：人民出版社，1994年，第303~304页。
④ 《邓小平文选》第2卷，北京：人民出版社，1994年，第321页。
⑤ 《邓小平文选》第2卷，北京：人民出版社，1994年，第142页。
⑥ 《邓小平文选》第2卷，北京：人民出版社，1994年，第321页。

服这一弊端，才能使党的民主集中制得到贯彻执行，防止“文化大革命”悲剧的重演，实现国家的长治久安，保证社会主义建设的顺利进行。权力不宜过分集中这一重要论断的提出，为邓小平分权制约思想的提出奠定了坚实的理论基础。

3.关于加快推进分权改革的思想

为解决党政不分、以党代政、高度集权的弊端，邓小平同志鲜明地提出要大胆地推进分权改革，通过调整不合理的权力结构来解决权力过分集中的问题。一是党政要分开。在谈到政治体制改革的内容时，邓小平同志强调指出：“首先是党政要分开，解决党如何善于领导的问题。这是关键，要放在第一位。”①他郑重提出，加强党的领导，必须改善党的领导；党的领导是不能动摇的，但党要善于领导。要明确、合理地划分党同政府之间的职权，这样做可以使党“集中精力管党，管路线、方针、政策”，“有利于加强和改善中央的统一领导”②。他说：“党政分开，从十一届三中全会以后就提出了这个问题。……党要善于领导，不能干预太多。”③要着手解决党政不分、以党代政的问题，这件事要提上议事日程。二是权力要下放。邓小平同志认为，权力过分地集中于中央和上级领导机关，不利于发扬社会主义民主，不利于调动地方、基层特别是企业的积极性，要着力解决好高度集权的管理体制问题。他指出，中央要适当向地方分权，加大地方的权力。同时，地方各级也都有一个权力下放的问题。他说，调动积极性，权力下放是最重要的内容。“这些年来搞改革的一条经验，就是首先调动农民的积极性，把生产经营的自主权力下放给农民。”④要“把权力下放给基层和人民，在农村就是下放给农民，这就是最大的民主”⑤。农村改革是权力下放，城市经济体制改革也要权力下放，下放给企业，下放给基层。

4.关于构建中国特色社会主义权力制约机制的思想

在邓小平同志看来，推进分权改革是必要的，但是仅靠分权改革尚不足以完全解决问题，还需要加强对权力的制约和监督。邓小平同志系统地阐发了其

① 《邓小平文选》第3卷，北京：人民出版社，1993年，第177页。
② 《邓小平文选》第2卷，北京：人民出版社，1994年，第321页。
③ 《邓小平文选》第3卷，北京：人民出版社，1993年，第163~164页。
④ 《邓小平文选》第3卷，北京：人民出版社，1993年，第180页。
⑤ 《邓小平文选》第3卷，北京：人民出版社，1993年，第252页。

相关思想。一是从党内、党际、社会、舆论等层面全面制约和监督权力。邓小平同志认为,党的监督是最直接、最重要的监督。为加强党内制约和监督,邓小平同志提出了实行代表大会常任制、集体领导和个人分工负责相结合的制度等设想,主张通过健全党内民主集中制、推进党内生活民主化来强化对党组织和党员领导干部的监督。邓小平同志高度重视党际监督和社会监督的作用。他指出,我们需要党内监督,也需要来自人民群众和民主党派的监督。在他看来,群众监督很重要,"有群众监督比之没有群众监督要好一些,会谨慎一些"①。要注意发挥民主党派和无党派人士的作用,他们"能够对于我们党提供一种单靠党员所不容易提供的监督"②。邓小平同志还很重视舆论监督。他指出:"报纸最有力量的是批评与自我批评。"③这里所说的"批评",实质指的就是监督。二是通过教育、惩治、制度和法制等路径综合制约和监督权力。邓小平同志认为,制约和监督权力应从强化思想教育入手。他强调说,要教育我们的党员干部始终保持艰苦奋斗的传统,"坚持这个传统,才能抗住腐败现象"④。惩治也是一种教育,它通过对权力主体产生某种震慑作用而在一定程度上抑制权力滥用。邓小平同志强调:"惩治腐败,至少抓一二十件大案,透明度要高,处理不能迟。"⑤抑制权力腐败要靠制度和法制,是邓小平同志的一贯思想。他指出:"克服特权现象,要解决思想问题,也要解决制度问题。"⑥他强调,遏制腐败,"还是要靠法制,搞法制靠得住些"⑦。他还明确提出要求说:"关于不允许权力过分集中的原则,也将在宪法上表现出来。"⑧三是构建权力制约机制必须立足中国国情。邓小平同志一贯认为,作为制约权力的制度安排,西方的两院制和"三权鼎立"不适合中国,不能盲目照搬。他强调说,我们讲民主,不能搞"三权鼎立"那一套。在指导"八二宪法"起草过程中,有人主张在中国搞两院制。邓小平同志明确表态说,还是不要搞两院制,如果两家意见不一致,协调起来非常麻烦,

---

① 《邓小平文选》第 1 卷,北京:人民出版社,1994 年,第 271 页。
② 《邓小平文选》第 1 卷,北京:人民出版社,1994 年,第 225 页。
③ 《邓小平文选》第 1 卷,北京:人民出版社,1994 年,第 150 页。
④ 《邓小平文选》第 3 卷,北京:人民出版社,1993 年,第 290 页。
⑤ 《邓小平文选》第 3 卷,北京:人民出版社,1993 年,第 313 页。
⑥ 《邓小平文选》第 2 卷,北京:人民出版社,1994 年,第 332 页。
⑦ 《邓小平文选》第 3 卷,北京:人民出版社,1994 年,第 379 页。
⑧ 《邓小平文选》第 2 卷,北京:人民出版社,1994 年,第 339 页。

运作很困难。他还说,我们还是搞一院制,就是人民代表大会一院制,全国人大是最高国家权力机关,这样国家机构的运作就比较顺当①。要注重和善于总结我们自己的经验,构建起中国特色的权力制约机制。

三、邓小平分权制约思想的当下价值

作为中国共产党第一代中央领导集体的重要成员和第二代中央领导集体的核心,作为中国改革开放的总设计师,邓小平同志第一次比较系统地阐述了在中国实行分权制约的一系列基本问题,不仅有力地指导了当时的党风廉政建设实践,而且极大地丰富了马克思主义的理论宝库,推进了马克思主义权力制约思想中国化的历史进程。他所提出的一系列重要思想和原则,至今仍闪耀着睿智的光芒,具有重大的理论价值和现实指导意义。

1.从政治高度充分认识破解制约权力这一历史难题的重大意义

历史经验证明,包括执政党权力在内的任何公共权力都是一柄"双刃剑"。作为马克思主义的执政党,我们党的权力和党领导的国家权力也是如此:规范运行可以增进人民的福祉,越界骄横则可能会侵害人民的权益。我们党 60 多年曲折的执政历史也充分地证明了这一点。要防止公共权力越界骄横,保证把人民赋予的权力始终用来为人民谋利益,就必须采取切实有效的措施,把权力"关进笼子里"。而要达到这一目的,最重要和最有效的办法,就是对权力形成强有力的制约。党的十六大以来,我们党高度重视并突出强调权力制约问题,并在实践中不断深化对权力运行规律的认识,在加强对权力的制约方面做出了一系列新概括、新论断、新阐述,形成了一套新理论、新思路、新机制,取得了明显成效。但是也必须清醒地看到,目前一些领域腐败现象仍然易发多发,一些党员干部违纪违法问题仍然比较严重,损害群众利益的问题仍然比较突出,反腐败斗争形势仍然比较严峻。出现这种状况的原因是多方面的,其中的一个重要原因,就是对权力的制约仍然乏力。从近年查处的一些大案要案看,无不同权力制约缺位或流于形式密切相关,都是权力制约缺位或流于形式的结果。腐

---

① 转引自王汉斌《邓小平亲自指导起草 1982 年宪法》,《中国人大》2004 年第 16 期。

败在本质上是权力的失控、失范和滥用。惩治和预防腐败,关键在于加强对权力的制约。目前依然严峻的反腐败斗争现实警示我们,加强对权力的制约,保证把人民赋予的权力用来为人民谋利益,始终是我们党在执政过程中面临的一个重大历史课题。能否解决好这一重大课题,事关中国特色社会主义事业的兴衰成败,事关党的生死存亡。我们务必要从这样的政治高度来认识和思考问题,进一步增强制约权力的自觉性和紧迫感,力争在破解这一历史难题的"赶考"中向人民交出一份合格的答卷。

2.着力从制度上解决权力过分集中而又得不到制约的问题

早在1980年,邓小平同志就鲜明地提出了"权力不宜过分集中"的重要思想,强调要着手解决党政不分、以党代政的问题。他反复强调要从体制层次和制度视角考虑权力制约问题,从制度上对权力制约进行顶层设计。30多年过去了,这些问题并没有得到很好的解决。当前权力制约之所以仍然乏力,其根本原因就是权力过分集中,这也是腐败问题依然严重的深层原因。温家宝同志曾经尖锐地指出,随着发展市场经济,腐败现象接连不断地发生,而且越来越严重,甚至涉及许多高级领导人。"产生这些问题的重要根源是权力过于集中而又得不到有效制约和监督。各种腐败现象背后都有权力的支撑。哪里权力集中,哪里产生腐败的风险就大;哪里权力不受制约,哪里腐败现象就严重。"①他还说:"一个执政党最重要的任务就是要依照宪法和法律办事,并且严格在宪法和法律范围内活动,这就需要改变以党代政,把权力绝对化和权力过分集中的现象。为此,必须改革党和国家的领导制度。这个任务是小平先生在30年以前就提出来的,我认为在今天尤为紧迫。"②权力过分集中而又得不到制约不只是一个权力结构问题,更是一个政治制度问题。解决这个问题,必须着力推进政治体制改革,特别是党和国家领导制度的改革。从现阶段我国社会主义民主政治发展的客观现实看,推进政治体制改革,从制度上改变权力过分集中而又得不到制约状况的要求日益迫切。我们党已经走过90年的发展历程,在全国执政60多年,如果我们再不经过努力使党和国家领导制度健全和完善起来,根

---

① 温家宝在国务院第四次廉政工作会议上的讲话(新闻稿)2011年3月25日,《人民日报》2011年4月6日。

② 温家宝在第六届夏季达沃斯论坛开幕式和企业家座谈会上答问(新闻稿)2012年9月11日,《人民日报》2012年9月12日。

本改变权力过分集中而又得不到制约的状况,人们就会发问:"为什么资本主义制度所能解决的一些问题,社会主义制度反而不能解决呢?"而且我们也可以肯定地说,"如果不坚决改革现行制度中的弊端,过去出现过的一些严重问题今后就有可能重新出现"①,"已经取得的改革和建设成果还有可能得而复失","'文化大革命'这样的历史悲剧还有可能重新发生"。② 每个有责任的党员和领导干部都应该有紧迫感。

3.积极稳妥地推进分权式改革

历史和实践一再证明,解决权力过分集中问题,需要在制度上对公共权力做出结构性分解的安排,使不同性质的权力由不同的权力主体来行使,在权力与权力之间形成彼此制约的关系。这是消除由权力过分集中所导致的权力越界骄横的最有效办法。这些年来,在总体政治架构保持不变的前提下,我国的分权式改革缓步前行,在一些领域特别是经济领域取得了一定进展。党的十六大以来,我们党把推进政治领域分权式改革的任务提上了议事日程,并在实践中进行了积极的探索。在权力科学配置方面,强调要按照权力制约的特点和决策、执行、监督相协调的要求,科学合理地配置权力,建立健全决策权、执行权、监督权既相互制约又相互协调的权力结构,形成结构合理、配置科学、程序严密、制约有效的权力运行机制。深圳市"行政权三分改革"的正式启动,标志着我国以分权式改革为核心的政治体制改革进入了一个崭新的历史阶段。从现状看,我国分权式改革取得的实际成效还很有限,权力过分集中的状况并没有得到根本改观。现在还有一些瓶颈因素在制约着改革,其中最主要的制约因素还是来自"左"的思想障碍。尽管我国的改革开放已经搞了30多年,但是"文化大革命"的"左"的错误和封建思想残余尚没有清除干净,还在影响甚至支配着一些人的头脑,他们至今仍把搞分权制看成是"禁区"而对其讳莫如深。早在1980年,邓小平同志就指明了分权式改革的方向,确定了改革的原则,而我们的一些同志现在还在那里战战兢兢、畏首畏尾,如临深渊、如履薄冰,不敢越过雷池半步。这肯定是要贻误改革发展时机的。我们必须进一步解放思想,坚决地

---

① 《邓小平文选》第2卷,北京:人民出版社,1994年,第333页。

② 温家宝在十一届全国人大五次会议记者会上答中外记者问(新闻稿)2012年3月14日,《人民日报》2012年3月15日。

冲出“左”的思想牢笼,沿着邓小平同志当年指明的方向,按照他所确定的原则和倡导的“敢试敢闯”精神,积极稳妥地把分权式改革推向前进。

4.加快构建中国特色社会主义权力制约机制

推进分权式改革不是目的,它只是为在分权基础上形成权力制约机制创造必要的前提。为此,就必须在权力分立的基础上将各种权力加以整合,并通过建构一定的制度和机制,在不同的权力主体之间形成科学合理的权力结构和相互制约的格局,以保证权力依法健康有序地运行,避免权力的变异、失控和被滥用。在党的十七大报告中,胡锦涛同志从推进中国特色社会主义民主政治建设的高度,提出了权力制约问题,既体现了我们党对中国特色社会主义民主政治建设规律的新认识,体现了我国政治体制改革的新指向,同时也凸显了加强对权力制约、构建中国特色社会主义权力制约机制的极端重要性。加强权力制约、构建中国特色社会主义权力制约机制,是预防腐败的治本之策,是加强党的执政能力建设、增强党执政合法性的客观要求,是发展社会主义民主政治、建设社会主义政治文明的必由之路。要按照邓小平同志提出的要求,在汲取和借鉴人类政治文明有益成果的基础上,以改革创新的精神进行积极探索,加快构建中国特色权力制约机制。当前应重点解决好人大对“一府两院”的制约、多党合作与政治协商制度框架下的党际制约、执政党内部的权力制约、行政机关内部的权力结构和权力配置等关键性问题,按照权力制约机制形成和运行的规律要求,着力增强和保证权力制约主体活动的独立性、被制约对象活动的公开性、权力制约关系的对等性、权力制约手段的强制性、权力制约主体的协调性,切实保障所建立起来的权力制约机制能够充分发挥限制与约束权力的功能,真正建立起既体现社会主义本质又符合我国基本国情的权力制约机制,从国家权力结构体制上根本杜绝“文革”之类全局性、长时期的决策失误,实现邓小平同志提出的政治体制改革总体战略目标。

(原载《中国浦东干部学院学报》2013 年第 4 期)

扎实推进党务公开和县委权力公开透明运行

——对河南省商城县试点工作开展情况的调查与思考

近些年来，一些担任县委书记的领导干部因滥用手中的权力，搞权钱交易、权色交易而被查处，县委书记岗位成为高风险的腐败案件多发岗位，县委权力风险问题也因此引起社会的广泛关注。党的十七届四中全会进一步明确提出："以加强领导干部特别是主要领导干部监督为重点，建立健全决策权、执行权、监督权既相互制约又相互协调的权力结构和运行机制，推进权力运行程序化和公开透明。"①采取何种措施推进县委特别是县委书记的权力公开透明运行，保证其始终被用来为人民谋利益，是新形势下亟待研究解决的一个重要课题。近年来，作为全国县委权力公开透明运行试点县、全省首批党务公开和县委权力公开透明运行试点县，河南省商城县在这方面进行了积极的实践和探索，取得了初步成效，积累的宝贵经验可资借鉴。

一、商城县推进试点工作的主要做法

为拓宽党内民主渠道，加快推进民主政治建设，从 2007 年年初起，商城县开始探索党务公开，不断提高党务工作的透明度，着力打造"阳光党务"。商城县 2009 年被确定为河南省唯一的党务公开试点县，2010 年被确定为全省党务公开和县委权力公开透明运行试点县。商城县坚持按照"两带两促"（用党务公开带动政务公开，用党内民主带动人民民主，用党务公开促进党内和谐，用党内

---

① 《中共中央关于加强和改进新形势下党的建设若干重大问题的决定》，《人民日报》2009 年 9 月 28 日。

和谐促进社会和谐）的思路，以规范县委权力行使为着力点，以公开透明为基本要求，以制度创新为抓手，以监督制约为保障，突出重点，循序渐进，稳步推进试点工作。其主要做法有以下几个方面。

1.提高认识，把试点工作作为党务工作的重中之重

在被确定为试点县以后，商城县委对试点工作高度重视，认为县一级的政治生态如何，关乎一方的治乱兴衰，而县委权力运行状态在其间又处于枢纽地位。作为县一级的领导核心，县委担负着把党的路线方针政策贯彻落实到城乡基层的重要职责。县委权力是否能够正确行使和规范运行，直接关系到县域经济社会发展和反腐倡廉建设成效。因此，开展党务公开和权力公开透明运行工作，是加强党的基层政权、规范权力行使的重大决策，是推动科学发展、促进社会和谐的必然选择，是发展党内民主、增强党的生机活力的有效途径，是加强对县委权力的监督、从源头上防治腐败、推进基层党风廉政建设的重要保障，也是密切党群干群关系的具体举措。县委强调要通过推进党务公开和县委权力公开透明运行试点工作，建立健全科学的决策机制、高效的运行机制、严格的监督机制，以改进领导方式、提升领导水平、密切党群关系、凝聚发展合力，充分发挥县委核心领导作用，推动全县经济社会健康、协调、可持续发展。

2.科学谋划，统筹推进党务公开

党务公开试点工作开展以来，商城县逐步明晰了"用党务公开统领政务公开、用党务公开带动政务公开"的工作思路，形成"党委统一领导、党政齐抓共管、纪委组织协调、部门各负其责、群众积极参与、县乡村三级联动、党务政务村务齐公开"的大公开领导体制和工作格局。围绕这个新机制，该县加强领导，集中力量，全面推进，深化拓展，开拓创新，求实求效，以大公开促进全县的党风廉政建设，以党风廉政建设保证商城县的经济发展。一是在认真调查研究的基础上，确定党务公开的基本思路，制定党务公开工作方案，明确党务公开试点工作的指导思想、主要内容、工作步骤和保障措施。二是县党务公开办公室和县电视台联合开办《党务公开在商城》栏目，集中展现全县党务公开工作动态，引导广大党员群众谈公开、议公开、说公开，努力形成用党务公开带动政务公开、用党内民主带动人民民主的浓厚氛围。三是正确把握原则，扎实推进党务公开，做到必要的全面公开，重大的及时公开，热点的详细公开，涉密的选择公开。四是着力规范党务公开，严格按照"事前公开，征求意见；决策公开，民主讨论；结果公开,接受监督”的基本程序,将党务公开工作贯穿于党内重要事务的酝酿、决策、实施的全过程,并着重把握好党务公开内容及公开事项的提出、审核、公开、反馈四个环节,确保党务公开的实效性、权威性和严肃性。五是坚持分类指导、试点示范。为有效推进和深化党务公开,有针对性地选择了财政、国土、民政、政法、医疗、教育等与群众利益密切相关的单位和有代表性的乡镇作为党务公开示范单位。六是坚持把制度建设作为党务公开工作的主线来抓,通过建立7项制度,明确了党务公开6类24项内容,确定了4类10种公开形式,全面规范党的基层组织党务公开工作。

3.多措并举,稳步推进权力公开透明运行

县委权力公开透明运行,其实质是科学规范县委权力和对权力运行进行有效监督,促进县委权力运行的民主化和科学化。权力公开透明运行试点工作启动以来,商城县坚持以确权为基础、限权为关键、民主为核心、公开为手段、监督为保障,在建立健全决策权、执行权、监督权既相互制约又相互协调的权力结构和运行机制方面,特别是在增强重大决策民主性、提高选人用人透明度、促进公开方式多元化、保障权力运行可控性方面做了积极探索。一是把厘清县委职权作为首要环节来抓。对照党章、法律、法规、规章、政策,全面厘清县委全委会、县委常委会及其成员、县委各职能部门的职责和权限,依法明确县委集体和领导班子以及每位常委会成员的各项职权,科学配置和界定县委常委之间的权力,明确权力内涵,确定权力行使边界。二是把编制职权目录和流程图作为基础来抓。在厘清县委职权的基础上,编制完成《中共商城县委职权目录》《中共商城县委职权流程图》《中共商城县委常委职权目录》,明确了职权主体、责任和要求;围绕决策、执行、结果等主要环节,认真查找每个环节中的风险点,编制并公布了显示权力基本运行程序、监督制约环节、相对人的权利、投诉举报途径和方式等内容的权力运行流程图。三是把权力公开作为关键来抓。按照便于群众知情、监督的原则,面向基层,面向党员,面向群众,因地制宜、因事制宜地通过公开栏、广播电视、新闻发布会、电子显示屏、电子触摸屏、局域网、互联网等多种形式,紧紧抓住决策、执行、结果等权力运行的主要环节,实行动态公开、全程公开,确保县委权力公开透明运行工作制度化和常态化。四是坚持把制度建设作为主线来抓。从公开决策、公开用人、公开监督等方面入手,建立健全有关民主决策、权力运行、动态公开、监督评议、责任追究等方面制度,做到权力行使到哪里，公开就延伸到哪里，制度就建设到哪里，着力构建行为规范、运转协调、公正透明、廉洁高效的工作机制，着力推进制度创新，切实提高制度的系统性和针对性，在重大事项决策、重要干部任免、重大工程项目建设、重大事件处置、大额资金使用等方面，形成一套科学、完善的制度体系。

4.加强领导，切实为试点工作提供保障

为扎实有序地推动试点工作，商城县委切实加强对试点工作的领导。一是明确原则和理念。遵循服务发展、依法依纪、真实公开、注重实效、积极稳妥的原则，注重在试点工作中坚持服务科学发展，坚持尊重党员主体地位，坚持从实际出发循序渐进，坚持分类指导，坚持与政务公开、厂务公开、村务公开有机结合，做到相互促进、相互补充。二是明确组织协调责任。建立健全"一把手"负总责的领导机构，对试点工作进行统一指导和协调，明确任务分工和责任主体，形成党委统一领导、纪委组织协调监督、部门各负其责、党员广泛参与的领导体制和工作机制。定期分析党务公开的形势，及时研究确定党务公开的内容安排，认真解决党务公开遇到的矛盾和问题。三是明确示范带动责任。各级党委在试点工作中发挥带头作用，纪检、监察机关和组织、人事部门在试点工作中积极探索实践，党委及党委工作部门努力在党务公开上率先垂范、率先创新，为本系统和其他党组织发挥示范带动作用。四是明确考核办法。把试点工作纳入党的建设和年度工作总体目标考核体系，作为一个重点环节来把握，与党建任务、年度工作安排同步部署、同步推进、同步考评，并把试点工作情况作为衡量和评价党的各级组织及领导干部工作政绩的重要依据。五是明确督导检查责任。加强对试点工作的监督检查，对进展缓慢、群众不满意的分析原因，寻求突破点；对重点不突出、效果不明显的采取措施，切实加以解决；对搞形式主义、走过场的批评教育，坚决纠正；对拒不推行党务公开或在试点工作中弄虚作假、欺上瞒下、打击报复、侵犯群众民主权利的，严肃追究其党纪责任。

二、商城县推进试点工作取得的初步成效

被确定为试点县以来，商城县按照中央和省委关于党的基层组织党务公开工作的部署和要求，坚持以县委权力公开透明运行为核心，把党务公开试点工

作作为全县党务工作的重中之重，大胆创新党务公开平台，积极探索党务公开新机制。到目前为止，全县 39 个党委、10 个党组、32 个党总支、976 个基层党支部，全部开展了党务公开工作，公开率达 100%。经过探索实践，取得了初步成效，基本实现了“创造一条经验，探索一条道路，形成一套模式”的目标要求，为推进党内民主、实现科学发展、促进社会和谐提供了有利条件和重要保证。近年来，商城县先后被评为全省农村基层组织建设先进县、全省平安建设先进县、全市党风廉政建设先进县。这个县的做法和经验，赢得了中央有关部门的关注和认可。2011 年 3 月，中央党务公开领导小组将商城县确定为全国县委权力公开透明运行 69 个试点单位之一，并将该县确定为中央党的地方组织党务公开工作 101 个联系点之一。至此，商城县成为全国党务公开与县委权力公开透明运行双试点县。其试点工作取得以下成效。

1.有力地推动了县委及基层党组织的执政能力建设和先进性建设

在试点工作实践中，商城县通过推进党务公开，规范权力运行，尊重和维护党员主体地位，扩大和保障党员的知情权、参与权、选择权和监督权，努力扩大党内民主，做到问计于党员群众、问政于党员群众，既促进了民主决策、科学决策、依法决策，使权力运行更加科学化、民主化、程序化、合法化，又推动了领导方式和工作方法创新，促进了科学执政、民主执政、依法执政，提升了县委和基层党组织的创造力、凝聚力和战斗力。为扩大基层民主，自觉接受群众监督，这个县制定了民主议事规则，形成了党员代表旁听和列席党委、纪委全会制度。党委、纪委召开全会时邀请党员代表旁听和列席，直接接受党员群众的监督。这种形式为普通老百姓参与县委决策、反映民意开辟了一条重要渠道。同时，该县通过厘清职权、明确职责、落实责任，用好党组织主要负责人及其领导班子手中的权力，促进党风廉政建设，进一步增强了党组织在群众中的公信力，较好地发挥了党委总揽全局、协调各方的核心作用。

2.有力地推进了基层民主政治建设

近年来，商城县委坚持以科学发展观为指引，认真落实河南省纪委、省公开办和省委组织部的要求，以强化“大公开”理念为先导，以党务公开试点为重点，在实践中探索出了“两用两带”党务公开新模式，即用党务公开带动政务公开，用扩大党内民主带动人民民主；概括出了“65458”党务公开法，即对全局和中心工作、思想政治建设、组织建设、作风建设、制度建设和党员群众认为有必要公开、非涉密的党内其他事项等“六项内容”，通过会议、专栏、媒体、网站和热线等“五个平台”进行公开，并设立“四道程序”“五种制度”“八有标准”予以保障，党务公开工作迈出了坚实的步伐。通过推进党务公开，并以党务公开切实带动政务公开，一些事关全局的重大问题、涉及党员群众切身利益的重要事项、社会广泛关注的热点问题，都明明白白地公之于世，展现在广大党员群众的面前，使党员群众能够更好地了解和参与党务、政务，较好地满足了党员群众当家做主的愿望，实现了党员群众的民主权利，极大地激发了他们投身经济社会发展的热情。在试点乡村，党员群众的主人翁意识有很大增强，很多人把农村社会治安、修路、村容村貌治理、森林防火等集体的事当成自己的事，出现了关心发展的人越来越多、支持乡村组织工作的人越来越多、主动为乡村排忧解难的人越来越多的“三多”现象。如今，商城县的经验和做法已在信阳市范围内得到推广，进而又有力地促进了全市的基层民主政治建设。

3.有效地推动了反腐倡廉建设

决策权和用人权是党委的核心权力之一。过去在重大事项决策、重要人事任免、重大项目安排及大额度资金使用方面，往往不规范，存在程序不到位、以领导办公会议取代集体决策或发扬民主不够等问题，致使决策权和用人的原则与制度形同虚设，成为腐败滋生的重要土壤。党务公开和权力公开透明运行试点工作开展以来，商城县通过创新制度和再造流程，揭去了决策权和用人权运行的神秘面纱，将其运行的各个环节都置于阳光之下，置于广大党员乃至整个社会的监督之下，有效地减少了“暗箱操作”现象和腐败滋生的机会。为破解干部人事工作中“少数人选人，从少数人中选人”的难题，近年来这个县认真贯彻民主、公开、竞争、择优方针，探索建立干部选拔任用自荐、测评、考核、票决、交流“五个常态化”工作机制，使干部选拔任用全程透明进行，从源头上杜绝了干部选拔工作中的各种不正之风，保证了干部选拔任用工作的公开、公正，进一步提高了选人用人的公信度，极大地激发了干部队伍干事创业的热情。某种程度上，这也是对领导干部的一种保护。

4.有力地促进了社会和谐稳定发展

过去一些地方的群众对党组织和党员领导干部有怨气，党群干群关系不是那么和谐，往往都是因为党务政务不公开；一些群体性事件的发生，大多也是缘于党务政务不公开；一些腐败现象的滋生蔓延，也是由于党务政务不公开、少数人搞暗箱操作。推进县委权力公开透明运行,实际上也是一个问需于民、问计于民、问政于民、干群互动的过程,对构建和谐的党群干群关系,促进社会和谐稳定有着明显的推动作用。近年来,商城县在试点工作中,把党务公开与政务公开、党内民主与人民民主、党务公开与权力公开透明运行有机地结合起来,用党务公开带动政务公开,用扩大党内民主带动人民民主,用党务公开保证和促进权力公开透明运行,既尊重了党员的主体地位,保障了人民群众当家做主的权利,又使不少因政策、制度、办事结果不公开引发的社会不稳定、不和谐矛盾迎刃而解,在党群干群之间架起了一座"连心桥",有效地促进了社会和谐稳定。党内民主和人民民主的进一步扩大,党群干群关系的进一步密切,极大地激发了广大干部群众谋发展、促发展的热情,促进了当地的经济社会发展。自启动试点工作以来,全县社会稳定形势持续向好,信访量不断下降,荣获"全省信访工作先进县"称号。

三、对推进党务公开和县委权力公开透明运行的几点思考

商城县推进党务公开和县委权力公开透明运行试点工作的做法与经验,反映了党务公开和县委权力公开透明运行的客观规律,对河南乃至全国的党务公开和县委权力公开透明运行试点工作具有一定的借鉴意义。同时,该县的做法和经验,也引发了笔者对推进与深化党务公开和县委权力公开透明运行工作的理论思考。

1.从重构县域政治生态、巩固党的执政基础的高度,提高对推进党务公开和县委权力公开透明运行工作重要性的认识

民为邦本,县为国基。自秦代推行郡县制以来,县级一直就是中国国家治理结构中的一个重要层级,县级政权一直就是国家政治架构中最重要的治理单元。在现行的党的组织结构和运行机制中,县级党委处于城乡结合、宏观与微观结合的枢纽部位和承上启下的关键环节,担负着把党的路线方针政策贯彻落实到城乡基层的重要职责。由于历史和现实的原因,现有的权力配置体系使得县级党委权力成为县域政治生态建设的关键。作为基层治理的权力核心,县级党委掌控着县域经济社会发展的决策权和人财物的调配权。县级党委权力是

否规范、健康运行，对县域经济发展、政治生态建设、社会和谐稳定都会产生重要影响。近年来一些地方因权力运行失范或因权力被滥用而频发的群体性事件，在一定程度上恶化了县域政治生态，已经引起了社会各界的广泛关注。如果任其发展下去，势必会影响乃至削弱党的执政基础。防止县级党委权力运行失范或被滥用，根本在推进党委领导体制和执政方式改革，核心是推进党务公开，增加权力运行的透明度，加强对权力的制约和监督。这既是发展党内民主和人民民主的客观要求，也是加强县域政治生态建设的必然选择。当前，世情、国情、党情都在发生并将继续发生深刻变化。在新的执政环境下，实现从“封闭状态下执政”到“开放状态下执政”的转型，已成为历史的必然。各地都应顺应时代发展潮流，从重构县域政治生态、巩固党的执政基础的高度，切实把党务公开和县委权力公开透明试运行工作摆上重要议事日程，把这项工作作为党务工作的重中之重，不断增强责任感、使命感和紧迫感，以改革创新的精神推进工作，着力规范权力行使、强化权力监督，保证把人民赋予的权力真正用来为人民谋利益。

2.以落实党员民主权利为重点深化党务公开，加快党内民主发展进程

党内民主是党的生命。发展党内民主是坚持党的性质和宗旨、保持和发展党的先进性的内在要求和重要体现。发展党内民主必须尊重和保障党员的主体地位和民主权利。党的十七大明确提出，要“尊重党员主体地位，保障党员民主权利，推进党务公开，营造党内民主讨论环境”①。党的十七届四中全会通过的《关于加强和改进新形势下党的建设若干重大问题的决定》强调指出，要以落实党员知情权、参与权、选举权、监督权为重点，进一步提高党员对党内事务的参与度，充分发挥党员在党内生活的主体作用。推进和深化党务公开工作，是发展党内民主的客观要求、具体体现和现实路径。推进和深化这项工作，最根本的是要认真落实《党章》及《党员权利保障条例》等党内规章赋予党员的知情权、参与权、选举权、监督权等民主权利，使党员在党内生活中真正发挥主体作用。如果广大党员的知情权、参与权、选举权、监督权等民主权利得不到落实和保障，党务公开就难以规范、到位。要坚决纠正个别地方、个别领导干部糊弄党

---

① 胡锦涛：《高举中国特色社会主义伟大旗帜为夺取全面建设小康社会新胜利而奋斗》，《中国共产党第十七次全国代表大会文件汇编》，北京：人民出版社，2007年，第55页。

员群众,群众关心的问题不公开,群众不感兴趣的事情却都上了公开栏的做法,以更加坚决的态度、更加有力的举措推进和深化党务公开。要牢固树立党员主体意识,把激发广大党员积极性、主动性、创造性作为推进和深化党务公开的出发点和落脚点,拓宽党员参与党内事务渠道,创新党务公开形式,不断探索党员发挥作用的途径与方式,切实解决好党员知情权缺失和监督权虚化的问题。加快推进党内民主制度创新,形成规范、科学的权利保障机制,为实现党员主体地位提供有力的制度保证。

3.以明晰县委权力边界为前提深化县委权力公开透明运行,进一步提高县委权力运行的透明度和公信力

权力具有天然的扩张性、变异性和腐蚀性。权力一旦失去制约和监督,就会变成绝对的权力,而绝对的权力必然导致绝对的腐败。防止权力扩张和变异,最重要的就是通过一定的制度安排将其关进“笼子”里。那么,通过什么样的制度安排才能把权力关进“笼子”里呢?这就是划定权力边界的制度安排,就是制约和监督权力的制度安排,就是使权力敬畏权利的制度安排。现代法治社会,任何一个权力主体的权力都必须有其边界,都必须受到相应权力或力量的制约和监督。明晰权力的边界,是权力规范运行的基本前提。权力边界混沌、模糊,必然导致权力越界运行,诱发权力滥用与权力腐败。破解权力腐败难题,要求通过厘清权力边界,变绝对的权力为相对的权力。在推进县委权力公开透明工作中,包括河南商城县的几乎所有试点单位所做的一项基础性工作,就是依据有关法律法规,厘清党委及其成员的职权、党委相关职能部门的职权,勘定党委权力的边界和依据,编制职权目录,明晰职权主体、责任及其要求,在此基础上围绕决策、执行、结果等环节,找出每个环节的风险点,编制权力运行程序,绘制权力运行流程图,健全和完善相关的制度与机制。应当说,做好这件事是推进县委权力公开透明工作,确保党委权力在阳光下运行,提高党委权力运行透明度和公信力的关键。各地都应认真研究县级党委权力运行的特点和规律,明晰县委权力边界,对超越职权范围的权力要予以纠正,对职能交叉的要予以厘清,对权责不清的要予以明确,对履行职能不到位的要予以强化,并切实加强相关制度和机制建设,真正形成对县委权力的规范、规制和约束,着力解决好县委职权不明晰、县委书记权力过分集中、县委决策不够透明、选人用人不够公正、制约和监督不力等问题。

4.以实现县域善治为目标深化党务公开和县委权力公开透明运行,着力用党内民主带动人民民主

所谓善治,就是使公共利益最大化的社会管理过程,它在本质上是通过公共权力部门与公民对公共生活的合作管理,追求和实现公正透明、和谐有序的价值理想。作为一种新的社会治理理念和目标模式,善治对执政党及其基层党组织的执政和社会治理方式提出了新要求。目前包括河南商城县在内的全国各试点单位正在推进的党务公开和县委权力公开透明运行试点工作,就是对善治所提出的新要求的积极回应。在试点工作实践中,不少试点单位把合法性、法治性、透明性、责任性、回应性、有效性、参与性、稳定性、廉洁性、公正性等善治的基本要素融入试点工作,通过县级党委及其职能部门与广大党员对党内生活的合作管理,共同推动公正透明、和谐有序的党内民主状态的形成。在这一过程中,人们把推进和深化党务公开和县委权力公开透明运行看成党委权力向党员的回归,把试点工作过程看成还权于党员群众的过程。人们认识到,在本县区域内实现善治,实现党内善治是关键。但是单有党内各方面的合作管理,单有党内公正透明、和谐有序局面的形成,还不足以实现县域善治。要实现善治这一价值目标,还有赖于公民社会的广泛参与,有赖于全社会公正透明、和谐有序局面的形成。公民社会是善治的现实基础。没有公民的参与,没有公民的自愿合作和对党委领导的自觉认同,就不会有善治。基于这一认识,河南商城县委以及其他一些试点单位都在试点工作实践中坚持以党务公开带动政务公开,以扩大党内民主带动人民民主,把善治的各个基本要素融入党务、政务和其他各项社会管理过程之中,通过党委、政府与广大党员、人民群众对社会生活的合作管理,推动公正透明、和谐有序的社会状态的形成。这一做法,为党务公开和县委权力公开透明运行工作的全面铺开提供了可资借鉴的经验。

(原载《中州学刊》2011 年第 6 期)